"十二五"普通高等教育本科国家级规划教材

普通高等教育精品教材

国 家 级 精 品 课 程

人大芸窗
RENDAYUNCHUANG
数字教材版

教育部经济管理类核心课程教

U0873762

财政学

（第十版）

Public Finance

编著 陈共

中国人民大学出版社

· 北京 ·

出版说明

改革开放以来，中国的经济走上了高速发展的通道，获得了前所未有的发展。顺应这一形势，我国大部分高校也开始重视经济管理类人才的培养，开设了经济管理类专业。但是，与西方发达国家相比，我们的现代经济管理理论与实践落后几十年甚至上百年，最初很多理论和实践都是从西方直接“拿来”的。但是，西方的经济管理著作毕竟是站在西方的国情和经济基础上进行研究的，对于中国的很多现实问题很不适用。因此，要真正培养中国自己的经济管理类人才，必须有一套适合中国学生阅读和学习的教材。

基于以上认识，中国人民大学出版社按照教育部规定的经济管理类核心课程，组织编写了这套教材，供经济管理类学生作为专业基础课程教材进行学习。本套教材在组织编写上遵循了以下原则：

第一，教材实行本土化。我国与发达国家相比，国情不同，文化背景不同，思维方式不同，语言的表述方式也不同，因而，要真正培养中国的经济管理人才，教材还是本土化为宜。因此，本套教材在吸收西方经济管理理论精髓的基础上，充分结合中国的国情和实践，把中国的背景知识与国际合理接轨。

第二，精选作者，保证教材质量。本套教材的作者均为各自领域的权威或佼佼者，并且都在教学一线工作多年，有丰富的教学经验。而且，作者能够不断结合当前教学的需要和现实环境的变化，及时进行修订，推陈出新，始终保持教材的“精”与“新”。

第三，配套丰富，方便读者学习。本套教材大部分都配备了内容丰富的学习指导书，并且免费为一线教学提供网络教学资源，力求为使用该书的老师和学生提供周到的服务。

我们秉承中国人民大学出版社“出教材学术精品，育人文社科英才”的宗旨，紧跟时代脉搏，不断推出精品，提升教材的质量，为中国经济管理教育和实践水平的提升做出贡献。我们希望广大读者的建议和鞭策，能够促使我们不断对本套丛书进行改进和完善，以更好地服务读者。

中国人民大学出版社

第十版修订说明

陈共　中国人民大学财政金融学院教授，博士生导师，中国人民大学荣誉一级教授，曾任中国人民大学原财政系系主任，2017 年荣获国家财政部和中国财政学会颁发的“中国财政理论研究终身成就奖”。曾主编多种财政学教材，撰写（包括参与）出版《社会主义财政金融问题》《积极财政政策及其财政风险》《美国财政政策的政治经济分析》《日本财政政策》等 10 余部专著，出版《陈共文集（上、下册）》。

1. 本《财政学》教材为中华人民共和国教育部下达的《教育部关于印发第一批“十二五”普通高等教育本科国家级规划教材书目的通知》中选定的教材。在我国学科分类中财政学列属于应用经济学类，在教学方案的安排中，财政学是经济学专业、各财经类专业和工商管理类专业必修的 8～10 门核心课程之一，本教材是教育部经济管理类核心课程教材。

2. 第十版修订的指导思想。党的十八届三中全会通过的《中共中央关于全面深化改革若干重大问题的决定》明确提出“财政是国家治理的基础和重要支柱，科学的财税体制是优化资源配置、维护市场统一、促进社会公平、实现国家长治久安的制度保障”。“基础”“重要支柱”“制度保障”是对现代财政的科学定位。党的十九大宣告中国特色社会主义进入了新时代，社会的主要矛盾已经发生变化，明确习近平新时代中国特色社会主义思想是新时代的指导思想，该思想已被写入党章。新时代呼唤新理论，新理论引领新实践。各行各界都必须全面认真学习并贯彻党的十九大精神，深刻领会习近平新时代中国特色社会主义思想，将其作为党和国家事业发展的强大思想和行动指南。我国的“社会主义财政学”也理该创新换代了。如何创新换代？必由之道就是坚持习近平新时代中国特色社会主义思想，并认真贯彻执行习近平同志在哲学社会科学工作座谈会上精辟阐述的指导思想和方法论。这次修订的宗旨就是深入学习和认真贯彻习近平新时代中国特色社会主义思想，力图构建新时代中国特色社会主义财政学。

3. 本教材的适用范围。本教材注重基本知识、基本理论和基本管理技能，力求规范、准确和简洁。本书为大学本科适用教材，适于作为财政学专业的专业理论课教材（4 学分），也适于作为经济学专业、各财经类专业和工商管理类专业的核心课教材（3 学分），还可作为财政专业硕士生的教材或参考书。为适应专业目录调整后拓宽专业面的要求，适应面向 21 世纪教学改革的需要，本教材涉及的面适当放宽了一些，以便在教学中可以根据不同专业和不同教学对象的要求，在章节和内容上作适当增减调整，采取启发式教学，有重点地讲授。

4. 本教材的特色。本教材按财政的运行过程和各财政范畴之间的逻辑关系安排教材体系，系统全面，循序渐进，接近实际生活，容易为学生所接受。基本体系和内容是：序言——基本理论——国家预算——财政支出——财政收入（含税收）——中央财政与地方财政的关系——国债——财政平衡和财政政策——开放经济下的财政问题。本教材的另一个特点是根据应用经济学的要求，常改常新。自发行以来这次修改已经是第十版，通过修改，及时贯彻党中央关于建设社会主义市场经济理论的新发展，及时落实不同时期、不同发展阶段党的战略部署和措施，及时反映全面深化改革的进程，及时吸纳和反映当今中外最新的研究成果。

5. 本教材的教学方式。（1）本教材属于大学本科生或硕士生教材，教材和讲授以文字表达为主，辅之以图表、模型和案例，规范分析与实证分析相结合，理论联系实际。（2）采取多媒体课件教学，设计全套的电子版，教师可以不受教材束缚，主要讲思路和要点，进行重点讲授和启发式教学。（3）讲授中对教材的重点内容安排若干次课堂讨论，并根据课程学分要求学生写出 1～3 篇学习心得。（4）课堂讲授过程中师生之间可以有问有答，相互交流，启发学生思考，课后布置复习与思考题，加深教学效果。

6. 本教材的编写过程。本教材主编陈共教授自 1985 年以来曾主编高等学校财经类专业核心课程教材，普通高等教育“九五”国家级重点教材，教育部面向 21 世纪经济、管理类核心课程教材，普通高等教育“十一五”国家级规划教材，以及“十二五”普通高等教育本科国家级规划教材。这次修改仍是对“十二五”普通高等教育本科国家级规划教材的修改，已经是出版发行以来的第十版。这次修改有些章节基本上是重写的，有些章节有较大的修改，修改后总章数调整为 17 章，章、节、目有增有减，名称和内容皆有所调整，总字数略有缩减。

2020 年 2 月

目　录

序　言

构建新时代中国特色社会主义财政学

党的十九大宣告中国特色社会主义进入了新时代，社会的主要矛盾已经发生变化，明确习近平新时代中国特色社会主义思想是新时代的指导思想，该思想已被写入党纲。新时代呼唤新理论，新理论引领新实践。各行各界都必须全面认真学习并贯彻党的十九大精神，深刻领会习近平新时代中国特色社会主义思想，将其作为党和国家事业发展的强大思想和行动指南。我国的“社会主义财政学”也理该创新换代了。如何创新换代？必由之道就是认真学习和坚持习近平新时代中国特色社会主义思想，并认真贯彻执行习近平同志在哲学社会科学工作座谈会上精辟阐述的指导思想和方法论。

一、深学笃用，坚持习近平新时代中国特色社会主义思想

坚持以马克思主义为指导，是当代中国哲学社会科学区别于其他哲学社会科学的根本标志，必须旗帜鲜明地加以坚持。我国哲学社会科学坚持以马克思主义为指导，是近代以来我国发展历程赋予的规定性和必然性。在我国，不坚持以马克思主义为指导，哲学社会科学就会失去灵魂、迷失方向，最终也不能发挥其应有的作用。所谓“夫道不欲杂，杂则多，多则扰，扰则忧，忧而不救”。在对待坚持以马克思主义为指导的问题上，绝大部分同志认识是清醒的、态度是坚定的。同时，也有一些同志对马克思主义理解不深、理解不透，在运用马克思主义立场、观点、方法上和在建设以马克思主义为指导的学科体系、学术体系、话语体系上功力不足、水平不高。社会上也还存在一些模糊甚至错误的认识。有的认为马克思主义已经过时，有的说马克思主义只是一种意识形态说教，没有学术上的学理性和系统性。实际工作中，在有的领域马克思主义被边缘化、空泛化、标签化，在一些学科中“失语”、教材中“失踪”、论坛上“失声”。这种状况必须引起我们高度重视。

新时代坚持马克思主义基本原理，就是要坚持马克思主义中国化的最新成果——习近平新时代中国特色社会主义思想。党的十九大通过的《中国共产党章程（修正案）》把习近平新时代中国特色社会主义思想确立为党的行动指南，这是党的十九大的突出亮点和重

大历史贡献。

党的十八大以来，国内外形势的变化和我国各项事业的发展都给我们提出了一个重大时代课题，围绕这个重大时代课题，我们党坚持解放思想、实事求是、与时俱进、求真务实，坚持辩证唯物主义和历史唯物主义，紧密结合新的时代条件和实践要求，以全新的视野深化对共产党执政规律、社会主义建设规律、人类社会发展规律的认识，进行艰辛理论探索，取得了重大理论创新成果，形成了习近平新时代中国特色社会主义思想。习近平新时代中国特色社会主义思想，是对马克思列宁主义、毛泽东思想、邓小平理论、"三个代表"重要思想、科学发展观的继承和发展，是马克思主义中国化的最新成果，是党和人民实践经验和集体智慧的结晶，是中国特色社会主义理论体系的重要组成部分。

党的十九大报告宣称，"经过长期努力，中国特色社会主义进入了新时代，这是我国发展新的历史方位。"党的十九大确立了新时代的指导思想，提出了新时代党的历史使命，描绘了新时代的宏伟蓝图，作出了新时代的战略部署，明确了新时代党的建设的新要求。中国特色社会主义进入新时代，我国社会主要矛盾发生了变化，"已经转化为人民日益增长的美好生活需要和不平衡不充分的发展之间的矛盾"。这个重大论断充分反映了我国社会发展的巨大进步，反映了发展的阶段性要求，也反映了党和国家事业发展的重点要求。中国特色社会主义进入新时代，是我国发展新的历史方位，也是习近平新时代中国特色社会主义思想产生的时代背景。习近平新时代中国特色社会主义思想创造性地回答了实践和时代提出的重要课题。坚持和发展中国特色社会主义，是习近平新时代中国特色社会主义思想的主题，也是改革开放以来我们党全部理论和实践探索的主题。党的十九大报告提出的"八个明确"和"十四个坚持"，构成了习近平新时代中国特色社会主义思想的主要内容。习近平新时代中国特色社会主义思想，是党和人民实践经验和集体智慧的结晶，体现了我们党理论上的成熟和自信，开辟了马克思主义新境界，开辟了中国特色社会主义新境界，开辟了治国理政新境界，开辟了管党治党新境界，也开辟了中国特色社会主义哲学社会科学的新境界，是全党全国人民为实现中华民族伟大复兴而奋斗的行动指南。

全党要深刻领会习近平新时代中国特色社会主义思想的精神实质和丰富内涵，在各项工作中全面准确地贯彻落实。习近平新时代中国特色社会主义思想是构建中国特色哲学社会科学的总指导思想，因此，财政学建设当前的任务和目标，就是以习近平新时代中国特色社会主义思想为指导思想来构建新时代中国特色社会主义财政学。

二、全面贯彻党的十八大以来的新理念、新战略及重大方针和举措

习近平同志早在2012年就提出了"中国梦"的概念，并定义中国梦就是实现中华民族伟大复兴的梦。中国梦的现实基础是实现"两个一百年"奋斗目标，即到中国共产党成立100年时全面建成小康社会，到新中国成立100年时建成富强、民主、文明、和谐、美丽的社会主义现代化国家。习近平同志在党的十九大报告中明确提出："不忘初心，牢记使命，高举中国特色社会主义伟大旗帜，决胜全面建成小康社会，夺取新时代中国特色社会主义伟大胜利，为实现中华民族伟大复兴的中国梦不懈奋斗。不忘初心，方得始终。中

国共产党人的初心和使命，就是为中国人民谋幸福，为中华民族谋复兴。这个初心和使命是激励中国共产党人不断前进的根本动力。全党同志一定要永远与人民同呼吸、共命运、心连心，永远把人民对美好生活的向往作为奋斗目标，以永不懈怠的精神状态和一往无前的奋斗姿态，继续朝着实现中华民族伟大复兴的宏伟目标奋勇前进。”以习近平同志为核心的党中央提出的重大战略思想，是党和国家面向未来的政治宣言，是政治动员令，是集结号，也是冲锋号。

党的十九大报告指出：党的十八大以来，我国的经济改革与发展的成就是全方位的、开创性的，五年来的变革是深层次的、根本性的。以习近平同志为核心的党中央紧紧围绕实现“两个一百年”奋斗目标和中华民族伟大复兴的中国梦，毫不动摇地坚持和发展中国特色社会主义，举旗定向，谋篇布局，勇于实践，善于创新，以巨大的政治勇气和强烈的责任担当，在政治经济改革与发展过程中提出了一系列新理念新思想新战略，出台了一系列重大方针政策，推出了一系列重大举措，推进了一系列重大工程，解决了许多长期想解决而没有解决的难题，办成了许多过去想办而没有办成的大事；与此同时，也形成了一系列治国理政新理念新思想新战略，不仅为新的历史条件下深化改革开放、加快推进社会主义现代化提供了科学理论指导和行动指南，而且不断进行理论提升，为构建中国特色哲学社会科学作出了新的贡献。这些新的理论贡献是全方位的，内涵十分丰富，不胜枚举，仅能举其要者。诸如：“要坚持以人民为中心的发展思想，这是马克思主义政治经济学的根本立场”；协调推进“四个全面”战略布局——全面建成小康社会、全面深化改革、全面依法治国、全面从严治党；主动适应、把握、引导经济发展新常态；以新发展理念引导发展——树立创新、协调、绿色、开放、共享的发展理念；明确政府与市场的关系和边界，形成资源配置的基本范式，使市场在资源配置中起决定性作用和更好发挥政府作用；进行供给侧结构性改革，去产能、去库存、去杠杆、降成本、补短板，以对我国经济持续健康发展发挥重大作用；必须把创新作为引领发展的第一动力、把人才作为支撑发展的第一资源、把创新摆在国家发展全局的核心位置；推动国家治理体系和治理能力现代化；面对复杂的、发生深刻变化的国内外形势，提出“六稳”——稳就业、稳金融、稳外贸、稳外资、稳投资、稳预期，坚持稳中求进工作总基调，保持战略定力，避免系统性风险，保证经济运行在合理区间；等等。习近平同志指明的指导思想和创新性理论观点，都是从我国建设和改革实践中总结和提炼出的具有原创性、时代性的概念和理论，开拓了马克思主义哲学社会科学新境界，将进一步推动和完善当代中国特色哲学社会科学和当代中国特色政治经济学的建设，包括新时代中国特色社会主义财政学的建设。

习近平同志在哲学社会科学工作座谈会上关于加快构建中国特色哲学社会科学的重要讲话，深入系统地阐述了构建中国特色哲学社会科学的当前重大意义、指导思想、建设目标以及应当把握的要点。习近平同志在主持经济形势专家座谈会上还明确提出创建中国特色政治经济学的指导思想：“坚持和发展中国特色社会主义政治经济学，要以马克思主义政治经济学为指导，总结和提炼我国改革开放和社会主义现代化建设的伟大实践经验，同时借鉴西方经济学的有益成分。”中国特色社会主义政治经济学只能在实践中丰富和发展，而且要经受实践的检验，进而指导实践。要加强研究和探索，加强对规律性认识的总结，不断完善中国特色社会主义政治经济学理论体系，推进充分体现中国特色、中国风格、中国气派的经济学科建设。

财政学在我国的学科设置中属于应用经济学，我们认为这种学科设置是正确的，符合全面深化改革的需要。经济与政治历来是不可分的，财政的基本特征是政治与经济的结合，所以马克思主义经济学被称为政治经济学。政治经济学是一门研究社会经济利益关系的学问，财政学则是研究财政领域利益关系的学问，就学科的性质而言，财政学是一门名副其实的政治经济学，是政治经济学的一个分支。而作为应用经济学的财政学的特殊性在于它包含理论指导和财政治理的操作两个方面，它的主题是在政治经济理论的指导下改革和完善财政的专业治理。因此，构建新时代中国特色社会主义财政学，必须认真理解并全面贯彻党的十八大以来的新理念、新战略及重大方针和重大举措，改革和完善财政政策和财政制度，并灵活运用各种财政措施，充分发挥财政的职能作用。例如，在贯彻供给侧结构性改革中仍继续实行积极财政政策就是一个明显的范例。2015 年中央经济工作会议首次提出“要在适度扩大总需求的同时，着力加强供给侧结构性改革”的命题，这是根据当时的经济形势提出的具有深远意义的一项重大改革，根本目的是提高社会生产力水平，落实以人民为中心的发展理念，要求在适度扩大总需求的同时去产能、去库存、去杠杆、降成本、补短板，着力从供给领域入手减少无效供给，增大有效供给，使供给体系更好地适应需求结构的变化，提高全要素生产率。从理论层次上说，供给侧结构性改革是对马克思主义经济学的发展和创新。供给侧结构性改革根本不同于西方的供给学派，供给学派宣称与需求管理“彻底决裂”。我国供给侧结构性改革的理论依据是马克思的再生产理论，是将社会再生产过程的四个环节看成一个有机的整体，它们相互联系、相互作用。在马克思主义看来，如今经济学中所称的供给与需求是经济运行整体的两个侧面，是互补而非对立的关系，二者在实践中应当协同实施。财政作为需求和供给管理的主要手段，在着力推进的供给侧结构性改革中具有广阔的操作空间，发挥积极作用来配合供给侧结构性改革。因此，我国在进行侧重供给侧结构性改革的同时仍继续实行积极财政政策。主要措施是：保持适度的财政赤字水平和债务率，优化支出结构；大力保证“三大攻坚”支出和教育卫生等民生性支出；整顿和规范地方政府债务，降低政府杠杆率；进行结构性减税和降低政府收费，以至实施大规模减税降费，减轻企业负担，降低企业成本，降低企业杠杆率；加快出台房地产税，加强“土地财政”管理；加大科研费用投入，大力推动技术革新和核心技术的攻关；等等。总之，国家财政对习近平关于供给侧结构性改革“加减乘除”四则运算的每一方面都发挥重要作用。

三、明确财政的地位和作用，加快建立现代财政制度

党的十八届三中全会通过的《中共中央关于全面深化改革若干重大问题的决定》中被列为专项的“五、深化财税体制改革”明确提出“财政是国家治理的基础和重要支柱，科学的财税体制是优化资源配置、维护市场统一、促进社会公平、实现国家长治久安的制度保障。”这是在新的历史起点上全面深化改革的背景下，从更高层次和更广阔视野上，对财政地位和作用作出的新的论断，将财政提升为“基础、支柱、保障”，因而该决定对财政的新的论断对落实全面深化改革、推进财政改革以及财政学的建设具有深邃的理论和实践含义。首先，从理论角度来看，该论断体现了马克思主义关于财政是国家治理体系的经济基础的原理。恩格斯在论述国家产生时曾指出：“为了维持这种公共权力，就需要公民

缴纳费用——捐税。”[①] 马克思也曾明确指出：“赋税是政府机器的经济基础，而不是其他任何东西。”[②] 显然，没有可靠的财政收支作为经济基础，国家治理体系就不可能建立，也难以顺畅运行，所以财政在国家治理体系中居于基础性地位。其次，从制度建设的角度来看，所有的国家治理体系都是由财政支出来建立和维持的，国家治理体系的“四梁八柱”都是由财政支出支撑的，因而财政在国家治理体系中居于支柱地位，即使有某些其他资金来源，也不可能替代财政的支柱地位和作用。从财政治理体制和其他诸多治理体制的关系的角度来看，可以借用“支柱产业”一词来形容，财政治理体制属于支柱治理体系，如果说其他治理体系是既有联系又有个性的，财政治理体系则具有全局性和综合性，具有牵一发而动全身的特征，对其他治理体系发挥牵制和引导作用。最后，由于财政是国家治理体系的基础和支柱，它涉及经济、政治、文化、生态文明、国家安全和国防等领域，承载着政府与市场、政府与社会以及政府内部中央与地方之间等各方面的权利制衡关系，因而科学的财政体制对优化资源配置、维护市场统一、促进社会公平、实现国家长治久安有制度性的保障作用。正如北宋政治家、文学家苏辙所说：“财者，为国之命而万世之本。国之所以存亡，事之所以成败，常必由之”。

党的十八届三中全会明确提出：“全面深化改革的总目标是完善和发展中国特色社会主义制度，推进国家治理体系和治理能力现代化。”《切实把思想统一到党的十八届三中全会精神上来》指出：“国家治理体系和治理能力是一个国家制度和制度执行能力的集中体现。国家治理体系是在党领导下管理国家的制度体系，包括经济、政治、文化、社会、生态文明和党的建设等各领域体制机制、法律法规安排，也就是一整套紧密相连、相互协调的国家制度；国家治理能力则是运用国家制度管理社会各方面事务的能力，包括改革发展稳定、内政外交国防、治党治国治军等各个方面。”国家治理体系和治理能力是一个有机整体，相辅相成。全面深化改革，必须立足于我国长期处于社会主义初级阶段这个最大实际，坚持发展仍是解决我国所有问题的关键，应以经济建设为中心，发挥经济体制改革的牵引作用，推动生产关系同生产力、上层建筑同经济基础相适应，推动经济社会持续健康发展。经济体制改革是全面深化改革的重点，核心问题是处理好政府和市场的关系，使市场在资源配置中起决定性作用和更好发挥政府作用。全面深化改革，全面者，就是要统筹推进各个分项改革，既要有改革的总目标，也要有各领域改革的分项目标并明确其最终要取得什么样的整体效果，必须加强顶层设计、整体谋划，增强各项改革的关联性、系统性、协调性。只有既解决好生产关系中不适应的问题，又解决好上层建筑中不适应的问题，才能产生综合效应。即所谓“立治有体，施治有序”。

2019年10月召开的党的十九届四中全会，通过并发布了《中共中央关于坚持和完善中国特色社会主义制度、推进国家治理体系和治理能力现代化若干重大问题的决定》。该决定全面回答了我国的国家制度和国家治理应该坚持和巩固什么、完善和发展什么这个重大政治问题。要坚定中国特色社会主义制度自信，制度优势是一个国家的最大优势，制度稳则国家稳。在我国党的领导是中国特色社会主义最本质的特征和最大的制度优势，也是坚持和完善中国特色社会主义制度、推动国家治理体系和治理能力现代化最根本的政治保

---

① 马克思，恩格斯. 马克思恩格斯选集：第4卷. 3版. 北京：人民出版社，2012：188.

② 马克思，恩格斯. 马克思恩格斯全集：第19卷. 北京：人民出版社，1963：32.

证。该决定首次系统地描绘了中国特色社会主义制度的图谱，它由 13 个部分组成，其中党的领导制度是国家的根本领导制度，它统领和贯穿其他 12 个方面的制度。中国特色社会主义制度是一个严密完整的科学制度体系，起四梁八柱作用的是根本制度、基本制度、重要制度，而财政制度是中国特色社会主义制度的主要组成部分，并对其他四梁八柱的制度具有基础、支柱和保障作用。

应当明确，财政体制机制是国家治理体系有机组成的一个分项，而不是一个独立的国家治理体系，所以对财政改革而言，既要明确其在国家治理体系改革整体中的地位和作用，又要有财政本身的分项改革目标，并通过分项改革来发挥和实现其在全面深化改革中的地位和作用。财政在全面深化改革整体中的地位和作用就是基础、支柱和保障，而分项改革的目标就是建立现代财政制度。

建立现代财政制度是发挥财政在国家治理体系中的基础、支柱和保障作用的实体和制度保障。在我国党和政府历来高度重视财政体制的建设和改革，特别是在改革开放后，在不断探索实行社会主义市场经济的过程中，财政改革已成为体制改革的先行军和突破口。我国建设中国特色社会主义道路的探索，是从党的十一届三中全会作出把全党工作着重点转移到社会主义现代化建设上来的战略决策开始的，而当年的一项重大决策是在国家预算上安排“三大政策”，即对企业简政放权、提高农产品收购价格和提高职工工资，这在当年虽然引致了较大的赤字，却开启了广大人民群众的积极性，解放了生产力，搞活了经济，开辟了经济高速增长的路径。1994 年的工商税制和分税制改革是 1993 年党的十四届三中全会提出实行社会主义市场经济后的一项重大举措，经过不断调整和完善，我国建立了社会主义市场经济税制的基本框架，逐步调整了中央与地方的财政关系，可被视为我国财政体制改革的一个重要的里程碑。然而，随着经济社会的发展和改革的不断深化，分税制改革明显地显示出阶段性改革的特征，其相对于财政体制现代化的要求仍存在明显的不足，需要通过全面深化改革来攻坚，以有所突破。按党的十八届三中全会《中共中央关于全面深化改革若干重大问题的决定》的规定，建立现代财政制度就是健全有利于优化资源配置、维护市场统一、促进社会公平、实现国家长治久安的科学的可持续的财政制度，简要地说，包括“建立权责清晰、财力协调、区域均衡的中央和地方财政关系。建立全面规范透明、标准科学、约束有力的预算制度，全面实施绩效管理。深化税收制度改革，健全地方税体系”。因而新一轮的财税体制改革不是解一时之弊，而是着眼长远机制的系统性重构，是国家治理现代化的深远变革，是转变政府职能、转变经济发展方式、促进经济社会持续稳定健康发展的迫切要求，是国家长治久安的保障以及实现“两个一百年”奋斗目标和中华民族伟大复兴的制度保障。

四、体现新时代中国特色社会主义财政学的特征

习近平同志提出：“哲学社会科学的特色、风格、气派，是发展到一定阶段的产物，是成熟的标志，是实力的象征，也是自信的体现。”但是，我国当前在学术话语上的能力和水平同我国的综合国力和国际地位还十分不相称。我国需要大力构建中国特色哲学社会科学，在指导思想、学科体系、学术体系、话语体系等方面充分体现中国特色、中国风格、中国气派。同时，构建中国特色哲学社会科学要把握三个特点，即：体现继承性、民

族性；体现原创性、时代性；体现系统性、专业性。这也是构建新时代中国特色社会主义财政学必须把握的原则和准绳。这里的论断对财政理论研究与新时代中国特色社会主义财政学的建设和发展具有时代性的指导意义，是催化剂，是我们要为之而努力奋斗的方向和动力。

中华民族是一个有 5 000 多年文明历史的伟大民族，应引以为自豪，切不可妄自菲薄。中国古代大量鸿篇巨制中包含着丰富的哲学社会科学内容、治国理政智慧，为古人认识世界、改造世界提供了重要依据，为中华文明提供了重要内容，为人类文明作出了重大贡献。其中也不乏至今仍有借鉴意义的杰出的哲理和理财思想。我国古代的理财家从他们的实践中早已体会到财政同经济的关系，即“理财之道，以生财之道为本”，这条财政学的基本原理到清代资本主义萌芽时期的魏源那里已经系统化为：“善赋民者，譬植柳乎，薪其枝叶而培其本根；不善赋民者，譬则剪韭乎，日剪一畦，不罄不止。”① 早在周代，那位礼贤下士的周公就率先提出了“量入为出”原则，唐代人杨炎则提出了相对立的“量出为入”原则，甚至按当时的经济情况以财政手段去调节经济和平抑经济波动的朴素思想也早已存在。其他如减轻税负、刺激生产、公平课征、简化税制等现代财政原则，在古代和近代理财家们的头脑中也都占有相当重要的位置。简要回顾历史，旨在说明我国古代和近代财政思想史是一部丰富的财政理论宝库，也旨在说明当今中外奉行的某些财政理论思想并不完全是来自西方的，也并不完全是“新颖”的，在我国都是有历史渊源的。这些是中华民族的深厚文化传统，是我们独特的优势。中华文明延续着我们国家和民族的精神血脉，既需要薪火相传、代代守护，也需要与时俱进、推陈出新，创造性地转化和发展，使之与现代社会相协调，并古为今用。

鉴别哲学社会科学有没有中国特色，归根到底要看有没有主体性、原创性。创新是哲学社会科学发展的永恒主题，也是历史前进对哲学社会科学的必然要求。改革开放以来，中国共产党坚持理论创新，正确回答了什么是社会主义、怎样建设社会主义，建设什么样的党、怎样建设党，实现什么样的发展、怎样发展等重大课题，不断根据新的实践推出新的理论，为我们制定各项方针政策、推进各项工作提供了科学指导。推进国家治理体系和治理能力现代化，发展社会主义市场经济，发展社会主义民主政治，发展社会主义协商民主，建设中国特色社会主义法治体系，发展社会主义先进文化，培育和践行社会主义核心价值观，建设社会主义和谐社会，建设生态文明，构建开放型经济新体制，实施总体国家安全观，建设人类命运共同体，推进“一带一路”建设，坚持正确义利观，加强党的执政能力建设，等等，都是我们提出的具有原创性、时代性的概念和理论。这些具有原创性、时代性的概念和理论推动了我国整个哲学社会科学飞跃式的发展，包括推动了财政学的发展。

新中国成立后的财政理论，是在马克思主义基本原理指导下，紧随着财政实践的步伐形成和发展起来的。我国在计划经济体制时期，曾根据“一五”时期建设的实际经验，依据马克思主义的再生产理论总结出财政、信贷、物资和外汇平衡的所谓“四平”理论，其基本原理对现在研究财政平衡和财政政策仍有现实指导意义。我国学术界经过长期关于财政概念的探讨和争鸣，形成了具有中国特色的不同学说，主要有“国家分配说”“社会再生产说”“剩余产品说”“社会共同需要说”“价值分配说”等。各种学说从不同角度探索

---

① 魏源、默觚. 沈阳：辽宁人民出版社，1994：83.

财政的内涵和外延，各自有鲜明的中心论点，这些论点既不是照搬苏联的“货币关系”学说，也不是来自西方财政学，而是结合中国实践的具有原创性的观点。理论又必须与时俱进，随着时代和形势的发展变化而发展，否则，就失去了理论的继承性、时代性和民族性，理论就会苍白无力。

改革开放以后，我国由计划经济体制转向社会主义市场经济体制，原有财政学的理论体系和论点已经不能完全反映当前的现实，不足以解释和解决新体制下出现的新的财政现象和财政问题，财政理论必须发展和创新，形成社会主义市场经济的财政理论和财政学。改革开放以后，我国财政学坚持马克思主义基本原理，有鉴别地引进西方财政学对我国有借鉴意义的理论论点和制度操作，致力于探索符合社会主义市场经济的财政理论，也取得了可贵的成果。诸如：重新界定社会主义市场经济体制下的财政职能理论并强调发展职能，引进西方的“公共物品”理论并提出“社会公共需要”理论，提出“公共财政”并加快支出结构的转型，实行中国特色的积极财政政策、中央财政与地方财政关系、税收制度和赤字政策，等等。特别是党的十八大以及党的十八届三中全会、四中全会作出的决定掀起了财政理论研究的新高潮，将财政理论提到一个新高度，并提出了诸多体现原创性、时代性特征的财政理论观点。诸如：提出市场在资源配置中起决定性作用和更好发挥政府作用的理论观点，明确了政府与市场的关系，也就明确了财政在社会主义市场经济中的地位；提出财政是国家治理的基础和重要支柱的论断，将财政认定和提升为国家治理体系的范畴，将财政改革列为全面深化改革的重点；提出建立现代财政制度及其基本框架，进一步明确了社会主义市场经济体制下财政的基本职能；提出在适度扩大总需求的同时，着力加强供给侧结构性改革方略，一方面规定了当前和今后一定时期内财政的主要任务，另一方面也确定了当前和今后一定时期内财政宏观调控的方向；修订了《中华人民共和国预算法》（简称《预算法》），明确新《预算法》的立法宗旨是为了规范政府收支行为，强化预算约束，加强对预算的管理和监督，强调把权力装在“笼子”里首先是把政府财权装在“笼子”里，而《预算法》就是承载预算管理权的“笼子”；等等。继承是与发展和创新相辅相成的，采取历史虚无主义态度否定过去取得的成就，是背离历史唯物主义的形而上学，不是马克思主义的科学的研究方法。

五、有鉴别地吸收西方对我国有用的某些理论观点和制度设计

强调民族性并不是要排斥其他国家的学术研究成果，而是要在比较、对照、批判、吸收、升华的基础上，使民族性更加符合当代中国和当今世界的发展要求，越是民族的就越是世界的。我们既要立足本国实际，又要开门搞研究。对人类创造的有益的理论观点和学术成果，我们应该吸收借鉴，但不能把西方的理论观点和学术成果当成“唯一准则”，不能企图用一种模式来改造整个世界，否则就会滑入机械论的泥坑。我们的基本原则是，对国外的理论、概念、话语、方法，要有分析、有鉴别，适用的就拿来用，不适用的就不要生搬硬套。哲学社会科学要有批判精神，这是马克思主义最可贵的精神品质。

习近平同志指出，当代中国的伟大社会变革，不是简单延续我国历史文化的母版，不是简单套用马克思主义经典作家设想的模板，不是其他国家社会主义实践的再版，也不是国外现代化发展的翻版，不可能找到现成的教科书。我国哲学社会科学应该以我们正在做

的事情为中心，从我国改革发展的实践中挖掘新材料、发现新问题、提出新观点、构建新理论，加强对改革开放和社会主义现代化建设实践经验的系统总结，加强对发展社会主义市场经济、民主政治、先进文化、和谐社会、生态文明以及党的执政能力建设等领域的分析研究，加强对党中央治国理政新理念新思想新战略的研究阐释，提炼出有学理性的新理论，概括出有规律性的新实践。这是构建中国特色哲学社会科学的着力点、着重点。发挥我国哲学社会科学的作用，要注意加强话语体系建设。在解读中国实践、构建中国理论上，我们应该最有发言权，但实际上我国哲学社会科学在国际上的声音还比较小，还处于有理说不出、说了传不开的境地。要善于提炼标识性概念，打造易于为国际社会所理解和接受的新概念、新范畴、新表述，引导国际学术界展开研究和讨论。这项工作要从学科建设做起，每个学科都要构建成体系的学科理论和概念。这是我国哲学社会科学理论研究的方向，也是财政学理论研究应当追求并付诸实践的方向。

六、百花齐放、百家争鸣，弘扬优良学风

百花齐放，百家争鸣，是繁荣发展我国哲学社会科学的重要方针。要提倡理论创新和知识创新，鼓励大胆探索，开展平等、健康、活泼和充分说理的学术争鸣，活跃学术空气。要坚持和发扬学术民主，尊重差异，包容多样，提倡不同学术观点、不同风格学派相互切磋、平等讨论。要正确区分学术问题和政治问题，不要把一般的学术问题和政治问题混淆起来。学术争鸣的作用就在于，相互探讨，彼此吸收，共同推动学术繁荣。切忌动不动就打棍子、扣帽子，这违背百家争鸣应有的优良气氛，也违背相互切磋、平等讨论的学术规范。

繁荣发展我国哲学社会科学，必须解决好学风问题。要大力弘扬优良学风，推动形成崇尚精品、严谨治学、注重诚信、讲求责任的优良学风，营造风清气正、互学互鉴、积极向上的学术生态。要树立良好的学术道德，自觉遵守学术规范，讲究博学、审问、慎思、明辨、笃行，崇尚“士以弘道”的价值追求，真正把做人、做事、做学问统一起来。要有“板凳要坐十年冷，文章不写一句空”的执着坚守。要淡泊名利，耐得住寂寞，经得起诱惑，守得住底线，要把社会责任放在首位，以深厚的学识修养赢得尊重，以高尚的人格魅力引领风气，在为祖国、为人民立德立言中成就自我、实现价值。

七、重视财政学教材建设

习近平同志在哲学社会科学工作座谈会上的讲话中十分重视教材建设问题，把教材建设摆在了重要位置，习近平同志指出：“学科体系同教材体系密不可分。学科体系建设上不去，教材体系就上不去；反过来，教材体系上不去，学科体系就没有后劲。”高校哲学社会科学有重要的育人功能，要面向全体学生，帮助学生形成正确的世界观、人生观、价值观，提高道德修养和精神境界，养成科学思维习惯，促进身心和人格健康发展。培养出好的哲学社会科学有用之才，就要有好的教材。多年来，我国哲学社会科学的教材建设已经取得了一些重要成果，但总体来看这方面还是一个短板。

编写过教材的教员才可能真正知道，编写教材是一项艰辛的系统工程，或者用一句普

通的话来形容，是一件“费力不讨好”的事。教材要求全面性、系统性、科学性和专业性，不是一本论文集或一本专著可以代替的。既要遵循马克思主义基本原理，紧密结合中国实际，又要立足国际学术前沿，面向采用教材的众多教员，面向苛求真知的广大学员，心怀一个教员的责任感写出能让社会认可的教材，岂不难哉！应当指出，要编写一本好教材，不是一位主编及其团队所能做到的，在教材编写、推广、使用上要注重体制机制创新。要加强顶层设计，统筹各方面力量协同推进。要实施学科创新工程，搭建学科创新平台，运用互联网和大数据技术，加强学科图书文献、网络、数据库等基础设施和信息化建设，调动学者、学校、出版机构等方面的积极性，各方齐心合力，集腋成裘，才能做好这项工作。我们相信在中国特色社会主义发展的历史进程中，在习近平新时代中国特色社会主义思想的指导下，财政学界将不畏艰辛、不辱使命，一定能够为构建新时代中国特色社会主义财政学作出贡献。我作为财政学界的一员老者，殷切期望财政学界的诸多青年精英深刻体会习近平总书记 2020 年新年贺词中的金句：“只争朝夕，不负韶华。”

本文所言，没有什么个人的新观点，主要是学习党的十九大精神和习近平新时代中国特色社会主义思想的心得体会，以此作为这次修订版的序言。

2020 年 1 月

第一章

财政学对象与财政职能

第一节　财政学对象

一、财政的本义

（一）我国“财政”一词的来源

从人类发展史来看，财政是伴随国家的产生而产生的，所以财政活动是一种历史悠久的经济现象。纵观我国几千年来留存下的古籍，可以看到“国用”“国计”“度支”“理财”等一类用词，都是关于古代财政即政府理财之道的记载，“治粟内史”“大农令”“大司农”一类用词，则是有关古代财政管理部门的记载。我国使用“财政”一词，如今虽已习以为常，但“财政”一词出现在中文词汇中至今却只有百年的历史。据考证，清朝光绪二十四年，即1898年，在戊戌变法《明定国是》诏书中有“改革财政，实行国家预算”的条文，这是在政府文献中最初启用“财政”一词。“财政”一词的使用是当时维新派在引进西洋文化思想的指导下，间接从日本“进口”的，而日本的用词则是来自英文“public finance”一词。孙中山先生在辛亥革命时期宣传三民主义，曾多次应用“财政”一词强调财政改革，民国政府成立时，主管国家收支的机构被命名为财政部。美国政府相应机构的英文用词为“Department of Treasury”，其中文本义是金库或国库，在我国也译为财政部。

20世纪40年代中华书局出版的《辞海》对“财政”一词作如下解释：财政谓理财之政，即国家或公共团体以维持其生存发达之目的，而获得收入、支出经费之经济行为也。显然，这种解释也是将英文“public finance”译为中文而引入的概念。因此，“财政”一词目前在中文词汇中的含义虽然在学术研究上还有不同的理解，但在日常生活中，已经是一个耳熟能详、没有什么疑义的词语。例如，管理国家收支的工作名曰财政工作，管理机关名曰财政部、财政厅、财政局等，研究财政的学问名曰财政学，已经约定俗成，为社会所公认。

不过，这里涉及对英文“public finance”一词的译法问题。该词被译为中文时有意译和直译两种译法。意译是译为财政或财政学，这种译法的含义就是，中文中的财政和财政学是由英文的“public”和“finance”两个词组成的。与此同时，也有人将其直译为公共财政，即将“finance”译为财政，并在前面添加“公共”二字。但这种译法过去多是在书本上使用，实际工作中则很少使用。这里有一点是清楚的，就是中文中财政与公共财政二词都是从国外引进的，都是来自英文“public finance”一词，而且习惯上是被看作含义相同的两种不同译法。这样就形成了在英文中是一个词，即“public finance”，而在中文中则是同义语的“财政”和“公共财政”两个词。这是在中国启用财政一词的特殊的历史事实。

西方经济学最初对财政的表述是用一个词，即“finance”，后来巴斯塔布尔于 1892 年最先提出英语财政学专用术语“public finance”，当时他还专门在脚注中解释了采用“public”定义“finance”的原因，是因为“finance”一词的用意更为广泛，需要加上“public”一词加以修饰和限制，才能确切地表达财政这个特殊的概念。因此，在中文中译为财政是最为准确的，加上公共二字则是画蛇添足。

这里讲财政一词的来源，是为了说明“财政”一词是准确的，“财”与“政”两个字的合成可以准确无误地表达财政的本义，“财”是指政府收支，而“政”则是治理，所以，财政就是政府收支及其治理。

（二）从财政的起源上考察

从财政的起源上考察，财政是伴随国家的产生而产生的。随着生产力的不断提高，人类社会出现了私有财产，社会分裂为阶级才产生了国家。国家一旦产生，就必须从社会分配中占有一部分国民收入来维持国家机构的存在并保证实现其职能，于是才伴生了财政这种特殊的经济行为和经济现象。从这个意义上说，财政也通常被称为国家财政。马克思、恩格斯对财政与国家的关系有明确的论证，恩格斯在研究国家起源的时候，同时论述了财政的起源，认为随着国家的产生，“为了维持这种公共权力，就需要公民缴纳费用——捐税。……随着文明时代的向前进展，甚至捐税也不够了；国家就发行期票，借债，即发行公债”①。

西方经济学虽然没有专门研究财政的起源，但它的代表性著作对财政与国家的关系也有明确的论证，被恩格斯誉为创建了财政学的亚当·斯密所著的《国民财富的性质和原因的研究》一书，其中专门论述财政问题的第五篇被冠以“论君主或国家的收入”的标题，另一本被誉为具有里程碑意义的约翰·穆勒所著的《政治经济学原理》一书，其中专门论述财政问题的第五篇则被冠以“政府的影响”的标题。综观当今西方国家的财政学，也都十分关注财政与国家或政府的关系问题，甚至将财政学等同于“政府经济学”或“公共部

---

① 马克思，恩格斯．马克思恩格斯全集：第 21 卷．北京：人民出版社，1965：195.

门经济学”。自20世纪60年代以来，政府经济活动被视为是与市场经济相对应的一个特殊的经济领域而加强研究力度，特别是以布坎南为代表的“公共选择学派”从政治学角度研究政府经济活动的特殊规律性，从而协调政府与市场的关系，促进经济的稳定增长。

在这里讲财政的起源，是为了说明财政这个范畴是经济与政治共同作用下的产物，在财政诞生的那一刻就被注入了两种因素，即经济因素和政治因素，因而财政概念是二元的，是经济和政治的结合体或融合体。关于财政的社会性问题，恩格斯曾指出“政治统治到处都是以执行某种社会职能为基础，而且政治统治只有在它执行了它的这种社会职能时才能维持下去”①。财政的社会职能是不能否认的，也是不可忽视的，但社会职能可以看作是国家内在的一种职能，而不应看作是与政治和经济等同的财政的特质。

二、财政学研究对象的重新思考

（一）党的十八届三中全会论断的启示

党的十八届三中全会通过的《中共中央关于全面深化改革若干重大问题的决定》提出“财政是国家治理的基础和重要支柱”，这个提法是从国家治理现代化的角度界定财政的地位和功能，为建立现代财政制度提供理论前提，也为财政学的建设和创新提供一种新思路、新方向，需要我们认真思考和研究。

关于国家治理现代化，党的十八届三中全会是将其作为全面深化改革的总目标提出的：“全面深化改革的总目标是完善和发展中国特色社会主义制度，推进国家治理体系和治理能力现代化。”习近平主席把国家治理现代化提到“真正实现社会和谐稳定、国家长治久安”的高度。就是在这个前提下党的十八届三中全会将财税体制定位为国家治理的基础和重要支柱，也就是把财政提升到国家治理的基础和重要支柱的高度，并提出建立现代财政制度。那么，财政学界也需要拓展和创新，根据这个精神，重新思考财政学发展的思路和方向，重新思考财政学的对象。

我国财政理论界过去研究财政学有一种明显的倾向，就是侧重或局限于经济这个侧面，而忽视政治这个侧面，重视从经济学角度研究财政学，轻视从政治学角度研究财政学，强调财政学是研究财政运行规律，忽视财政收支治理的实践。当然，当时我们也曾强调，财政和国家有直接的关系，甚至说有本质联系，强调经济和政治是不可分的，而且“国家分配论”将财政定义为以国家为主体的分配活动和分配关系，认为财政学是名副其实的政治经济学。当然，将财政学作为经济学的一个分支，这些提法和论点并没有错，并且已经带有财政不仅是一个经济问题而且是一个政治问题的含义。可是，从实践上看，在研究思路、研究方法以及财政学编写上，上述倾向仍然是十分明显的。过去的研究思路有些偏颇，视野狭隘，研究方法有些形而上学，诸如：把主要研究纠结在所谓财政本质或财政概念的争论上面，而财政治理实践问题很少摆到研究和讨论的日程上，形而上学，脱离实际；仅从经济学角度给财政下定义，视野和思路受到限制，结论自然是以偏概全；在讨论财政学对象时，有人认为财政学主要是研究和讲授财政理论的，而属于财政治理的财政政策和财政制度并不是财政学对象，在财政学里写上一些政策和制度问题，也不过是将其

① 马克思，恩格斯．马克思恩格斯文集：第9卷．北京：人民出版社，2009：187.

作为研究规律的衬托，作为财政规律的注释；有一段时间财政学界曾开展了一场关于财政是经济基础还是上层建筑的激烈争论，最后的主流结论似乎是财政是经济基础，这也是将属于上层建筑的财政政策与财政制度抛弃到财政理论之外。现在看来，过去的财政研究往往陷入深奥玄学的争论中，会把简单明了的问题弄得迷迷糊糊。如上所述，“财政”这个词原本是简单明了的，就是财政收支及其治理，怎么能说财政学只研究所谓的财政理论而不研究财政治理呢！

因此，现在应当明确，必须拓展和创新财政学研究的思路，正确理解财政是经济与政治的“二元”结合体，不仅应从经济学角度研究财政问题，而且必须从经济学与政治学结合和交叉的角度研究财政问题和建立财政学，针对当前的现实，特别要强调从国家治理角度研究财政问题。

（二）从经济学与政治学结合和交叉的角度考察财政学对象

从经济学的角度来分析，财政活动属于社会再生产总体中的一个分配问题。谈到分配，一般理解是对产品（收入）的分配，从这个意义上说，分配关系和分配形式完全取决于生产结构，分配只是通过对消费的制约作用而对生产发挥反作用；然而，广义的分配首先指对生产要素的分配，即当前所说的资源配置，而生产要素则直接构成生产的前提和条件。政府就是通过财政参与国民收入分配，构成“政府机器的经济基础”，执行政府的职能，保证社会经济的正常运行。

从政治学的角度考察，财政包括财政收支治理的含义，属于国家治理范畴。“财政是国家治理的基础和重要支柱，科学的财税体制是优化资源配置、维护市场统一、促进社会公平、实行国家长治久安的制度保障。”党的十八届三中全会提出全面深化改革的战略方针，全面深化改革的总目标是完善和发展中国特色社会主义制度，推进国家治理体系和治理能力现代化。而财税体制是现代化国家治理体系的重要组成部分，作为国家治理体系核心内容的制度，具有根本性、全局性、长远性的作用。

由此可见，财政是经济与政治的交汇点，财政学是经济学和政治学（含法学）的集合体，从财政的本义来说，经济和政治二者不存在孰轻孰重的问题，在财政学中财政规律方面的理论与财政治理方面的财税体制是不可或缺的两个有机组成部分，这是财政学带有本质性的一个特征。因此，财政学的对象不仅含有研究财政规律方面的理论内容，而且理应含有属于国家治理体系的财税制度的内容。当然，就经济与政治二者的关系而言，经济毕竟是政治的基础，这一点是不容忽视的。

最后还应强调，从财政学的学科属性来看，财政学是一门综合性很强的学科，不仅是经济学和政治学的交叉，而且是经济学和不少相关学科的交叉。据我们所知，西方国家的大学很少有设立独立的财政学科或财政学院的，这是有道理的。在我国的学科分类中，经济学科又分出一个应用经济学学科，而财政学属于应用经济学。我们认为分出一个应用经济学学科是很有实际意义的，这说明财政学不仅是经济学与政治学的交叉，而且是经济学和其他多门相关学科的交叉，比如经济学与法学、社会学、公共管理学以及心理学的交叉等。当我们面对预算法的时候，财政学的综合性最为明显地显现出来了。研究预算法的是什么学科？当然有财政学，因为是预算法嘛！但预算法的核心问题是权力制衡问题，这是政治学问题；预算法毫无疑问又是法学问题；预算法中的许多项目属于预算管理问题，这又属于管理学或公共管理学，即国家治理问题；如果你单纯运用经济学原理来解释预算法，那么将会陷入迷魂阵，什么问题也说不清楚。因此，我们应当大力提倡采取多学科交叉的方法来研究财政问题，来编写财政学，这是财政理论研究和财政学的方向，也是财政理论和财政学创新的关键。当前首先要做的是加强从国家治理现代化的角度研究财政问题，改造和更新财政学。

三、财政运行的主要特征——对财政学对象的进一步说明

（一）财政运行是财政收支的矛盾统一

财政收支是财政运行的主线，全部财政运行都是围绕财政收支展开的，财政运行可以说都是财政的收收支支，即通过收入—支出、支出—收入过程运行，收与支是矛盾的统一。我国自古就存在是“以收定支”还是“以支定收”的争论，至今仍在争论不休。纵观古今中外，几乎不存在收支的绝对平衡，大多数的国家或年份都出现了财政赤字，于是财政赤字就成为世界范围内关注的一个经济焦点问题。在市场经济体制下，财政收支不是简单的收支问题，它的核心是国家与市场的关系问题。在市场经济体制下，资源配置有两条渠道，一是市场，二是政府，财政收支过程就是政府进行资源配置的过程。党的十八届三中全会指出，市场决定资源配置是市场经济的一般规律。必须积极稳妥从广度和深度上推进市场化改革，大幅度减少政府对资源的直接配置，政府的职责和作用之一是弥补市场失灵，提供公共物品，满足公共需要。这是财政收支运行必须遵守的一条规律。同时，财政又必须制定符合市场经济要求的现代财税制度，改进预算管理制度，完善税收和收费制度，以及建立事权与支出责任相适应的制度，并合理安排财政支出规模和结构，提高使用效率。

（二）财政运行是财政规律与财政政策的矛盾统一

我国财政理论界曾有财政是经济基础还是上层建筑之争，其实这是由于混淆财政政策与财政规律及其相互关系而导致的争论。财政运行规律作为一个经济范畴，具有客观性，当然属于经济基础范畴，但财政政策、财政制度却属于上层建筑范畴。将财政政策和财政制度界定为上层建筑，并不是说政策和制度不重要，而是要辨别财政运行规律与财政政策、财政制度的辩证关系。财政政策和财政制度的制定、执行是国家意志的体现，是人们的主观见之于客观的财政实践活动。与财政政策和财政制度相对应的财政运行规律则是客观经济规律的组成部分，是各个社会的诸经济规律在财政这个特殊领域的体现，是政府制定财政政策、财政制度的基本依据。国家权力本身也是一种经济力量，国家可以制定和执行不同的财政政策，但国家不能决定财政规律，不能改变财政规律，财政政策必须遵循和符合财政规律。判定财政政策优劣的标准，不是人们心里的偏好和政府的意志，而是财政活动的实践，符合财政规律的财政政策和财政制度就会促进社会经济的发展，否则就会阻碍和破坏社会经济的发展，甚至在经济必然性的支配下导致政权的垮台。如果将财政政策和财政制度视为一条曲线，那么，这条曲线的轴心就是财政规律，政府只能在这条轴心线的一定范围内制定财政政策和财政制度；如果将财政政策和财政制度作为一种经济杠杆，那么，财政规律就是这个杠杆的支点，政府只能以这个支点为基础运用这个杠杆，学

会掌握杠杆的艺术。经济治理能力主要体现为把握经济发展趋势、认识和遵循经济规律的能力。

（三）财政运行是公共性与阶级性的矛盾统一

既然财政是以国家为主体的一种经济行为，而国家是阶级矛盾的产物，那么，财政自然具有鲜明的阶级性，这是一条再清楚不过的原理。但阶级性不等于阶级斗争，它的核心是经济利益关系。同时，从马克思主义国家观来看，国家不仅是阶级统治工具，而且是一种“公共权力”。恩格斯明确指出，国家的第二个特征就是“公共权力的设立……这种公共权力在每一个国家里都存在”[①]。可见，作为阶级统治工具的国家都具有公共性，难道以国家为主体的分配会不具有公共性吗？这也是一条再清楚不过的原理。“公共财政论”提出，社会主义市场经济下财政的公共性不是国家财政原有的，而是市场经济另外赋予的，这种论点不符合马克思主义原理。因此，财政是阶级性与公共性的统一是财政运行的一种基本特征，片面强调或忽视哪一个方面，都不符合历史唯物主义原则，而且会在政策决策上铸成大错。注重财政的公共性，是社会主义市场经济深化改革的重要原则，但切不可忽视或淡化财政运行中的经济利益关系。当前我国经济体制的全面深化改革已经进入深水区，财政制度安排体现并承载着政府与市场、政府与社会、中央与地方等方面的基本关系，深刻影响着经济建设、政治建设、文化建设、社会建设、生态文明建设“五位一体”的改革，每一项改革都是一场触及经济利益和撬动灵魂的改革。习近平主席指出：“冲破思想观念的障碍、突破利益固化的藩篱，解放思想是首要的。在深化改革问题上，一些思想观念障碍往往不是来自体制外而是来自体制内。”[②] 李克强总理提出，改革要有“壮士断腕的决心、背水一战的气概”。

第二节　财政职能

研究财政的职能，是从理论上概括财政在国民经济中的地位和作用，因而财政职能的概括与分类对构建财政学的理论体系，对确定财政学研究的内容、方向和目标有至关重要的意义。我国财政理论界对财政职能的研究有不同的思路，因而有不同的表述。本书总的思路是，财政是履行和实现政府职能的手段，财政职能实际上就是政府的职能，这里根据党的十八届三中全会《中共中央关于全面深化改革若干重大问题的决定》中关于“科学的财税体制是优化资源配置、维护市场统一、促进社会公平、实现国家长治久安的制度保障”的论述，将财政职能定位为四项职能：优化资源配置、维护市场统一、促进社会公平、实现国家长治久安。财政职能需要研究的问题主要是分析和研究财政在履行和实现政府职能中的地位和作用，以及财政履行和实现政府职能的特殊机制与手段。

---

① 马克思，恩格斯．马克思恩格斯选集：第4卷．3版．北京：人民出版社，2012：187.

② 中国共产党第十八届中央委员会第三次全体会议文件汇编．北京：人民出版社，2013：114.

一、优化资源配置职能

在社会主义市场经济体制下，市场是资源配置的一条渠道，政府也是资源配置的一条渠道，因而优化资源配置的核心问题是处理好政府和市场的关系，就是使市场在资源配置中起决定性作用和更好发挥政府作用。市场决定资源配置是市场经济的一般规律，政府的职责和作用主要是保持宏观经济稳定，加强和优化公共服务，保障公平竞争，加强市场监管，维护市场秩序，推动可持续发展，促进共同富裕，弥补市场失灵。优化资源配置，必须立足于我国长期处于社会主义初级阶段这个最大实际，发展是解决我国一切问题的基础和关键，坚持科学新发展理念，坚定不移贯彻创新、协调、绿色、开放、共享的发展。以经济稳定健康发展为中心，必须发挥经济建设的基础性和牵引作用，推动生产关系同生产力、上层建筑同经济基础相适应，推动经济社会全面持续健康发展。优化资源配置，健全以国家发展战略和规划为导向、以财政政策和货币政策为主要手段的宏观调控体系，加强财政政策、货币政策与产业政策、价格政策等政策手段的协调配合，增强宏观调控的前瞻性、针对性、协同性。

财政政策是进行宏观调控和优化资源配置的主要手段。实施财政政策即综合灵活运用各种财政手段，通过各种财政手段的有效组合，履行优化资源配置职能，来实现宏观调控目标，保持经济总量平衡，促进重大经济结构协调和生产力布局优化，减缓经济周期波动的影响，防范区域性、系统性风险，稳定市场预期，以实现经济稳定持续健康发展。

我国财政政策在改革开放初期主要是限于扩张与紧缩的交替，目标和手段都比较单一，经过较长时间的实践和探索，我国于 1998 年开始实行积极财政政策，至今仍在持续。“积极”二字虽然未变，但它的内涵却随着阶段性战略和规划以及政治经济形势的变化而不断丰富和变化。1998 年为应对亚洲金融危机，政府根据对形势的判断，果断地作出决策，采用积极财政政策，侧重拉动需求，促进经济的稳定。1998 年积极财政政策的政策目标是多元的，既包含反周期的短期政策目标，也包含结构性调整等可持续发展的目标，但首要目标是化解外部冲击，扩大需求，确保经济的稳定增长和社会安定。这次的积极财政政策的主要手段是通过增发国债增加财政支出，将其主要用于基础设施建设。同时，优化支出结构，增加的收入主要用于教育、科技、社会保障和提高公教人员的工资等一般公共需要。实践证明，这一决策是及时和有效的，取得了预期的政策效应，有效地制止了经济增长的下滑，优化了支出结构，完善了社会保障制度等。但同时积极财政政策又含有供给侧结构性调整的因素，如在加快基础设施建设、加大技术革新力度、增加农业投入、增强经济增长的内生动力等诸多方面都有所建树，为我国在“十五”时期开始建设小康社会和和谐社会奠定了良好基础。我国从 2005 年到 2008 年曾短期实行稳健财政政策，2009 年为应对美国次贷危机所引发的世界性金融危机，又重新启动积极财政政策。这次积极财政政策的主要内容是：扩大政府公共投资，从 2008 年第四季度开始实施 4 万亿元刺激经济计划，着力加强重点建设；推进税费改革，实行结构性减税；提高低收入群体的收入，大力促进消费需求；进一步优化财政支出结构，大力保障和改善民生；大力支持科技创新、节能减排，推动经济结构的调整以及发展方式的转变。这次积极财政政策实施后促进了自 2008 年下半年以来趋冷的经济回暖，经济开始转向稳定增长的轨道。

自2009年我国重新启用积极财政政策，至今仍在持续，但随着经济形势的变化，“积极”的内涵必须也必然发生明显的变化。当明确我国经济发展进入新常态后，积极财政政策必须主动适应经济发展新常态的要求。第一，政策作用的重点发生转变，从以总量调控为主转变为以结构调整为主。随着宏观经济增长进入新常态，国家不再继续将总量扩张作为政策关注的主要目标，而是从总体上坚持稳中求进的总基调，着力稳增长、调结构、促改革，沉着应对各种风险挑战，并着力关注经济结构变化，提升经济结构调整这一中长期战略目标的地位。第二，政策手段由以“发债增支”为主转向“发债增支”与结构性减税并举。特别是在全面深化财税体制改革的过程中，通过税制改革实行结构性减税政策具有很大的空间。第三，大力支持技术创新，培养新的经济增长点，鼓励战略性产业、新兴产业和高技术、高附加值产业，推动产业升级。第四，进一步优化财政支出结构，注重民生支出，增加居民收入，扩大内需。第五，在全面深化改革的浪潮中从“改革”上寻求和挖掘执行积极财政政策的内在潜力，特别是通过财税改革完善财税体制，提高财税治理能力，对提高财政支出绩效具有无限的潜力。

2015年11月习近平同志在主持召开中央财经领导小组第十一次会议时，首次提出“在适度扩大总需求的同时，着力加强供给侧结构性改革”的命题。2016年1月习近平同志在中央财经领导小组第十二次会议上再次强调：“供给侧结构性改革的根本目的是提高社会生产力水平，落实好以人民为中心的发展思想。要在适度扩大总需求的同时，去产能、去库存、去杠杆、降成本、补短板，从生产领域加强优质供给，减少无效供给，扩大有效供给，提高供给结构适应性和灵活性，提高全要素生产率，使供给体系更好适应需求结构变化。”推进供给侧结构性改革，是适应和引领经济发展新常态的重大创新，是适应国际金融危机发生后综合国力竞争新形势的主动选择，是适应我国经济发展新常态的必然要求。供给侧结构性改革本质上是调整和完善社会主义生产方式的一场重大改革，并非一种单纯的财政政策，但财政政策是其中的一个重要组成部分。在供给侧结构性改革中要继续采取积极财政政策和稳健货币政策，而且积极财政政策要更加积极有效，预算安排要适应并推动供给侧结构性改革，降低税收负担，保障民生兜底的需要。主要政策措施是：进一步减税降费，加大收费基金清理和改革力度；适度扩大财政赤字规模，适当增加必要的财政支出，保障政府应该承担的支出责任；调整优化支出结构，按可持续、保基本的原则安排好民生支出；加大财政资金统筹使用力度，创新财政支出方式，提高财政支出效率。

当前的财政政策要紧扣我国社会主要矛盾的变化，立足于我国经济已转向高质量发展阶段这一基本特征，按照高质量发展的要求，坚持以供给侧结构性改革为主线，继续实施积极财政政策，增强财政的可持续性。要继续实施减税降费政策，进一步减轻企业负担；调整优化支出结构，确保对重点领域和项目的支持力度，严控一般性支出，提高财政资金使用效率，着力支持在打好防范化解重大风险、精准脱贫、污染防治的攻坚战方面取得扎实进展，推动解决发展不平衡不充分问题。

二、维护市场统一职能

党的十八届三中全会通过的《中共中央关于全面深化改革若干重大问题的决定》要求加快完善现代市场体系。建设统一开放、竞争有序的市场体系，是使市场在资源配置中起决定性作用的基础。必须加快形成企业自主经营、公平竞争，消费者自由选择、自主消费，商品和要素自由流动、平等交换的现代市场体系，着力清除市场壁垒，提高资源配置效率和公平性。必须清理和废除妨碍全国统一市场和公平竞争的各种规定和做法，严禁和惩处各类违法实行优惠政策的行为，反对地方保护，反对垄断和不正当竞争。应建立健全社会征信体系，褒扬诚信，惩戒失信。应健全优胜劣汰的市场化退出机制。

财政是国家治理的基础和重要支柱，财税体制广泛涉及政府与企业、居民以及中央与地方的关系，可以说，几乎每项财税改革都和市场统一有密切关系，因而科学的财税体制具有并发挥维护市场统一的功能，是市场统一的保障。

我国“营改增”的税制改革是财政维护市场统一的典型例证。“营改增”改革打通了增值税抵扣链条，解决了服务业和制造业税制不统一的问题，使重复征税成为历史，更好地体现了税收中性原则。“营改增”改革为实行结构性减税政策提供了前提和空间，有利于减轻企业负担。同时，“营改增”改革是主动适应我国经济发展进入新常态的一项重大措施，有利于经济发展方式的转变。从经济社会全面发展层面看，“营改增”改革有利于经济结构调整，有利于服务业特别是现代服务业的发展，有利于制造业主辅分离和转型升级，有利于经济结构的调整和优化；从企业层面看，“营改增”改革更充分地体现了税收中性原则，可以更好地发挥市场对资源配置的决定性作用，从而维护市场统一。

此外，财政方面的措施还有：改进预算管理制度，实施全面规范、公开透明的预算制度，实行四种预算的全口径预算，将政府的资金流纳入规范的统一协调管理；完善转移支付增长机制，原则上通过一般性转移支付调节，清理、整合、规范专项转移支付项目，逐步取消竞争性领域专项和地方资金配套，严格控制引导类、救济类、应急类专项；中央与地方建立事权和支出责任相适应的制度，适度加强中央的事权和支出责任，逐步理顺事权关系，通过税制改革加快地方税种建设，增强地方自主财力，反对地方保护主义；等等。这些都是有利于建设统一开放、竞争有序的市场体系的制度性措施，都具有财政维护市场统一的功能。

三、促进社会公平职能

社会公平包含多重含义，主要是权利公平、机会公平、规则公平、分配公平。促进社会公平，就是不断消除人民参与经济发展、分享经济发展成果方面的障碍，坚持以人民为中心，着力保障和改善民生，建立覆盖全民的社会保障体系，注重解决教育、医疗卫生、劳动就业、养老等民生问题，努力做到发展为了人民、发展依靠人民、发展成果由人民共享的战略方针。因此促进社会公平实际上就是财政在执行其本来应具有的社会职能。

“大道之行也，天下为公”，全面深化改革既要往有利于增添新动力方向前进，也要往有利于社会公平方向前进。党的十八大以来，以习近平总书记为核心的党中央坚持以人民为中心的发展思想和总体国家安全观，顺应人民群众对美好生活的向往，把增进人民福祉、促进人的全面发展作为一切工作的出发点和落脚点，从人民群众最关心、最直接、最现实的利益问题入手，统筹做好收入分配、教育、医疗卫生、就业、社会保障等各领域的民生工作，不断提高人民生活水平。习近平总书记在党的十九大报告中强调：“坚持在发展中保障和改善民生。增进民生福祉是发展的根本目的。必须多谋民生之利、多解民生之忧，在发展中补齐民生短板、促进社会公平正义，在幼有所育、学有所教、劳有所得、病有所医、老有所养、住有所居、弱有所扶上不断取得新进展，深入开展脱贫攻坚，保证全体人民在共建共享发展中有更多获得感，不断促进人的全面发展、全体人民共同富裕。建设平安中国，加强和创新社会治理，维护社会和谐稳定，确保国家长治久安、人民安居乐业。”

财政是国家治理的基础和重要支柱，也是促进社会公平的主要杠杆和保障。

首先，在收入分配方面，要通过税收的再分配功能调节市场经济必然带来的收入分配差距。按我国现行的经济核算体系，商品流转税作为商品价格的附加，直接构成要素分配的一个项目，而以所得税为主的直接税则是要素分配的再分配，因此财政既参与价格形成起始阶段的要素分配，又参与要素分配基础上的再分配。通过间接税可以调节各类商品的相对价格，从而调节各经济主体的要素分配，通过企业所得税可以调节公司的利润水平，通过个人所得税可以调节个人的劳动收入和非劳动收入，使个人的劳动收入和非劳动收入差距维持在一个合理的范围内，通过资源税可以调节由于资源条件和地理条件不同而形成的级差收入，通过遗产税、赠与税可以调节个人财产分布，等等。

其次，要优化财政支出结构，保证和加快教育和卫生保健等社会事业的发展，实现公共服务的均等化。优先发展教育事业，建设教育强国是中华民族伟大复兴的基础工程。应推进教育公平，推动城乡义务教育一体化发展，高度重视农村义务教育；办好学前教育、特殊教育和网络教育，普及高中阶段教育，努力让每个孩子都能享有公平而有质量的教育；对少数民族和贫困地区学生的高等教育实行优惠政策。财政保障和加大医疗卫生事业的投入，在社会保障体系中要完善统一的城乡居民基本医疗保险制度和大病保险制度。就业是最大的民生，财政要支持就业优先战略和积极就业政策，完善失业、工伤保险制度，实现更高质量和更充分就业。

再次，财政要大力投入精准扶贫攻坚战，确保财政专项扶贫资金及其增长机制，并加强监督检查，发挥实效，重点攻克深度贫困地区的脱贫任务，确保到2020年我国现行标准下全部农村贫困人口实现脱贫，贫困县全部摘帽，解决区域性整体贫困，做到脱真贫、真脱贫，实现让贫困人口和贫困地区同全国一道进入全面小康社会的庄严承诺。

最后，要加强加快社会保障体系建设。按照兜底线、织密网、建机制的要求，全面建成覆盖全民、城乡统筹、权责清晰、保障适度、可持续的多层次社会保障体系。全面实施全民参保计划。完善城镇职工基本养老保险和城乡居民基本养老保险制度，尽快实现养老保险全国统筹。完善统一的城乡居民基本医疗保险制度和大病保险制度。完善失业、工伤保险制度。建立全国统一的社会保险公共服务平台。统筹城乡社会救助体系，完善最低生活保障制度。坚持男女平等的基本国策，保障妇女儿童合法权益。完善社会救助、社会福利、慈善事业、优抚安置等制度，健全农村留守儿童和妇女、老年人关爱服务体系。发展残疾人事业，加强残疾康复服务。

四、实现国家长治久安职能

马克思说：“赋税是政府机器的经济基础，而不是其他任何东西。”① 显然，任何一个

① 马克思，恩格斯. 马克思恩格斯全集：第19卷. 北京：人民出版社，1963：32.

国家，只有建立健全财政，国家才能百事兴旺，政府才能顺畅运行，否则，国家将陷入困境，政府将寸步难行。我国北宋政治家、文学家苏辙曾论证“财者，为国之命而万世之本。国之所以存亡，事之所以成败，常必由之”。古今中外的历史实践表明，国家事务的重大变革，往往渗透着财政原因。如我国先秦的商鞅变法、唐代实行的“两税法”、明代实行的“一条鞭法”、清代的“摊丁入亩”，基本上都是围绕财税问题展开的。17 世纪英国的“光荣革命”确立的税收法定原则为英国在工业革命中的崛起奠定了基础，19 世纪末 20 世纪初美国的预算制度变革开启了“进步世代”的大幕，推动美国步入世界强国之列。

我国历来高度重视建设健全财政，坚持清理滥收费，控制财政收入占国内生产总值（GDP）的比重，始终将财政赤字控制在国际公认的区间；坚持以人为本，持续增加教育、医疗卫生、社会保障、就业等民生性支出，保基本，兜底线，即使财政收入增速放缓，民生性投入仍占全部财政收入的 70%以上；重视调节国家、企业和居民以及中央和地方的关系，通过清费立税，实行结构性减税政策，减轻企业和居民的负担，建立事权与支出责任相适应的财政体制，发挥中央与地方两个积极性。这些政策和措施有力地保证了社会安定与和谐社会建设。

我国历来高度重视财政制度建设和财政体制改革。财政是国家治理的基础和重要支柱，财政体制在治国安邦中始终发挥基础性、制度性、保障性作用。1994 年财税体制的分税制改革是新中国财政史上的一个重要里程碑，保障了我国 20 多年来的社会安定和国民经济稳定持续的增长。党的十八届三中全会提出的新一轮全面深化改革明确提出建立现代财政制度，是总结古今中外的历史经验、着眼于我国现代化建设全局的重大决策，是建立与国家治理体系和治理能力现代化相适应的制度基础，为经济建设、政治建设、文化建设、社会建设和生态文明建设五位一体协调发展提供支撑。党的十八届三中全会通过的《中共中央关于全面深化改革若干重大问题的决定》以“基础”、“支柱”和“保障”来界定财政在社会主义市场经济中的地位和作用，指出：“财政是国家治理的基础和重要支柱，科学的财税体制是优化资源配置、维护市场统一、促进社会公平、实现国家长治久安的制度保障。”

☑【关键词】

财政的本义　财政的公共性　优化资源配置　维护市场统一　促进社会公平　实现国家长治久安

【复习与思考】

1. 如何从财政的起源考察财政的概念？
2. 财政学科的性质是什么？
3. 如何理解财政收支的矛盾统一？
4. 如何看待财政改革中的经济利益关系和公共性？
5. 如何表述财政职能才是科学的？
6. 简述本书表述的四项财政职能。

第二章 财政学的基本理论问题

第一节 政府与市场的关系——财政学的核心问题

一、使市场在资源配置中起决定性作用和更好发挥政府作用

党的十八届三中全会提出，“使市场在资源配置中起决定性作用和更好发挥政府作用。”① 这是这次全会提出的一个重大理论观点。经济体制改革是全面深化改革的重点，核心问题是处理好政府和市场的关系，使市场在资源配置中起决定性作用和更好发挥政府作用。市场决定资源配置是市场经济的一般规律，健全社会主义市场经济体制必须遵循这条规律，着力解决市场体系不完善、政府干预过多和监管不到位问题。必须积极稳妥地从广度和深度上推进市场化改革，大幅度减少政府对资源的直接配置，推动资源配置依据市场规则、市场价格、市场竞争实现效益最大化和效率最优化。政府的职责和作用主要是保持宏观经济稳定，加强和优化公共服务，保障公平竞争，加强市场监管，维护市场秩序，推动可持续发展，促进共同富裕，弥补市场失灵。因此，财政和财政改革的核心也是处理好政府与市场的关系问题。

我国的社会主义市场经济体制是由计划经济体制转换过来的，要建设社会主义市场经济体制，首先要正确认识和处理政府与市场的关系，而其中首先是市场与计划的关系问题。邓小平同志曾创造性地阐明了两者的关系：“计划多一点还是市场多一点，不是社会主义与资本主义的本质区别。计划经济不等于社会主义，资本主义也有计划；市场经济不

① 中国共产党第十八届中央委员会第三次全体会议文件汇编. 北京：人民出版社，2013：6.

等于资本主义，社会主义也有市场。计划和市场都是经济手段。社会主义的本质，是解放生产力，发展生产力，消灭剥削，消除两极分化，最终达到共同富裕。”① 我国明确实行社会主义市场经济，也就是由原来的计划经济体制转向市场经济体制，这个转变是在坚持社会主义基本政治经济制度前提下的资源配置方式的转变，因而要从社会主义市场经济出发重新认识财政，就是要从资源配置方式转变及其相关的政府职能转变的角度重新认识财政。这是社会主义市场经济财政体制改革和建设的基本出发点与立足点。

在计划经济体制下，政府计划在资源配置中起主导作用，削弱甚至排斥市场的资源配置作用，但在市场经济体制下，市场是一种资源配置体系，政府也仍然是一种资源配置体系，而财政是政府进行资源配置的重要渠道，是执行政府职能的工具，所以明确政府与市场的关系是财政理论和财政改革的理论前提；不明确政府与市场的关系，就不能说明有市场配置为什么还要有财政配置，财政配置起什么作用，财政配置运行机制如何，财政配置的范围和规模有多大才符合市场经济的要求，等等。这些就需要从市场经济的角度，以资源配置方式的转变以及与之相应的政府职能的转变为切入口，重新认识财政在市场经济下的地位、作用及其运行机制。

西方发达国家的市场经济是经由经济发展自发地形成的，而我国社会主义市场经济的形成和建立有其本身的特殊性。我国的市场经济是在政府推动下通过经济体制改革由计划经济体制转换过来的，而原来存在的是运行机制不完善的“残缺市场”，经济体制改革就是由政府培育和“塑造”市场经济的过程。从这个意义上说，我国经济的市场化改革和政府职能的转变是同一个问题的两个方面，政府职能的转变也就是市场化改革。改革开放后的一段时间内，我国仍处于“摸着石头过河”的阶段，曾先后提出多种思路，不断探索转向市场经济的道路和模式，拓展和认识政府与市场关系的新的科学定位。在不断总结经验的基础上，我国于 1992 年曾提出要使市场在国家的宏观调控下对资源配置起基础性作用。这是一次重大的理论突破，对我国经济体制改革和经济社会发展发挥了重要的作用。此后经过 20 多年的实践，我国已经初步建立社会主义市场经济体制，但仍然没有从根本上改变“残缺市场”的状态，仍没有弥补和修正市场的“残缺”，主要是市场秩序不规范、生产要素市场发展滞后、市场规则不统一、市场竞争不充分等，这些问题不解决，仍然难以形成现代市场经济体系，难以完善社会主义市场经济体制。党的十八届三中全会明确提出市场在资源配置中起决定性作用的论断，这是对政府与市场关系在理论上的进一步升华，这一论断从根本上解决了在资源配置中是市场还是政府起决定性作用的问题。市场决定资源配置是市场经济的一般规律，市场经济本质上就是市场决定资源配置的经济。健全社会主义市场经济体制必须遵循这条规律，着力解决市场体系不完善、政府干预过多和监管不到位的问题。作出使市场在资源配置中起决定性作用的定位，树立了社会主义市场经济关于政府和市场关系的正确观念，明确了经济体制改革的终极目标。

使市场在资源配置中起决定性作用，并不是否定或忽视政府的作用。完整的市场系统是由家庭、企业和政府三个相对独立的主体组成的。在市场经济下，政府也是构成市场系统的一个主体。比如，政府为市场提供诸如基础设施、教育和社会保障之类的公共物品和准公共物品，同时从市场采购大量的投入品和办公用品。但政府又是一个公共服务和政治权力机构，具有与市场不同的运行机制，在市场体系中具有特殊的地位和特殊的功能，即

① 邓小平．邓小平文选：第 3 卷．北京：人民出版社，1993：373.

可以通过经济、法律和行政等手段，“凌驾”于市场之上，介入和干预市场。因此，发展社会主义市场经济，既要发挥市场的作用，也要发挥政府及其财政的作用。“两只手命题”也是中国经济体制改革进程中的一个核心命题。行政体制改革是经济体制改革和政治体制改革的重要内容，简政放权，转变政府职能，在经济领域向市场、社会放权，蕴含着全面深化改革的明晰思路。要放开市场这只“看不见的手”，用好政府这只“看得见的手”，在未来的改革征程上，让“看不见的手”更有效，让“看得见的手”更有为。简言之，市场在资源配置中起决定性作用，政府及其财政的作用就是提供公共物品，满足公共需要，同时，完善政府的宏观调控体系，弥补市场本身的瑕弊。这就是区别于计划经济财政的社会主义市场经济财政，也就是说，计划经济财政是政府在资源配置中起主导作用的财政，而社会主义市场经济财政则是市场在资源配置中起决定性作用的财政。

二、加快完善现代市场体系和加快政府职能转变

使市场在资源配置中起决定性作用，必须加快完善现代市场体系。建设统一开放、竞争有序的市场体系，是使市场在资源配置中起决定性作用的基础。必须加快形成企业自主经营、公平竞争，消费者自由选择、自主消费，商品和要素自由流动、平等交换的现代市场体系，着力清除市场壁垒，提高资源配置效率和公平性。而加快科学的现代财政制度的建设则是优化资源配置，建设统一开放、竞争有序的市场体系的保障。

科学的宏观调控，有效的政府治理，是发挥社会主义市场经济体制优势的内在要求。更好发挥政府作用，就必须加快转变政府职能。必须切实转变政府职能，深化行政体制改革，创新行政管理方式，增强政府公信力和执行力，建设法治政府和服务型政府。首先要创新宏观调控体系。宏观调控的主要任务是保持经济总量平衡，促进重大经济结构协调和生产力布局优化，减缓经济周期波动的影响，防范区域性、系统性风险，稳定市场预期，实现经济持续健康发展。应健全以国家发展战略和规划为导向、以财政政策和货币政策为主要手段的宏观调控体系，推进宏观调控目标制定和政策手段运用机制化，加强财政政策、货币政策与产业政策、价格政策等政策手段的协调配合，提高相机抉择水平，增强宏观调控的前瞻性、针对性、协同性。应形成参与国际宏观经济政策协调的机制，推动国际经济治理结构完善。财政是国家治理的基础和重要支柱，财政政策则是政府宏观调控的主要手段，因而加快建立科学的现代财政制度，也是加快政府职能转变的保障。

第二节　公共物品与公共需要——财政学的两个基础性概念

一、公共物品

（一）公共物品与私人物品

公共物品是和私人物品相对应的。人类社会需要各式各样的商品和服务，从商品和服

务需求的主体来看，有的是社会成员的个人需要，如吃的食品、穿的衣服，有的则是一种集体的社会性的公共需要，如国防和社会安定。从商品和服务的供给渠道来看，在市场经济体制下，凡是市场上有的东西，人们都可以到商店购买，但由于存在市场失灵，有些商品和服务市场不能提供，或不适于由市场提供，因而必须由政府通过本身的特殊运行机制来提供。因此，人类社会需要的各式各样的商品和服务，依据需求主体和供给渠道的不同，可以分为公共物品和私人物品两大类：由市场供给的用来满足个人需要的商品和服务称为私人物品，由国家机关和政府部门——公共部门提供的用来满足社会公共需要的商品和服务称为公共物品。公共物品（public goods）是这样一些产品，不论每个人是否愿意购买它们，它们所带来的好处都不可分割地散布到整个社区里；相比之下，私人物品是这样一些产品，它们能分割开并可分别地提供给不同的个人，不带给他人外部的收益或成本。公共物品的有效率的供给通常需要政府行动，而私人物品则可以通过市场有效率地加以分配。[①]

（二）区分或辨别公共物品和私人物品的基本标准

区分或辨别公共物品和私人物品通常应用两个基本标准：一是排他性和非排他性；二是竞争性和非竞争性。私人物品具有排他性和竞争性，公共物品具有非排他性和非竞争性。排他性是指个人可以被排除在消费某种商品或服务的利益之外，在消费者对私人物品付钱购买之后，他人就不能享用此种商品或服务所带来的利益，排他性是私人物品的第一个特征。竞争性是指消费者的增加将引起生产成本的增加，每多提供一件或一种私人物品，都要增加生产成本，因而竞争性是私人物品的第二个特征。非排他性则是公共物品的第一个特征，即一些人享用公共物品带来的利益并不能排除其他一些人同时从公共物品中获得利益，例如，每个公民都可以无差别地受益于国防所提供的安全保障，每个适龄儿童都有权利和义务接受政府提供的义务教育，等等。有些公共物品虽然经过技术处理可以具有排他性，但有时排除成本太高，因而在经济上不可行。公共物品的非排他性意味着可能形成“免费搭车”（free-rider）现象，即免费享用公共物品的利益。非竞争性是公共物品的第二个特征，即消费者的增加不引起生产成本的增加，或者说，提供公共物品的边际成本为零。

纯私人物品和纯公共物品可以做如下表示：

纯私人物品：

$$X_j = \sum_{i=1}^{n} X_j^i \tag{2-1}$$

式中，X_j 为商品或服务的总量；X_j^i 为第 i 个消费者对这种商品或服务的消费（拥有）量。此公式表明：（1）商品或服务 X_j 的总量等于每一个消费者 i 对这种商品或服务的消费（拥有）数量之和；（2）私人物品在个人之间是可分的。

纯公共物品：

$$X_{n+j} = X_{n+j}^i \tag{2-2}$$

此公式说明：（1）任何一个消费者 i 都可以支配公共物品的总量 x_{n+j}；（2）公共物品

① 萨缪尔森. 经济学（第14版）上. 北京：首都经济贸易大学出版社，1998：571.

在个人之间是不可分的。

（三）混合物品

公共物品与私人物品是社会产品中典型的两极。许多公共物品同时具有上述两种特征，属于纯公共物品，但也有些物品兼备公共物品与私人物品的特征，因而称为混合物品或准公共物品。其中有些物品具有非竞争性而不具有非排他性。例如，一座桥梁，在不过分拥挤的条件下，多一辆车通行，并不影响其他车辆的正常通行，也就是增加一辆车通行并不增加边际成本，具有非竞争性；但要阻止车辆通行也是可能的，只要设置一个岗亭即可做到，所以又具有排他性。其中有些物品只具有不充分的非竞争性和非排他性，这种特征往往是由过分拥挤和外部效应两种不同情况引起的。前一种情况还以桥梁为例，该桥梁通行的车辆已经接近或超过负荷能力，如若再增加通行车辆，则必须增加执勤人员来缓解通行的车流量。后一种情况可以一座花园为例，一座花园，即使设置围墙，也不可能排除路人闻到花香并享受净化空气的好处。

二、公共需要

（一）公共需要与私人需要

公共需要是和私人需要相对应的。市场与政府作为两种资源配置方式，虽然它们的运行机制是不同的，但它们的目标却是共同的，即都是为了满足人类社会的需要，实现兼顾公平与效率的目标。尽管人类社会的需要五花八门，但从最终需要来看无非是两类需要：一类是私人的个别需要，另一类是社会的公共需要。在现代市场经济条件下，由市场提供私人物品用于满足私人的个别需要，由国家机关和公共部门提供公共物品用于满足社会的公共需要。

公共物品与公共需要是财政学的两个基础性概念，二者是一个事物的两个方面，公共物品是从供给方面表达的，公共需要则是从需求方面表达的。这里需要说明一下，有了公共物品的概念，为什么还要提出公共需要的概念。这是因为：第一，我们是研究经济学的，要通过“物”的关系来透视人的社会关系，公共物品是指商品和服务的使用价值形态，而它们的社会性需要通过以货币表现的价值形态来体现。例如，在当前市场经济条件下，国家机关和公共部门提供公共物品，不是通过实物供给，而是通过货币形式的征税和拨款等财政收支过程提供的。因此，提出公共需要的概念是为了明确提供公共物品的目的，并有利于从货币价值形态上分析提供公共物品所体现的社会关系。第二，我们这里是研究财政学的，需要说明，提供公共物品是所有国家机关和公共部门的职责，财政部门并不直接生产或提供公共物品，而是为国家机关和公共部门提供经费和资金，通过各机关和部门提供公共物品，最终满足社会的公共需要。因此，公共需要的概念对于财政学更为确切和适用。

本书引进并界定公共需要的概念[①]并非空穴来风，而是有理论依据的。马克思在谈到社会产品的分配方式时曾提出“一般的社会需要”的概念：“在任何一种社会生产（例如，

① 陈共. 财政学. 成都：四川人民出版社，1991.

自然发生的印度公社的社会生产，或秘鲁人的多半是人为发展起来的共产主义的社会生产）中，总是能够区分出劳动的两个部分，一个部分的产品直接由生产者及其家属用于个人的消费，另一个部分即始终是剩余劳动的那个部分的产品，总是用来满足一般的社会需要，而不问这种剩余产品怎样分配，也不问谁执行这种社会需要的代表的职能。”[①] 马克思在这里将社会产品分为个人需要和社会需要两个部分，为经济分析提供了一种科学的研究方法。至于用词，在当前市场经济条件下，用社会公共需要来表达“一般的社会需要”显然更为确切。美国著名财政学家理查德·A. 马斯格雷夫在研究财政职能时也曾明确提出公共需要与私人需要的区别。他说：“以资源利用的决定为转移并以私人需要与公共需要之间的区别为基础。这种区别是我们所关心的，因为这是财政职能的核心。”[②]

（二）公共需要的特征

如前所述，社会的公共需要是相对于私人的个别需要而言的，它具有以下特征。

（1）公共需要是社会公众在生产、生活和工作中的共同需要，它不是普通意义上的人人有份的个人需要或个别需要的数学加总，而是就整个社会而言，为了维持社会经济生活，为了维持社会再生产的正常运行，为了维护市场经济的正常秩序，必须由政府集中执行和组织的社会职能的需要。

（2）公共需要是每一个社会成员可以无差别地共同享用的需要，一个或一些社会成员享用并不排斥其他社会成员享用。

（3）社会成员享用社会公共需要也要付出代价（如交税或付费），但这里的规则不是等价交换原则，各社会成员的付出与其所得是不对称的，不能说谁多付出就多享用，少付出就少享用，不付出就不得享用。

（4）满足公共需要是政府的职责，所以，满足公共需要的公共物品主要通过政府征税和收费支撑，由国家机关和公共部门提供，或以政府为主导，采取市场化方式，引进民间资本参与来提供。

（三）公共需要涵盖的范围颇广

公共需要包括政府执行其职能的需要，诸如行政、国防、文化教育、卫生保健、生态环境保护的需要，也包括基础设施、基础产业、支柱产业和风险产业的投资，从广义上讲，还包括政府为调节市场经济运行而采取的各种措施和各项政策所提供的服务，等等。

（四）社会的公共需要是共同的，但又是历史的、特殊的

一般地说，公共需要在任何社会形态下都是存在的，不因社会形态的更迭而消失，这是共同性。公共需要又总是特殊的，即具体地存在于特定的社会形态之中。对它的历史性可以沿着两条线索去探讨：一条是社会生产力发展的线索，研究在一个个具体的经济发展阶段上，社会产生了或可能产生一些怎样的公共需要；另一条是生产关系变迁的线索，研

---

① 马克思. 资本论：第 3 卷. 2 版. 北京：人民出版社，2004：993 - 994.

② 马斯格雷夫. 比较财政分析. 上海：上海人民出版社，1996：4.

究在一个个具体的社会形态下，统治阶级或集团如何以社会公共需要的名义对剩余产品的分配作出有利于本阶级或本集团的安排。在经济发展的不同阶段，除保证执行国家职能的那部分需要外，社会公共需要的主要内容是在不断发展变化的。在传统社会中，农业是国民经济的主导部门，提供农业正常发展的条件，是这一阶段主要的社会公共需要，农田水利建设都是这一时期的重要财政支出。祭祀天地也常常耗去国家的大量资财，那时主宰一切的皇帝以至下属官民都存在一个共同的观念，认为他们的生产条件和生活条件是由天地之灵在冥冥中控制着的，对天地保持敬意并给以物质的贡献是天经地义的。在经济起飞阶段，工业部门上升为国民经济的主导部门，人们从工业发展的实践中得知，扩大投资是推动经济发展的主要动力，这一认识塑造了经济起飞阶段的社会公共需要的模式。纵观当今的发展中国家，政府无不把提供工业发展所需要的社会基础设施引为己任，并在主要工业部门直接投入大量资金。在经济发展进入发达阶段以后，物质财富增长的主要动力来自科学技术，人们对社会生活福利的评价，不再只注重物质财富数量的增长，而日渐重视其质量的提高，于是发展科学、教育，提供高质量的生活福利条件，保护生态环境，逐渐构成公共需要的主要内容。社会形态的变迁对公共需要的历史规定性主要不在于各社会形态下公共需要的内容上的差异，而是表现为占统治地位的阶级或集团将自身的需要说成是社会公共需要，或将公共需要攫取为自身的需要。在奴隶社会和封建社会中，是不分作为社会成员集合体的“国”和作为统治者的“家”的，皇帝即国家，君主将家族的需要也宣称为公共需要，并通过横征暴敛来满足这种需要。在财政领域，资本主义的历史功绩之一在于将统治者个人及家族的需要同社会公共需要区分开来，还为公共需要提供了显示或决定的途径。然而，代议制并不能完全反映公共需要的真谛，虽然通过这一制度满足的公共需要也确有一些是“公共的”，但同时公共需要又通过这一制度向那些操纵国家预算审批过程的阶级或集团倾斜。社会主义制度是以公有制为主导的广大劳动人民当家做主的制度，经济制度的本质决定了社会公共需要能够充分显示它的本来面貌，并通过不断完善民主化和法治化的进程予以保证。

第三节　我国财政的法治化、民主化

一、全面推进依法治国

如前所述，市场提供私人物品，政府提供公共物品，而市场与政府两种资源配置方式是不同的。私人物品满足个人的特殊需要，人们通过市场购买商品或服务来表达他们的意愿，即所谓“货币投票”。公共物品满足全体公民的一种集合性需要，因为每个人对公共物品的需要有不同的偏好，并且对承担提供公共物品的成本存在漠不关心或“免费搭车”的心理，所以政府提供公共物品不能通过居民的买卖来作出决定，而必须通过一定的政治程序作出决策，即所谓“政治投票”。

《中华人民共和国宪法》（简称《宪法》）确认了中华人民共和国是工人阶级领导的、以工农联盟为基础的人民民主专政的社会主义国家，这一国体决定了我国的政治体制和选举制度，也决定了我国的财政决策程序。我国的政权组织形式是人民代表大会制度，人民在民主普选的基础上选派代表，组成全国人民代表大会和地方各级人民代表大会，作为人民行使国家权力的机关。人民代表大会依照法律规定的程序和方式行使国家权力，代表人民的意志和利益，向人民负责，受人民监督，其他国家机关由人民代表大会产生，向它负责，受它监督。依法治国首先是依宪治国，我国强调的依宪治国和西方国家的宪政是根本不同的，它的理论基础出自马克思主义国家学说和中国特色社会主义法治理论，基于中国特色社会主义民主政治的发展实践。全国人民代表大会通过《宪法》和法律确定各类国家机关之间的职权划分，把最具决定性的职权掌握在自己手中。《宪法》规定，全国人民代表大会授权国务院在必要的时候，对有关经济体制改革和对外开放的问题，在同有关法律和全国人大及其常务委员会的有关规定的基本原则不相抵触的前提下，可以制定暂行规定或条例。

2014 年 10 月召开的党的十八届四中全会通过了《中共中央关于全面推进依法治国若干重大问题的决定》，全会提出，法治是治国理政的基本方式，法律是治国之重器，法治是国家治理体系和治理能力的重要依托。依法治国首先是依宪治国，依法执政首先是依宪执政，要健全宪法实施和监督制度，完善全国人大及其常委会的宪法监督制度。推进科学立法、民主立法，是提高立法质量的根本途径。科学立法的核心在于尊重和体现客观规律，民主立法的核心在于为了人民、依靠人民。要完善科学立法、民主立法机制，通过创新公众参与立法的方式，广泛听取各方面的意见和建议。《中共中央关于全面推进依法治国若干重大问题的决定》确定了全面推进依法治国的总目标是建设中国特色社会主义法治体系，建设社会主义法治国家，要加强市场法律制度建设，编纂民法典，制定和完善发展规划、投资管理、土地管理、能源和矿产资源、农业、财政税收、金融等方面的法律法规，促进商品和要素自由流动、公平交易、平等使用。党的十八届四中全会通过的《中共中央关于全面推进依法治国若干重大问题的决定》，与党的十八届三中全会通过的《中共中央关于全面深化改革若干重大问题的决定》形成了姊妹篇。全面深化改革需要法治保障，全面推进依法治国需要深化改革，科学立法是处理改革和法治关系的重要环节。要实现立法和改革决策相衔接，做到重大改革于法有据、立法主动适应改革发展需要。在研究改革方案和改革措施时，要同步考虑改革涉及的立法问题，及时提出立法需求和立法建议。实践证明行之有效的，要及时上升为法律；实践条件还不成熟、需要先行先试的，要按照法定程序作出授权；对不适应改革要求的法律法规，要及时修改或废止。要加强法律解释工作，及时明确法律规定的含义和适用法律的依据。要把党的十八届四中全会提出的 180 多项对依法治国具有重要意义的改革举措，纳入改革任务总台账，一体部署、一体落实、一体督办。

二、《中华人民共和国预算法》及其修订

预算法是财政的基本大法，被称为“经济宪法”。我国国务院于 1991 年 10 月 21 日曾发布《国家预算管理条例》，第一部《中华人民共和国预算法》是于 1994 年 3 月 22 日由

第八届全国人民代表大会第二次会议通过的，自 1995 年 1 月 1 日起施行。我国原《预算法》依据《宪法》的原则具体规定了国家各级立法机关、政府机关、各级财政部门以及各预算具体执行部门和单位在预算管理中的权限。各级人民代表大会的预算职权有：预算、决算的审批权；预算、决算的监督权；对预算、决算方面不适当的决定的撤销权（各级人民代表大会有权改变或撤销本级人民代表大会常务委员会关于预算、决算的不适当的决定）。各级人民代表大会常务委员会的预算职权有：预算执行的监督权；预算调整方案的审批权；根据授权，对决算进行审批；对预算、决算方面不适当的决定的撤销权（各级人民代表大会常务委员会有权撤销本级人民政府和下一级人民代表大会关于预算、决算的不适当的决定）。这些规定的基本精神在于强化预算的法律约束力，使预算收支真正成为法令性的刚性指标。明确各级预算一经法律程序批准，即具有严格的法律效力，未经法律程序，不得擅自修改，切实杜绝预算执行中任意开口子、批条子等使预算约束软化的现象，保证国家预算真正体现人民的利益。《预算法》诞生于 1994 年，当年，中国政府推开了社会主义市场经济财税体制改革，而出台《预算法》作为这次具有深远意义的改革的开端，是一项具有时代性标志的产物，对启动财税体制改革的意义功不可没。《预算法》的颁布对于规范预算管理和预算监督、加强预算的分配和监督职能、促进社会经济健康发展起到了积极作用。为了推进依法理财，加强预算监督，针对过去预算编制和执行中存在的问题，第九届全国人大常委会第十三次会议又专门作出了《全国人民代表大会常务委员会关于加强中央预算审查监督的决定》。该决定主要是针对当时预算缺乏必要的透明度、财政行为不够规范、违反财经法纪的现象相当普遍、一些管理资金分配的部门利用职权挪用财政资金时有发生、腐败现象屡禁不止等现象，采取了编制部门预算、加强预算监督的几项措施，随后又实行政府采购制度、国库集中支付制度和“收支两条线”管理制度。这些制度的建立，增强了国家预算的透明度，不仅有利于提高财政效率，而且有利于财政的民主化和法治化。但是，1994 年《预算法》实施 20 年后，国内外形势发生了重大变化，党和国家的重大决策日益成熟和完善，政治经济体制改革取得重大进展，而《预算法》既没有改革也没有修正，已经严重滞后于当时的现实要求。党的十八届三中全会通过的《中共中央关于全面深化改革若干重大问题的决定》指出，财政是国家治理的基础和重要支柱。财政体现着纳税人与政府之间、立法与行政之间、中央与地方之间诸多的利益和权力关系，在全面深化改革的今天，《预算法》的修订担负着重大的使命与责任。在纳税人与政府的关系上，政府的一切收支需纳入公开、透明、可监督的预算体系，“让权力在阳光下运行”；在立法与行政的关系上，需强化立法机关对预算的批准、制衡、审议、监督和问责的权力；在中央与地方的关系上，则需厘清权责关系，推进政府间财政关系的法治化，夯实国家治理良性运作的经济基础。因此，《预算法》的修订已经势在必行。

《预算法》的修订从 2005 年被列入全国人民代表大会常务委员会的立法规划开始，经过了近 10 年充分的酝酿讨论。整个修法过程受到了社会各界的广泛关注，并吸引了广大群众阶层的参与，充分体现了公众在全面推行依法治国和建立现代国家治理体系中的话语权，体现了法治化与民主化高度结合的实践。在党的十八届三中全会之后和党的十八届四中全会之前，于 2014 年 8 月 31 日，第十二届全国人大常委会第十次会议通过了《全国人民代表大会常务委员会关于修改〈中华人民共和国预算法〉的决定》，并决议自 2015 年 1 月 1 日起施行。和 1994 年颁布的《预算法》相比，2014 年《预算法》从过去的 79 条增加到了101条，其中有25条没有改动，其余都有修改或增删。2014年《预算法》全面贯彻了全面深化改革的发展理念和全面推动依法治国的法治精神，体现了现代预算管理的基本要素，构成现代财政管理制度的基本立法，是推进国家治理体系现代化的重大步骤和突破口。

2014年《预算法》的重大变化首先体现在对总纲第一条的重新表述上。1994年《预算法》第一条表述为："为了强化预算的分配和监督职能，健全国家对预算的管理，加强国家宏观调控，保障经济和社会的健康发展，根据宪法，制定本法。"2014年《预算法》第一条重新表述为："为了规范政府收支行为，强化预算约束，加强对预算的管理和监督，建立健全全面规范、公开透明的预算制度，保障经济社会的健康发展，根据宪法，制定本法。"二者的根本差别在于2014年《预算法》明确了《预算法》的宗旨是"为了规范政府收支行为"。原法的表述似乎可以理解为制定《预算法》是为了政府加强预算管理，加强宏观调控，然而，预算法的本质功能不是政府的管理预算法，而是对政府管理预算权力的监督法和制衡法。在修订《预算法》的酝酿讨论过程中，尽管各种意见纷呈，但有一点是公众的共识，就是"把权力装进笼子里，首先是要把财权装进笼子里"。这是2014年《预算法》修改的真谛，即《预算法》就是承载预算管理权的"笼子"。因此，2014年《预算法》的表述更符合宪法精神，是宪法精神的回归，即从过去的强化政府管理权力回归为规范和制衡政府管理预算收支行为。2014年《预算法》的修订对有关事项的规定和规范都有重大的突破，诸如：政府全部收支纳入预算，实行全口径管理，预算包括一般公共预算、政府性基金预算、国有资本经营预算、社会保险基金预算；完善政府预算体系，健全透明预算制度，改进预算控制方式，建立跨年度预算平衡机制；预算公开入法，从源头治理腐败；规范地方政府债务管理、严控债务风险；完善转移支付制度，推进基本公共服务均等化；坚持厉行节约，硬化预算支出约束，违纪铁腕追责；等等。

2018年12月根据第十三届全国人民代表大会常务委员会第七次会议《关于修改〈中华人民共和国产品质量法〉等五部法律的决定》，《预算法》得到了第二次修正。修正的主要内容是：进一步完善政府预算体系，建立健全透明预算制度；进一步改进预算控制方式，建立跨年度预算平衡机制；规范地方政府债务管理，严格控制政府债务风险。进一步完善转移支付制度，有效推进基本公共服务均等化；继续坚持厉行节约，更加硬化预算支出约束；更加注重绩效管理，进一步强化支出责任。其中关于规范地方政府债务管理和注重绩效管理两项的修正更为突出。对地方债务作出了五个方面的限制性规定：限制债务规模，经国务院批准的省级政府可以举借债务；限制债务用途，举借债务只能用于公益性资本支出，不得用于经常性支出；限制债务规模，举借的债务必须列入本级预算调整方案，报本级人大常委会批准；限制举债方式，举借债务只能采取发行地方政府债券的方式，不得采取其他方式筹措，除法律另有规定外，不得为任何单位和个人的债务以任何方式提供担保；控制债务风险，举借债务应当有偿还计划和稳定的偿还资金来源。这次修正还史无前例地对绩效管理给予高度重视，在《预算法》中有6条提到绩效问题，这是首次将绩效管理纳入《预算法》，以法律形式明确了我国公共财政预算收支中的绩效管理要求。

三、建立统一完整、法治规范、公开透明、运行高效的现代财政制度

建立现代财政制度的指导思想如下：一是完善立法，树立法治理念，依法理财，将财

政运行全面纳入法治化轨道，现代财政制度的核心是法治财政。二是明确事权。合理调整并明确中央和地方的事权与支出责任，促进各级政府各司其职、各负其责、各尽其能。三是改革税制。优化税制结构，逐步提高直接税的比重，完善地方税体系，坚持清费立税，强化税收筹集财政收入的主渠道作用。改进税收征管体制。四是稳定税负。正确处理国家与企业、个人的分配关系，保持财政收入占国内生产总值的比重基本稳定，合理控制税收负担。五是透明预算。逐步实施全面规范的预算公开制度，推进民主理财，建设阳光政府、法治政府。六是提高效率。推进科学理财和预算绩效管理，健全运行机制和监督制度，促进经济社会持续健康发展，不断提高人民群众的生活水平。

总体来讲，深化财税体制改革的目标就是建立统一完整、法治规范、公开透明、运行高效，有利于优化资源配置、维护市场统一、促进社会公平、实现国家长治久安的可持续的现代财政制度。具体来说，建立现代财政制度就是有序有力有效地推进党的十八届三中全会部署的改进预算管理制度、完善税收制度及建立事权和支出责任相适应的制度三大任务。

☑ 【关键词】

公共物品　公共需要　非竞争性　非排他性　《预算法》

【复习与思考】

1. 如何理解市场与政府的关系是财政的核心问题?

2. 如何理解市场在资源配置中起决定性作用和更好发挥政府作用?

3. 如何理解“财政是国家治理的基础和重要支柱”? 如何建立现代财政制度?

4. 试述区分公共物品和私人物品的基本标准。这种区分对财政学和财政工作有什么指导性意义?

5. 提出“社会公共需要”的概念对财政学和财政工作有什么指导性意义?

6. 试述我国财政的法治化和民主化建设。

7. 试述《预算法》修订的重点内容和重大意义。

第三章
国家预算和预算管理

第一节 国家预算概述

一、国家预算及其类别和编制原则

（一）国家预算及其类别

国家预算是政府的基本财政收支计划，是国家的重要立法文件。国家预算的功能首先是反映政府的财政收支状况，可以大体反映财政收支的全貌。所以，分析各个财政范畴先从这里开始。从形式上看，国家预算就是按一定标准将财政收入和支出分门别类地列入特定的表格，使人们可以清楚地了解政府的财政活动，是反映财政活动的一面镜子。但从实际经济内容来看，国家预算的编制是对财政收支的计划安排或编制财政收支平衡表，预算的执行是财政收支的筹措和使用过程，预算的年终决算则是国家预算执行的总结。所以，国家预算反映国家和政府活动的范围、方向和政策。同时，由于国家预算和决算要经过国家权力机构的审批方才生效，因而国家预算又是国家的重要立法文件，体现国家权力机构和全体公民对政府财政活动的监督。

世界上最初的国家预算是十分简单的，政府将财政收支数字按一定程序填入特定的表格，国家预算就形成了，因此，有人曾将国家预算称为政府收支一览表。随着社会经济生活和财政活动逐步复杂化，国家预算逐步形成包括多种预算形式和预算方法的复杂系统。从预算的分类来看，主要有单式预算、复式预算、零基预算、增量预算。还有一些五花八门的预算名称，如中长期预算、项目预算、行动预算、绩效预算、国民经济预算、充分就业预算等，但这些预算名称都不是指预算分类，而是指预算支出核算方法或预算政策。单式预算和复式预算是以预算形式的差别为依据进行的分类。单式预算，指国家财政收支计划通过统一的一个计划表格来反映；复式预算，则指国家财政收支计划通过两个以上的计划表格来反映，一般分为经常预算和建设预算（或债务预算）。复式预算虽对预算安排和预算分析有一定的意义，但编制和实施比较复杂。增量预算和零基预算是以预算分项支出的安排方式的差别为依据进行的分类。增量预算，指计划财政年度的预算分项支出数是以上年度各该项支出数作为基数，考虑新的财政年度的财政收入增减情况和经济发展情况加以调整之后确定的。增量预算安排方法的初衷是控制支出规模，但最终结果则可能是平均分配资金，难以保证重点，导致支出规模的日益膨胀。零基预算，指计划财政年度预算分项支出指标的确定，只以对社会经济发展的预测和对当年各部门新增任务的审核为依据，不考虑以前财政年度各项支出的基数，但也不能理解为绝对的一切从头开始。零基预算的优点是有利于优化支出结构，提高预算效率，控制预算规模，但要具备科学的预测和评估方法以及统一的标准，否则也可能与成功失之交臂。世界各国的预算，无论是单式预算还是复式预算，仍主要采用增量预算法，零基预算事实上还未成为确定的编制预算的一般方法，通常只用于具体收支项目上。我国预算编制长期以来是采取分项增量法，近年来有些省、市对某些项目预算试行零基预算法，并取得了一定的成效和经验。

《预算法》总则规定，国家实行一级政府一级预算，全国预算由中央预算和地方预算组成，地方预算由各省、自治区、直辖市总预算组成，地方各级总预算由本级预算和汇总的下一级总预算组成。国家预算实行复式预算，包括一般公共预算、政府性基金预算、国有资本经营预算、社会保险基金预算。四种预算应当保持完整、独立，后三种预算应当与一般公共预算相衔接。

（二）国家预算编制的一般原则

国家预算是国家的重要立法文件，因此国家预算的编制和执行必须符合国家选定的预算形式和预算体系并遵循编制和执行国家预决算的一般指导原则。世界各国自国家预算产生之后，就开始了对预算原则的探讨和争论，曾形成了各种各样的思路和主张。时至今日，影响较大并为世界大多数国家所接受的预算编制原则，主要有如下五条：

（1）公开性。如前所述，国家预算反映国家和政府活动的范围、方向和政策，与全体公民的切身利益息息相关，因此，国家预算及其执行情况必须采取一定的形式公之于众，让民众了解财政收支情况，并置于民众的监督之下。

（2）可靠性。每一收支项目的数字指标必须运用科学的计算方法，依据充分，数据确实，不得假定、估算，更不能任意编造。

（3）完整性。该列入国家预算的一切财政收支都要反映在预算中，不得打埋伏、造假账，国家允许的预算外收支可以另编预算外收支预算，但也应在国家预算中有所反映。

（4）统一性。尽管各级政府都设有相应的财政部门，也有相应的预决算，但这些预决算都是国家预算的组成部分，所有地方政府预算连同中央预算一起共同组成统一的国家预算。这就要求设立统一的预算科目，每个科目都要严格按统一的口径、程序计算和填列。

（5）年度性。任何一个国家的预决算的编制和实现，都要有明确的预算时间的界定，即预算年度。预算年度是指预算收支起讫的有效期限，通常为一年（365 天）。目前世界各国普遍采用的预算年度有两种：一是历年制预算年度，即从每年 1 月 1 日起至同年 12 月 31 日止，我国即实行历年预算年度；二是跨年制预算年度，即从每年的某月某日开始至次年的某月某日止，中间历经 12 个月，但却跨越了两个年度，如美国的预算年度是从每年的 10 月 1 日开始，到次年的 9 月 30 日止。所谓预算的年度性原则，是指政府必须按照法定预算年度编制和执行国家预算，这一预算要反映全年的财政收支活动，同时不允许将不属于本年度财政收支的内容列入本年度的国家预算之中。

应当指出，上述原则是就一般意义而言的，不是绝对的。一种预算原则的确立，不仅要以预算本身的属性为依据，而且要与本国的政治经济实践相结合，要充分体现国家的政治、经济政策。一个国家的预算原则一般是由立法部门通过国家预算法来确定的。

二、一般公共预算及其收支分类和科目设置

（一）一般公共预算收支分类

一般公共预算是对以税收为主体的收支，安排用于保障和改善民生、推动经济社会发展、维护国家安全、维持国家机构正常运转等方面的收支预算。中央一般公共预算包括中央各部门（含直属单位，下同）的预算和中央对地方的税收返还、转移支付预算。中央一般公共预算收入包括中央本级收入和地方向中央的上解收入。中央一般公共预算支出包括中央本级支出、中央对地方的税收返还和转移支付。地方各级一般公共预算包括本级各部门（含直属单位，下同）的预算和税收返还、转移支付预算。地方各级一般公共预算收入包括地方本级收入、上级政府对本级政府的税收返还和转移支付、下级政府的上解收入。地方各级一般公共预算支出包括地方本级支出、对上级政府的上解支出、对下级政府的税收返还和转移支付。各部门预算由本部门及其所属各单位预算组成。

一般公共预算收入从简目来看比较简单，主要是税收收入，还有非税收入、债务收入和转移性收入。而一般公共预算支出的分类则比较复杂，由于出于合理安排财政支出以及进行经济分析的需要可以作出多种分类，所以，这里主要是说明一般公共预算支出的分类。按支出的功能可以设置功能分类，按支出产生效益的时间可以设置经济分类。此外，按财政支出对经济活动的影响，还可以作出购买性支出与转移性支出的分类。下面简要介绍这三种分类的内容和作用。

（1）功能分类。

功能分类可以清楚地反映政府的各项功能活动，是我国多年以来的预算收支分类方法，自 2007 年政府收支分类科目改革后，从分类结构来看，我国不再按基建费、事业费等经费性质设置科目，而是根据政府管理和部门预算的要求，按支出功能设置类、款、项、目四级科目。类级科目综合反映政府的职能活动，如国防、外交、教育、科技、社会保障、环境保护等；款级科目反映为完成政府某项活动所进行的某一方面的工作，如教育支出类下设置普通教育、职业教育、成人教育等；项级科目反映为完成某一方面工作所发生的具体事项，如普通教育支出款下设置学前教育、小学教育、初中教育、高中教育、高等教育，等等。

（2）经济分类。

新的政府收支分类还设置了支出经济分类体系。国际货币基金组织对支出的经济分类

方法，实际上是按支出产生效益的时间分类，即根据财政支出所产生收益的时间将财政支出分为经常性支出、资本性支出和净贷款三大类，这是现代公共经济学研究财政支出的一种重要分类方法。经常性支出是维持公共部门正常运转或保障人们基本生活所必需的支出，主要包括人员经费、公用经费及社会保障支出。这种支出的特点是，它的消耗会使社会直接受益或当期受益，比如，行政管理费包含公务员的工资、办公费、差旅费、修缮费等，这些费用的消耗就会形成当期服务的公共物品——行政管理、社会秩序、社会安定、经济信息，等等。由此可见，经常性支出直接构成当期公共物品的成本，按照公平原则，当期公共物品的受益应与当期公共物品的成本相对应，如果人们消费了当期公共物品却没有支付相应的代价，就会违背公平原则。因此，从理论上说，经常性支出的补偿方式应为税收，如果以公债方式为经常性支出筹资，实际上就是将当期公共物品的成本递延到未来，这样就会使公共物品的受益与公共物品的付费在时间上发生差异。资本性支出则不同。资本性支出是用于购买或生产使用年限在一年以上的耐用品所需的支出，其中有用于建筑厂房、购买机械设备、修建铁路和公路等的生产性支出，也有用于建筑办公楼和购买汽车、复印机等办公用品等的非生产性支出。这种支出的明显特点是，它的耗费将形成供一年以上长期使用的固定资产。所以，资本性支出不能全部视为当期公共物品的成本，因为它所形成的成果有一部分是在当期受益，但更多的是在以后的较长时间内受益，与此相对应，资本性支出的一部分应在当期得到补偿，而大部分应分摊到未来的使用期；如果用当期税收去补偿全部的资本性支出，就等于将未来公共物品的成本提前到当期，这样也会使公共物品的受益与公共物品的付费在时间上发生差异。这就是说，资本性支出的补偿方式有两种：一是税收，意味着当期享用的公共物品当期付出代价；二是国债，意味着当前享用的公共物品未来时期付出代价。

(3) 购买性支出和转移性支出分类。

我国财政支出科目虽然没有这种分类，但这种分类对分析财政支出与经济活动的关系有重要意义。在各种名目下安排的财政支出，虽然无一例外地都表现为资金从政府手中流出，但是，不同的财政支出对国民经济的影响却存在着差异。购买性支出是指与商品和服务的市场交换相关联的财政支出，直接表现为政府购买商品和服务的活动，包括购买日常政务活动所需要的或用于国家投资的商品和服务。这类支出的目的和用途虽然有所不同，但却具有一个共同点：财政一手付出了资金，另一手相应地购得了商品和服务，并运用这些商品和服务实现国家的职能，它所体现的是政府的资源配置作用，对生产和就业产生直接影响。财政支出中的行政支出、国防支出、教育支出、医疗卫生支出等经常性支出和政府投资支出都属于这类支出。转移性支出则与此不同，它们直接表现为资金无偿的、单方面的转移。这类支出主要有社会保障支出、财政补贴支出、捐赠支出和债务利息支出。这些支出的目的和用途不同，但却有一个共同点：财政付出了资金，却无任何“所得”，在这里，不存在市场交易，它所体现的是政府的非市场性的再分配作用，对收入分配产生直接影响。

（二）一般公共预算科目设置

我国《2019 年政府收支分类科目》是在《2018 年政府收支分类科目》的基础上根据有关文件规定并结合机构改革和预算管理工作的需要修订的，其中既有 2018 年预算编制及执行过程中已调整的内容，也有针对2019年新调整的内容 。关于政府收支分类科目，我国自2007年政府收支分类科目改革后，已初步建立了与当时预算管理要求相适应的较为完善的支出经济分类科目，2014年《预算法》实施前，各级政府和各部门（单位）主要按功能分类编制预算，没有全面系统地按支出经济分类编制预算。支出经济分类科目主要用于部门（单位）的决算编制和会计核算，实际上是政府预算和部门（单位）预算共用一套支出经济分类科目。2015年实施新修订的《预算法》后，国家要求各级政府和各部门（单位）在按功能分类编制预算的基础上，还要按支出经济分类编制预算。因此，2017年我国对支出经济分类科目进行改革，分设政府预算经济分类和部门预算经济分类两套科目，根据《预算法》的有关要求，两套科目均设置类、款两个层级，两套经济分类科目之间保持一定的对应关系，以利于部门预算与政府预算衔接。当时，新规定要求各地区、各部门在编制2017年预算时仍使用当时的支出经济分类科目，但同时要按照《支出经济分类科目改革试行方案》进行试编和试运行，进一步修改完善后，从2018年1月1日起正式实施。

2019年一般公共预算收支简目如表3-1所示。支出经济分类科目见表3-2。

表3-1　　2019年一般公共预算收支简目

一般公共预算收入科目（类、款级）	一般公共预算支出功能分类科目（类级）
税收收入：增值税、消费税、企业所得税、企业所得税退税、个人所得税、资源税、城市维护建设税、房产税、印花税、城镇土地使用税、土地增值税、车船税、船舶吨税、车辆购置税、关税、耕地占用税、契税、烟叶税、环境保护税、其他税收收入。 非税收入：专项收入、行政事业性收费收入、罚没收入、国有资本经营收入、国有资源（资产）有偿使用收入、捐赠收入、政府住房基金收入、其他收入。 债务收入：中央政府债务收入、地方政府债务收入。 转移性收入：返还性收入、一般性转移支付收入、专项转移支付收入、上解收入、上年结余收入、调入资金、债务转贷收入、接受其他地区援助收入、动用预算稳定调节基金。	一般公共服务支出、外交支出、国防支出、公共安全支出、教育支出、科学技术支出、文化旅游体育与传媒支出、社会保障与就业支出、卫生健康支出、节能环保支出、城乡社区支出、农林水支出、交通运输支出、资源勘探信息等支出、商业服务业等支出、金融支出、援助其他地区支出、自然资源海洋气象等支出、住房保障支出、粮油物资储备支出、灾害防治及应急管理支出、预备费、其他支出、转移性支出、国债还本支出、债务付息支出、债务发行费用支出。

表3-2　　支出经济分类科目

政府预算支出经济分类科目	部门预算支出经济分类科目
机关工资福利支出、机关商品和服务支出、机关资本性支出（一）、机关资本性支出（二）、对事业单位经常性补助、对事业单位资本性补助、对企业补助、对企业资本性补助、对个人和家庭的补助、对社会保障基金补助、债务利息及费用支出、债务还本支出、转移性支出、预备费及预留、其他支出。	工资福利支出、商品和服务支出、对个人和家庭的补助、债务利息及费用支出、资本性支出（基本建设）、资本性支出、对企业补助（基本建设）、对企业补助、对社会保障基金补助、其他支出。

三、政府性基金预算收支及其管理

（一）政府性基金的性质及其管理

政府性基金是依照法律、行政法规的规定在一定期限内向特定对象征收、收取或者以其他方式筹集的资金，专项用于特定公共事业发展。2014 年《预算法》规定，在一般公共预算之外单独编制政府性基金预算，构成政府预算体系的重要组成部分。如今，地方政府性基金本级收入是国家预算的第二大预算，2017 年全国政府性基金收入为 61 479.7 亿元，相当于一般公共预算收入的 35.6%。政府性基金主要属于地方财政的基金性财源，2017 年地方性政府本级收入为 57 654.9 亿元，占全国政府性基金收入的比重为 93.7%。政府性基金预算的管理原则是“以收定支、专款专用、结余结转下年继续使用”，各项基金按规定用途安排，不得调剂使用。

政府性基金自建立以来，对国家的基础设施建设和民生改善发挥了积极作用。政府性基金规模在过去一段时间里曾不断扩大，项目庞杂，却疏于管理，导致征缴和使用中存在诸多问题。基金建立的法律依据缺欠，管理权限不明确，管理约束机制不健全，“谁收谁用、多收多用”，有些部门甚至将其用于补充部门经费。虽然也曾编制政府性基金预算，但基础资料不完整，收支预测准确率不高，没有建立相关报表及资料报送制度，导致执行效果不佳，基金大量结余沉淀。另外，基金预算与一般公共预算之间没有建立协调和衔接关系，不能发挥对一般公共预算进行有效支持和互补的作用。为了清理整顿政府性基金，加强管理，2009 年财政部按照全国人大和国务院的要求，制定印发了《关于进一步完善政府性基金预算编制的工作方案》，2010 年又制定印发了《政府性基金管理暂行办法》，二者实施后取得了明显成效，改进了预算完整性，细化了预算编制内容，提高了预算准确性，增强了预算透明度，并在全国预算草案中增加了对每项基金征收使用政策的说明，首次将基金收支预算向社会公布。

2014 年《预算法》将政府性基金预算正式纳入国家预算体系后，为了进一步加强行政事业性收费和政府性基金管理，建立规范有序、公开透明的收费基金管理制度，2015 年财政部颁发了《关于进一步加强行政事业性收费和政府性基金管理的通知》，对基金管理提出规定和要求，主要是依法从严设立收费基金项目，严格规范对减免、缓征、停征和取消的管理，按照国务院统一部署清理规范收费基金，进一步提高收费基金政策的透明度，加快推进收费基金立法，认真履行收费基金管理制度。2014 年，财政部发布了《关于完善政府预算体系有关问题的通知》，明确了从 2015 年 1 月 1 日起，加大政府性基金预算与一般公共预算的统筹力度，将政府性基金预算中用于提供基本公共服务以及主要用于人员和机构运转等方面的项目收支转列为一般公共预算，具体包括地方教育附加、文化事业建设费、残疾人就业保障金、从地方土地出让收益计提的农田水利建设和教育资金、转让政府还贷道路收费权收入、育林基金、森林植被恢复费、水利建设基金、船舶港务费、长江口航道维护收入等 11 项基金。同时，结合税费制度改革，完善相关法律法规，逐步取消城市维护建设税、排污费、探矿权和采矿权价款、矿产资源补偿费等专款专用的规定，统筹安排这些领域的经费。因此，2015 年政府性基金预算编制有较大改进和提高。一是按 2014 年《预算法》关于政府全部收支都要纳入预算的要求，全面反映了基金收支的具体情况，细化了预算编制内容，提高了预算编制的完整性、透明性。二是基金预算和一般公共预算同步布置，统一要求，协调和衔接基金预算与一般公共预算的关系。三是加强基金预算的审核，加强部门沟通，科学预测收入，避免资金重复安排。四是逐步推行零基预算，避免资金安排与使用脱节。

（二）土地出让金收入

在政府性基金的众多项目中有必要对土地出让金收入问题给予专门的说明，因为土地出让金收入在政府性基金中独占鳌头。土地出让金收入主要是国有土地使用权出让金收入，还包括国有土地收益基金收入和农业土地开发基金收入。2016 年全口径土地出让金收入共 37 007 亿元，占当年地方政府性基金本级收入的 89.9%，相当于当年地方一般公共预算本级收入的 56.9%，由此可见当前土地出让金收入对地方财政的支撑作用。

我国国有土地有偿使用制度是从 1988 年开始的，最初是采取税收形式，按使用面积征税，1989 年将国有土地使用权有偿收入界定为土地使用权出让金，从此由税收转为收费。随着出让土地使用权的市场化，土地出让金收入主要来自土地市场招标、拍卖、挂牌取得的价款。由于土地出让金收入快速增长，到 2010 年曾达到顶峰，已经成为地方财政的主要支柱，因而人们将地方财政过分依赖土地出让金收入的现象称为“土地财政”。但是，土地出让金收入事实上不可能长期维持不断增长的趋势。随着对房地产调控的深化和房地产市场周期的变化，目前土地出让金收入已经开始有所收缩。同时，国家正在加快有关房地产个税的立法，建立和健全地方税系；地方税系一旦建成，则将改变当前以土地出让金收入为主导的地方财政收入格局，形成正常的、合理的地方财政收入结构。

自从实行国有土地出让金制度以来，在实施过程中曾存在这样那样的弊端，但因此取消“土地财政”，即取消土地出让金收入，在理论上和实践上都是不可行的。首先，我国现行的土地制度是土地国有制和集体所有制，私人不得买卖土地，政府是国有土地的代表者兼经营者，可以有偿转让使用权。土地出让金收入是政府转让土地使用权所取得的收入，因而土地出让金收入纳入国库，构成财政收入的一项收入是天经地义的事情。政府向房地产业提供土地，不但可以促进房地产业的发展并带动经济的增长，创造良好政绩，而且可以增加政府收入，这是应当肯定的。土地是一种不可再生的资源，我国人口众多，土地稀缺，所以《中华人民共和国土地管理法》（简称《土地管理法》）提出世界上最严格的土地管理方针，将“十分珍惜、合理利用土地和切实保护耕地”立为我国的基本国策。我国土地问题的核心是旺盛的需求与有限供给之间的矛盾，能够出让使用权的土地量是限定的，而土地一旦投入市场，必然长期是卖方市场的一种特殊商品，在一定时期内随着土地需求的增长，价格上升也是必然的，这个矛盾不是管理制度所能改变的。当前出让土地主要是采取“招拍挂”方式，80%以上的土地出让金收入来自招拍挂。而土地拍卖价格是竞拍形成的，甚至出现了“地王”抢拍，说明土地价格虽高，但开发商还是有利可图的。如果拍卖市场是公开、公正和透明的，拍卖程序是正常的，那么，从市场供求关系的角度看也是无可非议的。从实践来看，土地出让金收入对调节中央财政与地方财政关系、弥补地方财权与事权不匹配发挥了难以替代的作用。特别是 1994 年财税体制改革后，财政收入向中央集中，而事权与责任没有相应的调整，如果没有土地出让金收入的支撑，地方政府必然无所作为，也难以形成如今社会经济发展的大好局面。因此，土地出让金收入可以视为一种中国特色的财政收入形式，当前不应是是否取消的问题，而理应是进一步规范，加强管理，提高使用效率的问题。

财政部于 2016 年根据《土地管理法》和国务院有关规定，制定了《国有土地使用权出让收支管理办法》，进一步明确了国有土地使用权出让收入的性质、范围以及管理的相关事项。一是明确土地出让收入的性质和范围。明确土地出让金收入是政府以出让等方式配置国有土地使用权取得的全部土地价款，具体包括：以招标、拍卖、挂牌和协议方式出让国有土地使用权所取得的总成交价款（不含代收代缴的税费）；转让划拨国有土地使用权或依法利用原划拨土地进行经营性建设应当补缴的土地价款；处置抵押划拨国有土地使用权应当补缴的土地价款；转让房改房、经济适用住房按照规定应当补缴的土地价款；改变出让国有土地使用权土地用途、容积率等土地使用条件应当补缴的土地价款；其他和国有土地使用权出让或变更有关的收入。二是规定彻底实行“收支两条线”管理。土地出让收支全额纳入地方政府基金预算管理，收入全部缴入地方国库，支出一律通过地方政府基金预算从土地出让收入中予以安排。在地方国库中设立专账（即登记薄），专门核算土地出让收入和支出情况。三是明确规定土地出让收入的使用范围。土地出让金收入使用范围包括征地和拆迁补偿支出、土地开发支出、支农支出、城市建设支出以及其他支出，并具体说明了各项支出的内容。四是特别强调确保农村被征地农民和城市被拆迁居民、搬迁企业及其职工的合法利益。要求土地出让金收入的使用要确保足额支付征地和拆迁补偿费、补助被征地农民社会保障支出、保持被征地农民原有生活水平补贴支出，严格按照有关规定将被征地农民的社会保障费用纳入征地补偿安置费用，切实保障被征地农民的合法利益。在出让城市国有土地使用权过程中，涉及的拆迁补偿费要严格按照《城市房屋拆迁管理条例》和有关法律法规支付，有效保障被拆迁居民、搬迁企业及其职工的合法利益。土地出让收入的使用要重点向新农村建设倾斜，逐步提高用于农业土地开发和农村基础设施建设的比重，逐步改善农民的生产、生活条件和居住环境，努力提高农民的生活质量和水平。

这里应当指出，在肯定土地出让金收入的同时，对“土地财政依赖症”也必须给予足够的重视，切不可任其持续发展。必须加快深化财税体制改革，建立和完善与事权相匹配的地方财政体制，保证地方政府提供公共物品的稳定税源，改变过度依靠土地财政的现状。

（三）全国政府性基金预算收支科目设置

全国政府性基金预算收支科目设置中，收入科目仅有 3 项：非税收入、债务收入、转移性收入。支出项目则多达 13 项：科学技术支出、文化旅游体育与传媒支出、社会保障和就业支出、节能环保支出、城乡社区支出、农林水支出、交通运输支出、资源勘探信息等支出、金融支出、其他支出、转移性支出、债务还本支出、债务付息支出。

四、国有资本经营预算和社会保险基金预算收支科目

（一）国有资本经营预算

国有资本经营预算是对国有资本收益作出支出安排的收支预算。国有资本经营预算应

当按照收支平衡的原则编制，不列赤字，并安排资金调入一般公共预算，用于社会保障和民生支出，目前分不同行业按不同比例上缴，上缴比例为5%～20%。为了加大国有资本经营预算与一般公共预算的统筹力度，财政部2015年发出通知，将提高上缴比例，2020年提高到30%，更多用于保障和改善民生。同时加强国有资本经营预算支出与一般公共预算支出的统筹使用，规定国有资本经营预算支出范围除调入一般公共预算和补充社保基金外，限定用于解决国有企业历史遗留问题及相关改革成本支出、对国有企业的资本金注入及国有企业政策性补贴等方面，而一般公共预算安排的用于这方面的资金逐步退出。2017年全国国有资本经营预算收入为2 580.9亿元，全国国有资本经营预算支出为2 015.3亿元。国有资本经营预算科目设置中，收入项目有：利润收入、股利、股息收入、产权转让收入、清算收入、其他国有资本经营预算收入、其他收入。支出项目有：国有资本经营预算补充社保基金支出、解决历史遗留问题及改革成本支出、国有企业资本金注入、国有企业政策性补贴、其他国有资本经营预算支出。

（二）社会保险基金预算

社会保险基金预算是对社会保险缴款、一般公共预算安排和通过其他方式筹集的资金，专项用于社会保险的收支预算。社会保险基金预算应当按照统筹层次和社会保险项目分别编制，做到收支平衡。2018年全国社会保险基金收入为55 380.2亿元，其中，保险费收入为39 563.6亿元，财政补贴收入为12 264.5亿元。全国社会保险基金支出为48 951.7亿元，财政补贴收入占当年社会保险支出的25%，当年收支结余6 428.5亿元。

社会保险基金预算科目设置中，收入项目有社会保险基金收入、转移性收入，支出项目有社会保险基金支出、转移性支出。社会保险基金预算收支科目详见表3-3。

表3-3　　社会保险基金预算收支科目表

收入项目	支出项目
基本养老保险基金收入、失业保险基金收入、基本医疗保险基金收入、工伤保险基金收入、生育保险基金收入、新型农村合作医疗基金收入、城镇居民基本养老保险基金收入、其他社会保险基金收入	基本养老保险基金支出、失业保险基金支出、基本医疗保险基金支出、工伤保险基金支出、生育保险基金支出、新型农村合作医疗基金支出、城镇居民基本养老保险基金支出、其他社会保险基金支出

第二节　推进依法理财，建立和完善预算管理制度

一、编制部门预算

（一）部门预算的含义

顾名思义，部门预算就是按部门编制预算，改变过去长期以来按支出功能和收入类别

编制预算的做法。部门预算要反映部门的所有收入和支出，既反映一般预算的收入和支出，也反映基金预算的收入和支出；在部门一般预算收支中，既反映财政部门直接安排的预算拨款，也反映经济发展委员会、机关事务管理局和科技部门等具有预算分配权的部门安排的资金。总之，部门预算是一种全面反映部门收支活动的预算。部门的一般预算收入包括部门及所属事业单位取得的财政拨款、行政单位预算外资金收入、事业收入、事业单位经营收入、其他收入等。基金预算收支包括部门按国家规定取得的基金收支，如水利部门的水利建设基金收支、电力部门的电力基金收支、铁路部门的铁路建设基金收支等。

（二）编制部门预算的背景和实践意义

长期以来，我国预算主要是按支出性质而不是按部门、单位编制的，一个部门或单位需要多种不同性质的经费，如行政、教育、科技、基建投资等，由财政部内部的不同职能司局切块管理，进行层层分配。国务院下属司局、基层单位分别到财政部的相应部门要钱，各有各的渠道，有时还多个渠道要钱。财政部不知道一个部门到底能拿到多少钱，有的部门的负责人也不掌握本单位从财政部到底拿了多少钱。这种做法使财政部门难以优化资源配置，用钱部门和单位也不能进行统一管理和控制，同时，由于多层次分配，层层留机动，造成预算的随意性，既不利于充分发挥预算资金的使用效益，也不利于立法机构和审计部门对预算的监督。编制部门预算要求各部门必须将本部门所属各司局、各基层单位所需各类不同性质的资金，综合为统一平衡的部门预算，体现预算的完整性和统一性，财政部只按部门的口径，统一审核，批复预算，划拨资金。因此，编制部门预算是加强预算管理和监督的重大措施。

编制部门预算的实践意义主要是：第一，编制部门预算，有利于提高国家预算的透明度，全面体现国家预算的公开性、可靠性、完整性和统一性原则，避免预算编制和执行中人为的随意性，防止“暗箱”操作，加强廉政建设。第二，编制部门预算，使预算编制和执行的程序和流程制度化、规范化和科学化，从而提高预算管理水平，有利于财政部门控制预算规模和优化支出结构，有利于使用资金的部门和单位合理使用财政资金，充分发挥财政资金的效益。第三，编制部门预算，使预算细化到部门、项目，有利于各级人大履行立法监督职能，有利于审计部门履行财政审计职能，同时，社会各界也可以清晰地了解预算的编制与执行情况，发挥社会监督作用。第四，编制部门预算，也是贯彻落实依法治国方针和规范政府行为的重要措施，实现依法理财、依法行政。

二、实施并完善政府采购制度

（一）政府采购制度及其实施

政府采购制度是以公开招标、投标为主要方式选择供货商（厂商），从国内外市场为政府部门或所属团体购买商品或劳务的一种制度。它具有公开性、公正性、竞争性的特征，而公开竞争是政府采购制度的基石。只要政府有效地利用商业竞争机制，就能从市场上买到性能最佳和价格低廉的商品或劳务，就能节省费用，使公民缴纳的税收和财政支出产生更大的效益。

政府采购制度是伴随国际贸易一体化的形成而逐步发展起来的。1979 年东京多边贸易谈判在日内瓦签订了《政府采购协议》(GPA)，初步形成了政府采购制度，随后，欧洲共同体（简称欧共体）分别于 1989 年、1992 年、1993 年颁布了有关政府采购各领域的“委员会指令”，联合国国际贸易法委员会于 1994 年通过了《关于货物、工程及服务采购示范法》，世界银行于 1995 年颁布了《国际复兴开发银行贷款和国际开发协会信贷采购指南》，这四部有关政府采购的规则代表了国际政府采购的标准规范。目前西方国家的政府采购占国内生产总值的比例一般高达 10%～20%。

随着市场经济体制改革的深化，我国自 2003 年 1 月 1 日起实施《中华人民共和国政府采购法》(简称《政府采购法》)。《政府采购法》的宗旨是规范政府采购行为，提高政府采购资金的使用效率，维护国家利益和社会公共利益，保护政府采购当事人的合法权益，促进廉政建设。其规定政府采购应遵循公开透明原则、公平竞争原则、公正原则和诚实信用原则。《政府采购法》适用于在中华人民共和国境内的政府采购，共设九章，包括总则、政府采购当事人、政府采购方式、政府采购程序、政府采购合同、质疑与投诉、监督检查、法律责任、附则，对政府采购的宗旨及有关事项作出了详细的规定。

一般而言，政府采购不仅限于本国市场，外国厂商也可以参与政府采购的竞标。政府采购制度的实行虽然在国外已有百年历史，但在我国才刚刚起步，建立有效的政府采购制度是一个漫长的过程。我国虽然已经颁布并实施了《政府采购法》，但因为目前我国的市场体系尚不完善，市场秩序还不够健全，政府采购的对外开放还要循序渐进，有序地进行。而《政府采购协议》仍属于 WTO 成员方自愿参加的“诸边协议”，其签约方目前主要集中在发达国家。我国在加入 WTO 时没有参加《政府采购协议》，但已经承诺有意成为缔约方。我国《政府采购法》作出了如下规定：“政府采购应当采购本国货物、工程和服务。但有下列情形之一的除外：（一）需要采购的货物、工程或者服务在中国境内无法获取或者无法以合理的商业条件获取的；（二）为在中国境外使用而进行采购的；（二）其他法律、行政法规另有规定的。”我国加入《政府采购协议》已是大势所趋，目前谈判已进入关键阶段。国际经验表明，一国应在完全成为外向型经济国家后才加入《政府采购协议》，而且即使加入了《政府采购协议》，在某些领域也要限制对外开放。例如，美国在加入《政府采购协议》后，在电信领域仍然不对欧盟开放。

（二）政府采购制度的改革和完善

政府采购是以政府为主体的施政行为，是政府与市场连接的渠道，是政府调控经济的一种重要手段，也是提高财政支出效率的重要措施。自《政府采购法》施行以来，政府采购规模迅速扩展，2015 年，全国政府采购规模首次突破 2 万亿元，政府采购金额占全国财政支出的比例已达 12%，对规范政府采购行为、提高采购资金的使用效益、提高财政行政效能和公共服务保障能力、强化财政在国家治理体系中的宏观调控功能以及促进廉政建设等方面，都发挥了重要作用。但《政府采购法》的实施仍未达到规范与效率的预期目标。高价采购与低价恶性竞争的现象并存，采购扶持政策与公平竞争原则难以平衡，监管需要与监管能力出现新的矛盾，特别是近年来媒体反映的“豪华采购”、“高价采购”、质量不高、效率低下等问题，引起了社会的广泛关注。已经实施10多年的《政府采购法》需要进一步完善和改革，在全面深化改革的形势下，为了解决政府采购执行中财政的突出问题，推进政府采购从法制向法治转变，财政部于2015年印发了《中华人民共和国政府采购法实施条例》（简称《政府采购法条例》）。出台《政府采购法条例》，主要是为了细化法律规定，充实有关制度规定，完善政府采购程序，进一步明确当事人的权利和义务，创新政府采购管理和运行机制，强化政府采购领域新型违法行为的法律责任，从而建立统一开放、竞争有序的政府采购市场体系，推动提高行政效能和政府购买公共服务保障能力，强化财政政策在国家治理体系中的宏观调控能力。

按照全面推进依法治国和科学立法的要求，《政府采购法实施条例》的制定主要把握四个原则。

一是严格依据《政府采购法》制定，同时也注意与《预算法》及其实施条例、《中华人民共和国招标投标法》及其实施条例、《中华人民共和国合同法》等法律和行政法规做好衔接。

二是按照推进国家治理体系和治理能力现代化的要求，发挥政府采购的调控作用，保障政府目的的实现。

三是创新政府采购管理理念和方式，在严格采购程序管理的同时，强化采购需求和结果管理。

四是提高政府采购的透明度，加强社会监督。根据这些原则对《政府采购法》的规定作出诠释和补充规定。

《政府采购法实施条例》的主要内容有：

（1）对作为界定政府采购范围的重要因素的资金来源进行了解释，明确资金来源是指财政性资金，即纳入预算管理的资金，将采购管理与预算管理相衔接、《政府采购法》与《预算法》相衔接。

（2）《政府采购法实施条例》进一步完善了政府采购政策的规定，规定财政部门会同有关部门制定政府采购政策，通过制定采购需求标准、预留采购份额、价格评审优惠、优先采购等措施，实现节约能源、保护环境、扶持不发达地区和少数民族地区、促进中小企业发展等目标，采购需求应当符合政府采购政策的要求。

（3）《政府采购法实施条例》按照政府采购全过程信息公开的目标导向，明确“阳光是最好的防腐剂”，因而规定五项“公开”，即采购信息须公开、采购文件须公开、中标和成交结果须公开、采购合同须公开、投诉处理结果须公开。

（4）为了治理供应商之间以及采购人、采购代理机构与供应商之间可能存在的恶意串通，《政府采购法实施条例》列举了恶意串通的七种表现形式，为认定查处串通行为提供了法律依据。

（5）《政府采购法实施条例》规定了加强对评审专家的规范管理办法，进一步明晰了评审专家的权利和义务、行为规范，加大了对评审专家违法行为的处罚力度。

（6）《政府采购法实施条例》还规定，对财政部门在履行政府采购监督管理职责中违反《政府采购法》及本条例规定，滥用职权、玩忽职守、徇私舞弊等行为，将依法追究刑事责任。

三、完善国库集中收付制度

（一）我国过去的国库支付制度及其存在的问题

我国国库制度改革的最终目标是借鉴西方国家实行的“国库单一账户制度”，即实行集中收付制度。目前由于国库收入制度改革的条件尚不成熟，本着先简后繁的原则，第一步先实行集中支付制度，而后再实现国库集中收付制度。

过去的国库支付制度是一种分散支付制度，也就是将预算确定的各部门和各单位年度支出总额按期拨付到各部门和各单位在商业银行开设的账户，由各部门和各单位分散支付使用。这种支付制度存在以下缺陷：一是缺乏严格的预算约束和预算监督机制，容易滋生腐败和寻租等违法和违纪行为；二是财政资金周转过程中的沉淀资金分散于各部门和各单位，不利于充分发挥财政资金的使用效益；三是不利于预算管理制度的全面改革，比如，编制部门预算和实行政府采购制度的改革要求与国库支付制度相互配套，如果仍实行分散支付制度，就不可能真正实现前两项改革中有关提高财政支出效益的目标。

（二）国库集中支付制度的含义

国库集中支付制度，就是对预算资金分配、资金使用、银行清算及资金到达商品和劳务供应者账户的全过程集中进行全面监控的制度。它的要点是：第一，财政部门在国库或国库指定的代理银行开设统一的账户，各单位在统一账户下设立分类账户，实行集中管理，预算资金不再拨付给各单位分设账户保存。第二，各单位根据自身履行职能的需要，可以在经批准的预算项目和额度内自行决定所要购买的商品和劳务，但要由财政部门直接向供货商支付货款，不再分散支付。第三，除某些特殊用途外，购买商品和劳务的资金都要通过国库直接拨付给商品和劳务供货商。集中支付制度并不根本改变各部门和各单位对预算资金的支配权和使用权，而是由财政部门集中掌握预算资金的支付权，从而可以考核资金的使用是否符合规定而决定是否给予支付，防止滥收滥支的违纪现象，提高资金使用效益。将采购资金直接由国库拨付给商品和劳务供货商，不再通过任何中间环节，这样财政部门可以掌握资金的最终流向，杜绝在预算执行中克扣、截留、挪用等现象，有利于防腐倡廉。

（三）实行集中支付制度的措施

实行集中支付制度，首先是做好准备工作，包括：制定《国库集中支付操作程序》和《国库支票管理办法》；修改《中华人民共和国国家金库条例》及《中华人民共和国国家金库条例实施细则》、《中国人民银行会计基本制度》、《中国人民银行国库会计核算监督办法》、《财政总预算会计制度》等相关财政金融法规；建立支付中心业务和信息处理系统，选择代理国库日常业务工作的商业银行。

其次是建立资金管理方式。一是在中央银行建立国库单一账户体系，相应地在财政部门建立资金账册管理体系，预算资金由中央银行的国库单一账户统一保存和管理，财政部门只给预算单位下达年度预算指标及审批月度用款计划。二是设立“国库集中支付中心”，由国库集中支付中心根据各预算单位的用款情况和实现的购买活动开具的付款申请，通过国库单一账户直接向供货商支付货款，中国人民银行国库部门负责国库账户管理、资金清算及监督工作。

最后是明确集中支付外的辅助支付办法。为了保证预算单位的及时和便利用款，可以允许有几种集中支付外的辅助支付办法。一是工资支付，由国库集中支付中心在商业银行开设工资账户，根据同级财政部门下达的工资预算按月将资金从国库单一账户划拨到商业银行的工资账户；商业银行再根据各预算单位开具的职工工资表，将资金拨付到职工个人的工资账户（工资卡）。二是零星支出支付，即预算单位的日常小额经费支出的支付，包括购买一般办公用品、支付差旅费、支付业务招待费等，由国库集中支付中心根据核定的零用金数额，将资金从国库单一账户拨付到在商业银行开设的“零用金付款”账户，并委托商业银行提供小额支票（包括现金支票）和信用卡，由各单位自主支配使用，先支出后报账。三是转移性支出支付由国库集中支付中心按核定的资金从国库单一账户直接拨入受款人的银行账户；试点过程中尚未实行集中支付的预算单位的支付，也采取这种方式支付。

四、实行“收支两条线”管理

（一）“收支两条线”管理的含义

“收支两条线”管理是针对原预算外资金管理的一项改革，其核心内容是将财政性收支（原预算外收支属于财政性收支）纳入预算管理范围，形成完整统一的各级预算，提高法制化管理和监督水平。从收入方面看，主要是收缴分离，规范预算外收入并减少各部门和单位的资金占压。对合理合法的预算外收入，不再自收自缴，实行收缴分离，纳入预算或实行财政专户管理。取消现行各执收单位自行开设和管理的各类预算外资金过渡收入账户，改为由财政部门委托的代理银行开设预算外资金财政汇缴专户，该账户只用于预算外收入的收缴，不得用于执收单位的支出。从支出方面看，主要是收支脱钩，即执收单位的收费和罚没收入不再与其支出安排挂钩，单独编制支出预算，交由财政部门审批。因此，“收支两条线”改革的目标就是全面掌握预算外收支的全面情况，真实反映部门和单位的财务收支全貌，编制完整可靠的部门预算和政府采购计划，为编制综合预算提供基础条件，从而逐步淡化以至取消预算外资金，实行预算内外统一核算和统一管理。

（二）“收支两条线”管理的进展及其进一步完善

近年来，“收支两条线”管理取得了重要进展，地方改革的力度更大，迈出了实质性步伐。首先是33个中央部门率先进行了收支脱钩改革，以前通过预算外资金安排的支出改由财政部门按照综合预定额统筹安排经费，编制综合预算。与此相适应，非税收入收缴制度改革也已起步，在15个中央部门进行了试点，形成了规范非税收入收缴管理的制度体系。当前不仅改革范围在扩展，而且改革的内涵也发生了重大变化，也就是“收支两条线”改革与编制部门预算和国库集中收付制度改革紧密联系起来，推动了预算管理制度的改革和建设向纵深发展。

第三节　深化预算管理制度改革

一、深化预算管理制度改革的指导思想和基本原则

随着经济社会的快速发展，现行预算管理制度已经显露出诸多不符合现代国家治理要求的问题，主要是：管理和控制方式不科学，跨年度预算平衡机制尚未建立；预算约束力不够，财政收支结构有待优化；结转结余资金规模过大，使用绩效不高；预算透明度不够，财政纪律有待加强，财政的可持续发展面临严峻挑战。党的十八届三中全会通过了《中共中央关于全面深化改革若干重大问题的决定》，提出了深化财税体制改革的目标和部署，据此，国务院作出了深化预算管理制度改革的决定。

改革的指导思想是，落实中央全面深化财税体制改革的总体要求，遵循市场在资源配置中起决定性作用的规律，加快政府职能转变，完善管理制度，创新管理方式，提高管理绩效，构建符合现代财政制度的全面规范、公开透明的预算管理制度。

改革的基本原则包括以下几点。一是遵循现代国家治理理念，按照推进国家治理体系和治理能力现代化的要求，着力构建规范的现代预算制度，并与相关法律和制度的修订相衔接。健全财政法律制度体系，注重运用法律和制度规范预算管理，提高政府的公共服务水平。二是划清市场和政府的边界。凡属市场能发挥作用的领域，财税优惠等政策要逐步退出；凡属市场失灵的领域，政府和财政要主动补位。三是着力推进预算公开透明。实施全面规范、公开透明的预算制度，将公开透明贯穿预算改革和管理全过程，充分发挥预算公开透明对政府部门的监督和约束作用，造就阳光政府、责任政府和服务政府。四是总体设计，协调推进。既要注重顶层设计，增强改革的系统性、整体性、协调性，又要考虑外部环境和制约因素，实现与行政管理体制改革的有序衔接，合理把握改革的力度和节奏，确保改革的顺利实施。

二、深化预算管理制度改革的措施

（一）完善预算体系，积极推进预算公开

一是完善政府预算体系。明确一般公共预算、政府性基金预算、国有资本经营预算、社会保险基金预算的收支范围，建立定位清晰、分工明确的预算体系，政府的收支全部纳入预算，加大各类预算之间的融合力度。二是健全预算标准体系。完善基本支出定额标准体系，加快项目支出定额标准体系建设，严格机关运行经费管理，加强人员编制管理和资产管理，进一步完善政府收支分类体系，按经济分类编制部门预决算。三是积极推进预决算公开。细化政府预决算公开内容，扩大部门预决算公开范围，按经济分类公开政府预决算和部门预决算，加大“三公”经费公开力度。

（二）改进预算管理和控制，建立跨年度预算平衡机制

一是实行中期财政规划管理。研究编制三年滚动财政规划，对未来三年重大财政收支情况进行分析预测，强化三年滚动财政规划对年度预算的约束。二是改进年度预算控制方式。一般公共预算审核的重点由平衡状态、赤字规模向支出预算和政策拓展，对支出预算强化政策约束，对收入预算从约束性转向预期性，意味着更多强调依法征税，应收尽收，不收“过头税”。中央一般公共预算可编列赤字，通过发行国债弥补，地方一般公共预算为了没有收益的公益性事业的发展，也可编列赤字，通过举借一般债务弥补。政府性基金预算按以收定支原则编列，为了有一定收益的公益性事业的发展，可举借专项债务。国有资本经营预算按收支平衡原则编制，不列赤字。三是建立跨年度预算平衡机制。为了适应经济形势的发展变化和财政政策逆周期调节的需要，可以通过预算稳定调节基金和发债，灵活处理预算执行中的超收或短收，达到跨年度的平衡。

（三）加强财政收入管理，清理规范税收优惠政策

一是加强税收征管。切实加强税收征管，依法征收，应收尽收，不收“过头税”。严格减免税管理，不得违反法律法规和越权多征、提前征收或者减征、免征、缓征。二是加强非税收入管理。坚决取消不合法、不合理的收费基金项目，加快建立健全国有资源、国有资产的有偿使用制度和收入共享机制，落实国有资本收益权。三是全面规范税收优惠政策。各地区、各部门未经国务院批准不得规定财政税收优惠政策，已经出台的违反法律法规和国务院规定的一律停止执行。

（四）优化财政支出结构，加强结转结余资金管理

一是优化财政支出结构。严格控制政府性楼堂馆所、财政供养人员及“三公”经费等一般性支出。清理规范重点支出同财政收支增幅或生产总值挂钩事项，一般不采取挂钩方式。结合税费制度改革，逐步取消城市维护建设税、排污费等专款专用的规定，统筹安排这些领域的经费。统一预算分配，逐步将所有预算资金纳入财政部门统一分配。二是优化转移支付结构。对原有的转移支付进行严格的规范，主要是完善一般转移支付增长机制，大力清理、整合、规范专项转移支付，逐步将一般转移支付占比提高到60%以上。三是加强结转结余资金管理。建立结转结余资金定期清理机制，上一年的结转资金应当在下一年用于结转项目的支出，连续两年未用完的结转资金，应当作为结余资金管理，其中一般公共预算的结余资金，应当补充预算稳定调节基金。四是加强政府购买服务资金管理。政府购买服务所需资金列入预算，切实降低公共服务成本，提高公共服务质量。

（五）加强预算执行管理，提高财政支出绩效

具体措施是做好预算执行工作，硬化预算约束；规范国库资金管理，提高国库资金收支运行效率；健全预算绩效管理机制，强化支出责任和效率意识；建立权责发生制的政府综合财务报告制度，建立全面反映政府资产负债、收入费用、运行成本、现金流量等财务信息的权责发生制和政府综合财务报告制度。另外，规范地方政府债务管理，防范化解财政风险；规范理财行为，严肃财政纪律，坚持依法理财，主动接受监督，健全制度体系，

强化责任追究等。

【关键词】

国家预算　复式预算　增量预算　零基预算　部门预算　“收支两条线”管理

【复习与思考】

1. 试述我国复式预算的分类、各类预算的内容及其相互关系。
2. 试述我国一般公共预算支出的分类以及每种分类的实践意义。
3. 如何看待我国的政府性基金？如何看待“土地财政”？
4. 何谓政府采购制度？如何进一步完善和改革《政府采购法》？
5. 如何理解深化预算管理制度改革的主要内容及其重大意义？

第四章 财政支出概论

第一节　公共物品的提供方式

一、纯公共物品的提供方式

提供公共物品来满足公共需要可以有两个系统：一是市场，二是政府。一般而言，纯公共物品只能由政府来提供而不能由市场来提供，这是由市场运行机制决定的。市场是通过买卖提供商品和服务的，在市场上，谁有钱谁就可以购买商品或享用服务，钱多多买，钱少少买，无钱就不能买。总之，市场买卖要求利益边界的精确性。公共物品的非竞争性和非排他性决定了竞争性的市场机制不适于提供纯公共物品。一方面，从公共物品提供的角度看，非竞争性是指新增一个消费者的边际成本等于零，这就意味着，如果公共物品按边际成本定价，那么，由私人部门提供就得不到它所期望的最大利润，所以私人投资者不会自愿提供纯公共物品；另一方面，从公共物品消费的角度看，非排他性意味着一个人使用公共物品，并不排除其他人同时使用，即使从技术上可以排他，但花费的成本太大，这样，消费者也不会自愿花钱消费这种物品，而是期望他人购买，自己从中受益，即所谓的免费搭车。免费搭车现象使公共物品也不适于通过市场买卖方式提供，否则，每个人都会花钱去购买私人物品，而等着他人去购买公共物品，自己通过免费搭车从中受益。

相对于市场机制而言，政府的运行机制是迥然不同的。政府的性质和运行机制决定了它可以解决市场提供公共物品所存在的难题。一方面，政府具有社会职能，因而满足全体社会成员的公共需要、追求社会目标是政府本来就应当承担的职责；另一方面，政府是一个公共权力机构，政府拥有向社会成员征税的权力，税收是保证纯公共物品供给成本得到补偿的最好途径。从这个意义上说，“天下没有免费的午餐”，表面上，纯公共物品可以免费享用，而事实上是以纳税为代价的。

政府主要通过无偿征税来提供纯公共物品，但是，征税是可以精确计量的，如按率征收或定额征收，而公共物品的享用一般是不可以分割的，无法个量化。如前所述，每个人的纳税额与他对公共物品的享用量都是不对称的，不能说多纳税就多享用，少纳税就少享用，不纳税就不享用。尽管财政学界对税收合理负担问题有能力说、利益说，但不可否认的事实是，相对于市场买卖中利益边界的精确性而言，纳税人负担与公共物品享用之间的关系缺乏精确的经济学依据。

由以上分析可知，市场适于提供私人物品，对提供纯公共物品是失效的，而提供纯公共物品恰恰是政府配置资源的领域，是政府的首要职责。财政学关心的问题是，政府提供公共物品与市场提供私人物品之间的恰当组合，政府提供公共物品所花费的成本和代价，以及如何合理确定政府提供公共物品的范围和财政支出的规模。为此，需要规范政府和市场的关系以及提供公共物品的政治决策程序，加强财政管理，提高财政支出效率，尽可能减少可能产生的效率损失。

二、准公共物品的提供方式

上面说的是纯公共物品的提供方式，而公共物品有纯公共物品和准公共物品（或称混合物品）两类。准公共物品是兼备公共物品和私人物品的性质，不言而喻，准公共物品可以采取公共提供方式或市场提供方式，也可以采取混合提供方式。如前所述，准公共物品有两种不同的类型：一类是具有非竞争性但同时具有排他性的准公共物品；另一类是由外部效应引起的准公共物品。

先看既具有非竞争性又具有排他性的第一类准公共物品。仍以一座桥梁为例，桥梁成本可以通过两种方式弥补：一是通过征税弥补，免费使用，这是公共提供方式；二是通过对过桥车辆收费弥补，如同一般商品买卖一样，谁过桥谁交费购买使用权，这是市场提供方式。政府要考虑的问题是，从社会角度出发比较两种提供方式何者为优，而比较的依据主要是效益和成本。不论采取哪种提供方式，该桥梁提供的社会效益和建筑成本都是相同的，可比的是无论征税还是收费都会产生的成本及可能带来的一定的效率损失。税收成本是指征管成本和缴纳成本，税收的效率损失是指因征税而带来的社会福利损失，亦称税收超额负担（这个问题将在税收有关章节中加以说明）。收费要设置管理设施和管理人员，也要花费成本。另外，由于收费会在一定程度上限制过桥的车流量，在不过分拥挤的情况下，对社会而言会产生一部分消费损失，这是收费的效率损失。最终选取哪种提供方式，取决于税收成本和税收效率损失同收费成本和收费效率损失的对比。

再看主要是具有外部效应的第二类准公共物品。选取这类准公共物品的提供方式，关键在于判断外部效应的大小。当外部效应很大时，可视其为纯公共物品，采取公共提供方式。例如基础科研成果是一种典型的外部效应物品，而且政府的政策鼓励基础科研成果付诸应用，一般是采取公共提供方式。其实，多数公共物品都具有较大的外部效应，不过，为了提高公共物品的使用效率并适当减轻政府负担，对多数准公共物品采取混合提供方式是一种较佳的选择。例如，医疗保健，一部分由政府提供，另一部分向医疗者收费，采取混合提供方式，既可以保障职工和居民的医疗需要，又可以避免病床过分拥挤和药品的浪费。当采取收费方式时，政府所要关心的问题是合理制定收费标准，同时严加管理，避免收费方利用垄断地位滥收费或提高收费标准，加重居民负担，甚至造成严重的社会问题。

从各国的实践来看，准公共物品的有效提供主要有如下几种方式。一是政府授权经营。对于具有规模经济效益的自然垄断行业，政府部门通过公开招标形式选择民间企业，通过签订合同的方式委托中标的民间企业去经营，但政府部门对这一领域实行政府规制，一方面，禁止其他企业自由进入，另一方面，禁止中标企业制定垄断价格。二是政府参股。对于那些初始投资量较大的基础设施项目，如道路、桥梁、高速公路、铁路、港口、机场等，由政府通过控股方式参与建设。三是政府补助。对于那些提供教育服务、卫生服务的民间机构及从事高新技术产品开发的民间企业，政府给予一定数量的补助。这是因为教育服务、卫生服务、高新技术的开发都具有正外部效应。补助的方式包括补贴、贷款贴息、减免税等。四是政府购买服务。凡属事务性管理服务的，一般都要引入竞争机制，通过合同、委托等方式向社会购买。

三、关于公共物品私人提供问题的研究和实践

20 世纪 80 年代以来，财政学有关公共物品的理论在许多方面取得了进展，其中尤以公共物品私人提供问题的讨论最为引人注目。传统理论认为，公共物品特别是纯公共物品领域是政府机关和公共部门专断的活动范围，但公共物品私人提供的研究对此提出了挑战。公共物品的私人提供问题是由科斯的研究提出的。科斯在 1974 年发表了《经济学中的灯塔》一文，该文回顾了英国早期历史上灯塔这种公共物品的供应情况。在 1610—1675 年间，英国领港工会拥有建造灯塔的特权，向船只收取费用，但工会没有建造一个新灯塔，而私人却至少建造了 10 个灯塔。私人建造灯塔需要向政府申请许可证，由政府批准授权其收费，于是形成船只收费制度。到 1820 年，英国有公营灯塔 24 个，私营灯塔 22 个；到 1842 年，因私人收费过高而将其全部收归公营。科斯由此提出一个在政府批准授权下的公共物品私人提供问题，从而带动了其后许多经济学者展开对公共物品私人提供问题的研究和争论，并提出了值得人们思考和参照的见解。

当经济学家争论不休，仍然没有得出确定结论的时候，世界各国公共物品私人提供的实践已经在悄悄地进行了，而且在不断扩展。公共物品私人提供的事实原本早已存在，比如慈善事业就是公共物品由私人自愿提供的例证，国际的多边援助、我国私人捐助的希望小学等也是如此。在我国随着改革开放的深化，公共物品私人提供的做法正在扩展，如公路的“贷款修路，收费还款”方式，公共项目采取建设—经营—转让（build-operate-transfer，BOT）方式，吸引外资和私人投资进行污水处理与城市垃圾处理等，特别是《中共中央关于全面深化改革若干重大问题的决定》提出的“推广政府购买服务”和曾在亚洲太平洋经济合作组织（APEC，简称亚太经合组织）财长会议上力推的政府和社会资本合作（public-private-partnership，PPP）模式，对加快政府职能转变、完善和创新公共物品和公共服务提供体系都将发挥越来越大的作用。

第二节 公共物品定价

一、公共物品定价的定义

在市场经济中，所有经济主体都存在自我利益最大化的倾向，企业在追逐利润，消费者在追求福利或效用，而价格是经济主体行为的信号，也是实现最优资源配置的主要机制。如前所述，公共物品可以由政府提供，也可以由市场提供。由市场提供自然不可能是无偿的，即使由政府提供公共物品，也并非全部是无偿的，所以提供公共物品如同私人物品的交易一样，也存在一个出售（提供）价格或收费的问题。政府主管部门通过一定程序和规则制定提供公共物品的价格和收费标准，即公共物品价格和收费标准的确定，就是公共物品定价，或简称公共定价。

应当指出，公共定价是政府保证公共物品提供和实施公共物品管理的一项重要职责，公共定价的对象自然不仅包括国家机关和公共部门提供的公共物品，而且包括私人部门提供的公共物品。从定价政策来看，公共定价实际上包括两个方面：一是纯公共定价，即政府直接制定自然垄断行业（如能源、通信和交通等公用事业以及煤、石油、原子能等基础产品行业）的价格；二是管制定价或价格管制，即政府规定既关系国计民生且带有竞争性的行业（如金融、农业、高等教育和医药等行业）的价格。政府实施公共定价的目的和原则不仅在于提高整个社会资源的配置效率，使公共物品得到最有效的使用，提高政府支出的效益，而且在于保证居民的生活水平和生活安定。我国政府定价目录是根据《中华人民共和国价格法》的规定制定的规范政府定价权限、定价范围、定价方式和定价内容的清单，随着经济和市场的发展情况及时进行调整。目前我国政府定价目录分为中央定价目录和地方定价目录两级。凡列入定价目录的商品和服务项目，其价格的制定和调整均由目录中规定的政府部门统一负责；凡未列入定价目录的商品和服务项目，均由经营者自主定价。

二、公共定价的一般方法

无论是纯公共定价还是管制定价，都涉及两个方面，即定价水平和定价体系。定价水平是指提供每一单位的物品和服务的定价（收费）是多少。在管制行业，定价水平是依据正常成本加合理报酬得到的总成本计算的。因此，研究定价水平实质上就是研究如何确定总成本。定价体系是指把费用结构（固定费用和可变费用的比率）和需求结构（家庭享用或企业使用、少量需求或大量需求等不同种类的需求，高峰负荷和非高峰负荷等不同负荷的需求）考虑进来的各种定价组合。

公共定价方法一般包括平均成本定价法、二部定价法和负荷定价法。

（1）平均成本定价法。平均成本定价法是指在保持提供公共物品的企业和事业对外收支平衡的情况下，采取尽可能使经济福利最大化的定价方法。从理论角度来看，按公共物品的边际成本定价是最理想的定价方法，但这种定价方法会使企业长期处于亏损状态，必须依靠财政补贴维持运行，长此以往，很难保证按质按量地提供公共物品。因此，在边际成本递减行业，为了使企业基本保持收支平衡，公共定价或价格管制一般采取按高于边际成本定价的平均成本定价法。

（2）二部定价法。二部定价法是由两种要素构成的定价体系：一是与使用量无关的按月或按年支付的“基本费”；二是按使用量支付的“从量费”。因此，二部定价是定额定价和从量定价二者合一的定价体系，也是反映成本结构的定价体系。由于二部定价法中的“基本费”是不管使用量的多少而收取的固定费，所以有助于企业财务的稳定；由于二部定价法具有“以收支平衡为条件实现经济福利最大化”的性质，所以现在几乎所有受到价格管制的行业（特别是电力、城市煤气、自来水、电话等自然垄断行业）都采用这种定价方法。

（3）负荷定价法。负荷定价法是指按不同时间段或不同时期的需要制定不同的价格。在电力、煤气、自来水、电话等行业，按需求的季节、月份、高峰时段和非高峰时段的不同，有系统地制定不同的价格，以平衡需求状况。在需求处于最高峰时，收费最高；在需求处于最低谷时，收费最低。

三、自然垄断行业的公共定价

自然垄断行业的经营规模一般较大，而且以较低的成本提供满足全部市场的需要的产量。这些部门随着产量的增加，平均成本（AC）呈递减的趋势。如图 4-1 所示。

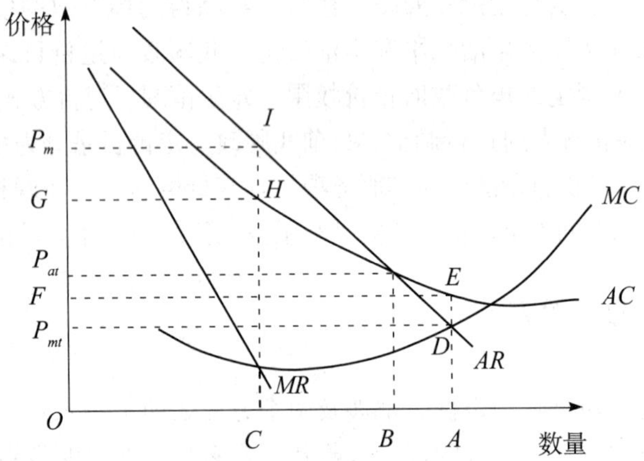

图 4-1　自然垄断的公共定价法

如令价格 P_{mt} = 边际成本（MC），则产出为 OA，该部门将蒙受 $P_{mt}DEF$ 的亏损。如任由市场定价，则在利润最大化情况下，边际收益（MR）= 边际成本（MC），此时的价格为 P_m，产量为 OC，而利润为 $GHIP_m$。如以平均成本（AC）定价，平均收益等于价格，此时，价格为 P_{at}，产量为 OB，厂商的损益持平，无额外利润可获。比较三种情况可知：按边际成本定价时的产量 OA > 按平均成本定价时的产量 OB > 按利润最大化定价

时的产量 OC。而价格的情况正好相反：按边际成本定价时的价格 P_{mt}＜按平均成本定价时的价格 P_{at}＜按利润最大化定价时的价格 P_m。很显然，若公共事业部门也按利润最大化的原则定价，此时价格为 P_m，而用来满足社会需要的产量只有 OC，它远比社会可以提供的公共事业部门的产量 OA 要低，这就意味着，资源并未得到充分利用，社会对公共事业部门产出的需要未能得到充分的满足。若按边际成本定价，价格为 P_{mt}，满足社会需要的产量最大，此时，企业处于亏损状态，但却提供了较多的社会需要的基础性产品或服务。亏损部分可以通过财政渠道以补贴形式来弥补，部分则可以通过企业自身的收费来弥补。由此可见，政府若既要充分提供公共物品，又要提高有关政府支出的效益，就必须按政府的政策选择适当的定价方法。

第三节　预算绩效管理

一、实施预算绩效管理的重要意义

预算绩效管理是一种创新的以财政支出绩效为中心的现代预算管理模式。预算绩效管理是将市场机制引入预算管理，使部门和项目支出从定计划、定任务，到预算的编制执行、结果考核都紧紧围绕绩效展开，注重成本和质量，突出责任和效率，关注支出结果和政策目标实现，从而达到降低投入成本，提高公共服务质量的目标。

全面实施预算绩效管理是落实以人民为中心的发展思想的必然要求。坚持以人民为中心的发展思想，是习近平新时代中国特色社会主义思想的重要组成部分。我国财政收支取之于民、用之于民。因此在预算管理各环节树立绩效意识，把取之于民的财政资金分配好、使用好、管理好，提高公共服务的质量和水平，使人民具有获得感、幸福感、安全感，是财政工作的基本出发点和落脚点。

全面实施预算绩效管理是推进国家治理体系和治理能力现代化的有力举措。预算绩效管理突出责任和效率、关注产出和结果，是现代科学管理理论在政府管理上的具体运用。国家预算体现国家经济社会发展的大政方针和任务部署，反映政府活动的范围和方向。党的十八届三中全会提出财政是国家治理的基础和重要支柱，要求建立现代财政制度；党的十九大对加快建立现代财政制度又作出重要部署，明确提出要建立全面规范透明、标准科学、约束有力的预算制度，全面实施绩效管理。全面实施预算绩效管理，会夯实财政对国家治理的基础和重要支柱作用，加快现代财政制度建设，为政府履行职能提供坚实的物质基础和体制保障，提高行政效率，全面提升政府效能，增强政府公信力和执行力，加快实现国家治理体系和治理能力现代化。

全面实施预算绩效管理也是我国经济已由高速增长阶段转向高质量发展阶段的迫切要求。我国正处在转变发展方式、优化经济结构、转换增长动力的攻关期，建设现代化经济体系是跨越关口的迫切要求和我国发展的战略目标。必须坚持质量第一、效益优先，以供给侧结构性改革为主线，推动经济发展质量变革、效率变革、动力变革，提高全要素生产率。而全面实施预算绩效管理恰恰是坚持质量第一、效益优先的迫切要求，也是助力以供给侧结构性改革为主线的改革的迫切要求。

二、我国全面实施预算绩效管理的积极探索和初步成效

近几年来，财政部门在预算绩效管理方面积极探索，初步构建了预算绩效管理体系基本框架。在中央财政层面，形成了以项目支出为主的一般公共预算绩效管理体系，并不断延伸和拓展。绩效目标管理已经覆盖所有中央部门的本级项目、中央对地方专项转移支付，以及部分中央政府性基金和中央国有资本经营预算项目。绩效目标执行监控范围逐步扩大，在中央部门对上年所有本级项目开展绩效自评的基础上，2018 年扩展至中央对地方所有专项转移支付资金。将中央本级一级项目和专项转移支付的绩效目标随同预算批复和下达，使绩效与预算具有同等约束。建立重点绩效评价常态机制，统一安排对重点民生政策和重大项目开展绩效评价，部分评价结果已应用于预算安排和政策调整。以经济建设支出为切入点，有针对性地选取评估对象，采取重点抽评与第三方评估相结合的方式开展绩效评价，推动提升中央财政支出绩效。在地方财政层面，一些省份结合自身实际，积极探索预算绩效管理新模式。新《预算法》实施后，越来越多的地方将绩效管理作为财政工作重点，加快全过程预算绩效管理改革步伐，在政策或项目事前评估、第三方绩效评价、绩效评价结果应用等方面积累了一些成功经验。目前，各省级财政部门均出台了预算绩效管理办法，个别地区出台了相关地方性法规。绝大多数省级财政部门细化了预算绩效管理工作规范和操作细则。一些省份还将部门绩效考核结果与公务员绩效工资（奖金）直接挂钩，对资金使用绩效形成正向激励。

随着预算绩效管理的深入推进，中央和地方预算管理规范化、科学化水平不断提高。一是强化了预算绩效意识。“花钱必问效、无效必问责”的意识不断增强。例如，在预算编制环节随项目报送绩效指标，广泛推行项目支出绩效自评，财政和审计部门开展抽查，把绩效评价结果作为政府部门考评的重要组成部分。绩效管理也带来了资金分配和管理方式的改变，部门和资金使用单位逐步把预算管理重点从要求加大财政投入转到提高财政资金使用绩效上来。二是促进了政府职能转变。通过实施绩效管理，财政部门更加重视对预算绩效的审查、监督和评价，也调动了各部门把花钱和办事紧密结合的积极性与主动性，促使部门拿出更多时间和精力加强政策规划和精准编制预算，对政策实施结果跟踪问效，推动优化财政资源配置、提高资金使用效益，努力实现少花钱、多办事、办好事。三是提高了决策的科学化、民主化水平。通过高校、科研机构、第三方评估机构以及民众参与，为预算绩效管理提供了强大的智力支持，推动政府决策更加科学、民主、透明。

三、进一步完善预算绩效管理的思路和措施

我国实施预算绩效管理已经取得了初步成效，但按全面实施预算绩效管理的要求仍存在诸多需要进一步完善的问题，如“重投入、轻管理，重支出、轻绩效”的传统意识尚未根本改变，预算绩效管理的广度和深度仍然不足，覆盖面仍然欠缺，结果应用机制仍不健

全，等等。为了进一步推动全面预算绩效管理的实施，首先需要按照党的十九大关于全面实施绩效管理的要求，做好顶层设计，制定全面实施预算绩效管理的指导性文件，细化工作要求和举措，为此，中共中央和国务院已于 2018 年 9 月 1 日颁布了《中共中央 国务院关于全面实施预算绩效管理的意见》，对全面实施预算绩效管理提出了规范性的指导意见。

全面实施预算绩效管理的主要内容如下。

（1）构建全方位预算绩效管理体系。

将预算绩效管理的实施对象从项目为主向政策、部门整体拓展，从转移支付为主向政府财政运行拓展，形成政府预算、部门预算、政策和项目预算等全方位绩效管理格局。各级政府预算支出应当符合统筹兼顾、勤俭节约、量力而行、讲求绩效、收支平衡的原则。加强部门和单位预算绩效管理，赋予部门和资金使用单位更多的管理自主权，推动提高整体绩效水平。深化政策和项目预算绩效管理，对中长期重大政策和项目实行全周期跟踪问效，建立动态调整、清理和退出机制。

（2）绩效管理深度融入预算管理全过程。

将绩效理念和方法深度融入预算编制、执行、决算、监督全过程，构建事前、事中、事后“三位一体”的绩效管理闭环系统。一是建立事前绩效评估机制。对新增重大政策、项目及转移支付开展事前绩效评估，重点论证与党中央决策部署的关联性及立项必要性、投入经济性、绩效目标合理性、实施方案可行性和筹资合规性等。二是强化绩效目标管理。提高绩效目标编制质量，加强绩效目标审核，绩效目标与预算同步批复下达，并逐步公开。三是做好绩效运行监控。对绩效目标实现程度和预算执行进度实行“双监控”，发现问题及时纠正，确保绩效目标按期保质实现。四是开展多维度绩效评价。提高绩效自评质量，完善重点民生政策和重大专项绩效评价常态机制，健全绩效评价结果反馈制度和绩效问题整改责任制，加强绩效评价结果应用。

（3）绩效管理覆盖各级政府和所有财政资金。

推动各级政府、各部门、各单位全面实施预算绩效管理，将绩效管理责任层层传导和落实到基层政府及部门，延伸至资金使用终端。将一般公共预算、政府性基金预算、国有资本经营预算、社会保险基金预算全部纳入绩效管理范围，积极开展政府投资基金、政府和社会资本合作（PPP）、政府采购、政府购买服务、政府债务项目绩效管理。

（4）加强预算绩效管理制度建设。

完善预算绩效管理制度，建立健全各环节管理办法，制定预算绩效管理工作流程和实施细则，增强实用性和可操作性。建立专家咨询机制，引导并规范第三方机构参与预算绩效管理，严格执业质量监督管理。健全绩效指标和标准体系，实现细化量化、科学合理、可比可测，动态调整、共建共享。创新绩效评估评价方法，提高绩效评价结果的客观性和准确性。

（5）硬化预算绩效责任约束。

压实绩效管理责任，强化各部门、各单位的预算绩效管理主体责任，体现“谁使用、谁负责”。实施绩效激励约束，建立绩效结果与预算安排和政策调整的挂钩机制，鼓励高绩效行为。推进绩效信息公开，建立预算绩效信息向同级政府和全国人大报告制度，并与预算草案、决算草案同步向社会公开，促使部门和单位从“要我有绩效”转变为“我要有绩效”。加强绩效监督问责，充分发挥人大、审计等机关的职能作用，对预算绩效目标实现程度及绩效管理情况进行监督，建立“花钱必问效、无效必问责”机制。

总之，今后一段时期全面实施预算绩效管理的目标和方向，就是认真落实“五个全”，即全覆盖、全方位、全过程、全周期、全监督，让绩效管理覆盖所有财政资金。

☑【关键词】

“免费搭车”　外部效应　公共定价　预算绩效管理

【复习与思考】

1. 请思考有哪些公共物品属于必须由政府提供的纯公共物品。
2. 试述准公共物品的提供方式及其选择。
3. 试述公共定价的一般方法。
4. 试述预算绩效管理及其重要意义。
5. 试述进一步完善全面预算绩效管理的思路和措施。

第五章 财政支出规模与结构分析

第一节 财政支出规模分析

前面我们在财政支出分类中已经说明《预算法》规定我国国家预算包括一般公共预算、政府性基金预算、国有资本经营预算、社会保险基金预算四类，而且都已纳入人大审批程序。但由于后二种预算属于初建，编制与管理还不够完善，而且信息公布不够明细，难以进行系统的分析，因此，本书关于财政收支的分析主要是对一般公共预算收支的分析，只是在相关方面联系其他三种预算。

一、反映财政支出规模及其变化的指标

反映财政活动规模可以用两种指标：一是财政收入及其占 GDP 的比重；二是财政支出及其占 GDP 的比重。两种指标既相互联系又有所不同，对反映财政活动规模也具有不同的意义。财政收支与企业和个人的收支是一样的，从会计原理上说，即有支必有收，有收必有支，收支必相等。也就是说，对于任何收支主体来说，在任一时点上，无论是收入大于支出，还是支出大于收入，都是不可能的。但是，在国家财政制度上，大多数国家的大多数财政年度的财政收入和财政支出是不相等的。这是因为政府在以税收为主并由少量收费构成的经常性收入之外还可以举债，但债务收入不能计入经常性收入，而债务收入的使用必然计入财政支出，由此出现支大于收，即财政赤字。因此，前面曾说过，政府与市场的关系是财政的核心问题，从这个角度来观察，两种指标对反映财政活动就存在不同的意义。而且，相对而言，财政支出指标可以提供更多、更重要的信息。第一，财政收入占

GDP 的比重常常被人们看作衡量财政集中程度的指标，其实，论财政集中程度，倒是财政支出占 GDP 的比重更贴近实际。因为财政支出无论采取何种形式，无一例外地都表现为财政对 GDP 的实际使用和支配的规模。而财政收入则只是表明了财政可能使用和支配的规模，它常常并不代表实际发生的规模。第二，财政收入反映的是财政参与 GDP 分配过程中的活动，财政支出反映的则是财政在 GDP 使用过程中的活动，从川流不息的社会再生产过程来看，财政是通过财政支出的规模和结构来实现资源配置，直接影响社会再生产的规模和结构的，财政分配的全过程固然始于财政收入，但最终完成于财政支出。第三，财政收入和财政支出都发挥财政宏观调控职能，但二者必须相互搭配。比如，实行减税政策时，一般需要通过举债来维持必要的财政支出规模。第四，因为财政支出包含了债务收入的使用，所以财政支出指标必然涉及政府债务余额的变化和政府债务的使用情况，而财政收入指标却没有这种功能。

财政支出规模既可以用绝对数指标来表示，也可以用相对数指标即财政支出占 GDP 的比重来表示，由这两个基本指标又可以衍生出反映财政支出增长变化的三个指标。

（1）财政支出增长率。

财政支出增长率以 ΔG（%）表示。财政支出增长率表示当年财政支出比上年同期财政支出增长的百分比（%），即所谓“同比”增长率。用公式表示为：

$$\Delta G(\%)=\frac{\Delta G}{G_{n-1}}=\frac{G_n-G_{n-1}}{G_{n-1}} \qquad (5-1)$$

式中，ΔG 代表当年财政支出比上年的增（减）额，G_n 代表当年财政支出，G_{n-1}代表上年财政支出。

（2）财政支出增长弹性系数。

财政支出增长弹性系数以 E_g 表示。财政支出增长弹性系数是指财政支出增长率与 GDP 增长率之比。弹性（系数）大于 1，表明财政支出增长速度快于 GDP 增长速度。用公式表示为：

$$E_g=\frac{\Delta G\ (\%)}{\Delta \mathrm{GDP}\ (\%)} \qquad (5-2)$$

式中，$\Delta \mathrm{GDP}(\%)=\frac{\Delta \mathrm{GDP}}{\mathrm{GDP}_{n-1}}=\frac{\mathrm{GDP}_n-\mathrm{GDP}_{n-1}}{\mathrm{GDP}_{n-1}}$代表 GDP 增长率，$\Delta$GDP 代表当年 GDP 比上年 GDP 的增长额。

（3）财政支出增长边际倾向。

财政支出增长边际倾向以 MGP 表示。该指标表明财政支出增长额与 GDP 增长额之间的关系，即 GDP 每增加一个单位时财政支出增加多少，或财政支出增长额占 GDP 增长额的比例。用公式表示为：

$$MGP=\frac{\Delta G}{\Delta \mathrm{GDP}} \qquad (5-3)$$

二、关于财政支出规模增长变化的学说

从西方经济发达国家的经济发展历史来看，在资本主义经济的早期，财政支出占

GDP 的比重是比较小的，那时，各国遵循亚当·斯密学说，提倡经济自由化，主张"廉价政府"，政府在社会经济发展方面很少有所作为。随着资本主义基本矛盾的发展和激化，政府为了维持经济发展和克服日益频繁的经济危机，加强了对经济的干预，同时，随着人均收入的不断提高和收入差距的扩大，为防止社会动荡，政府通过财政的转移支付向广大群众和低收入阶层提供基本生活保障与社会保障，由此导致政府财政支出日益膨胀。另外，GDP 的增长、筹措财政收入的措施的加强，以及以增发公债作为弥补支出的手段成为可能，也从财源方面支持了财政支出的膨胀。对于财政支出增长变化的一般趋势，许多学者做了大量的研究。

（一）瓦格纳法则

19 世纪德国经济学家阿道夫·瓦格纳（Adolf Wagner）最先提出财政支出扩张论，他的研究成果被后人称为"瓦格纳法则"。瓦格纳法则指的是财政支出的相对增长，可以表述为：随着人均收入的提高，财政支出占 GDP 的比重也相应提高。根据这种解释，瓦格纳法则可以理解为图 5-1 所表示的财政支出与 GDP 之间的函数关系。瓦格纳的结论是建立在经验分析的基础上的，他对 19 世纪的许多欧洲国家及日本和美国的公共部门的增长情况做了考察。他认为，现代工业的发展会引起对社会进步的要求，社会进步必然导致国家活动的扩张。他把导致政府支出增长的因素分为政治因素和经济因素。所谓政治因素，是指随着经济的工业化，正在扩张的市场与这些市场中的当事人之间的关系会更加复杂，市场关系的复杂化引起了对商业法律和契约的需要，并要求建立司法组织执行这些法律，这样，就需要把更多的资源用于提供治安和法律设施。所谓经济因素，是指工业的发展推动了城市化的进程，人口的居住将密集化，由此将产生拥挤等外部性问题，这样就需要政府进行管理与调节。此外，瓦格纳把对教育、娱乐、文化、保健与福利服务的公共支出的增长归因于需求的收入弹性，即随着实际收入的上升，这些项目的公共支出的增长将会快于 GDP 的增长。

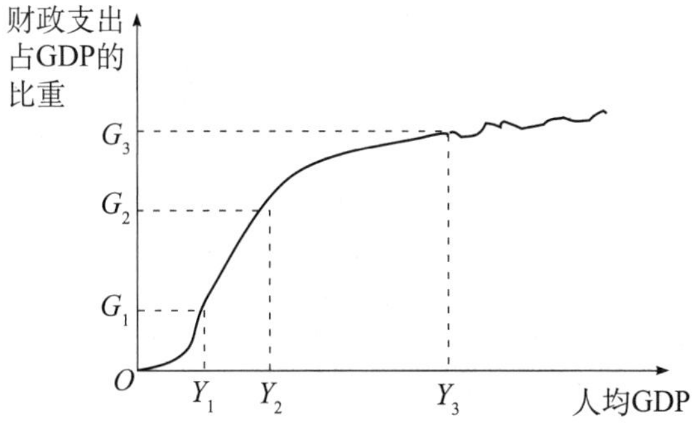

图 5-1　瓦格纳法则的解释

（二）皮科克和威斯曼的替代-规模效应理论

皮科克（Peacock）和威斯曼（Wiseman）在瓦格纳分析的基础上，根据他们对 1890—1955 年间英国的公共部门成长情况的研究，提出了导致财政支出增长的内在因素与外在因素，并认为，外在因素是说明财政支出增长速度超过 GDP 增长速度的主要原因。

他们对内在因素的分析建立在这样一种假定上：政府喜欢多支出，公民不愿意多缴税，因此，政府在决定预算支出的规模时，应该密切关注公民关于赋税承受能力的反应，公民所容忍的税收水平是财政支出规模的约束条件。在正常条件下，随着经济发展，收入水平上升，以不变的税率征得的税收也会上升，于是，政府支出上升会与 GDP 上升呈线性关系。这是内在因素作用的结果。但一旦发生了外部冲突，例如发生战争或经济危机，政府就会被迫提高税率，而公众在危急时期也会接受提高了的税率。这就是所谓的“替代效应”，即在危急时期，公共支出会替代私人支出，从而财政支出的比重上升。但在危急时期过去以后，公共支出并不会退回到先前的水平。比如，一个国家在战争结束之后，总会积累大量的债务，公共支出会保持较高的水平，因此，每一次较大的经济和社会动荡都会导致财政支出水平上一个新的台阶。这种财政支出上升的规律，即称为替代-规模效应理论。

世界经济发达国家自 19 世纪末至今 100 多年的经济发展实践，证明了瓦格纳以及皮科克和威斯曼等人的论述符合财政支出占 GDP 比重的发展变化的一般趋势。尽管由于各国的国情有所不同，财政支出占 GDP 比重的高低以及变化情况也有所不同，但明显存在一种共同的趋势，即财政支出随着人均 GDP 的增长而逐渐上升；同时，历史数据也说明财政支出占 GDP 比重的上升不可能是无止境的，当经济发展达到一定高度时，该比重则呈现相对稳定的趋势，即稳定在一定的水平上，上下有所波动。主要经济发达国家财政支出占 GDP 比重的发展变化情况和趋势参见图 5-2。

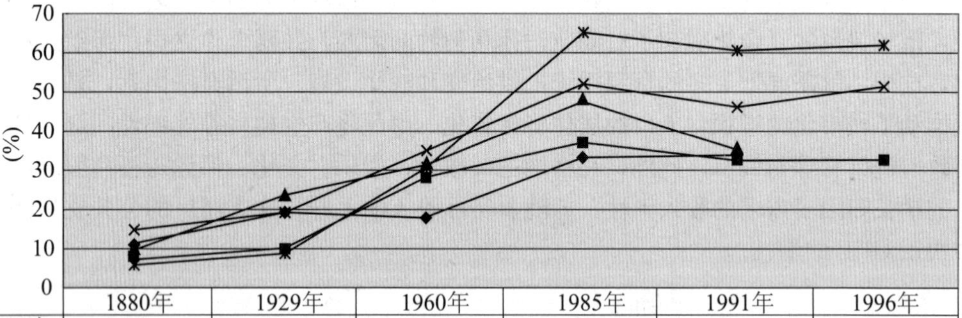

	1880年	1929年	1960年	1985年	1991年	1996年
—◆— 日本	11	19	18	33	34.4	—
—■— 美国	8	10	28	37	33.3	33.7
—▲— 英国	10	24	32	48	35.7	—
—×— 法国	15	19	35	52	46.3	51.6
—✳— 瑞典	6	8	31	65	60.6	62

图 5-2　主要经济发达国家财政支出占 GDP 比重的变化趋势

资料来源：1985 年及以前的数据根据《1988 年世界发展报告》（北京：中国财政经济出版社，1988）第 44 页表 2.1 的资料绘制；1991 年数据来自哈维·罗森的《财政学》（第四版）（北京：中国人民大学出版社，2000）；1996 年数据来自《1997 年世界发展报告》（北京：中国财政经济出版社，1997）。

三、影响财政支出规模的因素

（一）影响财政支出规模的宏观因素分析

为探讨财政支出的合理规模，必须从分析影响财政支出规模的宏观因素入手，参照前人的规范性分析并结合我国财政支出发展变化的现实情况，寻求本国最佳的财政支出规模。归纳起来，经常影响财政支出规模的宏观因素有经济性因素、政治性因素和社会性因素三个方面。

（1）经济性因素。经济性因素主要指经济发展水平、经济体制以及中长期发展战略和当前的经济政策等。世界各国的实践证明，经济性因素始终是影响财政支出规模的主要因素，甚至是决定性因素。关于经济发展水平对财政支出规模的影响，本章第二节讲到的马斯格雷夫和罗斯托的分析将会说明经济的不同发展阶段对财政支出规模以及财政支出结构的影响。经济发展水平决定财政支出规模的明显例证，是经济发达国家的财政支出规模一般大于发展中国家的财政支出规模。我国总的情况是长期内仍是一个发展中国家，经济体制仍处于转轨过程中。从经济性因素来看，我国在经济改革之初曾出现财政收入占 GDP 比重的下滑，这是财政为经济改革必须付出的成本和代价。随着经济体制改革的深入和经济稳定的增长，财政收入增长加快，但为了构建和谐社会，完成建设新农村、大力发展教育和卫生事业、扩大就业和完善社会保障制度、推进产业结构优化升级、保护生态环境等任务，在一段时间内就仍需适度提高或维持财政支出占 GDP 的比重，因而财政收入增长的可能性和财政支出规模增长的必要性将是今后一段时间内财政运行的主要矛盾。

（2）政治性因素。政治性因素对财政支出规模的影响主要体现在三个方面：一是政局是否稳定；二是政体结构和行政效率；三是政府干预政策。关于政局是否稳定这个因素不必多说。政体结构和行政效率主要与一国的政治体制和市场经济模式有关。一般而言，倾向于集中的单一制国家，财政支出占 GDP 的比重高一些，倾向于分权的联邦制国家则相对低一些，北欧各国由于政府包办高福利而导致财政支出规模最大。至于行政效率，则涉及政府机构的设置问题。若一国的行政机构臃肿，人浮于事，效率低下，经费开支必然增多，这是确定无疑的。我国当前的关键还是在于正确处理政府与市场的关系，进一步转变政府职能。这里要抓好四个环节：一是坚决实行政企分开。把政府不该管的事务交给企业、市场、社会组织和中介机构，充分发挥市场在资源配置中的决定性作用，把政府的经济管理职能转换到主要为市场主体服务和创造良好发展环境上来，主要运用法律手段和经济手段管理经济。二是全面正确履行政府职能，进一步简政放权，深化行政审批制度改革，加快投资体制改革，凡是市场机制能有效调节的经济活动，一律取消审批，确立企业的投资主体地位，使行政审批走向制度化、规范化和法制化。三是在政府履行合理的经济调节和市场监督职能的同时，更加重视社会管理和公共服务职能。当前特别要建立和健全各种应急机制，提高应对突发事件的能力，大力推进教育、卫生、科技、文化等公共事业的发展，扩大就业，提供社会保障，建设公共设施，提高公共服务水平。四是树立以人为本的管理思想，坚持全面协调和可持续的发展观，统筹兼顾经济和社会、城市和农村、东部地区和中西部地区、人与自然的协调发展，全面提高人民的物质文化水平和健康水平。

（3）社会性因素。如人口、就业、医疗卫生、社会救济、社会保障以及城镇化等因素，都会在很大程度上影响财政支出规模。我国仍是一个发展中国家，人口基数大，相应的义务教育、卫生保健、社会保障、失业和贫困救济、生态环境保护以及城镇化等支出的增长压力较大。比如，我国在实现工业化之前人口的老龄化已经来临，农村富余劳动力的增加迫切要求加快城镇化速度，加快经济建设与生态环境保护的矛盾日益突出，许多诸如此类的社会问题会对财政支出不断提出新的需求，构成扩大财政支出规模的重要因素。

（二）影响财政支出规模的微观因素分析

宏观因素分析是就影响支出总规模而言的，而支出总规模是预算收支分类中的各支出科目的总合。因此为了寻求合理的财政支出总规模，不仅需要分析影响财政支出的宏观因素，而且必须从分析和控制影响财政支出的微观因素着手。本书讲到的我国财政管理中所采取的许多加强预算管理的制度和措施，如编制部门预算、政府采购制度、国库集中收付制度和收支两条线管理制度等，目标都是从微观管理着手，提高财政支出效益，从而控制财政支出规模。特别是近年来实施的预算绩效管理，就是涵盖事前、事中、事后，从支出项目的全过程测定和考核各支出项目效用的方法，从而确定具体支出项目的合理性并控制各支出项目的规模。

（三）政治决策程序

本书第一章曾强调财政是一种国家（或政府）的经济行为，可以说财政学是名副其实的政治经济学，财政是经济与政治的汇合点，因而政治决策必然是确定财政支出规模的重要因素。从以上分析可知，财政支出规模随着经济的发展而逐步上升，达到一定阶段后相对稳定，但各经济发达国家相对稳定的财政支出规模却是大小不一的，同样是所谓自由市场经济国家，美国财政支出占 GDP 的比重只有 35%左右，而英、法两国则高达 50%左右。经济发达国家目前相对稳定的财政支出水平主要是由几百年市场经济运行中市场与政府的磨合形成的，而各国水平的差异则是由各国具体国情的不同决定的，这个水平也就是适合该国的市场与政府之间资源配置的最佳模式。可以说，没有一种精确的模型能够测算出某一个国家财政支出规模的最佳水平，因为决定国家财政支出规模的，除了市场运行自发形成这个主要因素外，无疑还有政治决策因素。财政支出规模达到相对稳定的水平以后，不可能是绝对停止的，不同时期甚至每年都会存在一定幅度的波动，而这种波动必然是由各国政府通过政治决策程序来决定的。正是因为政治决策与财政支出规模之间的紧密关系，在西方国家才有学者提出了所谓的公共选择理论，而公共选择理论就是将经济分析工具和方法应用到政治决策过程中，深入研究政府决策程序和选举制度，寻求财政决策的最佳途径。

四、我国财政支出规模发展变化的特殊性

（一）我国经济体制转型时期财政支出增长的基本特征

我国改革开放后，从“六五”时期到“十一五”时期的 30 年是经济高速增长的时期，相伴随的财政支出也处于高速增长时期。财政支出除 1980 年和 1981 年两年呈负增长外，其余年份基本都呈现出增长的态势。所以，在这一时期财政支出增长率基本上是一条波折上升的曲线。但是，我国财政支出占 GDP 的比重的发展变化有其本身的特殊性。

在改革开放前我国实行计划经济体制，实行“统收统支”制度，财政支出占 GDP 的比重必然较高。在实施经济体制改革以后，首要的核心任务是调动起千千万万个微观经济主体的积极性，使社会主义经济充满勃勃生机。为实现这一目标，实行放权让利政策显然

是必要的。所以，在改革之初，我国不可避免地要经历一个向国有企业放权让利和提高城乡居民收入水平的阶段。另外，由于其间有一阶段我国对企业实行财政包干制，财政支出增长弹性和财政支出增长边际倾向的下降。比如，1978 年财政支出增长弹性系数高达 2.5，财政支出增长边际倾向高达 66%，而后一路下滑，1980 年、1981 年两年甚至出现负增长，1985—1995 年间财政支出增长弹性系数长时间小于 1，财政支出增长边际倾向始终低于 17%，也就是说，GDP 每增加 100 元，财政支出只增加不到 17 元。由于财政支出增长弹性和财政支出增长边际倾向的下滑，财政支出占 GDP 的比重自然出现逐步下滑的趋势，而且在一段时间内下滑的速度较快，下降的幅度较大，1979—1995 年 16 年间财政支出占 GDP 的比重下降了近 20 个百分点，平均每年下降 1 个多百分点。但是，财政支出占 GDP 的比重逐年下滑的趋势毕竟不符合经济发展的一般规律。随着经济改革逐步到位和 GDP 的增长，财政支出占 GDP 的比重逐年下滑的趋势理应逆转，即下降的趋势会在某一时点终止，转而趋于回升。我国是从 1994 年开始财税体制改革的，财政支出占 GDP 的比重于 1995 年（当年为 11.1%）停止下降，1996 年开始回升。1998 年我国开始实行积极财政政策，财政支出占 GDP 的比重回升速度加快，特别是 2000 年，由于财政赤字陡升至 2 596.6 亿元，推动了财政支出占 GDP 的比重升至 16%，5 年间上升了 4.9 个百分点，年均上升近 1 个百分点。2005 年我国转向稳健财政政策，随后几年虽然财政赤字逐年有所压缩，但由于 GDP 的高速增长带来了财政收入增长率的上升，因而财政支出占 GDP 的比重仍维持基本稳定的趋势（参见图 5-3 中 2010 年以前的数据）。

从图 5-3 显示的数据可以看出，我国财政支出增长率的发展变化趋势基本上呈现为一条波折上升的曲线，而财政支出占 GDP 的比重在 1995 年以前的这段时间内曾由于财政支出增长速度慢于 GDP 增长速度而一路下滑，以 1996 年为拐点开始回升，而且回升速度较快。这种发展变化趋势明显体现了经济体制转型和经济高速增长时期的特征。

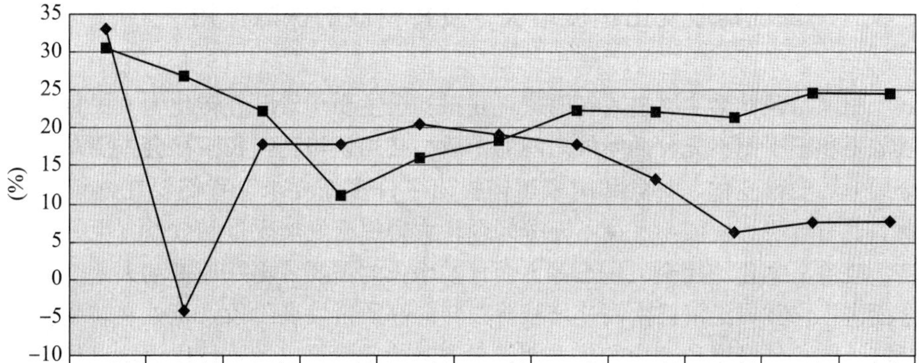

	1978年	1980年	1985年	1995年	2000年	2005年	2010 年	2015年	2016年	2017年	2018年
◆ 增长率	33.0	−4.1	17.8	17.8	20.5	19.1	17.8	13.2	6.3	7.6	7.7
■ 占GDP的比重	30.5	26.8	22.2	11.1	16.0	18.3	22.3	22.1	21.4	24.6	24.5

图 5-3　我国财政支出增长率和财政支出占 GDP 比重的发展变化趋势

资料来源：2017 年以前的数据来自《中国财政年鉴（2018）》，2018 年的数据来自当年预算执行报告。

(二) 经济发展进入新常态阶段财政支出增长的特征

改革开放后，我国经过 40 年的快速发展，取得了举世瞩目的成就，但也积累了一些结构性、体制性、素质性矛盾。“十二五”时期，我国正处于增长速度换挡期、结构调整阵痛期和前期刺激政策消化期的“三期叠加”阶段，这就必然要求经济发展模式的转变，即增长速度从高速转向中高速，发展方式从规模速度型转向质量效益型，经济结构调整从增量扩能为主转向存量调整，发展动力从主要依靠要素投入转向创新驱动。党中央综合分析世界经济长周期和我国发展的阶段性特征，及时作出我国经济发展进入新常态的重大战略判断，指出经济发展进入新常态是我国经济发展阶段性特征的必然反映，是不以人们的意志为转移的必然趋势，必须主动适应、把握、引导经济发展新常态。当前和今后一个时期，我国经济发展面临需求与供给两方面的问题，但矛盾的主要方面在供给侧。因此，推进供给侧结构性改革是适应和引领经济发展新常态的创新举措，即去产能、去库存、去杠杆、降成本、补短板。

在经济发展新常态下，经济发展面临较大的下行压力，GDP 增长率开始下滑，进入中高速增长常态，财政支出增长率也随之下滑，由 2011 年的 21.6%下滑到 2015 年的 13.2%，但由于财政支出增长率高于 GDP 增长率，财政支出增长弹性系数和增长边际倾向升高，财政支出占 GDP 的比重有所上升，2014 年曾达 23.6%。2016 年是进入全面建成小康社会决胜阶段的开局之年，也是推进结构性改革的攻坚之年。我国经济长期向好的基本面没有变，但同时“三期叠加”的影响凸显，结构性矛盾导致全要素生产率增速放缓，经济下行压力依然较大。从财政方面看，一方面，随着经济增速趋缓，财政收入增速的回落幅度较大，而加大减税降费力度则进一步拉低了财政收入增幅；另一方面，财政支出刚性较强，支持转方式、补短板、防风险等增支需求较大，2017 年财政支出占 GDP 的比重升至 24.6%。总体判断，财政收入增速趋缓，财政支出刚性不减，收支不平衡的矛盾凸显，这是当前财政收支形势的重要特征。

五、保证财政支出适度增长，发挥财政的保障作用

中国特色社会主义进入新时代，我国社会主要矛盾已经转化为人民日益增长的美好生活需要和不平衡不充分的发展之间的矛盾。必须认识到，我国社会主要矛盾的变化是关系全局的历史性变化，对党和国家工作提出了许多新要求。我们要在继续推动发展的基础上，着力解决好发展不平衡不充分问题，大力提升发展质量和效益，更好地满足人民在经济、政治、文化、社会、生态等方面日益增长的需要，更好地推动人的全面发展、社会的全面进步。我国经济已由高速增长阶段转向高质量发展阶段，正处在转变发展方式、优化经济结构、转换增长动力的攻关期，必须坚持质量第一、效益优先，以供给侧结构性改革为主线，推动经济发展质量变革、效率变革、动力变革，提高全要素生产率，着力构建市场机制有效、微观主体有活力、宏观调控有度的经济体制，不断增强我国经济创新力和竞争力。我国的特殊性在于，社会主义市场经济体制是在政府推动下建立和形成的，因而政治决策对我国财政支出规模的发展变化以及最终形成最佳的相对稳定的水平具有重要作用。为此，必须遵循党的十八届三中全会关于市场在资源配置中起决定性作用的精神，加

快政府职能的转变，全面正确履行政府职能；完善科学民主的决策机制、专家咨询制度，实行社会公示和社会听证制度；大力推进依法治国、依法执政，严格按法律规定的权限和程序行使权力和履行职责；加强对行政权力的制约和监督。根据当前形势，则必须坚决贯彻供给侧结构性改革，采取相应措施，维持财政支出的适度规模，保持必要的支出强度。

2019 年终召开的中央经济工作会议指出当前我国面对国外风险挑战明显上升的复杂局面，同时重申我国经济稳中向好、长期向好的基本趋势没有改变。以习近平同志为核心的党中央坚持稳中求进总基调，坚持以供给侧结构性改革为主线，推动高质量发展，扎实做好“六稳”工作，保持经济社会持续健康发展，人民群众的获得感、幸福感、安全感大大提升，全面建成小康社会取得了新的重大进展。会议同时也指出，我国正处在转变发展方式、优化经济结构、转换增长动力的攻关期，结构性、体制性、周期性问题相互交织，“三期叠加”影响持续深化，经济下行压力加大。因此，会议用“稳”为 2020 年经济工作定调，要坚持稳字当头，坚持宏观政策要稳、微观政策要活、社会政策要托底的政策框架，保持经济运行在合理区间，提升高质量发展，确保全面建成小康社会圆满收官。为此，会议确定了当前要抓好六项重点工作，其中对财政政策提出了明确的要求：“积极的财政政策要大力提质增效，更加注重结构调整，坚决压缩一般性支出，做好重点领域保障，支持基层保工资、保运转、保基本民生。”但是，财政支出规模与财政支出结构是相互联系、相互制约的财政整体的两个侧面，因此，当前在实行大规模减税降费从而财政收入增长下滑的情况下，财政必须发挥中国特色社会主义基本经济制度的优势，千方百计保持财政支出的适度增长，切实发挥财政的保障作用。

保证财政支出适度增长的政策措施如下：

一是大力支持供给侧结构性改革。适度扩大财政赤字规模，加大支出力度。适度扩大财政赤字与减税政策相搭配是支持供给侧结构性改革的有力措施，既可以增加有效供给，改善供给结构，又可以适当增加需求。

二是有效使用以前年度的结转资金。全面清理结转结余资金，积极盘活财政存量资金，提高财政资金运行效率，用于保民生、补短板、增后劲。

三是加快预算管理制度改革。将政府性基金预算的某些项目转入一般公共预算，统筹安排使用，制定中央国有资本经营预算管理办法，加大国有资本经营预算调入一般公共预算的力度，加大财政支出规模。

四是创新财政投入方式，大力推广运用 PPP 模式。推进政府和社会资本合作的立法工作，出台 PPP 项目财政管理办法、标准化合同范文和分行业合同；推动 PPP 融资支持基金顺利运行，带动更多项目落地实施；严格规范运作 PPP 项目，确保项目实施质量，提高有效供给能力。

五是发挥好各类财政性投资基金的作用。对保留的具有一定外部性的竞争性领域专项资金，控制资金规模，突出保障重点，逐步改变行政性分配方式，主要采取基金管理等市场化运作模式；逐步与金融资本相结合，发挥财政资金撬动社会资本的作用。

六是积极推进政府购买服务。加强政府购买服务目录编制工作，进一步扩围增项，在更多领域实施政府购买服务；落实向中小企业预留采购份额的政策，继续扩大政府采购节能环保产品范围，开展政府采购支持创新产品政策试点；推进批量集中采购改革，降低政府采购成本。

七是置换地方政府到期存量债务，降低利息负担，缓解当期偿债压力，为地方腾出资金用于重点项目建设创造条件。2018 年中央经济工作会议提出，积极财政政策要加力提效，实施更大规模的减税降费，较大幅度增加地方政府专项债券规模；2019 年中央经济工作会议又提出，当前在实行大规模减税降费的情况下，财政必须千方百计保持财政支出的适度增长，发挥财政的保障作用。较大幅度增加地方政府专项债券规模是为了弥补当前财政支大于收的缺口，调结构、促工作、保民生、保稳定。

八是推进和加强预算绩效管理，注重财政支出的使用绩效。在财政支出规模既定的条件下，提高支出绩效则成为关键。投入的绩效和投入的规模是密切相连的，相同的一笔投入，只要绩效好就可以办更多的事，同一个项目，只要绩效好就可以减少投入。比如，中央财政对部分专项转移支付项目和县级财政支出管理等开展了重点绩效评价，并积极探索实施评价结果公开、绩效约谈、绩效奖惩等绩效评价，取得了良好效果。要进一步扩大实施绩效管理的部门范围和资金规模 。

第二节 财政支出结构分析

一、关于财政支出结构发展变化的学说

（一）马斯格雷夫和罗斯托的经济发展阶段论

财政支出结构，简单来说，是指各类或各项财政支出占总支出的比重，也称财政支出构成。财政支出规模与财政支出结构二者是紧密联系的，许多学者在研究财政支出规模增长趋势的同时也研究了财政支出结构的变化趋势。马斯格雷夫和罗斯托的经济发展阶段论就是联系财政支出结构的变化来解释财政支出规模增长的原因。他们认为，在经济发展的早期阶段，政府投资在社会总投资中占有较高的比重，公共部门为经济发展提供社会基础设施，如道路、运输系统、环境卫生系统、法律与秩序、健康与教育以及其他用于人力资本的投资，等等。这些投资对于经济与社会发展处于早期阶段的国家进入“起飞”以至进入发展的中期阶段是必不可少的。在发展的中期阶段，政府投资还应继续进行，但这时政府投资将逐步转换为对私人投资的补充。马斯格雷夫认为，在整个经济发展进程中，社会总投资以及政府投资的绝对数会增长，但社会总投资占 GDP 的比重以及政府投资占财政支出的比重则会趋于下降。罗斯托认为，一旦经济发展达到成熟阶段，公共支出将从基础设施支出转向不断增加的教育、保健与福利服务的支出，而且这方面支出的增长速度将大大超过其他方面支出的增长速度，也会快于 GDP 的增长速度。

（二）内生增长理论

内生增长理论对财政政策在经济增长中的作用作出了新的解释。在现代经济增长理论中，新古典增长理论是最成熟也最具有代表性的。该理论将经济增长解释为生产要素（特别是物质资本）的积累过程，认为只要投资超过重置的原有机器设备，人均产出就会增

加，经济就会增长。但是，资本积累存在收益递减趋势，当投资减少到只足以抵补折旧时，资本积累就会稳定下来，人均产出和经济增长将停滞。尽管有的经济学家已经意识到，如果物质资本的载体在技术上更加先进，资本积累收益递减的趋势就会得以改变，即可实现人均产出和经济的持续增长。然而，该理论没有构建起相关的模型，仍然是将技术进步视为经济增长的一种外生因素。从 20 世纪 80 年代开始，以罗默、卢卡斯为代表的一批学者，针对新古典模型的缺陷，提出了一种新的经济增长理论。该理论的基本思想是，劳动投入过程中包含着因教育、培训及职工再教育而形成的人力资本，物质资本积累过程中包含着因研究开发活动而形成的技术进步，生产性公共投资的增加也有助于提高物质资本的边际收益率，因此，生产要素积累的收益率不会出现递减趋势，长期增长率将大于零。显然，这一理论的贡献在于将原来认为是促进经济增长的外在要素内在化，据此人们将这种理论称为内生增长理论。

这一理论对财政政策在经济增长中的作用也作出了崭新的诠释，认为生产性公共资本、人力资本和研究开发活动是一个国家长期经济增长的内在因素和内在动力，而这些因素具有明显的非竞争性、非排他性和外部效应，具有“公共物品”的某些属性。也就是说，这些因素包含在财政政策变量的范围内，所以，财政政策对经济增长和经济结构的调整，特别是对长期经济增长和经济结构的调整，具有重要的特殊作用。财政支出结构不是一成不变的，不是僵化的。从客观上说，它取决于一个国家所处的经济发展阶段，财政支出结构的发展变化带有一定的规律性。但从政府制定财政政策的角度看，则必须根据一定时期的发展战略和政策目标以及经济形势的发展变化，推动财政支出结构的调整和优化，而内生增长理论为调整和优化财政支出结构提供了重要思路。

图 5－4 反映了美国 1902—1980 年间财政支出结构的发展变化趋势，其中民生福利支出由 7.1%上升到 39.4%，而经济发展与运输支出则由 28%下降到 13.5%，一般行政支出由 12%下降到 3.5%。遗憾的是该图的数据止于 1980 年，但已经足以说明财政支出结构变化的趋势；愧于作者的信息搜集能力有限，难以寻觅到相同口径的新数据，因而这个数据仍然保留。不过，哈维・罗森的《财政学》中文版第四版对美国财政支出结构的研究资料显示，包括教育支出、公共福利支出和社会保障支出三项的民生支出占全部财政支出的比重在 1991—1995 年间由 17.8%上升到 30.8%，可以作为图 5－4 资料的补充说明。

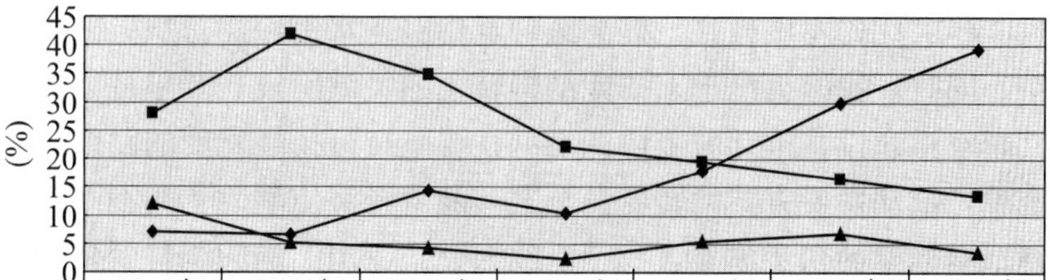

	1902年	1927年	1940年	1950年	1960年	1970年	1980年
◆民生福利支出(%)	7.1	6.6	14.4	10.4	18.0	29.9	39.4
■经济发展与运输支出(%)	28.0	41.9	34.8	22.1	19.5	16.4	13.5
▲一般行政支出(%)	12.0	5.3	4.2	2.4	5.5	6.8	3.5

图 5－4 美国财政支出中主要项目所占比重的发展变化趋势

资料来源：根据马斯格雷夫所著《美国财政理论与实践》（北京：中国财政经济出版社，1987）第 146 页表 7－5 的数据改编。

二、提质增效，优化支出结构

（一）我国财政支出结构模式的转变

前面说的是西方国家财政支出结构变化的一般趋势，而我国财政支出结构的变化具有自身的特殊性。由于我国社会主义市场经济体制是由计划经济体制转换过来的，改革开放初期的财政支出结构仍明显带有计划经济时期财政支出结构的特征，主要表现是以基本建设支出为主的经济建设支出占有较大的比重，如 1978 年我国基本建设支出占财政支出的比重为 40.3%，经济建设支出占财政支出的比重为 59.9%，因此，我国财政支出结构变化的总趋势首先是与经济体制改革和政府职能转变相联系的，是随着经济体制改革和政府职能转变而变化的，同时也是随着社会经济发展阶段的转变而变化的。在西方市场经济国家，支出结构的发展变化是随着经济发展阶段的转变由市场自发形成的，在我国则是在政府认识到支出结构随着经济发展阶段的转变而变化的规律的前提下，通过政策的推动而转变的。

改革开放之初，为了激发经济活力，财政收入一度下降，首要应对措施是压缩基本建设支出。随着财政收入的恢复和增长，基本建设支出规模也有所恢复和增长，但基本建设支出和经济建设支出占财政支出的比重仍然呈下降的趋势。1992 年 10 月党的十四大确立经济体制改革的目标是建立社会主义市场经济体制，并明确“我们要建立的社会主义市场经济体制，就是要使市场在社会主义国家宏观调控下对资源配置起基础性作用”，这也就明确了财政支出结构调整变化的方向和发展趋势。国有企业要转换经营机制，建立“产权清晰、权责明确、政企分开、管理科学”的现代企业制度，政府管理经济的职能要转变为以经济手段和法律手段以及必要的行政手段为主的间接的宏观调控，相应地，财政投资则要退出一般的竞争性领域，集中提供那些具有非排他性和非竞争性的公共物品，满足社会的公共需要。

2002 年召开的党的十六大明确我国已初步建立起社会主义市场经济体制的基本框架。党的十六届三中全会提出“坚持以人为本，树立全面、协调、可持续的发展观，促进经济社会和人的全面发展”的科学发展观。这表明我国已经进入注重加强各项社会事业的发展阶段，要求优先发展教育，提高医疗卫生服务水平，实行积极的就业政策，完善社会保险体系。同时，我国也已进入二元结构转化的关键阶段，要坚持以工补农的方针，加强社会主义新农村建设，推动城乡协调发展；要坚持可持续发展的路线，保护生态环境，合理利用资源，推动发展方式的转变。总之，随着经济体制改革的不断深化和社会主义市场经济体制基本框架的初步建立，我国已经为财政支出结构的调整变化确立了基本目标和基本格局。1999 年国家预算报告提出：“转变财政职能，优化支出结构，建立公共财政的基本框架。……我国现行财政职能是从计划经济体制下演变而来的……必须结合政府机构改革和职能转变对现行支出结构进行调整和优化，逐步建立公共财政的基本框架。”这里所说的“公共财政”就是作为经济体制转变阶段的一种财政模式提出的。

按财政支出的功能性质分类计算，对比经济建设费与社会文教费，“五五”时期至“十五”时期，前者由 59.9%下降到 29.1%，后者由 14.4%上升到 26.6%；按财政主要支出项目分类计算，对比基本建设支出与文教、科学、卫生事业费，前者由35.1%下降到12.9%，后者由11.0%上升到18.0%。“十一五”时期、“十二五”时期财政收入的较快增长为优化财政支出结构提供了较大的空间，财政支出结构发生了明显的变化。图5-5是按新的财政支出的功能性质分类计算的2017年财政支出结构图，从中可以看出，教育、科学、文化、卫生支出等民生性支出合计占全部公共财政支出的比重达27.2%。这说明，我国过去的生产型财政已经转向保障民生性支出、满足社会公共需要型财政。进入新时代，我国的发展方式已经由高速发展转向高质量发展。高质量发展是创新驱动型经济的增长方式，是创新、高效、节能、环保、高附加值的增长方式，是以智慧经济为主导、以高附加值为核心、由质量主导数量。按财政部提供的数据，2019年1—12月，科学技术支出达8 322亿元，增长了14.5%，节能环保支出达6 353亿元，增长了13%，农林水支出达20 786亿元，增长了9.9%，足显国家财政对转向高质量发展的大力支持和保障，国家财政也开始向高质量型财政或称提质增效财政转换。

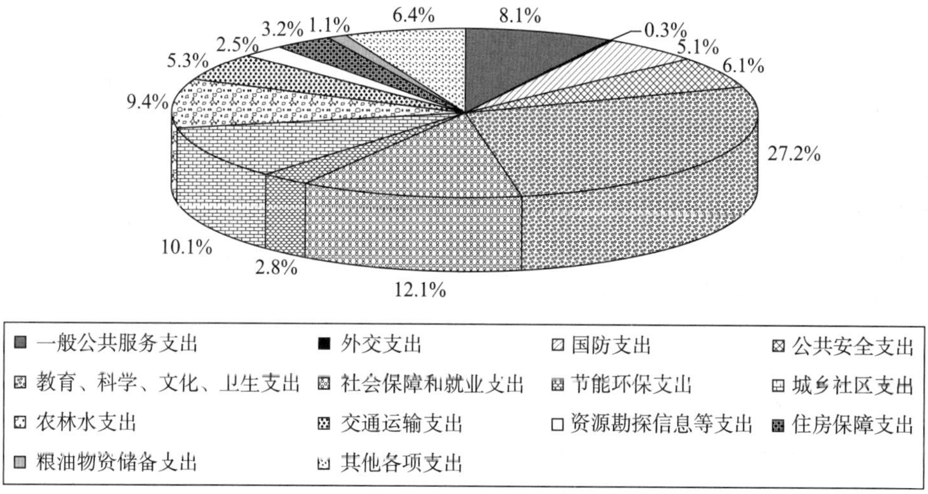

图5-5　2017年财政支出分项目构成图

资料来源：《中国财政年鉴（2018）》。

（二）当前优化财政支出结构的政策和措施

财政支出结构是随着经济发展阶段的转换、经济发展形势以及党的方针政策的变化而变化的。党的十八大以后的五年是一个不平凡的时期，取得的成就是全方位的、开创性的，是深层次的、根本性的。党的十九大庄然宣告，中国特色社会主义进入了新时代，社会主要矛盾已经转化为人民日益增长的美好生活需要和不平衡不充分的发展之间的矛盾，经济运行已经迈向高质量发展阶段。党的十九大确定习近平新时代中国特色社会主义思想为党的指导思想，并纳入党章，提出了新时代党的历史使命，描绘了新时代的宏伟蓝图，作出了新时代的战略部署，明确了新时代党的建设的新要求，朝着全面建成小康社会的目标迈出了新的步伐。但是，应当看到，当前经济运行稳中有变、变中有忧，国际环境错综复杂，国内经济面临繁重而艰巨的任务。同时2019年既是全面建成小康社会的关键之年，又是中华人民共和国成立70周年，做好经济工作至关重要，必须保持经济持续健康发展和社会大局稳定，为全面建成小康社会的收官打下决定性基础。

2018 年 12 月举行的中央经济工作会议已经指出，当前宏观政策要强化逆周期调节，积极的财政政策要加力提效，实施更大规模的减税降费，较大幅度增加地方政府专项债券规模。显然，加大减税降费规模，就要降低支出规模，虽然同时会增加地方政府专项债券规模，但也难以避免加大收支矛盾。在这种形势下，更显出优化支出结构的重要性。如前所述，2019 年中央经济工作会议又再次对财政政策提出了明确的要求，积极财政政策要大力提质增效，更加注重结构调整，坚决压缩一般性支出，做好重点领域保障，支持基层保工资、保运转、保基本民生。

当前要保证的重点支出十分明确：

一是一如既往大力支持供给侧结构性改革。当前特别要在巩固、增强、提升、畅通上下功夫。

二是打好“三大攻坚战”，要一鼓作气，确保如期实现 2020 年目标任务。

三是切实加大“三农”资金投入力度，把“三农”作为财政优先保障领域，坚持从实际出发，因地制宜，稳扎稳打，久久为功。

四是推动区域均衡发展。2018 年中央对地方一般性转移支付为 3.9 万亿元，增长了 10.9%，是近年来增幅最高的一年，在资金分配中，重点向中西部等财政困难地区倾斜，增强这些地方的财政保障能力，促进基本公共服务均等化。

五是加强基本民生经费保障。这是国家财政的基本职能，保障教育、卫生保健支出的合理增长，安排基本养老金转移支付，安排就业补助资金，安排困难群众救助补助资金等，提高保障和改善民生水平。

☑【关键词】

财政支出增长弹性系数　财政支出增长边际倾向　瓦格纳法则　PPP 模式

【复习与思考】

1. 瓦格纳法则阐述的基本原理是什么？
2. 试述我国经济体制转型和经济高速增长时期财政支出规模发展变化的特征。
3. 试述经济发展模式转轨和经济发展进入新常态阶段财政支出发展变化的特征。
4. 试述财政支出结构变化的一般规律性。
5. 试述内生增长理论的内涵及其对我国优化财政支出结构的借鉴意义。
6. 当前财政支出应当如何调整和优化结构？有哪些必须保证的重点支出？

第六章

经常性支出

——财政购买性支出之一

第一节　行政管理与国防支出

一、行政管理与国防支出的属性

行政管理与国防支出是一种经常性支出，和资本性投资支出同属于购买性支出，但与资本性投资支出存在着明显的差异，最大的区别在于前者是非生产的消耗性支出，它的使用并不形成任何资产。然而，两者又有共同之处，即在必要的限度内，它们都是社会再生产正常运行所必需的社会公共需要；而且，就其本质来说，经常性支出满足的一般是纯社会公共需要，正是这种支出构成了财政这一经济现象存在的主要依据。经常性支出提供的产品和服务是为全体公民所共同无偿享受的。因为具有这一特点，满足这种公共需要以及为此而需要的资金的筹措，就要遵循与一般商品交换有所不同的另外一种原则，即由政府无偿提供。在财政支出安排上，首先保证这些支出项目必要的支出，是财政工作的基本职责。行政管理与国防支出是国家执行政治职能和社会职能的保证，一国政府不仅要为公民提供国家防务和社会安定，还要通过法律、行政和社会管理处理及协调公民之间的相互关系，维系正常的社会关系以及商务关系，同时通过外交活动维系正常的国际关系。随着社会经济的不断发展，政府还必须保证各项社会事业和国防的相应发展，实现社会经济的可持续发展，保护领土安全，扩展社会发展空间，保证国家社会的长治久安。

将行政管理费和国防费放在一起讨论，似乎有些风马牛不相及。然而，如果从国家的产生以及国家的基本职能角度来认识问题，这种表面上的不协调就不存在了。国家的产生是以生产力的发展为物质前提的，但是，国家是人类分裂为阶级的产物，是阶级统治的工具，而且政治统治都是以执行某种社会职能为基础的，为此就必须设立行政管理、公安司法、经济管理等各类行政机构，因而行政管理费是构成国家支出的基本内容之一。同时，国家一经建立，必须执行的另一项基本职能就是防御外敌侵犯，保卫国家安全，为此就需要建立军队和军事设施，因而国防费也是国家的基本支出。当然，国家在国防费名义下采取的行动以及在国防费下安排的支出，并非都是防卫性的，如军国主义发动的侵略就不是防卫性的。我们说对内管理国家，对外巩固国防，是国家的基本职能，从而行政管理费和国防费是国家的两项基本支出，意思就是说，失去这两个职能和两类支出，国家就不成其为国家了。

行政管理费和国防费以及由这些费用支持的各种活动，究竟对经济产生了好的影响还是不好的影响并不是三言两语可以说清楚的。对此，我们至少可以有三种观察角度：一是从直接的生产和消费社会财富角度来看，这两类费用纯属社会财富的“虚耗”，因为行政活动和国防活动是非生产性劳动，从而与生产性劳动相对立。就此而论，这两类支出越少越好。二是从财富生产的社会条件角度来看，国防保护了人民生产与生活的安全，行政活动维持了生产与生活的秩序，因而，用于这两类活动的费用又不是在“虚耗”社会财富。三是从社会经济循环的角度来看，生产是产品的创造，消费则是产品的实现，若无消费，生产不仅是一种无实际内容的概念，而且不能正常进行。行政管理与国防支出正是全社会消费的一个必要的组成部分。

二、行政管理支出

广义的行政管理支出涉及现行《政府收支分类科目》中的以一般公共服务为主的三类科目：一是一般公共服务，包括人民代表大会、政协、党派团体、政府各部门等；二是公共安全，包括武装警察、公安、检察、司法等；三是外交，包括外交管理事务、驻外机构、对外援助、对外合作交流等。为了满足这类公共需要，必然形成项目众多而且数量可观的财政支出。按费用要素区分，行政管理支出包括人员经费和公用经费两大类。人员经费主要包括工资、福利费、离退休人员费用及其他。公用经费包括公务费、修缮费、设备购置费和业务费等。

在不同国家的不同时期，行政管理支出的规模也有所不同。在自由资本主义时期，强调靠“看不见的手”调节经济，提倡“廉价政府”，因而当时的财政支出主要是行政管理支出，当时支出规模较小，占 GDP 的比重较低。行政管理既然是政府的一项基本职能，行政管理费当然不可能从财政支出中完全消失，甚至它的绝对规模不断增长也带有必然性。我们不妨对行政管理费包含的几项支出进行简略分析。一般公共服务支出的增加显然是党政机关扩大的结果，原有机关的扩大和机关新设都会使机关经费——“人头费”和行政业务费增加。随着社会经济的发展，经济活动日趋复杂，“公共事务”也日益增多，这必然带来行政管理支出的增长。安全、检察、司法支出是用于维持社会经济运行秩序的保障，社会经济活动日趋复杂，社会交往的规模日益扩展，犯罪和违法事件以及经济和社会纠纷必然增多，相应的公共安全经费的增长就是不可避免的。国际交往也会随着经济发展和外事活动的频繁而增多起来，于是，驻外机构的费用、迎来送往的支出也将呈不断增加的趋势。将上述各方面总括起来看，不得不承认，行政管理支出不断增长是一个可以被历史实践证实的不争的事实。然而，虽然行政管理支出的绝对数是增长的，但它在财政支出总额中所占的比重却应呈下降趋势，世界各国一般都是如此。马克思在谈共产主义第一阶段的社会产品分配时曾指出，与生产没有直接关系的一般管理费用“和现代社会比起来，这一部分将会立即极为显著地缩减，并将随着新社会的发展而日益减少”[①]。这里所说的减少理应是指在国民收入中所占份额的减少。

新中国成立之初，在“一五”至“四五”期间，行政管理费占财政支出的比重呈现持续下降的趋势，但自改革开放以来非但没有继续下降或维持原有的相对规模，反而是财政支出中增长最快的一个项目，占财政支出的比重有所上升。这一比重按 2007 年政府收支分类科目改革前的分类科目计算，由 1978 年的 4.37％上升到 1995 年的 12.8％，随后有所下降，至 2001 年明显下降为 6.4％，但随后又持续上升，2005 年达到 14.3％；按 2007 年改革后新分类科目包括一般公共服务、公共安全和外交的口径计算，2008 年该比重曾达 22.6％，其中主要是一般公共服务支出膨胀，占比为 15.7％，是全部财政支出中占比最大的科目。由此看来，经济体制改革的不断深化要求加快行政体制改革，与之相适应，精简机构，压缩党政人员编制，加强对行政管理费的管理和约束，提高行政经费的效率，已成为经济发展和经济改革的一种内在要求。

直接影响行政管理费规模的主要因素有政府职能、机构设置、行政效率以及管理费本身的使用效率等。行政管理费是由人员经费和公用经费两部分组成的，政府职能范围的大小，机构设置的多少，以及由此而决定的机关工作人员的多少，自然是决定行政管理费规模的关键因素。我国在较长时间内政府机构和人员过分膨胀是不争的事实。社会主义市场经济改革的目标之一就是要转变政府职能，削减政府机构，然而，我国的实际情况却不能令人满意。例如，与社会主义市场经济运行有关的若干机构在扩大或者增设，而那些已与新体制运行不那么协调的机构却得不到有效的压缩，新旧叠加的结果自然是行政支出的增加。改革开放以来，我国对政府机构先后进行了六次改革，但机构和人员膨胀的势头依然没有解除。由于机构设置的上下对口，中央每设一个机构，全国县以上就要设 3 000 多个机构，还有庞大的乡镇一级行政机构，在削减政府机构的同时，各种仍然与政府机构尚未完全脱钩的事业单位、学会、协会和基金会等却有增无减。我国广义的财政供养人员到底是多少？根据国家统计局的数据，2008 年政府机关人员为 1 328 万人，事业单位人员为 2 618 万人，财政供养人员合计为 3 946 万人，占总人口的比重约为 2.97％，比值约为 1∶34。据我们了解，此后国家统计局再没有公布关于财政供养人员的信息，有研究人员分析，目前我国财政供养人员已有约 5 000 万人。财政供养人口增大，直接加大了财政压力，增大了人民的负担。此外，行政管理费理应向公用经费倾斜，但我国过去的公用经费缺乏明确的界定，预算约束软弱，不仅人员、车辆、会议、电话等开支的增幅过快，而且还掺杂某些变相的私人消费，诸如公费旅游、公款招待、大吃大喝等不正之风屡禁不止。行政机构和人员队伍庞大，政企不分，经费增长过快，滋长了官僚主义，助长了铺张浪费，也成为潜在的贪污腐败的温床。

---

① 马克思，恩格斯. 马克思恩格斯全集：第 19 卷. 北京：人民出版社，1956：20.

我国人口众多，行政事务繁杂，在传统体制下，事无巨细，政府包揽过多，而当前又处于转轨过程中，所以行政管理费的控制是一个十分棘手的问题。究竟要有怎样的一些政府部门，设置哪些机构，行政管理费应当维持多大规模，需要通过行政体制改革，建立正常的政治程序来完善和解决。为此首先需要进一步提高政治程序的科学化和民主化程度，提高透明度，使公民也能得到充分的信息并实施有效的监督。全国人民代表大会及其常委会和中央政府多次重申并强调本着“精简、统一、效能”的原则，积极推进政府机构改革，这就为控制行政管理费的增长带来了契机并提供了前提条件。参照各国的经验，对行政管理费的绝对规模或其占财政支出的比重规定一个具有法律效力的指标，并由国家立法机关和国家审计部门对其实行严格的审计监督和立法监督，是行之有效的措施。财政部门的职责是对行政管理费加强管理和监督，主要是适应行政机构改革，规范行政管理费的供应范围，完善行政经费定额和考核办法，坚持支出程序，加强检查监督，走向法制化、规范化轨道。

按照中央“八项规定”、“六项禁令”以及《党政机关厉行节约反对浪费条例》等有关精神，近年来我国加强了行政经费管理，特别是加强了整顿“三公”经费［出国（境）经费、车辆购置及运行费、公务接待费］的力度，十一届全国人大四次会议决定对这三项经费实行“零增长”政策。本届政府上任伊始即提出“约法三章”：一是政府性的楼堂馆所一律不得新建；二是财政供养的人员只减不增；三是公费接待、公费出国、公费购车只减不增。由于采取带有“刚性”的政策和措施，行政经费的管理已经取得明显成效，我国基本上控制住了行政经费的增长势头。特别是“三公”经费的缩减很明显，如中央本级“三公”经费 2010 年为 97.7 亿元，2015 年降为 53.73 亿元，2016 年降为 48.25 亿元，2017 年又继续降为 43.6 亿元。全部行政管理费占全部财政支出的比重已经停止增长，呈现逐步下降的趋势。我国 2018 年实施的“大部制改革”是行政体制改革的突破和深化，是完善社会主义市场经济体制和深化社会管理体制改革的必然要求。它的主要特点是扩大一个部管理的业务范围，把多种内容有联系的事务交由一个部管辖，从而最大限度地避免政府职能交叉、政出多门、多头管理，从而有利于落实“问责制”，提高行政效率，降低行政成本。我国行政管理费情况参见表 6-1。

表 6-1　　　　行政管理费

项目 \ 年份	2011	2012	2013	2014	2015	2016	2017	2018
一般公共服务支出（亿元）	10 987.8	12 700.5	13 755.1	13 267.5	13 547.8	14 790.5	16 510.4	18 606.6
外交支出（亿元）	309.5	333.8	355.8	361.5	480.3	482.0	521.8	583.4
公共安全支出（亿元）	6 304.3	7 111.6	7 786.8	8 357.2	9 379.9	11 032.0	12 461.3	13 475.0
其中一般公共服务支出占财政支出的比重（%）	10.0	10.0	9.8	8.7	7.7	7.8	8.1	8.4

资料来源：2017 年及以前数据来自《中国财政年鉴（2018）》，2018 年数据来自有关网站搜索。

三、国防支出

（一）我国的国防政策

中国奉行防御性国防政策。依照宪法和法律，中国武装力量肩负对外抵抗侵略、保卫祖国，对内维护社会大局稳定、保卫人民和平劳动的神圣职责。建设与国家安全和发展利益相适应的巩固国防和强大军队，是中国现代化建设的战略任务，是中国各族人民的共同事业。

中国坚定奉行独立自主的和平外交政策，尊重各国人民自主选择发展道路的权利，维护国际公平正义，反对把自己的意志强加于人，反对干涉别国内政，反对以强凌弱。中国决不会以牺牲别国利益为代价来发展自己，也决不放弃自己的正当权益，任何人不要幻想让中国吞下损害自身利益的苦果。中国奉行防御性国防政策。中国发展不对任何国家构成威胁。中国无论发展到什么程度，永远不称霸，永远不搞扩张。

我国坚持走中国特色强军之路，全面推进国防和军队现代化。国防和军队建设正站在新的历史起点上。面对国家安全环境的深刻变化，面对强国强军的时代要求，必须全面贯彻新时代党的强军思想，贯彻新形势下的军事战略方针，建设强大的现代化陆军、海军、空军、火箭军和战略支援部队，打造坚强高效的战区联合作战指挥机构，构建中国特色现代作战体系，担当起党和人民赋予的新时代使命任务。适应世界新军事革命发展趋势和国家安全需求，提高建设质量和效益，确保到 2020 年基本实现机械化，信息化建设取得重大进展，战略能力有大的提升。同国家现代化进程相一致，全面推进军事理论现代化、军队组织形态现代化、军事人员现代化、武器装备现代化，力争到 2035 年基本实现国防和军队现代化，到 21 世纪中叶把人民军队全面建成世界一流军队。

军队就是要准备打仗的，一切工作都必须坚持战斗力标准，向能打仗、打胜仗聚焦。扎实做好各战略方向军事斗争准备，统筹推进传统安全领域和新型安全领域军事斗争准备，发展新型作战力量和保障力量，开展实战化军事训练，加强军事力量运用，加快军事智能化发展，提高基于网络信息体系的联合作战能力、全域作战能力，有效塑造态势、管控危机、遏制战争、打赢战争。坚持富国和强军相统一，强化统一领导、顶层设计、改革创新和重大项目落实，深化国防科技工业改革，形成军民融合深度发展格局，构建一体化的国家战略体系和能力。完善国防动员体系，建设强大稳固的现代边海空防。组建退役军人管理保障机构，维护军人军属合法权益，让军人成为全社会尊崇的职业。深化武警部队改革，建设现代化武装警察部队。我们的军队是人民军队，我们的国防是全民国防。我们要加强全民国防教育，巩固军政军民团结，为实现中国梦强军梦凝聚强大力量！

（二）国防费支出

我国国防费主要由人员生活费、训练维持费和装备费三部分组成，各部分大体分别占三分之一。人员生活费用于军官、文职干部、士兵和聘用人员的工资津贴、住房保险、伙食被装等。训练维持费用于部队训练、院校教育、工程设施建设维护以及其他日常消耗性支出。装备费用于武器装备的研究、试验、采购、维修、运输和储存等。国防费的保障范围包括现役部队、预备役部队和民兵，同时也负担部分退役军人、军人配偶生活及子女教育、支援国家和地方经济建设等社会性支出。近年来增长的国防费主要用于以下三方面：（1）改善部队保障条件。适应国家经济社会的发展和居民生活水平的提高，调整军人工资津贴标准，连续提高教育训练、水电取暖等经费标准，开展基层后勤综合配套整治，改善边海防部队、边远艰苦地区部队的执勤训练和生活条件。（2）完成多样化军事任务。增加非战争军事行动能力建设投入，保障抗震救灾、亚丁湾和索马里海域护航、抗洪抢险、国际救援等行动。（3）推进中国特色军事变革。针对采购价格、维修成本不断上涨的势头，增加高技术武器装备及其配套建设经费。

中国坚持国防建设与经济建设协调发展的方针，根据国防需求和国民经济发展水平，合理确定国防费的规模。中国对国防费实行严格的财政拨款制度。每年的国防费预算都纳入国家预算草案，由全国人民代表大会审查和批准。国家和军队审计机构对国防费预算及执行情况进行审计监督。近年来，中国政府加强国防费科学化、精细化管理，改革创新财经管理制度，推进资产管理改革，加强预算执行监督管理，组织领导干部经济责任审计和经费物资使用的专项审计，提高国防费开支的透明度和规范性，确保国防费的正确有效使用。我国在经济增速放缓的背景下，仍保持国防费的适度增长，显然体现了中国稳步进行国防建设的坚定决心，也表明了中国对未来军事力量为国家和平崛起保驾护航寄予厚望。当前的重要任务是如何高效充分使用国防费的问题。我国从 2015 年开始实行军费绩效管理制度，以产出和结果为导向，明确作战任务牵引，优化预算编制与使用监管。此外，中国军队对过去两年内的经费开支使用进行清查，采取多管齐下的制度手段，更加有利于中国军费每一分钱都用在刀刃上。随着国家经济社会的发展，中国国防费保持适度合理增长，近年来，国防费占 GDP 的比重相对稳定，占财政支出的比重略有下降，参见表 6-2。

表 6-2　　国防费

年份 项目	2011	2012	2013	2014	2015	2016	2017	2018
国防费（亿元）	6 027.9	6 691.9	7 410.6	8 289.5	9 087.8	9 765.8	10 432.4	11 069.0
占 GDP 的比重（%）	1.23	1.24	1.24	1.29	1.33	1.31	1.26	1.23
占财政支出的比重（%）	5.50	5.30	5.30	5.50	5.20	5.21	5.13	5.0

资料来源：2017 年及以前数据来自《中国财政年鉴（2018）》，2018 年数据来自有关网站搜索。

表 6-3 比较了 2016 年各国的军费。该表足显“美国第一”的霸气，美国的军费差不多相当于其他 9 个国家军费的总和，美国的海外军事基地比比皆是，而表中军费最少的几个国家恰恰是美国海外驻军最多的国家。

表 6-3　　世界各国 2016 年军费比较

名次	国家	军费预算（十亿美元）	占 GDP 的百分比（%）
—	全球	1 686.0	2.2
1	美国	611.2	3.3

续前表

名次	国家	军费预算（十亿美元）	占 GDP 的百分比（%）
2	中国	215.7	1.9
3	俄罗斯	69.2	5.3
4	沙特阿拉伯	63.7	10.0
5	印度	55.9	2.5
6	法国	55.7	2.3
7	英国	48.3	1.9
8	日本	46.1	1.0
9	德国	41.1	1.2
10	韩国	36.8	2.7

资料来源：根据《简式防务周刊》和中商情报网资料整理。

第二节　教育、科学技术和医疗卫生支出

一、教育、科学技术和医疗卫生支出的属性

教育、科学技术和医疗卫生支出都是财政支出中重要的支出项目，也属于经常性支出和购买性支出。教育、科学技术和医疗卫生诸项事业的发展在现代经济发展中发挥着越来越大的作用，当然这并不说明用于这方面的支出现在已经是生产性的了。根据马克思关于生产劳动和非生产劳动的科学划分，教育、科学技术和医疗卫生支出仍应归入非生产性的范围。从最一般的意义上说，凡从事物质资料的生产、创造物质财富的劳动，皆为生产劳动；除此之外的一切劳动，皆为非生产劳动。根据这一标准，投入教育、科学技术和医疗卫生领域的劳动属非生产劳动，因为它们并不直接创造物质财富，而且，在从事这些劳动的过程中，劳动者须消耗物质财富。与此相对应，用于教育、科学技术和医疗卫生事业的支出属非生产性支出。但是，对于生产劳动和非生产劳动，还可以有另一个观察角度。拿科学研究来说，如果企业购买科学研究的成果或索性直接安排一部分人从事科学研究，并且立即将研究的成果用于提高劳动者、劳动工具和劳动对象的素质或用于改进这三种生产要素的结合方式，那么，这种科学研究是生产性的。如果作为消费者的个人购买科研成果或自己从事科学研究，并且不对生产要素及其结合方式产生影响，那么，这种科学研究是非生产性的。对于教育和医疗卫生事业，也可以做类似的分析。如果以此为标准，用于教育和医疗卫生事业的支出有相当的部分也属于生产性支出。教育、医疗卫生支出究竟是生

产性的还是非生产性的，我国理论界曾有过十分热烈的争论，至今恐怕还不能说已经得出了明确的为大多数人普遍接受的结论。本书不对这个复杂的理论问题花费太多的笔墨。我们这里沿用目前国内各种统计文件普遍采用的做法，仍将教育、科学技术和医疗卫生支出归入非生产性支出的范畴。但是，在做这种归类的时候，需要强调三点：一是将教育、科学技术和医疗卫生支出归入非生产性支出范畴只有某种静态的、相对的意义，它只是说，用于这些事业的支出不能对当年的物质财富的生产作出直接的贡献；二是从动态的、绝对的意义上说，教育、科学技术和医疗卫生事业的发展将不断提高劳动者、劳动工具和劳动对象的素质并改善三者的结合方式，21 世纪已经进入知识经济时代，它们对物质财富生产的贡献将越来越大；三是将教育、科学技术和医疗卫生支出计入非生产性支出一类，其实际意义只是要求社会在安排全部国民收入的用途时，应全面考虑生产的当前需要和未来发展的需要，教育、科学技术和医疗卫生支出占据一个重要的位置，并且，随着劳动生产率的提高和国民收入的增长，要保证这一类支出的比例不断提高，甚至超过 GDP 的增长速度。由于教育、科学技术和医疗卫生事业在现代社会经济发展中发挥着日益重要的作用，各国政府无不投入大量资金，而且支出规模越来越大。我国财政支出结构中教育、科学技术和医疗卫生支出合计占总支出的比重，按 2007 年改革前的《政府收支分类科目》计算，1978 年为 10%，2005 年上升为 18%，按 2007 年改革后的《政府收支分类科目》计算，2008 年为 22.1%，2014 年上升为 27.2%，这种变化明显反映了财政支出中教育、科学技术和医疗卫生支出份额不断增大的趋势。

二、教育支出

（一）教育支出的提供方式

“百年大计，教育为本”，教育发达程度、教育投入水平常常是衡量一个国家、一个民族的素质和文明程度的主要标准。教育支出在各国财政支出中占有重要的地位，体现了各国发展教育事业、提高国民素质的战略目标。建设教育强国是中华民族伟大复兴的基础工程，必须把教育事业放在优先位置，加快教育现代化，办好人民满意的教育。要全面贯彻党的教育方针，落实立德树人根本任务，发展素质教育，推进教育公平，培养德智体美全面发展的社会主义建设者和接班人。要推动城乡义务教育一体化发展，高度重视农村义务教育，办好学前教育、特殊教育和网络教育，普及高中阶段教育，努力让每个孩子都能享有公平而有质量的教育。要完善职业教育和培训体系，深化产教融合、校企合作。要加快一流大学和一流学科建设，实现高等教育内涵式发展。要健全学生资助制度，使绝大多数城乡新增劳动力接受高中阶段教育、更多接受高等教育。要支持和规范社会力量兴办教育。要加强师德师风建设，培养高素质教师队伍，倡导全社会尊师重教。要办好继续教育，加快建设学习型社会，大力提高国民素质。

从经济性质看，教育服务一般被看作一种混合物品。然而，教育是分初、中、高三个层次的，而多数国家根据本国经济发展程度，通过宪法对初等教育规定若干年的义务教育。所谓义务教育，是保证公民基本素质的教育，既是每个公民的一种权利，也是每个公民的一种义务，带有强制性。既然是国家通过立法安排的义务教育，每个公民就都可以无差别地享受这种教育，那么这种服务理所应当由政府来提供和保证，若政府不能保证义务教育的足够经费，应视为政府的失职。从这个角度来看，义务教育并非混合物品，而是纯公共物品。至于义务教育以外的高层次教育，主要有高等教育、职业教育和成人教育等，则具有两面性。一方面，高层次教育是提高公民素质的教育，可以为国家培养建设人才，从而促进社会经济的发展，因而也属于公共物品范畴。但另一方面，受教育者可以从高层次教育中获得更多、更高的知识和技能，为将来找到一份较好的职业、获得较高的收入、拥有较多的晋升机会奠定基础。也就是说，个人从高层次教育中得到的利益是内在化和私人化的，而且一些人接受高层次教育，就会减少另一些人接受高层次教育的机会。因此，按照公共物品理论，义务教育以外的高层次教育不属于纯公共物品，而属于混合物品。这也就不难解释为什么教育不能像国防和国家安全一样，完全由政府免费提供，而是既可以向受教育者收费，也可以由私人举办。

但从实践上看，各国政府特别是发展中国家的政府一般在提供教育服务方面发挥主导作用。之所以如此，是因为教育具有以下三个特点：一是当今社会已进入知识经济时代，科技进步已成为经济增长的主要动力，而科技进步又来源于教育。二是避免因收入差距而形成受教育机会的不公平。如果教育服务主要由私人部门提供，学费必然会被抬高，这会导致收入较低家庭的子女即使天资聪颖，也会被拒之于校门之外。而主要由政府提供教育服务，就可以为所有社会成员提供同等的受教育机会，从而保证受教育机会的公平，并避免流失优秀的人才资源。三是教育资本市场不发达、不完善。对于家庭来说，用于教育的支出是一种人力资本投资，如果低收入家庭暂时无力支付学费，照理可以向金融部门申请贷款。问题是人力资本市场是一个不完全的资本市场，在这个市场中，金融部门与借款者之间信息不对称，人力资本投资究竟有没有回报或者回报率有多高，事先是难以确定的，因而金融部门不愿轻易发放贷款，由政府主办教育服务并为教育贷款提供担保，有助于弥补教育资本市场的不足。

（二）我国教育经费的规模、结构和效率

理论和实践都证明，一国财政教育投入的规模和结构是影响教育经费效益的主要因素。我国多年来不仅教育经费规模仍然偏小，而且教育经费在初等教育、中等教育和高等教育之间分布的级次结构不尽合理，在重视并快速发展高等教育的同时，忽视初等教育，特别是农村的普及教育长期处于落后状态。根据世界银行《世界发展报告》提供的数据，世界各类型国家三级教育的人均教育经费之比的共同特征是逐级升高，但级差则与各国经济的发达程度呈反向关系，即经济越发达，级差越小，各级教育经费的级差在低收入国家和高收入国家之间的差距比较大，1995 年高收入国家初等教育经费与高等教育经费之比为 1∶2.2，而低收入国家则高达 1∶12.8，中国各级教育人均教育经费之差则高于世界平均水平。三级教育人均教育经费支出差距的大小与人均收入水平的高低呈反向关系，我国过去差距较大的这种状况，从客观方面来说，同我国当时的经济实力、居民收入水平低下而且接受初等教育的生源众多有直接关系；但从政策方面来说，我国教育投资体制改革迟滞以及长期忽视初等教育投入的倾向也难辞其咎。教育经费规模偏小和教育经费级次结构失调，必然影响教育经费的效率和效益。但这种差距是长期积累的结果，需要逐步化解。经过多年努力，由于政府大力加大初等教育的投入，我国在缩小差距方面已经取得了明显

成效，教育投入的效率和效益已经逐步提高。

我国政府一贯高度重视加大教育经费投入问题，教育经费来源构成的基本特征仍是以政府投入为主，但目前已经形成政府投入、民间投资、社会捐赠、事业收费（含学杂费）及其他经费等多种形式、多元化的教育资金来源结构。《国家中长期教育改革和发展规划纲要（2010—2020年）》（简称《教育规划纲要》）提出提高国家财政性教育经费支出占GDP的比例，2012年达到4%的目标。按现行统计体系，国家财政性教育经费包括三部分：一是财政预算安排的教育经费，是国家财政性教育经费的主体；二是政府性基金预算安排的教育经费，包括地方教育附加和土地出让收益计提的教育资金；三是企业办学、校办产业等其他财政性教育经费。国务院曾要求从严落实教育经费法定增长的规定，并提出加大财政教育投入的一系列措施，包括提高财政教育支出占财政支出的比重，提高财政内基建投资用于教育的比重，统一内外资企业和个人教育费附加制度，全面开征地方教育附加，从土地出让收益中计提教育资金，等等。

近年来各级财政面临收支矛盾突出、重点保障领域多、支出结构调整难度大等困难，但我国仍着力加大财政教育投入。2000—2012年，国家财政性教育经费支出年均增长19.6%，占GDP的比重已经从2.58%提高到《教育规划纲要》要求的4%。财政教育投入的持续增长和管理体制的不断完善，为教育改革和发展提供了有力的支持。一是以推动教育基本公共服务均等化为重点，突破体制创新，实施农村义务教育经费保障机制改革，建立健全家庭经济困难学生资助政策体系。二是注重加强关键领域和薄弱环节，重点支持《教育规划纲要》部署的重大项目。三是统筹城乡、区域协调发展，加大对农村、边远、贫困、民族地区的倾斜。四是《教育规划纲要》提出的各项发展指标全面提升，如全面实现城乡九年义务教育，2010年以来小学净入学率已达99%以上，初中毛入学率达100%，初中三年巩固率达94%以上，超过发达国家的平均水平。2011—2016年我国财政支出中教育支出及其所占的比重参见表6-4。

表6-4　2011—2016年财政支出中的教育支出

项目 \ 年份	2011	2012	2013	2014	2015	2016	2017	2018
教育支出（亿元）	16 497.3	21 242.1	22 001.8	23 041.7	26 271.9	26 625.1	30 153.2	32 222.0
占财政支出的比重（%）	15.1	16.8	15.7	15.2	14.9	14.1	14.85	14.6

资料来源：2017年及以前数据来自《中国财政年鉴（2018）》，2018年数据来自有关网站搜索。

三、科学技术支出

（一）把提高自主创新能力摆在突出地位

20世纪以来，科技进步与扩散的速度和方式都发生了巨大的变化，科技对经济、社会发展的作用越来越突出，尤其是20世纪90年代以来，科技作为生产力中最关键因素的作用日益明显，知识密集型产业成为推动经济增长中长期稳定的主导因素。纵观近代经济发展的历史，西方发达国家都高度重视关于科技进步对经济增长的贡献的研究和实践。在柯布-道格拉斯生产函数中，开始考虑技术进步对产量的影响，但它无法解释科技进步的意义；在哈罗德-多马模型中，技术水平是假设不变的，只有在考虑经济的长期波动时，技术进步才与人口增长一起被视为影响经济波动的因素；索洛-斯旺模型则将技术进步作为经济增长的外生因素；从20世纪80年代开始，以罗默、卢卡斯为代表的新经济增长理论突破性地将技术进步内生化，提出在技术进步条件下，资本边际效益递减规律可以避免，经济增长的持续性也可得以保持。1929—1978年间，美国经济增长的40%来源于科技进步；到了20世纪80年代，经济发达国家的技术贡献由20世纪初的5%～20%提高到了60%～80%；20世纪90年代以来，高增长、低失业、低通胀的美国经济中以网络技术、生物工程技术等为代表的“知识经济”占其经济增长的60%以上。科技进步作为一个连续不断的过程，其产生及扩散所具有的波状乘数效应可放大其他生产要素的作用。科技进步对经济增长与社会进步的这种促进作用，极大地激发了人们对科技投入、制度创新与文化转型的热情和动力。如何在不断增加科技投入的同时，界定政府投入和私人投资的边界，确定合理的政府投资规模和结构，提高投入的效益，不仅关系到科技水平和国际竞争力的提高，更关系到经济增长和社会进步的进程。

在我国，党和政府一贯高度重视科技进步对推动经济发展和社会进步的作用，特别是改革开放以后，我国大力推动科技进步，加大科技投入和制度创新。邓小平同志于1988年提出“科学技术是第一生产力”的科学论断。我国开始进入“十一五”时期之际，于2006年初召开了全国科学技术大会，大会召开之后，国务院发布了《国家中长期科学和技术发展规划纲要（2006—2020年）》。这一纲要立足国情，面向世界，以增强自主创新能力为主线，以建设创新型国家为奋斗目标，全面规划和部署了我国未来15年科学和技术的发展。全面落实科学发展观，构建社会主义和谐社会，要求加快转变经济增长方式，提高自主创新能力，其核心就是尽快实现从资源依赖型向创新驱动型转变，实现从对外技术依赖型向自主创新型转变，使科技创新成为经济社会发展的内在动力和全社会的普遍行为，依赖制度创新和科技创新实现经济社会持续协调发展，从而确保实现2020年全面建成小康社会的宏伟目标。

“十二五”时期以来特别是党的十八大以来，党中央、国务院高度重视科技创新，明确把提高自主创新能力摆在突出地位，并作出深入实施创新驱动发展战略的重大决策部署。我国科技创新加速突破应用，推动新动能不断成长，战略高技术贴近民生进入市场，创造新市场、新消费。“十二五”时期以来，我国的科技进步贡献率已由50.9%提高到55.1%，科技创新能力显著增强，正步入跟跑、并跑、领跑“三跑并存”的历史新阶段，正处于从量的积累向质的飞跃、从点的突破向系统能力提升的重要时期。科技支撑引领作用强化，科技创新正在推动新动能不断成长、化蛹成蝶，促进传统动能改造提升、凤凰涅槃。我国在全球创新版图中的位势进一步提升，已成为具有重要影响力的科技大国，科技创新能力持续提升，战略高技术不断突破，基础研究的国际影响力大幅增强，已经取得一系列重大创新成果。“十三五”时期，我国经济发展进入速度变化、结构优化和动力转换的新常态。推进供给侧结构性改革，促进经济提质增效、转型升级，迫切需要依靠科技创新培育发展新动力；协调推进新型工业化、信息化、城镇化、农业现代化和绿色化，建设生态文明，迫切需要依靠科技创新突破资源环境瓶颈制约；应对人口老龄化、消除贫困、增强人民健康素质、创新社会治理，迫切需要依靠科技创新支撑民生改善；落实总体国家安全观，维护国家安全和战略利益，迫切需要依靠科技创新提供强大保障。同时，我国国民收入稳步增加，市场需求加速释放，产业体系更加完备，体制活力显著增强，教育水平和人力资本素质持续提升，经济具有持续向好发展的巨大潜力、韧性和回旋余地，综合国力将再上新台阶，这必将为科技创新的加速突破提供坚实基础。习近平同志在 2016 年 5 月召开的全国科技创新大会上明确指出："科技是国之利器，国家赖之以强，企业赖之以赢，人民生活赖之以好。中国要强，中国人民生活要好，必须有强大科技。"他强调，"新时期、新形势、新任务，要求我们在科技创新方面有新理念、新设计、新战略。"

但同时必须清醒地认识到，与进入创新型国家行列和建设世界科技强国的要求相比，我国科技创新还存在一些薄弱环节和深层次问题，主要表现为：科技基础仍然薄弱，科技创新能力特别是原创能力与发达国家还有很大差距，关键领域核心技术受制于人的局面没有从根本上改变，许多产业仍处于全球价值链的中低端，科技对经济增长的贡献率还不够高，制约创新发展的思想观念和深层次体制机制障碍依然存在，创新体系整体效能不高，高层次领军人才和高技能人才十分缺乏，等等。综合判断，我国科技创新正处于可以大有作为的重要战略机遇期，但也面临着差距进一步拉大的风险。我国必须牢牢把握机遇，树立创新自信，增强忧患意识，勇于攻坚克难，主动顺应和引领时代潮流，把科技创新摆在更加重要的位置，在新的历史起点上开创国家创新发展新局面，开启建设世界科技强国新征程。

在这种历史背景下，我国制定了《"十三五"国家科技创新规划》。该规划确立了科技创新发展的新蓝图，主要是明确"十三五"时期科技创新的总体思路、发展目标、主要任务和重大举措，是国家在科技创新领域的重点专项规划，是我国迈进创新型国家行列的行动指南。《"十三五"国家科技创新规划》的指导思想是坚持自主创新、重点跨越、支撑发展、引领未来的指导方针，为建成世界科技强国奠定坚实基础，为实现"两个一百年"奋斗目标和中华民族伟大复兴中国梦提供强大动力。基本原则是坚持把支撑国家重大需求作为战略任务，坚持把加速赶超引领作为发展重点，坚持把科技为民作为根本宗旨，坚持把深化改革作为强大动力，坚持把人才驱动作为本质要求，坚持把全球视野作为重要导向。发展的总体目标是：国家科技实力和创新能力大幅跃升，创新驱动发展成效显著，国家综合创新能力世界排名进入前 15 位，迈进创新型国家行列，有力支撑全面建成小康社会目标的实现。

（二）国家的科技投入政策和财政科技投入

我国全社会科技资源配置方式已经发生重大变化。有关资料显示，"十二五"期间，全社会研发支出达到 14 300 亿元，其中企业支出超过 77%。科技成果转化引导基金设立首批创投子基金，16 个科技和金融结合试点地区增加科技贷款超过 1.2 万亿元。高新技术企业税收减免和研发费用加计扣除等创新支持政策的带动和放大效应正在凸显。国务院关于实施《国家中长期科学和技术发展规划纲要（2006—2020 年）》的若干配套政策对我国的科技投入和激励政策作出了明确的阐述，其中有关财政政策的内容主要有以下三个方面：一是完善科技投入机制。建立多元化、多渠道的科技投入体系，大幅度增加科技投入，全社会研究开发投入占 GDP 的比例要提高；确保财政科技投入的稳定增长，预算及其执行中的超收分配，都要体现法定增长的要求，“十一五”期间财政科技投入的增幅要明显高于财政经常性收入的增幅；财政科技投入的重点是支持基础研究、社会公益性研究和前沿技术研究；发挥财政资金对激励企业自主创新的引导作用，创新财政科技投入的管理机制。二是税收激励。加大对企业自主创新投入的所得税税前抵扣力度，如允许企业按当年实际发生的技术开发费用的150%抵扣当年应纳税所得额；允许企业加速研究开发仪器设备折旧，如单位价值在30万元以下的可一次摊入管理费，单位价值在30万元以上的可采取适当缩短固定资产折旧年限或加速折旧的政策；完善促进高新技术企业发展的税收政策，完善促进转制科研机构发展的税收政策，支持创业风险投资企业的发展，扶持科技中介服务机构，鼓励社会资金捐赠创新活动。三是政府采购。建立财政性资金采购自主创新产品制度，认定政府采购自主创新产品目录，加强预算控制，优先采购；改进政府采购评审方法，给予自主创新产品优先待遇；建立激励自主创新的政府首购和订购制度，建立本国货物认定制度和购买外国产品审核制度，发挥国防采购扶持自主创新的作用。科研活动可以由个人或某一集体去完成，一般而言，科学研究的成果也可以有偿转让。但是，一些情况会使科研成果的交易十分困难，因为科学研究是一种社会公共需要，科研的成本与运用科研成果所获得的利益不易通过市场交换对称起来。所以，用于那些外部效应较强的科学研究活动的经费主要是基础性、公益性以及高新科技的科研经费，必须由政府来承担，而用于那些可以通过市场交换来充分弥补成本的科学研究的经费主要是应用性的科研经费，则可由微观主体来承担。

我国财政用于科学研究的支出是逐年增长的，特别是“十五”时期以来增长幅度较大。当然，财政拨款的科技支出只是财政科技投入的一条渠道，财政还通过科技三项费用、税收优惠和财政补贴等多种渠道，带动和鼓励民间科技的投入，采取相应的政策激励广大企业扩大自主积累，增加科研费用，推动企业成为技术创新的主体。表6-5显示，财政支出中科技支出在“十二五”时期的增长率呈下降的趋势，而占财政支出的比重是基本稳定的。图6-1则显示，研究与开发（R&D）经费占GDP的比重是逐年提高的。两相对照，恰恰表明我国科技投入体系的转变，即企业投入的地位日益显著，已经形成多元化、多渠道、以企业投入为主体的格局，如2010—2014年4年间企业投入增长了84%，而政府投入增长了55%。高水平的R&D投入强度是一个国家具有较高创新能力的重要保障，应当看到，我国R&D经费占GDP的比重虽然在逐年增长，从2011年的1.83%增长到了2017年的2.13%，但与世界发达国家的水平相比还有差距。

表6-5　　我国2011—2016年财政支出中的科技支出

年份＼年份	2011	2012	2013	2014	2015	2016	2017	2018
科技支出（亿元）	3 828.0	4 459.6	5 084.3	5 314.5	5 862.6	6 563.9	7 266.9	8 322.0
增长率（%）	17.8	16.5	14.0	4.5	10.3	12.0	10.7	14.5
占财政支出的比重（%）	3.5	3.5	3.5	3.6	3.4	3.4	3.6	3.8

资料来源：2017年及以前数据来自《中国财政年鉴（2018）》，2018年数据来自有关网站搜索。

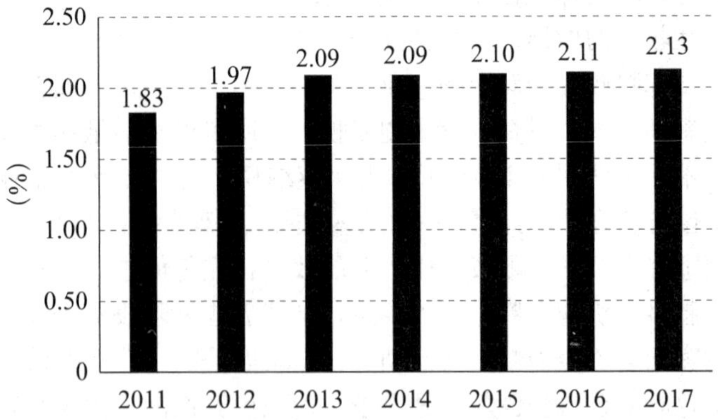

图 6-1 我国 2011—2017 年 R&D 经费占 GDP 的比重

资料来源：国家统计局，《2017 年全国科技经费投入统计公报》。

四、医疗卫生支出

（一）政府介入医疗卫生事业的理由和范围

市场在医疗卫生领域的作用存在着广泛的缺陷，为政府在这一领域发挥作用提供了潜在的理论依据，其中公共卫生被认为是典型的事例。公共卫生领域集中地存在着具有外部效应的纯公共物品，如安全饮用水的提供、传染病与寄生虫病的防范、病菌传播媒介的控制以及免疫、营养、计划生育的信息免费服务等，由于这些物品具有明显的非排他性，即不能排除不付费者享用这种服务的利益，因而私人根本不会提供或者不会充分提供这些物品。这是政府介入公共卫生领域的第一个理由。政府介入公共卫生领域的第二个理由是为公平的收入分配提供前提。市场是以个人对劳动和资本贡献的大小来分配收入的，而劳动的贡献是以个人的健康为前提的，在市场规则下，低收入者自身难以抵御卫生条件差和疾病风险的侵袭，往往会陷入"贫困的循环"，政府的介入就是将卫生保健视为一种人人应有的权利，保障人人健康劳动，缓解或消除因收入差距而可能对健康带来的不良影响。政府介入公共卫生领域的第三个理由是弥补商业保险的缺陷。疾病的风险是最难以确知的，在私人市场上，人们化解风险的方法是购买商业保险，但商业保险的趋利性必然导致"逆向选择"，即选择低风险的保险对象，而政府的公共卫生服务带有社会保险的性质，让疾病的社会风险在更大的范围内由政府承担，高风险者不受排斥，为劳动者提供了可靠的后盾。世界银行曾简略地概括了政府干预卫生事业的三条理由："第一，减少贫困是在医疗卫生方面进行干预的最直接的理论基础；第二，许多与医疗卫生有关的服务是公共物品，其作用具有外部性；第三，疾病风险的不确定性和保险市场的缺陷是政府行为的第三个理论基础。"世界银行认为，政府通过对卫生领域的合理介入，可以给医疗卫生市场带来四个预期的结果：健康、低成本、高满意度和公平。

各国政府的医疗卫生支出在医疗卫生总花费中都占有很大份额，几乎囊括所有医疗卫生支出项目，并通过各种手段和机制干预私人医疗市场。当然，政府也不是包揽全部医疗卫生市场，而是选择政府应当介入的主要方面：一是提供医疗卫生领域的纯公共物品和部分准公共物品，保证这些公共物品的生产、提供和消费达到最优化。这些物品包括医疗服务本身、健康保护活动、帮助人们保持健康所利用的服务信息等。二是纠正由信息不对称造成的市场缺陷，使医疗保险兼顾效率和公平。三是补助穷人，为他们负担必要的保险，使他们获得相应的基本医疗服务。政府需要和能够向医疗卫生领域提供的服务可以概括为两个方面：一是公共卫生服务。一般意义上，公共卫生服务项目都具有公共物品的属性，因此提供公共卫生服务项目属于政府的重要职责。根据世界银行的标准，该类服务包括以下内容：计划免疫，以学校为基础的医疗卫生服务；计划生育和营养的信息及某些服务；减少烟草和酒精消耗的计划；为改善居民环境而采取的行为调控和信息服务；防治艾滋病。就中国而言，一般概括为卫生监督、健康教育、疾病监控、卫生研究以及医疗救助等。二是基本医疗服务。从理论上说，提供基本医疗服务属于混合物品的范畴。因为基本医疗服务不具有明显的非竞争性和非排他性，但却具有很强的外部效应，同时，由于具有“拥挤性”的特点，政府在提供基本医疗服务的同时，实行一定的收费制度。根据世界银行的标准，基本医疗服务至少包括五个方面的内容：妇女怀孕方面的治疗服务、计划生育服务；肺结核控制；控制传染性疾病；治疗常见的婴幼儿严重疾病，如腹泻、急性呼吸道感染、麻疹、疟疾和急性营养不良等；轻微临床上的治疗、小手术以及对不能用现有医疗技术彻底解决的健康问题提供咨询等。我国在医疗卫生改革中，对基本医疗服务应涵盖的内容目前还没有制定一个统一的标准，但起码应有以下共识：基本医疗服务应是基于政府为保障人民最基本的人权——健康权而提供的服务，是对个人来说最迫切和急需的卫生医疗服务，是和一定的社会经济发展阶段相适应的公共部门能够负担的服务。

（二）我国医疗卫生体制改革

新中国成立之初，在经济恢复时期即开始关注居民卫生医疗和健康问题。1950 年第一次全国卫生工作会议召开，确定“面向工农兵、预防为主、团结中西医”的卫生工作方针，我国逐步建立起由公费医疗、劳保医疗、合作医疗组成的福利性医疗保障制度并实施到 1978 年。

人民健康是民族昌盛和国家富强的重要标志。改革开放后，经过多年的探索和实践，我国医疗卫生事业和医药卫生体制改革取得了重大阶段性成果。总的目标是完善国民健康政策，为人民群众提供全方位、全周期的健康服务。要深化医药卫生体制改革，全面建立中国特色基本医疗卫生制度、医疗保障制度和优质高效的医疗卫生服务体系，健全现代医院管理制度。要加强基层医疗卫生服务体系和全科医生队伍建设。全面取消以药养医，健全药品供应保障制度。

自 2009 年新一轮医改启动以来，各地区、各有关部门认真贯彻落实党中央、国务院的决策部署，协力推进改革，建立了覆盖全民的基本医疗保障制度，城乡居民大病保险从无到有，全面实施，切实减轻了大病患者的费用负担，弥补了防大病、兜底线的短板。县级公立医院改革实现了全覆盖，试点城市扩大到 100 个，体制机制改革的力度持续加大，基本药物制度和基层医疗卫生机构运行新机制逐步建立健全，分级诊疗制度加快建立，城乡基层医疗卫生服务能力大幅提升。2015 年人均预期寿命比 2010 年提高了 1.51 岁，人民健康水平总体上达到中高收入国家的平均水平。但深化医改是一项十分复杂艰巨的任务，是一个渐进的过程，需要付出长期和艰苦的努力。进入“十三五”时期，政府工作报告对协调推进医疗、医保、医药联动改革又提出了明确要求，国务院印发了《深化医药卫生体制改革 2016 年重点工作任务》，明确了 2016 年医改工作的十项重点任务。内容包括：全面深化公立医院改革，加快推进分级诊疗制度建设，巩固完善全民医保体系，健全药品供应保障机制，建立健全综合监管体系，加强卫生人才队伍建设，稳固完善基本公共卫生服务均等化制度，推进卫生信息化建设，加快发展健康服务业，加强组织实施。2016 年医改工作的总体考虑是坚持保基本、强基层、建机制、补短板、兜底线。坚持医疗、医保、医药联动改革，同时着眼未来五年医改的整体部署，突出前瞻性。在重点改革上加强顶层设计和试点探索，加快推进制度建设，为到 2017 年实现医改的阶段性目标、到 2020 年建立中国特色基本医疗卫生制度开好局、起好步。

（三）加大医疗卫生投入，加强管理

我国医疗卫生总投入来自三个方面——政府、社会、个人，总投入持续增长。从表 6-6 可以看出，财政支出中的医疗卫生支出在 2010—2015 年 5 年间增长了 1.49 倍，占财政总支出的比重也呈上升趋势。目前我国医疗卫生事业也面临诸多困难与挑战，其中面临的最大困难和挑战在于医疗保险基金运行面临风险。在我国经济进入新常态发展阶段后，经济增速放缓，按工资比例收取的城镇职工基本医疗保险基金收入的增幅也放缓了，进一步释放出与医疗服务需求不断增加和总医疗费用上涨过快之间的矛盾，基金收不抵支的趋势已成为威胁基本医疗保险制度可持续的重要因素。因此，必须重视医疗卫生投入的不断增长，保障医疗卫生事业的健康发展，同时又要严格关注医疗总费用的过快增长，防止导致“医疗费用社会危机”，特别应当注重完善政府医疗费用投入结构，加强管理，提高医疗卫生费用的绩效。

表 6-6　　财政支出中的医疗卫生支出

年份 项目	2010	2011	2012	2013	2014	2015	2016	2017	2018
医疗卫生支出（亿元）	4 804.2	6 429.5	7 245.1	8 297.9	10 176.8	11 953.2	13 158.8	14 450.6	15 700.0
占财政支出的比重（%）	5.3	5.9	5.8	5.9	6.8	6.7	7.0	7.1	7.1

资料来源：2017 年及以前数据来自《中国财政年鉴（2018）》，2018 年数据来自有关网站搜索。

医疗卫生支出是居民大众的“保命钱”，近年来投入规模越来越大，为了避免挤占挪用、虚报冒领等违法违规行为的发生，确保财政资金安全高效使用，财政部门会同有关部门采取了一系列措施，着力强化资金监管。一是完善制度，将各项医改资金关进制度的“笼子”，制定出台了《关于进一步加强基本医疗保险基金管理的指导意见》《关于加强公立医院财务和预算管理的指导意见》。在专项资金管理方面，制定出台了《公共卫生服务补助资金管理暂行办法》《公立医院补助资金管理暂行办法》《计划生育服务补助资金管理暂行办法》等，为建立健全医改资金管理体系奠定了制度基础。二是加强考核，让医改资金使用者感到压力。建立健全科学合理的绩效考评体系，对医疗卫生机构提供的医疗卫生服务以及地方和部门落实医改任务的进展情况进行绩效考核，并将考核

结果与资金分配挂钩。三是强化监管，让违规使用医改资金者受到惩罚。充分利用行政监督、财政监督、审计监督等各种方式对资金的分配使用情况开展监督检查，努力保障资金使用的安全性、规范性、有效性。四是阳光操作，让医改资金使用全过程暴露在阳光下。

近年来，我国按照预算公开的要求逐步增强了各项医改资金的信息公开力度，增强了透明度。经国务院批准，财政部自 2010 年起试编包括各项医保基金在内的社会保险基金预算，从 2014 年起向全国人大报告。财政部积极推进建立第三方审计制度和医院的信息公开制度，将医院财务收支的主要指标逐步向社会公开，接受社会监督。下一步，还将会同有关部门进一步完善各项制度和资金拨付管理办法，继续加大绩效考核力度，从资金的安排、分配、使用以及追踪问效各个环节建立起覆盖医改资金运行全过程的、长效的监管机制，确保医改资金真正用于各项医改工作，确保人民群众真正得到实惠。

【关键词】

一般公共服务支出　国防支出　教育支出　科学技术支出　医疗卫生支出

【复习与思考】

1. 试述控制一般公共服务支出的有效措施。
2. 试述教育、科学技术和医疗卫生支出等几项支出的经济与社会性质。
3. 试述我国教育支出的规模、结构与效率。
4. 试述政府必须介入医疗卫生事业的理由以及应介入的范围。
5. 试述 2016 年深化医药卫生体制改革的十项重点任务。

第七章

财政投资性支出

——财政购买性支出之二

第一节　财政投资性支出的一般分析

一、投资与经济发展

投资是经济增长或经济发展的一个主要因素和主要动力。马克思在谈到货币资本的作用时把货币资本的投入看作经济增长的第一推动力，因为任何一项投资或生产活动首先都要从货币资本的投入开始。在现代货币经济条件下，没有货币投资，任何其他投入都是不可能的。马克思是从需求与供给两个方面分析投资对经济增长的作用的，他在《资本论》中对投资的作用曾有一段较长的论述，对我们理解投资具有重要意义。他说："社会必须预先计算好，能把多少劳动、生产资料和生活资料用在这样一些产业部门而不致受任何损害，这些部门，如铁路建设，在一年或一年以上的较长时间内不提供任何生产资料和生活资料，不提供任何有用效果，但会从全年总生产中取走劳动、生产资料和生活资料。相反，在资本主义社会，社会的理智总是事后才起作用，因此可能并且必然会不断发生巨大的紊乱。一方面，货币市场受到压力……是因为在这里不断需要大规模地长期预付货币资本。……另一方面，社会的可供支配的生产资本受到压力。因为生产资本的要素不断地从市场上被取走，而投入市场来代替它们的只是货币等价物，所以，有支付能力的需求将会增加，而这种需求本身不会提供任何供给要素。因此，生活资料和生产材料的价格都会上涨。”① 西方经济学的凯恩斯主义关于投资对经济增长的乘数作用和加速原理的观点，对我们研究投资问题也有一定的参考意义。凯恩斯是从投资刺激需求角度出发，提出投资不仅是经济增长的推动力，而且对经济增长具有乘数作用。所谓投资的乘数作用，是指每增加1元投资所引起的收入增长的倍数。乘数与边际消费倾向同方向变化，边际消费倾向越大，乘数就越大；乘数与边际储蓄倾向反方向变化。同时凯恩斯主义又提出加速原理。加速原理说的是收入变化如何引起投资的变化。如果说乘数是表示投资增加会引起收入增加到什么程度的系数，那么，加速系数正好与之相反，它表示的是收入或消费增加会引起投资增加到什么程度的系数。因为增加投资要有资金来源，而当前的国民收入是储蓄加消费，所以投资来源受国民收入增长的限制，即受储蓄的限制。储蓄与投资恒等是总量平衡的公式，储蓄增长就会加速投资，而投资超过储蓄则会导致通货膨胀。凯恩斯主义的乘数作用和加速原理的观点说的是一种经济过程或经济现象，仅说明两个变量之间的相互关系，并不涉及社会制度问题。

从实际生活中也可以直接看到投资与经济增长之间的关系：投资既可以刺激需求的增长，同时又可以增加和完善供给。首先，社会总需求由消费、投资和出口三部分组成，所以，投资可以直接增加社会总需求，从而刺激经济增长；其次，投资需要建筑材料，需要添置生产设备，所以，增加投资就可以带动钢材、水泥、木材等生产资料或设备生产的增长；再次，投资中的一部分，一般为40%左右，将转化为个人消费和社会消费，所以增加投资又可以刺激消费品生产的增长；最后，投资完成后可以增加和完善供给。但是，投资是一个过程，从最初的投入到最终的产出要有一个间隔时间，少则1年，多则5～10年，在这个时间内，总是只投入不产出，要不断地投放货币，要不断地吸收劳动力和生产资料，投资规模又要受当前生产和收入水平的制约，投资也就成为调节供求总量平衡的重要手段。这是经济学一般原理，在任何社会的再生产过程中都是如此。

由此可知，研究与安排投资规模时必须考虑三个问题：投资规模要适度、投资结构要合理、要注重投资效益。前两者是后者的前提条件。在发展中国家，科学技术在经济增长中还不能发挥主导作用，所以，投资在经济增长中具有更大的作用。就我国而言，据有关专家测算，1978—1989年间，我国资本投入、劳动力投入和科技进步对产出增长的贡献份额分别为52%、23%和25%，而发达国家科技进步的贡献率一般占到60%～80%。这说明当时我国的经济增长在很大程度上是靠投资来推动的，投资波动与经济增长波动具有密切的关系。一般来说，当经济增长缓慢时，往往依靠增大投资来刺激经济增长；当投资过旺及造成经济过热或出现通货膨胀时，往往采取措施来首先压缩投资，迫使经济过热的势头减缓。“十二五”时期以来，我国科技创新能力显著增强，正步入跟跑、并跑、领跑“三跑并存”的历史新阶段，科技进步的贡献率已提高到55.1%，科技进步已经逐步成为推动经济发展的主要动力。

① 马克思.资本论：第2卷.2版.北京：人民出版社，2004：349.

二、政府（财政）投资的特殊性

（一）政府（财政）投资的特点和范围

在任何社会中，社会总投资都可以分为政府投资和非政府投资两大部分。一般而言，财政投资即为政府投资，但由于我国还有政府性基金以及各类拼盘自筹资金的一部分用于政府投资，因而本章所说的是一般公共预算中的资本性投资支出，所以名曰“政府（财政）投资”。当然，这里所阐述的投资原理同样适用于其他政府投资。2019 年《政府收支分类科目》“政府预算支出经济分类科目”中款级设有“机关资本性支出（一）”和“机关资本性支出（二）”两个科目。其中支出（一）反映机关和参公事业单位的资本性支出，包括房屋建筑构建支出、基础设施建设支出、公共用车购置支出、土地征迁补偿和安置支出、设备购置支出、大型修缮支出以及其他资本性支出；支出（二）反映切块由发展改革部门安排的基本建设支出中机关和事业单位的资本性支出，包括房屋建筑构建支出、基础设施建设支出、设备购置支出、大型修缮支出、其他资本性支出。但目前作者还没看到官方发布有关预算支出经济分类的统计数据。

我国基本建设支出始终是财政支出中的一个重要支出项目，基本建设支出规模每年都是增长的，增长率和占财政支出的比重各年有所波动。但随着经济体制改革的深化和政府职能的转变，总的趋势是增长率逐步减缓，占财政支出的比重逐步下降。改革开放之初的 1978 年基本建设支出占财政支出的比重曾高达 56.3%，2005 年下降为 11.9%。这里需要说明，过去的基本建设支出科目的内涵较广，不仅包括政府的基础设施投资，还包括由一般公共预算投入基础产业和支柱产业的投资，改革开放后这部分投资逐步从一般公共预算内退出，由投资单位的自筹资金和政府性基金所替代。

政府投资是相对于非政府投资而言的，政府投资有自身明显的特点：一是非政府投资是由具有独立法人资格的企业或个人从事的投资，作为商品生产者，他们的目标是追求盈利，而且，他们的盈利是根据自身所能感受到的微观效益和微观成本计量的，也就是说，追求微观上的盈利是非政府投资的首要特征；由于政府居于宏观调控主体的地位，它可以从社会效益和社会成本角度来评价和安排自己的投资，政府投资可以微利甚至不盈利，但是，政府投资建成的项目，如社会基础设施等，可以极大地提高国民经济的整体效益。二是企业或个人主要依靠自身的积累和社会筹资来为投资提供资金，自身积累规模和社会筹资都受到种种限制，一般难以承担规模宏大的建设项目，而且因为要追求盈利，一般主要从事周期短、见效快的短期性投资；而政府财力雄厚，且资金来源多半是无偿的，可以投资于大型项目和长期项目。三是企业囿于一行一业，非政府投资不可能顾及非经济的社会效益，不难想象，如果一个经济社会完全依靠非政府投资，而没有政府投资，则投资结构不可能是均衡和优化的；由于政府在国民经济中居于特殊地位，可以从事社会效益好而经济效益一般的投资，可以而且应该将自身的投资集中于那些“外部效应”较大的公用设施、能源、通信、交通、农业以及治理大江大河和治理污染等关系国计民生的产业和领域，换言之，在投资主体多元化的经济社会中如果政府不承担这些方面的投资或投资不足，就会导致经济结构失衡，经济发展速度就会遇到“瓶颈”制约。

（二）政府（财政）投资的地位和作用

我国实行社会主义市场经济体制，市场在资源配置中起决定性作用，但市场也不是万能的，并不起全部作用。我国既要发挥市场的决定性作用，也要更好地发挥政府的作用，而市场作用和政府作用的职能是不同的。在资源配置中政府的职责和作用主要是提供公共物品，满足社会公共需要，弥补市场失灵，进行有效的宏观调控。

改革开放后，我国的投资体制和投资格局发生了急剧的变化。主要是在由计划经济体制转向市场经济体制的过程中，随着投资主体和投资格局的多元化，社会固定资产投资资金来源构成发生了急剧的变化，投资单位自筹资金在总投资中的比重急剧上升，国内贷款和利用外资的比重有所上升，而政府投资在总投资中的比重呈下降的趋势。所谓自筹资金，是指投资单位在报告期收到的由各地区、各部门及企事业单位筹集的用于固定资产投资的资金，包括中央各部门、各级地方和企事业单位的自筹资金。一般公共预算投资比重的下降和国民收入分配格局以及财政收支占 GDP 比重的变化趋势是一致的。我国改革开放后，居民收入占 GDP 的比重上升较快，带来了居民储蓄和银行资金来源的急剧增长，随之银行扩展了投资、贷款领域。同时，一般公共预算外资金也急剧增长，这些资金分散到各地方和各主管部门，替代并削弱了一般公共预算配置资源的职能。1981 年一般公共预算投资即国家预算资金占总固定资产投资资金的比重为 28.1%，到 1995 年降为 3%。随着对一般公共预算外资金的清理整顿和税费改革的进行以及积极财政政策的实施，一般公共预算投资的比重有所回升，2000 年回升到 6.4%，2016 年为 5.9%。而自筹和其他资金的比重则持续上升，1981 年为 55.4%，2016 年已达 82.9%。总之，一般公共预算投资的比重不会再像过去那么大肯定是社会主义市场经济下的定局（见表 7－1）。

表 7－1　　我国固定资产投资资金来源构成

项目＼年份	国家预算资金（%）	国内贷款（%）	利用外资（%）	自筹和其他资金（%）
1981	28.1	12.7	3.8	55.4
1985	16.0	20.1	3.6	60.3
1990	8.7	19.6	6.3	65.4
1995	3.0	20.5	11.2	65.3
2000	6.4	20.3	5.1	68.2
2005	4.4	17.3	4.2	74.1
2010	4.7	15.2	1.6	78.5
2015	5.3	10.5	0.5	83.8
2016	5.9	10.9	0.4	82.9

资料来源：《中国财政年鉴（2017）》第 413 页。

为适应投资主体和投资格局的变化，政府对投资的宏观调控方式也必然会发生变化。如果说在传统体制下，政府对投资的宏观调控主要是通过调节自身的投资而直接进行的，那么在社会主义市场经济体制下，政府对投资的宏观调控则需要通过间接和直接两种方式进行。所谓间接调控，就是通过产业政策的引导作用，通过政府投资的导向作用，并通过税收、财政补贴、折旧政策等，来制约非政府投资的投资条件以及投资的方向、规模与结构。所谓直接调控，就是根据宏观经济政策目标，结合非政府投资的状态，安排政府自身投资的方向、规模与结构，从而使全社会的投资达到优化配置状态。显然，在社会主义市场经济体制下，政府投资的宏观调控功能主要体现在两个方面：一是直接调节自身投资的规模，间接调节非政府投资的规模，使两者加总起来的总量与国民经济稳定增长所要求的投资总量相吻合；二是调节自身投资的结构，纠正非政府投资结构的偏差，使全社会的投资结构符合国家产业政策的要求。如上所述，我国在过去一段时间内，分散在各地方、各部门的一般公共预算外资金急剧增长，削弱了政府特别是中央政府在调节社会投资规模和结构中应有的作用。近年来我国对一般公共预算外资金的清理整顿，特别是自 1998 年开始实施积极财政政策以来，适度加大一般公共预算投资和调整产业结构的力度，对稳增长、调结构、支持供给侧结构性改革，已经发挥并将继续发挥积极作用。

（三）政府（财政）投资的决策标准

政府投资的特点决定了政府投资的决策标准不同于私人部门投资，其取决于政府在不同时期所要实现的政策目标。政府投资的决策标准如下：一是资本-产出比率最小化标准，又称稀缺要素标准。这一标准是指政府在确定投资项目时，应当选择单位资本投入产出最大的投资项目。由于资源是有限的，是相对短缺的，所以任何投资，不论是私人投资还是政府投资，都要奉行这个准则，特别是发展中国家更是如此。一国在一定时期内的储蓄率是既定的，而资本-产出比率是可变的，在投资过程中，只要遵循资本-产出比率最小化标准，就可以以有限的资源实现产出的最大化，达到预期的经济增长目标。二是资本-劳动比率最大化标准。这一标准是指政府投资应选择使边际人均投资额最大化的投资项目。资本-劳动比率越高，说明资本技术构成越高，劳动生产率越高，经济增长越快。因此，这种标准是强调政府应着重投资资本密集型项目。三是就业创造标准。这一标准是指政府应当选择单位投资额能够动员最大数量劳动力的项目。这种标准要求政府不仅要在一定程度上扩大财政投资规模（外延增加就业机会），而且要优先选择劳动密集型项目（内涵增加就业机会）。换言之，政府在决定财政投资的支出时，还要尽可能地估计这种投资支出可能产生的总就业机会。不仅要考虑财政投资支出的直接就业影响，还要考虑间接就业影响，即财政投资项目带动的其他投资项目所增加的就业机会。

第二节　基础设施投资

一、基础设施投资的性质

（一）基础设施投资的属性

基础设施是支撑一国经济运行的基础部门，它决定着工业、农业、商业等直接生产活动的发展水平。一国的基础设施越发达，该国的国民经济运行就越顺畅、越有效，人民的生活也越便利，生活质量相对来说也就越高。经济学界对基础设施的概念还没有统一的认识，发展经济学在讨论基础设施时，一般使用“infrastructure”和“social overhead capital”两个英文术语，前者的中文译名即为“基础设施”，后者的中文译名是“社会分摊资本”和“社会先行资本”。看来，基础设施的内涵可有广义和狭义之分。狭义的基础设施是指经济社会活动的公共设施，主要包括交通运输、通信、水利、供电、机场、港口、桥梁和城市供排水、供气等。广义的基础设施还包括提供无形产品或服务的科学、文化、教育、卫生等部门。这里讨论的是狭义的基础设施，而狭义的基础设施是政府（财政）资本性投资的主要领域。

在社会经济活动中，基础设施与其他产业相比具有不同的特征。从整个生产过程来看，基础设施为整个生产过程提供“共同生产条件”。马克思曾把生产条件区分为共同生产条件和特殊生产条件，与此相对应，把固定资本也分为两类：一类是“以机器的形式直接进入生产过程的那种固定资本”①；另一类是“具有铁路、建筑物、农业改良、排水设备等形式的固定资本”②。马克思指出后一类固定资本的特点是：“作为生产资料来看，固定资本在这里与机器一类的东西不同，因为它同时被不同的资本当作它们共同的生产条件和流通条件来使用。（我们在这里还没有涉及消费本身。）固定资本不是表现为被包含在特殊生产过程中的东西，而是表现为各特殊资本的大量这类生产过程的联络动脉，它就是由这些特殊资本一部分一部分地消耗掉的。因此，在这种场合，对于所有这类特殊资本及其特殊生产过程来说，固定资本是一种特殊的同它们相分离的生产部门的产品，但是，在这里不能象机器的买卖那样，即一个生产者不能把它作为流动资本售出，另一个生产者也不能把它作为固定资本买进来，相反，它只有以固定资本自身的形式才能出售。”③ 马克思的话隐含着下述含义：作为共同生产条件的固定资产，它不能被某单个生产者独家使用，它不是独占性地处在某个特殊的生产过程中，不能被卖者当作商品一次性地整体出售给使用者。换句话说，它具有公用性、非独占性和不可分性，这些特性决定了它具有“公共物品”的一般特征。公共设施投资所形成的固定资产，无疑具有马克思所指出的后一类固定资产的特征。

基础设施特别是大型基础设施，大都属于资本密集型行业，需要大量的资本投入，而且它们的建设周期比较长，投资后形成生产能力和回收投资往往需要许多年，这些特点决定了大型基础设施很难由个别企业的独立投资来完成，尤其是在经济发展的初期阶段，没有政府的强有力支持，很难有效地推动基础设施的发展。在经济发展过程中各国政府均对基础设施实行强有力的干预政策，不过干预的程度在发展的不同阶段有较大的差别。由于经济发达国家经历了工业化的发展过程，基础设施已有相当的基础，因而政府的干预程度相对较弱。而经济欠发达国家在经济增长过程中常常经受基础“瓶颈”的困扰，由于民间经济的财力有限，政府只能通过财政集中动员一部分资源，以加快基础“瓶颈”部门的发展。实际上，发展中国家的财政，除具有一般弥补“市场失灵”的作用外，还部分地充当

---

① 马克思，恩格斯. 马克思恩格斯全集：第46卷下. 北京：人民出版社，1980：238.

② 同①238.

③ 同①241.

着社会资本原始积累的角色。在我国的经济发展过程中，长时间内存在着结构性矛盾，基础设施的短缺长期成为社会经济发展的主要制约因素。比如，随着经济的快速增长，能源特别是电力供应长期不足，供给增长滞后于GDP增长，“瓶颈”作用曾经十分突出，至今仍然存在。1998年我国实施积极财政政策，主要是通过增发国债，重点用于大江大河的治理、农林水利、交通通信、环境保护、城乡电网改造、粮食仓库和城市公用事业等基础设施建设，公共设施的滞后状态已经大为改观。

（二）基础设施投资与一般投资的关系

基础设施是处在“上游”的产业部门，基础设施投资是一种“社会先行资本”。基础设施所提供的产品和服务构成其他部门（也包括本部门）必需的投入品和服务，如供电、供水、道路和交通等。一般来说，基础设施的感应度强，感应度系数较高。感应度系数反映当各个部门平均增加一个单位最终产品时，某个部门由此而感受到的需求感应程度，即需要该部门为其他部门的生产提供的产值量。基础设施在产业锁链中属于这样一类产业，即当基础产业、加工工业和服务业发展时，一般要求适度加大基础设施投资，要求基础设施适度超前发展。从价值构成上分析，基础设施所提供的产品和服务的价格，构成其他部门产品成本的组成部分，因而它们的价格变动具有很强的连锁效应，会引起整个产业成本的波动。

基础设施投资与一般产业投资之间的关系可用如下产出模型（见图7-1）来表示。图7-1的纵轴与横轴分别代表一般产业投资与基础设施投资，从原点出发的射线是产出线，I_1、I_2、I_3 为一定数量的基础设施投资和一般产业投资的等产量曲线。

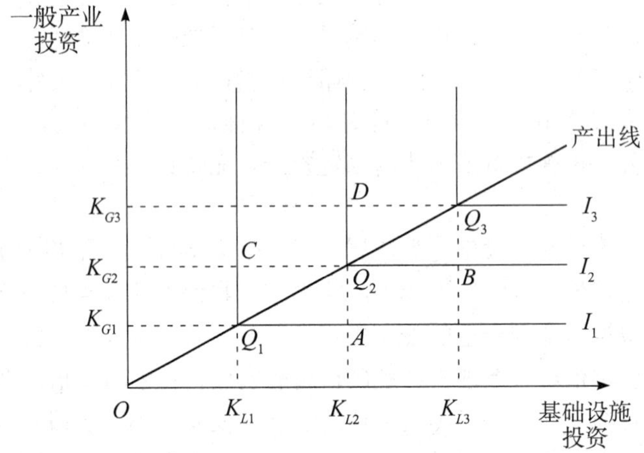

图7-1 产出模型图

当基础设施投资和一般产业投资分别为 K_{L1} 和 K_{G1} 时，共同决定的产出量为 Q_1；如果一般产业投资增加到 K_{G2}，而基础设施投资不增加，那么组合点为 C，即产出量不可能为 Q_2；反之，如果基础设施投资增加到 K_{L2}，而一般产业投资不增加，那么组合点为 A，即产出量也不可能为 Q_2。要使产出量增加到 Q_2，必须使基础设施投资和一般产业投资分别增加到 K_{L2} 和 K_{G2}，依此类推。也就是说，为达到一定的产出量，基础设施投资和一般产业投资之间必须保持一定的配比关系，且按一定的比例递增。从实证分析结果看，欧美发达国家从增加一般产业投资开始，再增加基础设施投资，增长的路径大体是：$Q_1 \rightarrow C \rightarrow Q_2 \rightarrow D \rightarrow Q_3$。日本、韩国的情况有所不同，在经济发展过程中，是首先增加基础设施投资，再增加一般产业投资，因而增长的路径大体是：$Q_1 \rightarrow A \rightarrow Q_2 \rightarrow B \rightarrow Q_3$。

二、基础设施投资的提供方式

从经济性质看，基础设施从总体上说可以归类为混合物品，可以由政府提供，可以由市场提供，也可以采取混合提供方式。但在发展中国家，关系国计民生的大型工程一般采取以政府为主吸收社会资本参与的多种形式的混合提供方式。政府在确定基础设施投资之后，通常要就基础设施项目的特点进行具体分析，比如，是否关系国计民生，是否关系国家安全，是否具有自然垄断性质，是否具有外部效应，等等。像农村公路、城市街道具有很强的外部性，难以通过收费弥补成本，私人部门通常不会投资这类基础设施，一般要由政府承担。但像电信业中的长话服务，具有明显的排他性，可以通过收费弥补成本，也不存在外部性，因而适宜于民间部门投资。

从我国的实践来看，基础设施投资的提供方式主要有以下几种形式：

（1）政府筹资建设，或免费提供，或收取使用费。政府独资建设一些项目主要出于三种考虑：一是关系国计民生的重大项目，诸如长江三峡水利工程（简称三峡工程）、青藏公路、南水北调工程之类的关系国家社会经济发展以及人民的当前和长远利益的重大项目，只能由政府采取多种渠道集资来提供；二是维护国家安全的需要，如宇航事业、核电站、战备公路等；三是反垄断的需要，垄断排斥竞争，垄断利润可能是以损害社会福利为代价的，例如垄断行业可能提供高的垄断价格和低质的服务，因此对垄断行业，政府可以通过公共定价严加管理，也可以由政府直接承担投资责任。还有一些基础设施，诸如市区道路、上下水道、过街天桥等，具有明显的非排他性或很高的排他成本，单项投资不大，数量众多，也适于作为纯公共物品由政府投资提供。

当年三峡工程的投资来源和构成是政府筹资建设重大工程的典型例证。三峡工程是一项具有防洪、发电、航运、养殖、旅游、保护生态、净化环境、开发性移民、供水灌溉等巨大综合效益的宏伟工程，建设资金量之大，调动资源之多，是新中国成立以来绝无仅有的。三峡工程静态总投资（未含物价上涨及施工期贷款利息）按 1993 年 5 月末价格计算，为 900.9 亿元人民币。其中枢纽工程投资为 500.9 亿元，水库淹没处理及移民安置费用为 400 亿元。三峡工程施工期为 17 年，全部完成建设约花费了 20 年，由于自第 11 年（2003 年）开始从发电中受益，后期工程投资较易解决。因此，工程投资的关键是发电前 11 年的资金，按 1993 年 5 月末价格计约为 650 亿元。三峡工程的资金来源采用多元化的集资办法，主要有：一是三峡工程建设基金。国务院确定自 1992 年开始在全国电网征收 0.3 分/度的三峡工程建设基金（扶贫地区及农业排灌用电除外），从 1994 年起征收标准改为 0.4 分/度，从 1996 年起，在原征收基金的基础上，对三峡工程直接受益地区及经济发达地区，将征收标准提高到 0.7 分/度。截止到 1995 年底，三峡工程建设基金为工程提供的建设资金约占整个工程建设资金总需求量的一半，是三峡工程建设最主要的资金来源。二是自有资金，包括葛洲坝水电站和三峡电站施工期的发电收入。三是国内外贷款、发行债券及股份化集资。前两项资金来源作为国家注入三峡工程建设的资本金，是工程筹资的基础。但三峡工程资金需求量巨大，上述资金不能完全满足工程建设的需求，仍留有较大缺口。不足的资金采取下列方式筹资：利用国家开发银行的贷款，每年约30亿元；根据实际情况，结合国外设备采购采取出口信贷方式，选用国外政府贷款、国际金融组织和机构的贷款及商业贷款；在国外发行三峡工程债券及三峡工程自身的股份化集资等。

（2）私人出资、定期收费补偿成本并适当盈利，或地方主管部门筹资、定期收费补偿成本。典型的例子是地方性公路和桥梁等公共设施的建设，如“贷款修路，收费还贷”就是这种提供方式。

（3）政府与民间共同投资的提供方式。对于具有一定的外部效应、盈利率较低或风险较大的项目，政府可以采用投资参股、优惠贷款、提供借款担保、低价提供土地使用权、部分补贴和减免税收等方式，与民间共同投资，混合提供。如高速公路、集装箱码头及高新技术产业等基础设施建设，适于采取这种提供方式，政府在其中主要发挥资金诱导和政策支持作用。

（4）政府投资，法人团体经营运作。这种提供方式有两个优点：一是政府既拥有最终的决策权，又可以使政府从具体的经营活动中解脱出来；二是法人团体拥有经营自主权，责任明确，可以提高成本效益的透明度，提高服务质量。道路、港口甚至中小型机场等适于采用这种提供方式。

（5）PPP模式。PPP模式是20世纪90年代后一种崭新的融资模式，即政府和社会资本合作的模式，在公共基础设施领域，尤其是在大型一次性的项目如公路、铁路、地铁等的建设中被广泛采用。广义上理解，BOT投资方式（建设—经营—转让投资方式）也是PPP模式的一种形式。PPP模式是一种优化的项目融资与实施模式，以各参与方的“双赢”或“多赢”作为合作的基本理念。其典型的结构为：中央政府部门或地方政府通过政府采购的形式与中标单位组建的特殊目的公司签订特许合同（特殊目的公司一般是由中标的建筑公司、服务经营公司或对项目进行投资的第三方组成的股份有限公司），由特殊目的公司负责筹资、建设及经营。政府通常与提供贷款的金融机构达成一个直接协议，这个协议不是对项目进行担保的协议，而是一个向借贷机构承诺将按与特殊目的公司签订的合同支付有关费用的协定，这个协议使特殊目的公司能比较顺利地获得金融机构的贷款。采用这种融资形式的实质是：政府通过给予私营公司长期的特许经营权和收益权来加快基础设施建设及有效运营。

PPP模式的意义在于：1）有利于政府职能的转变，政府从过去的基础设施公共服务的提供者变成一个监管者。2）促进了投资主体的多元化，利用私营部门来提供资产和服务，推动了投融资体制改革。同时，私营部门参与项目还能推动在项目设计、施工、设施管理过程等方面的革新，提高办事效率，传播最佳管理理念和经验。3）风险负担合理。与过去实行的BOT模式等模式不同，PPP模式在项目初期就可以实现风险分配，由于政府分担一部分风险，因而减少了承建商与投资商的风险，从而降低了融资难度，提高了项目融资成功的可能性。政府在分担风险的同时也拥有一定的控制权。4）PPP模式吸引社会投资参与基础设施建设，可以减轻政府长久以来的财政负担。当然，PPP模式的优点在于将市场机制引进了基础设施的投融资，但不能认为通过市场机制运作基础设施项目等于政府全部退出投资领域，政府仍然需要继续向基础设施投入一定的资金。对政府来说，在

PPP 项目中的投入要小于传统方式的投入，两者之间的差值就是政府采用 PPP 模式的“红利”。

PPP 模式突破了引入私人企业参与公共基础设施项目组织机构的多种限制，应用范围广泛，可适用于城市供热等各类市政公用事业及道路、铁路、机场、医院、学校等。因此，在现代化建设和发展进程中，引进 PPP 模式具有现实积极的意义。2015 年 3 月国家发改委、国家开发银行联合印发《国家发展改革委 国家开发银行关于推进开发性金融支持政府和社会资本合作有关工作的通知》，对发挥开发性金融的积极作用、推进 PPP 项目顺利实施等工作提出具体要求。该通知要求，各地发展改革部门要加强协调，积极引入外资企业、民营企业、中央企业、地方国企等各类市场主体，灵活运用基金投资、银行贷款、发行债券等各类金融工具，推进建立期限匹配、成本适当以及多元可持续的 PPP 项目资金保障机制。2015 年 6 月，我国正式施行《基础设施和公用事业特许经营管理办法》，该办法明确了在能源、交通、水利、环保、市政等基础设施和公用事业领域开展特许经营，境内外法人或其他组织均可通过公开竞争，在一定期限和范围内参与投资、建设和运营基础设施与公用事业并获得收益。该办法确立了社会资本可参与特许经营的制度性创新。

第三节 财政在实施乡村振兴战略中的职能和作用

一、实施乡村振兴战略的重大意义

党的十九大作出了实施乡村振兴战略的决策部署，这是决胜全面建成小康社会、全面建设社会主义现代化国家的重大历史任务，是新时代“三农”工作的总抓手。随后，2018 年新春伊始，中共中央和国务院又发布《中共中央 国务院关于实施乡村振兴战略的意见》，这是 21 世纪以来连续发出的第十五个指导“三农”工作的中央一号文件。该中央一号文件立足新时代“三农”发展的新的历史方位，对实施乡村振兴战略作出顶层设计，彰显了把农业农村优先发展作为现代化建设的重中之重，把振兴乡村作为实现中华民族伟大复兴的一个重大任务，对新时代做好“三农”工作具有基础性的指导意义。

我国农业农村农民问题是关系国计民生的根本性问题。党的十八大以来，党中央坚持把“三农”问题作为全党工作的重中之重，农业农村发展取得了历史性成就，为实施乡村振兴战略奠定了良好基础。新时代我国社会主要矛盾已经转化为人民日益增长的美好生活需要和不平衡不充分的发展之间的矛盾，而最大的发展不平衡是城乡发展不平衡，最大的发展不充分是农村发展不充分。没有农业农村的现代化，就没有国家的现代化，没有乡村的振兴，就没有中华民族伟大复兴。因此，乡村振兴是解决当前不平衡不充分矛盾的必然要求，是实现“两个一百年”奋斗目标的必然要求，是实现全体人民共同富裕的必然要求，是以人民为中心的体现。

2018年中央一号文件的重要特点是，既管全面又管长远。党的十九大提出要按照“产业兴旺、生态宜居、乡风文明、治理有效、生活富裕”的总要求，建立健全城乡融合发展体制机制政策体系，统筹推进农村经济建设、政治建设、文化建设、社会建设、生态文明建设和党的建设，加快推进农业农村现代化，走中国特色社会主义乡村振兴道路，让农业成为有奔头的产业，让农民成为有吸引力的职业，让农村成为安居乐业的家园。从长远来看，乡村振兴是党和国家的大战略，是一项长远的历史性任务。2018年中央一号文件对实施乡村振兴战略的三个阶段的阶段性目标和任务均作出了部署：到2020年，乡村振兴的制度框架和政策体系基本形成；到2035年，乡村振兴取得决定性进展，农业农村现代化基本实现；到2050年乡村全面振兴，农业强、农村美、农民富，全面实现乡村振兴战略的实施，必须通过深化农村改革强化和创新乡村振兴的制度性供给，而解决好“地、人、钱”问题又是关键环节。解决“地”的问题，关键是深化农村土地制度改革，建立健全土地要素城乡平等交换机制，加快释放农村土地制度改革的红利。解决“人”的问题，关键是畅通智力、技术、管理下乡通道，创新乡村人才培育引进使用机制，大力培育新型职业农民，加强农村专业人才队伍建设，造就更多乡土人才，发挥科技人才支撑作用，鼓励社会各界投身乡村建设。对如何解决“钱”的问题，一号文件给予了明确的回答：“要健全投入保障制度，创新投融资机制，加快形成财政优先保障、金融重点倾斜、社会积极参与的多元投入格局，确保投入力度不断增强、总量持续增加。”

二、财政在实施乡村振兴中的职能和作用

财政是国家治理的基础和重要支柱，对乡村振兴也是如此。实施乡村振兴战略，必须解决钱从哪里来的问题，这是财政的主要职责，为此，财政部制定了《财政部贯彻落实实施乡村振兴战略的意见》。根据乡村振兴战略具有全面性和长远性的特点，该意见首先着重于制度、机制和政策体系的建设，提出了以下几点：一是建立健全实施乡村振兴战略多元投入保障制度，包括完善农业农村投入优先保障机制、创新乡村振兴多渠道资金筹集机制、加快构建财政涉农资金统筹整合长效机制。二是构建完善财政支持实施乡村振兴战略的政策体系，包括大力支持农业高质量发展、大力支持乡村绿色发展、大力支持城乡基本公共服务均等化、推动建立健全现代乡村治理体系、全力支持打赢脱贫攻坚战。三是着力提升财政资金管理水平和政策成效，包括推动全面实施财政涉农资金绩效管理、切实加强财政涉农资金监管、深入推进财政涉农资金管理内控建设。四是切实加强组织保障，包括落实工作责任、加强协调配合、加强作风建设、加强宣传总结。

当前国家财政的主要任务是坚决贯彻党中央、国务院决策部署，积极发挥财政在国家农业农村治理中的基础性和支撑性作用，主要应从总量、存量、增量和引导四个方面下功夫，做好文章，取得成效。关于投入“总量”方面，中央财政不断加大财政支农力度。2013—2017年，仅农林水支出科目，全国一般公共预算累计安排已超过80 000亿元。2018年，在财政收支矛盾仍然较为突出的情况下，各级财政按照农业农村优先发展的要求，完善财政支农投入稳定增长机制，坚持把农业农村作为财政支出的优先保障领域。在“存量”方面，一是2018年3月公布的《国务院机构改革方案》为进一步推动农业综合开发、土地整治、农田水利、发改委农业投资项目等资金的源头整合创造了有利条件。要大

力推动相关资金从预算编制环节真正实现源头整合，最大限度地发挥资金合力。二是切实贯彻落实《国务院关于探索建立涉农资金统筹整合长效机制的意见》。各地要结合推进过程中出现的新情况、新要求，抓紧研究制定切实可行的省级实施方案，研究出台配套的落实举措。三是不断完善“大专项＋任务清单”的管理模式。各地要根据2018年农口专项转移支付任务清单，优先保障约束性任务的落实，加强指导性任务与相关规划或实施方案的衔接。同时，省级以下有关部门也要同步建立对接落实机制，确保资金使用更加符合基层实际。在“增量”方面，一是要将更多的土地出让收入用于支持“三农”，进一步提高用于农业农村的投入比例。二是要创新资金筹措机制，在《跨省域补充耕地国家统筹管理办法》和《城乡建设用地增减挂钩节余指标跨省域调剂管理办法》有关规定的基础上，结合乡村振兴和脱贫攻坚需要，有关部门要加紧制定相关资金管理办法，将跨省调剂收益全部用于巩固脱贫攻坚成果和支持乡村振兴的目标任务落到实处。三是支持地方政府在债务额度内安排资金推动乡村振兴，但要依法合规，防范债务风险。在“引导”方面，一是要健全农业信贷担保体系，接下来，中央财政将继续推动农业信贷担保服务网络向市县延伸，扩大担保覆盖面，切实增强农业新型经营主体贷款的可得性。二是要充分发挥政府引导基金的作用。为了带动农业领域投资，促进农业健康发展，财政部会同相关单位相继设立了现代种业基金、贫困地区产业发展基金、中国海外农业投资开发基金、中国农垦产业发展基金等四只投资基金。下一步，我国要积极引导和支持四只投资基金坚持目标导向，不断做大做强，服务于乡村振兴战略。

2011—2016年一般公共预算中的农林水支出见表7-2。

表7-2　一般公共预算中的农林水支出

项目＼年份	2011	2012	2013	2014	2015	2016
农林水支出（亿元）	9 937.6	11 973.9	13 349.6	14 173.8	17 380.5	18 587.4
占财政支出的比重（%）	9.1	9.5	9.5	9.3	9.9	9.9

资料来源：《中国财政年鉴（2017）》。

第四节　大力支持生态文明建设，建设美丽中国

人与自然是生命共同体，人类必须尊重自然、顺应自然、保护自然。人类只有遵循自然规律才能有效防止在开发利用自然上走弯路，人类对大自然的伤害最终会伤及人类自身，这是无法抗拒的规律。我们要建设的现代化是人与自然和谐共生的现代化，既要创造更多物质财富和精神财富以满足人民日益增长的美好生活需要，也要提供更多优质生态产品以满足人民日益增长的优美生态环境需要。必须坚持节约优先、保护优先、自然恢复为主的方针，形成节约资源和保护环境的空间格局、产业结构、生产方式、生活方式，还自然以宁静、和谐、美丽。生态文明建设功在当代、利在千秋，绿水青山就是金山银山，我

们要牢固树立社会主义生态文明观，推动形成人与自然和谐发展的现代化建设新格局，为保护生态环境作出我们这代人的努力！

一、大力投入支持生态文明体制建设

建立和完善有利于生态环保的体制机制，是建设美丽中国的体制保障。首先，按照《生态文明体制改革总体方案》《国务院办公厅关于健全生态保护补偿机制的意见》等文件的精神，推动流域上下游横向生态保护补偿机制建设。中央财政积极推动横向生态保护补偿机制建设，鼓励受益地区与保护生态地区、流域下游与上游通过资金补偿、产业转移等方式建立横向补偿关系。截至 2017 年底，中央财政已累计安排 44 亿元，先后推动新安江、九洲江、引滦入津、汀江—韩江、东江等跨省流域开展横向生态保护补偿试点，建立起“相互监督、联防联治”的工作机制，体现上下游权责对等原则，充分调动上下游地区政府保护和治理流域的积极性，促进流域水质逐步改善。接下来，财政部将在试点基础上推进长效机制建设，力争实现流域上下游横向生态保护补偿机制制度化、长效化。其次，推动国家公园体制改革试点。2016 年以来，财政部积极配合有关部门开展建立国家公园体制改革试点，配合有关部门制定完善三江源、东北虎豹、大熊猫、祁连山等国家公园试点方案和总体实施规划，参与研究制定《建立国家公园体制总体方案》，目前正在研究起草建立国家公园体制财政保障机制方案。再次，推动生态环保事权划分。环境保护领域的中央与地方财政事权与支出责任划分是我国政府间事权与支出责任划分的重点领域。近年来，按照党中央、国务院的部署，财政部会同有关部门推动开展了一系列工作，包括会同有关部门和地方政府联合开展“环保事权划分类型及支出保障机制”课题研究，充分借鉴经合组织（OECD）有关国家的经验，研究提出我国环保事权划分及支出保障初步方案。最后，推进环境监测体制改革工作。2015 年以来，财政部持续推进环境监测体制改革，逐步加大保障力度。同时，为贯彻党中央、国务院关于提高环境监测数据质量的要求，研究提出了招标委托社会第三方监测机构进行运行维护并加强监管等建议。

二、支持打好生态保护“三大战役”

建设美丽中国的首要任务，就是要继续打好大气污染防治、水污染防治、土壤污染管控和修复“三大战役”，努力完成既定目标任务。首先是打赢蓝天保卫战，集中体现在大气污染防治方面。自 2013 年设立专项资金以来，大气污染防治取得了明显进展。专项资金规模从 2013 年的 50 亿元逐年增加到 2017 年的 160 亿元，重点支持京津冀、长三角、珠三角等重点区域自主实施大气污染防治各项任务。为推进北方地区冬季清洁取暖工作顺利实施，2017 年财政部会同环保部等有关部门开展了北方地区冬季清洁取暖试点工作，从大气污染防治专项中安排资金，支持天津、石家庄等 12 个试点城市进行清洁取暖改造，构建“企业为主、政府推动、居民可承受”的运营模式，稳步实施北方地区冬季清洁取暖工作。从监测结果看，专项资金取得了良好的政策效果，重点区域大气环境质量明显改善。

第二大战役就是水污染防治和水环境保护战。中央财政积极落实《水污染防治行动计划》（简称“水十条”），推动重点区域和重点流域水污染防治。2015 年，中央财政整合设立水污染防治专项资金，主要用于推动地方落实“水十条”相关任务要求。2017 年，中央财政共下达水污染防治专项资金 115 亿元，主要支持三个方面。一是推动重点区域和重点流域水污染防治，将京津冀及周边、长三角、珠三角等重点区域以及长江、黄河、南水北调工程上游及汉江等重点流域作为支持重点，将资金切块下达到省，统筹开展治理工作。二是推动长江经济带的保护和修复，按照习近平总书记关于长江经济带“共抓大保护、不搞大开发”的指示精神，研究提出长江经济带生态保护修复奖励政策，并通过水污染防治专项安排奖励资金。三是对以前年度开展的水质较好、湖泊保护项目进行扫尾清算。

第三大战役剑指土壤污染管控和修复。中央财政积极落实《土壤污染防治行动计划》（简称“土十条”），推动土壤污染状况详查等重点工作。2016 年，中央财政整合原重金属污染防治专项等，设立土壤污染防治专项资金，主要用于支持地方落实“土十条”相关任务要求。2017 年，中央财政下达资金 65 亿元，主要支持两个方面：按因素法切块下达资金，由各省统筹用于包括土壤污染风险管控、监测评估、监督管理、污染土壤修复与治理等在内的各项工作任务；支持重金属污染重点防控区域治理示范工作，支持土壤污染状况详查工作，摸清土壤污染的详细情况。

在支持打好“三大战役”的同时，中央财政深化农村环保“以奖促治”，突出支持重点，实施农村环境综合整治工作。中央财政出台农村环保“以奖促治”政策，重点支持南水北调工程沿线农村环境综合整治，推动各地“水十条”确定的农村环境整治任务。2017 年，中央财政下达农村环境综合整治专项资金 60 亿元，在资金分配上进一步突出重点，继续向南水北调沿线所在的陕西、湖北、河南、河北、山东等省加大支持力度，推动这些省份在工程沿线的县市开展农村环境综合整治全覆盖，继续支持落实“水十条”确定的 13 万个建制村整治任务，支持推动传统村落保护工作。针对大气、水和土壤污染等问题，中央财政实施三个“十条”行动计划，通过统筹财政资金设立专项，有利于集中资金打好“三大战役”。

三、大力支持生态保护与修复

加大生态系统修复和环境整治，是建设美丽中国的长远大计。除了打好“三大战役”，中央财政还统筹专项资金支持生态修复和环境整治。自 2016 年起，在山水林田湖草系统治理修复方面，按照“山水林田湖草是一个生命共同体”的理念，中央财政整合资金设立专项，支持地方实施山水林田湖草生态保护修复重大工程。其核心是打破部门、资金、政策分隔，各自为政的传统做法，统筹推动对山水林田湖草的系统保护和修复。截至目前，中央财政已分两批遴选陕西黄土高原、青海祁连山等 11 个工程纳入试点支持范围，并下达基础奖补资金 160 亿元。试点工程主要选择关系国家生态安全格局和永续发展的重点核心区域，基本涵盖了青藏高原生态屏障、黄土高原-川滇生态屏障，以及东北森林带、北方防沙带、南方丘陵山地带的生态功能区块，与国家“两屏三带”生态安全战略格局相契合，充分体现了保障国家生态安全的基本要求。针对国土开发建设、矿产资源开发利用等带来的生态环境破坏问题，中央财政充分集成、整合资金和政策，对山上山下、地上地下、陆地海洋以及流域上下游进行整体保护、系统修复、综合治理，真正改变了治山、治水、护田各自为战的工作格局。同时，中央财政还积极推动海岛和海域保护工作。按照“十三五”规划提出的“开展蓝色海湾整治行动”的要求，2016 年，财政部、国家海洋局通过竞争性评审，分两批确定青岛、汕尾等 18 个城市开展蓝色海湾综合整治行动城市示范工作，主要支持沿海城市开展海湾水环境综合整治、岸线整治修复、滨海湿地修复恢复等工程，以改善近岸海域生态环境问题。

我国是二氧化碳排放大国，二氧化碳排放总量居全球前列，人均排放量超过了全球平均水平。“十一五”期间，我国通过节能降耗减少二氧化碳排放 14.6 亿吨，曾得到国际社会的广泛赞誉，未来，我国对全球气候变化仍肩负重要责任。我国 2003—2006 年间环保支出占国家财政支出的比例不足 1%，而如今节能环保支出的比例已经提升到了 2.7%左右，这是党的新发展理念的体现，显示了党重视生态文明建设、建设美丽中国的坚定决心。

2007 年我国《政府收支分类科目》新设“环境保护”款项，之后改为“节能环保支出”，包括 15 个细目。2010—2016 年我国的节能环保支出见表 7-3。

表 7-3　　2010—2016 年我国的节能环保支出

项目 \ 年份	2010	2011	2012	2013	2014	2015	2016
节能环保支出（亿元）	2 443.3	2 639.9	2 966.2	3 434.5	3 995.2	4 802.7	4 734.8
占财政支出比重（%）	2.7	2.4	2.4	2.4	2.6	2.7	2.5

资料来源：2015 年及以前数据是根据《生态经济》第 34 卷第 2 期（2018 年 7 月）表 2 中环保支出占节能环保支出的比例（%）换算的，2016 年数据来自《中国财政年鉴（2017）》。

☑【关键词】

财政投资性支出　基础设施投资　PPP 模式　乡村振兴战略　生态保护“三大战役”

【复习与思考】

1. 试述投资与经济增长和经济发展的关系。
2. 试述政府（财政）投资的特点、范围和标准。
3. 试述基础设施投资的属性及其提供方式。
4. 试述财政在实施乡村振兴战略中的职能和作用。
5. 试述财政支持生态文明建设的重大意义及其发展前景。

第八章

财政转移性支出

第一节　社会保险支出

一、社会保险支出的性质和重要社会意义

社会保险支出在财政支出项目中的属性是转移性支出，也是一项重要的民生性支出。

人们对社会保险的需要是随着生产的社会化而产生和发展的。在自给自足的自然经济中，人们在一家一户的土地上劳动，劳动时间没有严格的规定，劳动的组织不严密，劳动的成果也基本上属劳动者自己所有。那时，人们尚未组织成相互密切联系的社会，因而也没有实行社会保险的需要。随着生产力的发展，劳动者之间形成了分工，“社会”作为一个现实的实体出现在人们之间并制约着人们的活动，这时便有了实行社会保险的需要。社会保险支出是与社会保险制度联系在一起的，各国的社会保险制度不同，相应的社会保险支出安排也就存在较大差别。但是，在现代社会下实行任何社会制度的任何国家，其社会保险支出都是社会公共需要的重要组成部分。

在人类社会延续和发展的长河中，随着社会生产力的不断提高和物质财富的不断增加，个人的生活质量也在不断提高，相应的社会公共需要的内涵和范围也必然在不断扩展，从而满足社会成员的多方面需要，保证一个安定的社会环境。劳动者除了应享有付出一份劳动得到一份报酬的权利外，当他们因种种社会的甚至是个人的原因不得就业或暂时不能就业时，还应享有得到一份能满足自己及其赡养家庭人口最低生活需要的收入的权利；劳动者在进行工作时，需要劳动保护；劳动者可能生病、伤残废，乃至死亡，发生这

些情况时，需要医疗、护理、照顾或者善后；劳动者的子女有得到起码的教育的权利，他们自己也有必要随着科技进步和社会分工的发展，不断地接受职业和文化的再教育；劳动者退出劳动大军后，有权得到社会的照顾，安度晚年。如此等等都属于必须由政府和社会妥善安排的社会保障的范围。赈济饥民，补助急难，是任何社会都有过的社会抚恤措施，但若不是系统而规则地实施，便不成其为社会保险制度。所谓社会保险制度，是指由法律规定了的、按照某种确定的规则实施的社会保障政策和措施体系。社会保险既然是社会性事业，那么政府介入就是政府的一项义不容辞的职责。在社会主义社会中，实施社会保障自然是政府的一项重要职能。因为社会保障同人民成为社会的主人在本质上是完全统一的。马克思在《哥达纲领批判》中阐述社会总产品的分配问题时，特别强调要在最终进行个人分配之前，扣除一部分社会产品，用来满足社会的保健需要以及丧失劳动能力者的需要，他在这里所说的实际上就是社会保障。社会保障是民生安全网、社会稳定器，与人民幸福安康息息相关，关系国家长治久安。

二、我国社会保险制度改革

新中国成立伊始就建立了社会保险制度。在计划经济体制时期，我国的社会保险体系事实上被分为两大块：一是集体所有制单位（包括广大农民及城镇集体单位），其资金来源于集体经营的提留，采取公积金和公益金的形式，其保障对象只限于集体的成员。二是国有制单位，其资金从形式上看是来自一个个国有制单位，但在企业实行“统收统支”制的大背景下，事实上是无区别地取自全体国有制单位，并无区别地施用于全体在国有制单位中就业的人员。除此之外，国家财政还面向全社会提供社会保障，但保障项目只有抚恤支出、社会福利救济费和自然灾害救济费三种，支出的金额也不多，多数年份占财政支出的比例不到2%。这样看来，从严格的“社会”意义上说，主要是在国有制单位就业的职工得到了社会保险，也就是说，社会保险制度是同就业制度联系在一起的，实际上是一种只要被国有制单位录用便终身成为保险对象的“铁饭碗”制度。当时的社会保险制度在资金的运筹上是“现收现付”制，即在国家财政与各执行社会保险单位的预算和会计账目上，并没有与社会保险支出相对应的收入项目，也没有专项社会保险基金，社会保险支出发生多少便支出多少，支出多少便记录多少。

改革开放后，随着市场化经济体制改革步伐的加快，各项改革都尖锐地触及社会保险问题。“铁饭碗”被打破，下岗、失业和离退休人员在增多，人口老龄化趋势在加快，居民收入差距在拉大，公费医疗的浪费与低效现象严重，总之，经济改革的深化把建立一个社会化的社会保险体系的任务急切地推上改革的日程。我国社会保险制度的改革经历了30多年的历程，从20世纪80年代末开始酝酿，90年代初开始建设，认真研究原社会保险的局限和弊端，广泛讨论和试点，并吸取国外有用的经验，于2010年10月28日在第十一届全国人民代表大会常务委员会第十七次会议上通过了《中华人民共和国社会保险法》（简称《社会保险法》），该法自2011年7月1日起施行，此后又在实施过程中不断完善和改革。如今我国已在总体上形成了一套比较完整的以基本养老、基本医疗为骨干，以最低生活保障、失业保险、工伤保险、生育保险、社会救济、社会福利等为辅助，以商业保险、慈善事业为补充的社会保险体系，在社会保险制度和保险品种建设上取得了重大的进展和成就。

首先，确立实行统账结合的部分积累制的保险模式，设计理念符合当代世界发展潮流。中国的统账结合制度酝酿于20世纪80年代末，初建于90年代初，定稿于90年代末。中国既吸取了欧洲传统现收现付制的优点，又吸纳了拉丁美洲个人账户和新加坡中央公积金制的特点，试图将社会统筹与个人账户结合起来，以期建立一个统账结合的部分积累制。与中国初建混合型制度几乎同时起步的，还有一些欧洲发达国家和转型国家，只不过它们采取的混合型制度不是统账结合，而是采用名义账户；从某种意义上说，中国开了统账结合的历史先河。统账结合是混合型社保制度的一种，从理论上讲可以将统筹的优势与账户的特点结合起来，既可增强个人的责任，以应对即将来临的老龄化，又可实行社会共济，以实现社会公平。

其次，坚持多层次、多种类、多渠道，覆盖面不断扩大。在当今世界绝大多数国家都是实行多层次、多种类和多渠道的复式社保结构。我国早在1993年党的十四届三中全会通过的《中共中央关于建立社会主义市场经济体制若干问题的决定》中已经提出“建立多层次的社会保障制度”的概念。我国通过多个步骤，经历了国有企业社会保险制度改革、广大农村人口社会保险改革、新型农村社会保险和城镇居民养老保险合二为一改革、城乡养老保险衔接改革、机关事业单位养老保险制度改革并建立与城镇职工统一的养老保险制度等，已经实现了多层次、多种类、多渠道覆盖面不断扩大的目标。

再次，逐步规范化、制度化和法制化。2010年颁布并于2011年实施的《社会保险法》是对党的十四届三中全会以来关于社会保险制度改革作出的一系列重大决策的系统总结和完善，标志着我国社会保险改革和建设进入规范化、制度化和法制化的新阶段。立法的宗旨是按照党的十七大提出的到2020年全面建成小康社会、基本建立覆盖城乡居民的社会保障体系的目标，使人民群众共享改革发展的成果。立法确立了社会保险制度的基本框架，此后通过多步骤、多层次的改革逐步提高规范化、制度化和法制化水平。

最后，党的十八届三中全会通过的《中共中央关于全面深化改革若干重大问题的决定》适应新的形势，以“建立更加公平可持续的社会保障制度”为标题，提出了全面深化社会保险制度改革的方针和要求。诸如，适时适当降低社会保障费率，研究制定渐进式延迟退休年龄政策，健全社会保障财政投入制度，制定实施免税、延期征税等优惠政策，建立公开规范的住房公积金制度。党的十九大报告又进一步提出：“按照兜底线、织密网、建机制的要求，全面建成覆盖全民、城乡统筹、权责清晰、保障适度、可持续的多层次社会保障体系。全面实施全民参保计划。完善城镇职工基本养老保险和城乡居民基本养老保险制度，尽快实现养老保险全国统筹。”

三、基本养老保险全国统筹

《社会保险法》规定：“基本养老保险基金逐步实行全国统筹，其他社会保险基金逐步实行省级统筹，具体时间、步骤由国务院规定。”基本养老保险全国统筹，是指在科学发展观的指引下，以全国范围内统一制度规定、统一调度使用基金、统一经办管理、统一信息系统为主线，实现全国基本养老保险事业的统筹协调发展。基本养老保险全国统筹包括基本养老保险制度全国统筹、基本养老保险基金全国统筹、基本养老保险管理全国统筹、基本养老保险技术全国统筹等层面。其核心是基本养老保险制度在全国范围内规范统一与基本养老保险基金在全国范围内统筹使用。

我国目前大部分省份已经实现省级统筹，但全国还未到位，而当前低层次的社会保险格局存在诸如制度不够规范、负担畸轻畸重、省际不平衡严重、基金规模效应低、养老保险关系转移接续不顺畅以及基金存储分散、难避贬值之虞等突出问题。只有通过全国统筹才能解决这些问题，实现全国统筹是必由之路。因此党的十八届三中全会通过的《中共中央关于全面深化改革若干重大问题的决定》强调“实现基础养老金全国统筹”，党的十九大报告又提出“尽快实现养老保险全国统筹”，为社会保险的下一步改革提出了方向和突击点。鉴于全国统筹难以一步到位，中央决定将实施全国统筹的范围明确界定为职工基本养老保险的基础养老金部分，而后又明确分步实施，2018 年启动了企业职工基本养老保险基金中央调剂制度。作为过渡方案，中央调剂的主要思路是按各省职工平均工资和在职应参保人数确定上解的基础，按各省退休人数和全国人均拨付额向省级统筹基金下拨中央调剂基金，适度均衡省际负担。但是，中央调剂制度不是全国统筹的“终极版”，不宜长时间“过”而不“渡”。养老保险基金中央调剂制度正式实施，标志着我国基本养老保险全国统筹迈出了关键一步，然而实现全国统筹是以首先实现省级统筹为前提的，因而当务之急是要积极统筹推进养老保险省级统筹、同省同待遇同费率，清理规范养老保险缴费政策，统一社保费征缴主体等配套改革，为全国统筹创造条件。在稳步实施中央调剂金制度的基础上，尽快明确养老保险全国统筹的时间表和路线图，在国家层面统一养老保险社会统筹部分的缴费率，加强养老保险费用征缴的刚性约束，对养老保险基金实行全口径的全国统筹，最终实现国家统一预算、各省分账管理制度。

四、国家财政在社会保险制度实施中的职责和投入

《社会保险法》明确规定了财政部门的职责和投入。按《社会保险法》规定的社会保险管理体制，由国务院社会保险行政部门负责全国的社会保险管理工作，国务院其他有关部门在各自的职责范围内负责有关的社会保险工作，县级以上地方人民政府也同此规定。各级财政部门的职责主要是在国家多渠道筹集社会保险资金的体制下对社会保险事业给予必要的经费支持，通过税收优惠政策支持社会保险事业。首先是对各项基金的经费支持。例如：基本养老保险基金由用人单位和个人缴费以及政府补贴等组成，在基本养老保险基金出现支付不足时，政府给予补贴；城镇居民基本医疗保险实行个人缴费和政府补贴相结合，新型农村社会养老保险实行个人缴费、集体补助和政府补贴相结合；享受最低生活保障的人、丧失劳动能力的残疾人、低收入家庭六十周岁以上的老年人和未成年人等所需个人缴费部分，由政府给予补贴；国有企业、事业单位职工参加基本养老保险前，视同缴费年限期间应当缴纳的基本养老保险费由政府承担；等等。其次是由中央财政拨款设立全国社会保障基金。由中央财政预算拨款以及国务院批准的其他方式筹集的资金，设立全国社会保障基金，用于社会保障支出的补充、调剂。全国社会保障基金由全国社会保障基金管理运营机构负责管理运营，在保证安全的前提下实现保值增值。

综观世界各国的社会保险制度，社会保险基金的筹集有两种方式，一是开征社会保险税，二是实行收（缴）保险费制度。我国目前是实行收（缴）社会保险费制度，但国务院

决定从2019年1月1日起将基本养老保险费、失业保险费、工伤保险费、生育保险费等各项社会保险费交由税务部门统一征收。2015年开始实施的2014年修订的《预算法》规定预算包括一般公共预算、政府性基金预算、国有资本经营预算、社会保险基金预算，从而建立了独立的社会保险基金预算。《预算法》明确以上四种预算应当保持完整、独立，而后三种预算应当与一般公共预算相衔接。社会保险基金预算是对社会保险缴款、一般公共预算安排和通过其他方式筹集的资金，专项用于社会保险的收支预算。社会保险基金预算应当按照统筹层次和社会保险项目分别编制，做到收支平衡。我国虽然建立了社会保险基金预算，但在一般公共预算支出科目中，仍设置一个"社会保障和就业支出"类级科目。该科目包括对社会保险基金的补助（含基本养老保险、失业保险、基本医疗保险、工伤保险和生育保险）、行政事业单位离退休费、就业补助、城乡居民最低生活保障、自然灾害生活救助等。我国近年来为了支持社会保险事业的改革和发展，加大了财政支持的力度，财政的社会保障支出迅速增长（见表8-1）。

表8-1　　全国财政社会保障和就业支出情况表

项目	合计	2012	2013	2014	2015	2016
社会保障和就业支出（亿元）	83 656	12 586	14 491	15 969	19 019	21 591
其中对社会保险基金的补助（亿元）	27 504	3 828	4 403	5 043	6 596	7 634
比上年增长（%）比较：						
财政总支出增长（%）		15.3	11.3	8.3	13.2	6.3
社会保障和就业支出增长（%）		13.3	15.1	10.2	19.1	13.5
社会保障和就业支出占财政总支出的比重（%）	10.7	10.0	10.3	10.5	10.8	11.5

资料来源：《中国财政年鉴（2017）》第364页"财政保障"。

第二节　财政扶贫支出

一、我国伟大扶贫工程的历程

贫困问题是伴随人类社会的生存与发展的一个世界性难题。我国到1978年改革开放前，农村绝对贫困人口仍有2.5亿人之多，占农村人口总数的30%左右。截至2016年中国农村贫困人口数量已降至7 017万人，占乡村人口总数的比重降至11.9%。中华人民共和国成立后，曾分阶段进行了卓有成效的符合国情的贫困治理工作，走出了一条具有中国特色的扶贫开发道路。因此，我国的治贫工作不仅使我国绝对贫困人口大幅减少，也为世界扶贫事业作出了巨大贡献，被世界赞誉为一项伟大工程。

改革开放后，随着经济的高速发展，政府通过农产品价格提升、土地经营权转移、农村劳动力转移等方面的制度改革开始有计划、有组织、大规模地开展扶贫工作。1986年国务院正式成立扶贫开发领导小组。1994年国务院出台了《国家八七扶贫攻坚计划

(1994—2000 年)》。2001 年国务院制定的《中国农村扶贫开发纲要(2001—2010)》标志着我国扶贫工作进入巩固扶贫成果、提高发展能力、缩小发展差距的综合开发阶段，并把贫困人口集中的中西部少数民族地区、革命老区、边疆地区和特困地区作为扶贫开发的重点。2011 年出台的《中国农村扶贫开发纲要(2011—2020)》提出建立健全扶贫对象识别机制，做好建档立卡工作，实行动态管理，并明确把连片特困地区作为主战场。2013 年习近平同志提出“精准扶贫”这一概念，同年国务院制定并出台了《建立精准扶贫工作机制实施方案》，由此在全国范围内拉开了精准扶贫的序幕。

习近平同志 2013 年在湖南考察时首次提出了“精准扶贫”概念，后来又在多种场合进一步阐述并丰富这一概念的内涵，从理论到实践形成了系统的思想，这一思想不仅成为指导我国扶贫工作的重要方针，为我国扶贫攻坚以及全面建成小康社会能够取得成功奠定了思想基础，而且提升了关于社会主义共同富裕的思想认识，是马克思主义中国化的又一个重要的最新成果，具有深远的理论意义和实践意义。

消除贫困、改善民生、实现共同富裕，是社会主义的本质要求，也是党的历史性重要使命。我国现有农村贫困人口大多数分布在集中连片特困地区，自然条件差，基础设施薄弱。贫困家庭致贫原因多样复杂，因病致贫、因学致贫突出，缺劳力、缺资金、缺技术普遍，贫困家庭贫困人口发展能力、发展条件严重不足，因病返贫、因灾返贫、因市场风险返贫、因发展能力不足返贫问题频发，贫困家庭贫困人口脱贫致富信心缺乏，内生发展动力严重缺失，因而，精准扶贫是实现共同富裕思想的核心所在，是实现共同富裕、走社会主义道路的根本性问题，更是关系到我国坚定走中国特色社会主义道路能否成功和能否全面建成小康社会的重要标志之一。从理论上说，动员组织公共资源和社会力量让每个农民过上好日子，是社会主义制度优越性的重要体现。事实胜于雄辩，全面建成小康社会让现行标准下的任何一个贫困人口如期脱贫，就是证明社会主义制度优越性的最好例证。小康不小康，关键看老乡，关键看贫困的老乡能不能如期脱贫。不能一边宣布全面建成了小康社会，另一边还有几千万人口仍处在扶贫标准线以下，这既影响人民群众对全面建成小康社会的满意度，也影响国际社会对我国全面建成小康社会的认可度。全面建成小康社会让所有农村贫困人口如期脱贫，不仅是一个指标和标准的问题，更是人心向背的大问题。到 2020 年我国正式宣布已经全面建成小康社会的时候，不仅需要各项指标实现了，更需要让中国老百姓满意，让世界心服口服。

习近平同志指出“扶贫开发推进到今天这样的程度，贵在精准，重在精准，成败之举在于精准”。扶贫开发关键是要构建好的体制机制，在精准施策上出实招、在精准推进上下实功、在精准落地上见实效。在精准扶贫思想上要实事求是，不要好高骛远，切忌空喊口号。我们可以看到，当有些乡、县、区为欢呼脱贫而放“鞭炮”的时候，农村却仍然有几千万人口需要脱贫，这表明公共的和社会的资源配置在扶贫脱贫方面存在着错位，需要新的思想和新的方针的指导。过去国家确定的扶贫对象往往以区域为主，而习近平总书记提出的精准扶贫思想的最大突破点体现在扶贫脱贫对象由区域转到精准的贫困家庭和贫困人口上，从而进一步明确了精准扶贫精准脱贫思想，明确了扶贫攻坚的方向和任务，具有极其重要的现实指导意义。

按照习近平总书记的精准扶贫精准脱贫思想，必须创新扶贫体制机制。切实做到精准扶贫要求扶贫对象精准、项目安排精准、资金使用精准、措施到户精准、脱贫成效精准。

扶贫必须精准识别工作的对象，真正弄清楚扶持谁，让谁脱贫，既要把现有的贫困家庭确定出来，又要把已经脱贫的家庭退出去，把返贫的家庭纳为帮扶对象，这是精准扶贫和脱贫的基础性工作。切实强化社会合力，组织动员并整合扶贫资金，把专项扶贫资金、相关涉农资金和社会帮扶资金捆绑集中使用，推动扶贫开发项目与行业重大项目、重大工程、重大政策试点安排相衔接，将扶贫开发与贫困地区基础设施建设、新型城镇化、特色产业发展、新农村建设融合起来，既要作用于贫困地区，更要作用于贫困家庭和贫困人口，这样才能加大扶贫投入，提高扶贫资金使用效果。为此，要组织动员并整合人才和人力资源，集中力量推进贫困地区贫困人口的脱贫，在贫困乡建立扶贫工作站，在贫困村选派好责任人，配合村两委落实帮扶措施和帮扶责任。

按党的十九大的总体战略部署，到 2020 年我国要全面建成小康社会。我们清醒地认识到，农村脱贫是全面建成小康社会的一个短板，党的十九大明确把精准脱贫作为决胜全面建成小康社会必须打好的“三大攻坚战”之一，国务院于 2018 年 8 月又提出关于打赢脱贫攻坚战三年行动的指导意见，党的十九大明确提出，确保到 2020 年我国现行标准下农村贫困人口实现脱贫，贫困县全部摘帽，解决区域性整体贫困，做到脱真贫、真脱贫。我们要咬定目标加油干，如期打赢脱贫攻坚战。

二、财政扶贫支出

（一）加大财政扶贫力度

为了贯彻精准扶贫、精准脱贫基本方略，近年来我国持续加大扶贫的投入。据财政部发布的信息，仅 2017 年这一年，全国一般公共预算支出中扶贫支出就有 3 171 亿元，比上年增长 38.7%。聚焦深度贫困地区，支持脱贫攻坚取得决定性进展，进一步集中资源、突出重点，大力支持脱贫攻坚，我们做到了以下几点。一是加大扶贫资金投入。2017 年中央财政补助地方专项扶贫资金达 861 亿元，比 2016 年增长 30.3%。二是一般性转移支付和农业、教育等领域专项转移支付也加大了对贫困地区的投入力度。同时，安排地方政府债券额度 600 亿元，用于改善贫困地区生产生活条件。三是支持推进分类施策。将贫困县涉农资金统筹整合使用试点扩大至全部的 832 个贫困县，全年整合资金 3 286 亿元，由贫困县根据脱贫需要因地制宜地统筹使用资金。完善资金使用管理机制，规范资产收益扶贫，积极支持产业扶贫、教育扶贫、生态扶贫等。推进农村低保与扶贫开发有效衔接，进一步加强兜底保障。四是强化扶贫资金监管。修订完善财政专项扶贫资金管理办法和绩效评价办法，开展财政扶贫资金专项检查。2017 年全年减少农村贫困人口 1 289 万，超额完成年度减贫任务。财政扶贫支出增长情况见表 8-2。

表 8-2　　财政扶贫支出

项目 \ 年份	2013	2014	2015	2016	2017
财政扶贫支出（亿元）	841.3	948.9	1 127.0	2 285.9	3 171.0
增长率（%）	—	12.8	18.8	102.8	38.7

资料来源：2013—2016 年数据来自 2014—2017 年《中国财政年鉴》。

（二）设立扶贫专项资金

从 1980 年开始，中国设立支援经济不发达地区发展资金。该资金是中国国家财政预算安排用于支持各省（自治区、直辖市）农村贫困地区、少数民族地区、边境地区、国有贫困农场、国有贫困林场、新疆生产建设兵团贫困团场，加快经济社会发展，改善扶贫对象基本生产生活条件，增强其自我发展能力，帮助其提高收入水平，促进消除农村贫困现象的专项资金。

扶贫资金是由中央财政在年度预算中安排的财政专项扶贫资金，地方各级财政也要根据各地减贫工作的需要和财力情况，每年预算安排一定规模的财政专项扶贫资金，并逐年加大投入规模。中央财政专项扶贫资金主要投向国家确定的连片特困地区和扶贫开发工作重点县、贫困村，其中新增部分主要用于连片特困地区。中央财政专项扶贫资金的分配主要是依据各地扶贫对象的规模及比例、农民人均纯收入、地方人均财力、贫困深度等客观因素和政策性因素。地方各级财政安排的财政专项扶贫资金应主要采取因素法分配，资金分配的因素及指标取值由各地自行确定。

为了保证扶贫工作的力度和进度，国家对扶贫资金设置逐年的增长机制。（1）财政扶贫开发工作起步阶段（1980—1984 年）。自 1980 年设立支援经济不发达地区发展资金至 1984 年，中央财政累计安排扶贫资金 29.8 亿元，年均增长 11.76%。（2）制度化开发式扶贫起步阶段（1985—1993 年）。1984 年 9 月，中共中央、国务院印发《关于帮助贫困地区尽快改变面貌的通知》，标志着我国进入制度化开发式扶贫阶段。1985—1993 年，中央财政累计安排扶贫资金 201.27 亿元，年均增长 16.91%。（3）《国家八七扶贫攻坚计划》实施阶段（1994—2000 年）。在这一阶段，中央财政累计安排财政扶贫资金约 531.81 亿元，年均增长 9.81%。（4）《中国农村扶贫开发纲要（2001—2010 年）》实施阶段（2001—2010 年）。在这一阶段，中央财政累计安排财政专项扶贫资金约 1 440.34 亿元，年均增长 9.3%。（5）《中国农村扶贫开发纲要（2011—2020 年）》实施阶段（2011 年至今）。“十二五”期间，中央财政累计安排财政专项扶贫资金约 1 898.22 亿元，年均增长 14.5%。仅用了五年时间，财政专项扶贫资金投入就超过了《中国农村扶贫开发纲要（2001—2010 年）》实施期间十年的投入规模，资金年均增幅重回两位数。2014 年，中央财政安排扶贫资金 433 亿元，其中补助地方财政扶贫资金 424 亿元，均比 2013 年增长 10%，新增部分主要用于连片特困地区。2015 年中央财政专项扶贫资金规模已达到 467.45 亿元。李克强总理回顾 2016 年工作时指出，全面推进脱贫攻坚，2016 年全国财政专项扶贫资金投入超过 1 000 亿元。2017 年，中央财政专项扶贫资金增长 30%以上。2018 年《中共中央 国务院关于打赢脱贫攻坚战三年行动的指导意见》提出强化财政投入保障的研究和措施。财政专项扶贫资金既是脱贫攻坚战的“保障钱”，也是贫困村民的“保命钱”，这里满含老百姓对未来的期待，把这个钱用好是对人民负责。为此，财政部、国务院扶贫办于 2017 年 3 月 16 日召开会议，联合布置开展财政专项扶贫资金的专项检查工作，为“保命钱”保驾护航。

第三节 财政补贴

一、财政补贴的概念和分类

(一) 财政补贴的概念

财政补贴也是一种转移性支出。财政补贴支出总是和相对价格的变动联系在一起，或者是补贴引起价格变动，或者是价格变动导致财政补贴。因为有这种联系，很多人索性就把财政补贴称为价格补贴。因为与相对价格结构有直接关联，财政补贴便具有改变资源配置结构、供给结构与需求结构的影响。根据上述分析，从理论研究的角度，可以把财政补贴定义为一种影响相对价格结构，从而可以改变资源配置结构、供给结构和需求结构的政府无偿支出。此外，“税收支出”也是一种财政补贴。所谓税收支出是指以特殊的法律条款规定的、给予特定类型的活动或纳税人以各种税收优惠待遇而形成的收入损失或放弃的收入，可见，税收支出实际上是政府的一种间接支出，属于财政补贴性支出。

一国的财政补贴会影响出口商品价格，因而涉及国际贸易问题。WTO 为了维护世界贸易中非歧视、自由透明和公平竞争的秩序，专门制定了《补贴与反补贴措施协议》(简称 SCM Agreement)。该协议对财政补贴的定义是指一成员政府或任何公共机构向某一企业或某一产业提供财政补助 (financial contribution) 或对价格或收入的支持，结果直接或间接增加从其领土输出某种产品或减少向其领土内输入某种产品，或者因此对其他成员利益造成损害的政府性行为或措施，是一种促进出口、限制进口的国际贸易手段。补贴具有的特征是：(1) 补贴是一种政府行为，也包括政府干预的私人机构的补贴行为。(2) 补贴的对象主要是国内生产与销售企业，但不一定仅指出口补贴，还包括对国内各产业部门、行业、企业或地区、科研部门的财政补助。(3) 补贴的方式可以是多种多样的，既可以通过行政行为，也可以通过立法方式，既可以是金钱货物的直接给付，也可以通过免税、优惠贷款等间接渠道，既可以是现金的支付，也可以是货物的转移。(4) 补贴的结果是利益的得失，对补贴方而言，表现为授予受补贴方某种利益，对受补贴方而言，则表现为从收入、成本或税额的增减中获得利益。(5) 补贴的根本目的是增强有关产品在国内外市场上的竞争力。(6) 补贴应具有专项性，根据《补贴与反补贴措施协议》第 2 条的规定，专向性 (specificity) 补贴是指成员方政府有选择、有差别地而非普遍地给予某一企业或产业或者一组企业或产业的补贴。

(二) 财政补贴的分类

我国在加入 WTO 之前财政补贴没有按 WTO 的标准进行分类，在 2007 年改革前的政府收支分类科目中，财政补贴主要有价格补贴（在财政科目中名曰“政策性补贴”）和企业亏损补贴两大类，每一类补贴又都包含若干项目。除价格补贴和企业亏损补贴以外，政府还提供某些专项补贴、财政贴息，另外税收支出实际上也是一种财政补贴形式。20世纪80年代，我国财政补贴项目繁多，管理紊乱，仅企业亏损补贴和价格补贴两项补贴的规模就曾接近财政支出的三分之一。随着经济体制改革的不断深化，补贴规模逐步缩小，其中随着国有企业改革的深化，企业亏损补贴急剧下降，但价格补贴非但没有减少，反而大幅增加。价格补贴主要是用于农业的政策性补贴，因而价格补贴的增加和近年来加快新农村建设、加大“三农”投入力度有直接关系。

WTO的《补贴与反补贴措施协议》按照可能对国际贸易造成的危害程度，将补贴分为禁止性补贴、可诉补贴和不可诉补贴三类。

(1) 禁止性补贴。《补贴与反补贴措施协议》第3条规定：法律或事实上视出口实绩为唯一或其他多种条件之一而给予的补贴，视使用国产货物而非进口货物的情况为唯一条件或其他多种条件之一而给予的补贴，为禁止性补贴。概括起来，禁止性补贴包括出口补贴和进口替代补贴两类。禁止性的财政补贴一旦被证实存在，无须证明其是否对其他成员方造成损害或损害威胁，都必须取消，否则会招致其他成员方实施的经WTO争端解决机构授权的反补贴措施或征收反补贴税。

(2) 可诉补贴（又称“黄箱”补贴）。可诉补贴是指在一定范围内可以实施的补贴，但如果使用此类补贴的成员方在实施过程中对其他成员方的经济利益造成不利影响，则受损的成员方可以向使用此类补贴的成员方提起申诉。因此，《补贴与反补贴措施协议》第5条、第6条对使用可诉补贴的“度”作出了具体界定。可诉补贴并不一定意味着必须取消，一般来说只有同时具备下列三个条件，该种可诉补贴才需要被取消：第一，该种补贴必须具有专向性——企业专向性、产业专向性和地区专向性；第二，该种补贴必须被某个成员方起诉；第三，该补贴必须被证明对成员方造成了实质损害或实质损害威胁。

(3) 不可诉补贴（又称“绿箱”补贴）。主要包括不具有专向性的补贴、给予基础研究的援助性补贴、给予贫困地区的补贴、为适应新环境而实施的补贴，以及用于鼓励农业研究与开发、鼓励农民退休等方面的补贴。

二、财政补贴影响经济的机理和财政补贴效应

（一）财政补贴影响经济的机理分析

第一，财政补贴可以改变需求结构。财政补贴在各国都被当作一种重要的调节经济的手段，它之所以有这种作用，是因为它可以改变相对价格结构，首先是可以改变需求结构。人们的需求客观上有一个结构，决定这个结构的因素主要有两个：人们所需要的商品和服务的种类；各种商品和服务的价格。一般说来，商品和服务的价格越低，需求就越大；商品和服务的价格越高，需求就越小。居民对消费品的需求以及企业对投入品的需求，莫不如此。既然价格的高低可以影响需求结构，那么，能够影响价格水平的财政补贴便有影响需求结构的作用。

第二，财政补贴还可以改变供给结构。财政补贴可以改变供给结构的作用是通过改变企业购进产品的价格（供给价格或销售价格加补贴），从而改变企业盈利水平而发生

的。众所周知，在我国的供给结构中，农产品的供给状况曾有过若干次反复。探究一下反复的原因就不难发现，农产品供给状况改善的时候总是政府向农业部门提供补贴或增加农业部门补贴的时候。提高农产品价格补贴，使从事农业生产有利可图，农产品供给自然增加，而农产品的增加对改善我国的供给结构有着举足轻重的作用。现代经济已经进入知识经济时代，科技进步成为经济发展的重要动力，因而各国都将财政补贴更多地用于科学研究和高新技术开发，推动基础科研，改造传统产业，发展新兴产业。这种财政补贴对产业结构调整和产业升级的显著作用已经成为人们的共识，并且得到广泛的应用。

第三，将外部效应内在化。对科学研究的补贴就是矫正外部效应的一个典型例证。一般说来，由私人部门承担应用科学研究和高新技术开发更有效率，然而任何一项有突破性的应用科学研究和高新技术开发成果都会对许多领域产生影响。比如，电子科研与开发的投入很多，成功率却很低，而且从事研究、开发的机构和个人不可能获得全部的收益，而财政给予补贴，可以降低研究与开发成本，缓解风险，实际上是将外部效应内在化，从而推进研究与开发的开展。

（二）财政补贴的经济和社会效应

政府将财政补贴作为调节经济运行的一种政策手段，具有积极的效应，是理所当然的。

（1）财政补贴的首要意义在于有效贯彻国家的经济政策。财政补贴的对象可以是国有企业，可以是集体企业甚至是私人企业，也可以是城乡居民，但不论补贴对象是谁，最终目的都是为了顺利实施国家的方针政策。比如，对公共交通以及供水、供电和供气等国有企业或事业单位给予适当补贴，是为了平抑物价，减轻居民负担，提高服务质量；当年粮食短缺，给予粮食部门或居民以补贴，是为了促进粮食生产，如今粮食富裕有余了，按保护价格收购，同样是为了保证粮食供给，同时维护农民的利益。

（2）财政补贴能够以财政资金带动社会资金，扩充财政资金的经济效应。财政资金毕竟是有限的，一些事业必须由财政出资来办，但一些事业可以由财政出资来办也可以由民间出资来办，而凡是民间资金不太热衷的事业，财政给予补贴，财政只需花费少量的资金就可以将民间资金调动起来，发挥所谓“四两拨千斤”的作用。特别是在经济低迷时期，这种作用就更为显著。

（3）加大技术改造力度，推动产业升级。在产业结构优化过程中，财政补贴扮演着十分重要的角色。以我国 1998 年实施的积极财政政策为例。当时共对 880 个民品技术改造项目进行财政贴息，带动了更多的银行配套贷款，调动了企业进行技术改造的信心和积极性，实施了一大批技术改造、高科技产业化和装备的国产化项目，启动了一批对产业结构调整有重大影响的项目，安排了一批可大量替代进口、扩大出口的项目，有力地推动了大中型国有企业的技术改造和产业结构的升级。

（4）消除挤出效应。比如，我国实施积极财政政策，采取增加公共工程支出的措施，在货币供应量不变的条件下，公共工程支出的增加会直接增加对货币的需求量，可能带来市场利率水平的上升，从而会加大私人部门的融资成本，导致私人投资的萎缩，这就是所谓的挤出效应。如果对私人部门给予补贴，就可以降低私人部门的融资成本，消除这种挤出效应，增强民间投资意愿，加快民间投资的恢复和增长。

（5）对社会经济发挥稳定效应。在我国的财政补贴中，稳定社会经济往往是首要的目的。如对企业的亏损补贴，在很大程度上是在产业调整过程中稳定被调整的产业的收入并诱导企业进行更积极的调整；对居民支付的各类价格补贴，是用于弥补居民因调价而产生的收入损失，基本的功能也是保持社会与经济的稳定。特别值得一提的是，在2003年的SARS危机中，中央和地方政府对交通业、餐饮业、旅店业等受到严重冲击的行业实施了相应的补贴和优惠政策，从效果来看，对稳定市场和保持经济持续发展具有非常重要的意义。

然而，财政补贴既然是一种调节手段，使用范围及规模就有一个限度，超过这个限度，积极作用就可能趋弱，甚至反而出现消极作用。要搞清这个道理，就有必要对左右国民经济运行的因素及诸因素的主从地位和相互关系有一个正确的认识。任何一个国民经济的实际运行都是由一套稳定的经济制度（包括财产制度、价格制度、收入分配制度、财政收支制度等）所规定的运行机制和一套灵活的调节手段体系共同发挥作用的综合结果。从主导方面说，国民经济的正常运行主要是依赖既定的经济制度及运行机制的有规律的自动作用，它保证了社会经济能够实现自己的主要社会目标。但是，社会经济所要实现的目标是多重的，有些目标可能居于次要位置，但并非无须顾及，而既定的经济制度及其运行机制即便十分完善，也只能实现一个或几个主要的社会目标。就此而论，任何经济制度及其运行机制都存在着固有的缺陷。为了克服这些缺陷，亦即为了全面实现社会经济目标，作为宏观调控主体的政府，有必要运用调节手段体系去纠正既定经济的运行机制所产生的不利后果，或部分地修正既定的经济运行机制，财政补贴就是可利用的重要调节手段之一。从这个意义上说，财政补贴有其存在的必然性，是不能也不应被取缔的。但是，财政补贴既然是调节手段，就不应当在国民经济的运行中扮演主要角色。在国民经济运行的制度性基础和调节手段之间，调节手段只是辅助性的。也就是说，如果国民经济的运行对财政补贴的依赖过大，以至没有它，便很难有效地组织生产、流通和消费，那么这就说明，现行的经济体制及其运行机制已经难以实现社会经济的基本目标，对其进行改革已成当务之急。换言之，财政补贴规模急剧增大和补贴范围急剧扩展的现象反映出的本质是经济体制及其运行机制不完善、不合理，因而，扭转财政补贴过多的局面的根本出路在于变革经济体制。而过多过滥地运用财政补贴手段，则可能出现消极作用，主要表现为以下几点。

（1）财政补贴项目偏多，规模偏大，会加重财政负担，甚至是导致长期存在财政赤字的重要原因之一，虽然从局部来看它起到了经济调节作用，但却会从总体上削弱国家财政的宏观调控能力。

（2）长期的财政补贴不可避免地会使受补贴的单位产生依赖思想，影响经济效率和资源配置效率，人为地加剧企业的不公平竞争，“政策性亏损”掩盖了部分企业由于经营不善而引起的经营性亏损。

（3）长期过多过广的补贴人为地扩大了经济体系中的政府行为，相应地缩小了市场活动覆盖的范围，而且财政补贴成为受补贴的单位的既得利益，易上难下，它将演变为经济改革顺利进行的阻碍因素。

（4）某些补贴不当扭曲了价格体系，扭曲了合理的消费结构，加大了宏观调控的难度。

三、我国财政补贴的调整和改革

在建立社会主义市场经济体制的过程中，从发挥市场配置资源的决定性作用和加强国家的宏观调控出发，从制度创新入手，建立适应社会主义市场经济体制要求的新型财政补贴制度，是经济体制深化改革的一项重要任务。我国加入 WTO 为财政补贴的调整和改革提供了契机，也为财政补贴的调整和改革提供了原则与标准。调整和改革财政补贴的基本思路是，根据 WTO《补贴与反补贴措施协议》和《中国加入 WTO 工作组报告书》中承诺的要求，取消不符合 WTO 规则的补贴，用足用好 WTO 规则允许的补贴，做到既符合 WTO 的要求，避免引起对我国产品出口提起诉讼，又提高财政补贴的使用效率，支持我国经济的稳定、和谐和快速发展。

（1）取消不符合 WTO 规则的补贴措施。一是取消针对出口的各种财政补贴。首先是取消针对出口的直接补贴，主要指政府根据企业的出口收汇实绩给予补贴、贴息和奖励。其次是取消针对出口的间接补贴，主要指根据企业的出口情况，减免部分或全部企业所得税支持出口而形成的各种间接补贴。二是取消我国曾存在的采用税收手段支持本国产品替代进口的补贴。三是取消对农产品出口的补贴，包括价格补贴、实物补贴，以及对出口产品加工、仓储、运输的补贴。同时调整现行的一些效率不高的补贴，如调整粮食补贴政策，改变农业补贴方式，取消对国有企业的财政补贴，其中，取消对国有企业的补贴是加入 WTO 所必需的条件。

（2）合理利用可诉补贴。所谓可诉补贴又称“黄箱”补贴，是 WTO 规则允许在一定范围内实施的补贴，各国都可以合理运用可诉补贴支持本国工商业的发展。具有操作性的可诉补贴有诸多项目，对于可诉补贴运用的关键是要把握好补贴的范围和“度”，避免其他成员方对我国出口产品提起诉讼。在我国可诉补贴的运用中值得关注的是科技补贴。如我国科技支出中有一部分是用于实验开发和成果应用研究的，具有明显的促进出口或替代进口的作用，但属于禁止性补贴或可诉补贴的范围。加入 WTO 后，我国必须对超出不可起诉条款范围的财政补贴进行调整，否则，就有可能招致其他成员方实施反补贴措施。因此，我国必须把握好对科技补贴的范围和“度”，充分运用科技补贴，促进科技事业的发展。

（3）用足用好不可诉补贴措施。一是增加对落后地区的补贴。二是运用财政补贴，加强环境保护。三是运用财政补贴政策，促进中小企业的加速发展。

☑ **【关键词】**

社会保险　社会保险模式　社会保险体系　基本养老保险全国统筹　精准扶贫
财政补贴　税收支出

【复习与思考】

1. 试述社会保险支出的重大社会意义。
2. 思考如何实现基本养老保险的全国统筹。
3. 试述国家财政在社会保险制度实施中的职责。
4. 试述我国将扶贫与脱贫列入“三大攻坚战”的重大意义。
5. 试述“精准扶贫”思想对推进扶贫工作的重要指导意义。
6. 分析财政补贴影响经济的机理及其效应。

第九章 财政收入规模与构成分析

第一节　影响财政收入规模的因素

从历史上看，保证财政收入持续稳定增长始终是世界各国的主要财政目标，而在财政赤字笼罩世界的现代社会，谋求财政收入增长更为各国政府所重视。但是，可以说没有一种指标可以指明某国的财政收入规模（指财政收入占 GDP 的比重）有多大才是适度的，同时财政收入规模是涉及一个国家的发展建设、政府与市场的关系、居民负担的战略决策，因此财政收入规模问题成为各国理论界长期探讨而且争论不休的问题。如表 9－1 所示，世界各国的财政收入规模存在很大的差距，高的达 50%以上，低的只有 10%，看来各国的财政收入规模不是由政府的意愿决定的，也不是由某种因素决定的，而是由政治、经济、社会以及历史文化传统等诸多因素综合作用而形成的。但是，有一条规律还是很清楚的，就是决定和制约财政收入规模的首先还是经济因素。经济因素既是决定一个国家长远的财政收入规模的基本因素，也是使得一个国家的财政收入规模相对稳定在一定水平而在一定区间内上下波动的主要因素。

表 9－1 选列的国家财政收入占 GDP 的比重，就是按各国财政收入比重与经济发展指数（人均 GDP）的关系排列的，可以明显看出：财政收入占 GDP 的比重，高度发达国家高于次发达国家，次发达国家高于发展中国家，而发展中国家偏低。还可以看出，发达国家之间也存在较大的差距，比如瑞典和美国的人均 GDP 大体相当，但财政收入占 GDP 的比重却相差 17 个百分点，这里则反映了两国不同的国情所形成的资源配置的集权与分权关系，即资源配置模式的不同。瑞典是实行高福利的所谓“斯堪的纳维亚社会福利模式”

的典型，是集中性资源配置的典型。瑞典的国土面积约为45万平方公里，人口只有约968万，拥有丰厚的自然资源，而且早已形成完整的工业体系，是世界上最富裕的国家之一，在经济发展的同时，逐步建立了一套被称为“从摇篮到坟墓”或“从胎儿到天堂”的社会保障制度。高福利自然要依靠较高的财政收入占GDP的比重来支撑，而经济发达又是财政收入占GDP比重较高的基础性因素。但是，高福利和高税率是相伴的，而高税率和高福利必然导致居民安于休闲，缺乏创新和发展的动力。因此瑞典模式的高福利制度势必要通过改革有效地解决高福利与经济发展的关系问题，否则，经济发展乏力，政府不堪重负，高福利也就不能持久，甚至会出现危机。归根结底，这仍是经济发展问题。

表9-1　选列国家财政收入占GDP的比重和人均GDP

项目＼国家	法国	瑞典	加拿大	美国	日本	韩国	泰国	印度尼西亚	苏丹
财政收入占GDP比重（%）	54.9	49.9	37.8	32.9	31.3	23.3	21.6	17.1	10.8
人均GDP（万美元）	4.39	5.79	5.19	5.48	3.96	2.48	0.57	0.35	0.22

资料来源：国际货币基金组织2013年4月公布的数据。

具体来说，决定财政收入占GDP比重的主要因素包括经济发展水平、科学技术水平、分配体制和分配政策、价格水平、税收制度等。

一、经济发展水平

经济发展水平反映一个国家的社会产品的丰富程度和经济效益的高低。经济发展水平高，社会产品丰富，其净值——国内生产总值（GDP）的水平就高，一般而言，该国的财政收入总额就较大，占国内生产总值的比重也较高。看来，经济发展水平对财政收入规模的影响表现为基础性的制约，两者之间存在源与流、根与叶的关系，源远则流长，根深则叶茂。

从世界各国的现实状况角度横向考察，一般而言，发达国家的财政收入规模大于发展中国家，中等收入国家又大于低收入国家，绝对额是如此，相对比重亦是如此。再从几个发达国家的历史发展角度纵向比较来看，法国、美国等发达国家19世纪80年代的财政收入只占国内生产总值的10%左右，随后在一定阶段内则呈逐步上升的趋势，而后才相对稳定下来。上述资料证明了一条我们曾反复强调的财政原理，即经济决定财政，没有经济不发达而财源可以丰裕的。

二、科学技术水平

科学技术水平也是影响财政收入规模的重要因素，甚至是关键因素。但科学技术水平是内含于经济发展水平之中的，因为一定的经济发展水平总是与一定的科学技术水平相对应，较高的经济发展水平往往以较高的科学技术水平为支柱。所以，对科学技术水平制约财政收入规模的分析，事实上是对经济发展水平制约财政收入规模的研究的深化。简单地说，科学技术水平是指生产中采用先进技术的程度，又可称为技术进步或技术创新。技术进步对财政收入规模的制约可从两个方面分析：一是技术进步往往以生产速度加快、生产质量提高为结果，技术进步速度较快，GDP 的增长也较快，财政收入的增长就有了充分的财源；二是技术进步必然带来物耗比例降低，经济效益提高，产品附加值所占的比例扩大。由于财政收入主要来自产品附加值，所以技术进步对财政收入的影响更为直接和明显。因此，促进科技进步和创新，提高经济效益，是增加财政收入的首要的有效途径，对我国更是如此。

三、分配体制和分配政策

制约财政收入规模的另一个重要因素是政府的分配体制和分配政策。分配体制也就是前面所说的资源配置体制。经济决定财政，财政收入规模的大小归根结底受生产发展水平的制约，这是财政学的一个基本观点。经济发展水平是分配的客观条件，而在客观条件既定的条件下，还存在通过分配进行调节的可能性。所以在不同的国家（即使经济发展水平是相同的）和一个国家的不同时期，财政收入规模也是不同的。财政收入占 GDP 的比重体现政府与市场、居民的关系，与分配体制的集权和分权关系有直接的联系，比如欧洲发达国家的财政收入规模之所以较高，是由于分配体制倾向于集权，特别是如前面所说瑞典等北欧国家的财政收入规模之所以最高，是因为这些国家实行高福利制度和政策，由政府包办的社会福利范围最大，而北美的美国和加拿大的财政收入规模之所以相对较低，是因为其社会福利的市场化程度较高，而由政府拨付的社会福利费水平则相对较低。

在我国改革开放的过程中，分配体制和分配政策对财政收入占 GDP 比重的影响更为明显。改革开放初期，财政收入占 GDP 的比重出现逐年下滑的趋势，直接导因是经济体制转型过程中 GDP 分配格局的急剧变化。当市场经济体制的改革逐步到位时，财政收入占 GDP 的比重才开始回升并相对稳定下来。

四、价格水平

财政收入是一定量的货币收入，它是在一定的价格体系下形成的，又是按一定时点的现价计算的，所以，由价格变动引起的 GDP 分配的变化也是影响财政收入增减的一个不容忽视的因素。价格变动对财政收入的影响，首先表现为价格总水平升降的影响。在市场经济条件下，价格总水平一般呈上升趋势，一定范围内的上涨是正常现象，持续地、大幅度地上涨就是通货膨胀。随着价格总水平的上升，财政收入相应地增长，则表现为财政收入的“虚增”，即名义增长而实际并无增长。这时的财政收入的增量通常可分为两部分：一是 GDP 正常增量带来的增量；二是价格再分配形成的增量。后者即为通常所说的通货膨胀税。针对我国曾一度出现物价上涨幅度较大的情况，学术界曾讨论财政收入的“虚增”或名义正增长而实际负增长的问题，它实际上就是指由物价上涨导致的财政收入的“贬值”现象。

五、税收制度

财政收入主要来自税收，税收制度自然是影响财政收入的主要因素。首先，在既定的税制下，影响财政收入的主要因素是税率，实行高税率的税制必然征得更多的税收收入，所以实行减税政策主要是降低税率；税率类型也影响财政收入，比如，实行累进税率的个人所得税，纳税人适用税率会随着名义收入的增长而提高，即出现所谓“档次爬升”效应。其次，税制结构（即税种结构）的变化影响财政收入。比如，在我国的“营改增”改革中，取消营业税会消除重复征税的弊端，即使税率不变，这也是一种减税措施；但同时要加快财产税的建设，这又是一种增税措施。最后，税收征管制度和征管效率也是影响税收收入的一个不可忽视的因素。税收具有依法征收的强制性，但任何国家都不可能做到按税法规定100%地征得税收收入，这就必然存在法定税率与实际税率的差距问题。比如，实行减税政策必然导致税收收入的下降，而通过加强征管力度，提高实际征收率，则可以弥补税收收入的急剧下降。

第二节 我国财政收入增长变化趋势的实证分析

一、财政收入增长变化的总趋势

《预算法》确定了四种预算，但后三种预算的收入比较单纯，第三章已有简要说明，这里主要分析一般公共预算收入，必要时也会联系其他预算收入。我国公共财政收入的增长变化趋势见图 9－1。

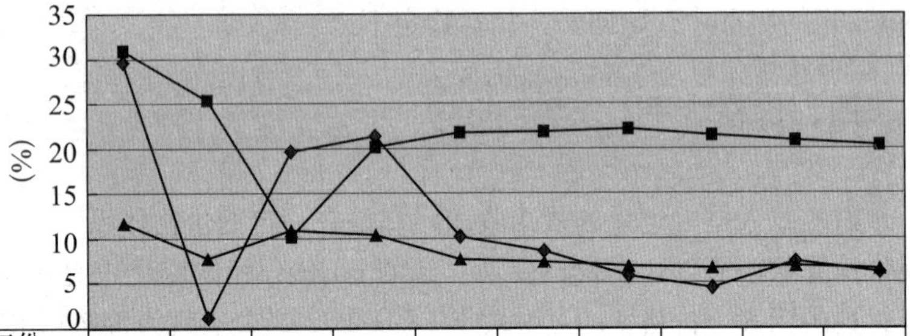

项目 \ 年份	1978	1980	1995	2010	2013	2014	2015	2016	2017	2018
—◆— 财政收入的增长率(%)	29.5	1.2	19.6	21.3	10.2	8.6	5.8	4.5	7.4	6.2
—■— 财政收入占GDP的比重(%)	30.8	25.3	10.2	20.1	21.7	21.8	22.1	21.4	20.8	20.3
—▲— GDP增长率(%)	11.7	7.8	11.0	10.4	7.7	7.4	6.9	6.7	6.9	6.6

图 9－1 我国公共财政收入的增长率及财政收入占 GDP 比重的变化趋势

资料来源：2017 年及以前数据来自《中国财政年鉴（2018）》，2018 年数据来自当年国家预算执行情况报告。

图 9－1 显示了我国财政收入增长和财政收入占 GDP 比重的变动趋势，从总体上说，可以分为三个阶段：改革开放初期、经济高速增长时期和经济发展新常态时期。前两个时期二者的变动趋势是相同的，即先降后升。财政收入的增长率由 1978 年的 29.5%降为 1995 年的 19.6%，17 年间下降了 9.9 个百分点，而财政收入占 GDP 的比重由 1978 年

30.8%降为1995年的10.2%，下降幅度更大，17年间下降了20.6个百分点。从1996年开始回升，财政收入的增长率到2010年回升到21.3%，财政收入占GDP的比重到2010年回升到20.1%。进入经济发展新常态时期，二者则呈现出新的变动趋势，即财政收入的增长率趋于下降，但由于财政收入的增长率是与GDP增长率相伴下降的，因而财政收入占GDP的比重维持基本稳定。

财政收入的增长率和财政收入占GDP的比重是国民经济的两项重要综合指标，是国民经济发展的晴雨表，两项指标的动态综合地体现了我国经济体制改革的历程和政府政策的效应。因此，下面我们将对我国各个时期两项指标的动态进行必要的具体分析，从中可以得出诸多有益的经验教训。

二、1978—1995年间财政收入占GDP比重下降的原因及其经济影响

这一时期的财政收支形势呈现出以下四个特点。

(1) 从预算内财政收支（即现行的公共财政收支）来看，由于财政收入的增长慢于GDP的增长，而财政支出的增长快于财政收入的增长，在收支安排上，左支右绌，顾此失彼，政府一直为财力分散和财力短缺所困扰，导致财政赤字和债务规模不断加大。

(2) 从财政与各部门的关系来看，由于财政收入拮据，难以满足各部门正常的公共需要，特别是不能满足各部门的公共投资需要，于是各部门另辟蹊径，纷纷出台各种收费和基金项目，预算外资金以及随之而来的制度外资金迅速膨胀。政府资金被分散化了，国家预算的统一性被肢解了，各部门代替了财政职能，特别是代替了财政的资源配置职能。如1995年预算内投资只占全社会固定资产投资的3%，可以说财政基本上丧失了对固定资产投资规模和结构的调控作用。

(3) 从中央与地方的财政关系来看，由于长期实行财政包干制，财政收入增量向地方倾斜，中央可支配收入占全部财政收入的比重不断下降，分税制改革后由于达到中央集中财力的预期目标尚待时日，中央财政在预算内资金的调控上也显得软弱无力。

(4) 从财政与银行的关系来看，在财政收入占GDP比重逐年下降的同时，居民储蓄和企业存款急剧增长，银行贷款呈急剧增长的趋势，如1995年各类金融机构贷款的增长额相当于当年财政收入的1.55倍。当时由于财政特别是中央财政拮据，而银行资金充裕，于是银行扩展业务领域，代替了部分财政职能，这是财政职能弱化的一种表现。

根据以上情况，从政策面来判断，在这一时期，尽管在通货膨胀严重的年份我国也曾提出过紧缩性政策，但从整体上来说实行的是扩张性财政政策，表现为对企业减税让利，对居民提高其收入水平。这种扩张性政策虽然带来了财政收支占GDP比重的下降，却推动和支持了经济改革与经济增长，可以认为是财政为经济改革与经济发展付出的必要的成本和代价，但同时也带来了通货膨胀。从财政部门与主管部门之间以及中央与地方之间的关系来看，则是实行分权政策，而且是横向与纵向并举的“双向”分权政策，表现为预算外收入、制度外收入的膨胀和中央财政收入占全部财政收入的比重下降。从财政与银行的关系来看，似乎是“双松”政策，但财政的“松”是虚的、被动的，而货币政策的“松”是实的、主动的，可以说是货币政策独木撑天。把这三种判断结合起来看，政策的效果是：财政对企业减税让利，企业本身并没有得到多大实惠，其中一部分被主管部门通过收

费和基金的形式拿走了，另一部分则通过工资、福利以及不明不白的各种渠道转移到了个人手里，而企业的资金缺口则要由银行发放无约束的贷款来满足。从这个意义上说，这个时期的财政政策是一种缺乏明确整体目标的扩张性财政政策。因为财政收支特别是中央财政收支规模过小，支出结构僵化，左支右绌，调节的空间或弹性很小，充其量主要是满足“吃饭”的需要，甚至有的年份连吃饭的需要都满足不了，而当时国民经济快速增长的主要目标基本上是让位给货币政策独家承担了。货币政策在增长与稳定之间向增长倾斜，实现了快速增长，却带来了严重的通货膨胀。

三、“九五”至“十一五”时期实现财政收支良性循环的历史过程

1994 年我国实行工商税制改革和分税制改革，1998 年实行积极财政政策，推动了财政收支的大幅增长，并将其导向良性循环。国家财政走向良性循环的一个重要标志是财政支出的大幅增长。我们在分析财政支出规模的增长变化趋势时曾表明，我国改革开放后，财政支出占 GDP 的比重多年呈逐年下降趋势，直到“九五”时期才崭露头角，开始回升，走过一条类似“V”字形的途径。应当看到，这种增长形势是在经济增长率下滑、物价低迷的条件下实现的，可以说是我国财政发展过程中的历史性突破。同过去持续多年的财政收支增长缓慢时期对比，这一时期财政收支大幅增长的历史性意义在于说明了只有具备适度的财政收支规模，才能使国家财政摆脱左支右绌的“困境”，提供优化支出结构、保证重点的较大空间，才能确立财政在社会主义市场经济中的应有地位，充分发挥财政在市场经济中的应有职能，也才能在当时的形势下拉动社会需求，推动经济增长，并带来财政收入的大幅增长。

通过进一步分析我们可以看到，“九五”后期开始的财政支出的增长来自两个方面。首先，1994 年的工商税制改革和分税制改革带来了以税收为主的预算内财政收入的快速增长。其次，“九五”期间实行的以增发国债为主要措施的积极财政政策对财政支出的增长起了加速作用。这种加速作用直接体现为增发国债本身直接增加了支出，还带动了银行贷款和地方、部门资金用于生产性支出，加强了基础设施建设，保持了适度的经济增长率，而且为经济持续增长培育了自主性增长动力，从而也为通过加强征管使税收快速增长提供了经济基础。税收增长和增发国债是实施积极财政政策的两个车轮，二者共同支撑了财政支出的增长，自 1998 年实行积极财政政策后，增发国债在其中起了特别重要的作用。而财政支出的增长又为优化支出结构、提高支出效益提供了较大的空间，增发国债保证了公共投资的增长，税收增长则保证了重点公共支出的增长。于是，财政收入和国债的增长带来了财政支出的增长，财政支出的增长支持了经济的增长，经济的增长又为财政收入的增长和国债的增长提供了经济基础，形成财政与经济以及财政收支之间的良性循环。回顾这段历史，可以说，1994 年的分税制改革基本上是成功的，实施积极财政政策在当时不仅使我国克服了亚洲金融危机的负面影响，而且带来了财政与经济的良性循环，这是我国经济改革和经济发展过程中很值得研究和思考的一段历史过程。当然，应当指出，这里是就财政这个方面而言的，至于多年连续实施加大政府投资的积极财政政策所带来的后遗症，也是存在的，对此我们将在第十六章第三节“积极财政政策和稳健财政政策的交替”中进行必要的分析。

四、经济发展进入新常态时期公共财政收入形势出现新的变化

“十二五”时期，国际方面受到国际金融危机和世界经济复苏艰难的冲击，国内方面“三期叠加”影响凸显，结构性矛盾凸出，经济发展开始进入新常态。经济发展新常态是我国经济发展阶段性特征的必然反映，是不以人们的意志为转移的必然趋势，必须主动适应、把握、引导经济发展新常态。在经济发展新常态下，经济发展面临较大的下行压力，GDP 增长率开始下滑，进入中高速增长常态。财政收入状况是经济发展的晴雨表，随着经济增速的下滑，财政收入增速回落，由于加大了减税降费力度，财政收入的增幅被进一步拉低。如图 9－1 所示，从 2012 年开始财政收入的增长率开始下滑，而 2012—2014 年三年由于财政收入的增长率总体略高于按现价计算的 GDP 增长率，财政收入占 GDP 的比重维持基本稳定的状态；但 2015 年财政收入的增长率为 5.8%，已经低于当年 6.9%的 GDP 增长率，财政收入占 GDP 的比重为 22.1%。2016 年 GDP 增长率继续下滑，实行有效的积极财政政策，大规模减税降费，财政收入的增长率继续下滑到 4.5%，财政收入占 GDP 的比重为 21.4%。2017 年由于一些收入项目超出预算较多，一般公共预算收入扭转了 2012 年以来增速放缓的态势，财政收入的增长率回升为 7.4%，占 GDP 的比重仍大体维持在 20.8%的水平。总之，在当前国内外形势发生深刻复杂变化的情况下，财政收入呈下滑趋势，而财政支出刚性不减，财政收支矛盾凸显。

第三节　我国当前财政收入规模水平评估和调节政策

一、我国财政收入规模水平的分析和评估

如何评估一个国家财政收入规模的高低？如同评估财政支出规模一样，一个国家的财政收入规模取决于政治、经济、社会以及该国的历史文化传统和特殊国情等多种因素，这就是各国的财政收入规模水平各不相同而且差距较大的原因。所以，没有一种统一的、绝对的标准，也不可能有一种精确的模型来测算每个国家的财政收入规模的合理水平。一般只能采取本国自身的纵向比较和同外国横向比较的方法，来分析财政收入规模的发展趋势，将发展趋势作为评估财政收入规模的参考值，最终仍然需要根据本国的国情和政治经济发展情况通过政治程序来确定。

分析我国财政收入规模水平需要从狭义财政收入和广义财政收入两种不同的口径来考察。狭义财政收入即指一般公共财政收入（又称公共财政收入），广义财政收入则指加上其他三种预算收入的财政收入。上一节对我国狭义财政收入的规模进行了分析，从上一节的分析我们得知，我国改革开放后财政收入规模的变化经历了一个逐年下降而又逐年回升的历程，“十二五”期间已经达到 GDP 的 22%左右，而且是相对稳定的。那么，财政收入规模是否可以或可能继续上升，是否应当稳定下来，或者说什么水平才是社会主义市场经

济体制下的合理水平呢？这是当前我国社会各界十分关注的关系国计民生的一个问题，也是需要认真思考和研究并通过经济改革和发展的实践来作出决策的一个重要战略性问题。

参照表 9-1 的资料进行国际横向比较，我国目前狭义财政收入的规模明显低于西方经济发达国家，大体处于中等收入国家的水平，由此可以判断，随着经济的发展，我国的财政收入仍存在一定的上升空间。但是，按狭义财政收入口径进行国际比较，存在着明显的口径上的差异，是不可比的。如若进行国际比较，应当采用国际货币基金组织定义的全口径财政收入。按国际货币基金组织的口径计算，我国财政收入占 GDP 的比重 2015 年为 29%，2016 年为 28.2%，2017 年为 27.2%，连续两年下降。① 但其中不包括土地出让收入，如果加上土地出让收入，2017 年财政收入占 GDP 的比重则大体为 33.8%。

这说明按全口径财政收入来估算和衡量，当前我国的财政收入规模水平已经相当于规模水平相对较低的发达国家——美国的水平，明显高于发展中国家的平均水平。由此可以判断，我国当前的财政收入规模已经不存在继续提高的空间。因此，思考和研究符合我国实际的适度的财政收入规模水平，并采取有效调节措施，已经被提到战略性安排的议事日程。

财政是国家治理的基础和重要支柱，科学的财政体制是优化资源配置、维护市场统一、促进社会公平、实现国家长治久安的制度保障。2017 年中央经济工作会议指出，积极财政政策取向不变，调整优化财政支出结构，确保对重点领域和项目的支持力度，压缩一般性支出，切实加强地方政府债务管理。2018 年中央经济工作会议则明确指出，我国经济运行的主要矛盾仍然是供给侧结构性的，必须坚持以供给侧结构性改革为主线不动摇，更多采取改革的办法，更多运用市场化、法治化手段，在“巩固、增强、提升、畅通”八个字上下功夫。同时，该会议还指出宏观政策要强化逆周期调节，继续实施积极财政政策和稳健货币政策，适时预调微调，稳定总需求；积极财政政策要加力提效，实施更大规模的减税降费，较大幅度增加地方政府专项债券规模。

二、实施更大规模减税降费

这次减税降费的最大特点是规模大、覆盖面广和实施的持续性。人们要问：当前在财政收入增长率持续下滑的情况下为什么还要大规模减税降费？这需要从“税收”的基本知识说起。税收是财政收入的主要形式，也是一个有效的经济杠杆，所以税收与经济发展之间存在一种微妙的逻辑关系。人们通常说，税收增长率下滑是因为经济运行下行，但也可以反过来说，高税负抑制了经济主体的活力，减税降费就可以撬动经济的发展。大规模减税降费正是宏观调控中逆周期的调节措施。大规模减税降费的功能是，充分体现税收的“中性”，激发经济主体的活力，充分发挥市场在资源配置中的决定性作用，特别是作为推进供给侧结构性改革的有力措施。对企业的着力点是减轻税收负担，降低成本，加大科技投入，激励企业发展生产经营，提质增效；对居民则是提高个人收入，增进消费，促进服务业发展，扩大社会总需求。

近年来，不断加大减税降费力度，结构性减税、专项减税和普惠性减税相结合，覆盖面广泛，措施多种多样。诸如：降低制造业、交通运输业、建筑业、基础电信服务等行业

① 吴秋余. 财政部部长刘昆——积极财政政策助力经济高质量发展. 人民日报，2018-10-28.

及农产品等货物的增值税税率，统一增值税小规模纳税人标准至500万元，对装备制造等先进制造业、研发等现代服务业符合条件的企业和电网企业的期末留抵税额予以一次性退还；对于个人所得税，提高基本减除额标准，调整优化税率结构，设立子女教育等6项专项附加扣除，实现从分类税制向综合与分类相结合税制的重大转变；加大对小微企业的税收支持力度，将享受所得税优惠政策的小型微利企业年应纳税所得额上限由50万元提高到100万元，将小微企业和个体工商户贷款利息收入免征增值税的单户授信额度上限由100万元提高到1 000万元；鼓励企业加大研发投入，取消企业委托境外研发费用不得加计扣除的限制，将企业研发费用加计扣除比例提高到75%的政策扩大至所有企业，将高新技术企业和科技型中小企业的亏损结转年限由5年延长至10年；调整完善进出口税收政策，分两批对4 000多项产品提高出口退税率并简化退税率结构，对绝大多数进口药品实施零关税；进一步清理规范涉企收费，停征首次申领居民身份证工本费等一批行政事业性收费，降低重大水利工程建设基金等部分政府性基金征收标准；延长阶段性降低社会保险费率和企业住房公积金缴存比例政策的期限；等等。财政部数据显示，2013—2017年，持续实施“营改增”累计减税约2.1万亿元，加上实行小微企业税收优惠、清理各种收费等措施，共减轻市场主体负担3万多亿元。2018年减税降费大约1.3万亿元，2019年预计减轻企业税费和社保缴费负担2万亿元。

减税降费措施已经显现实际成效。国家统计局对北京等9个省市、311家企业的调研显示，减税的红利中七成以上是用于研发、技改和扩大再生产、再投资的，明显带动了企业的研发投入。减税降费同时激发了市场主体的活力，增强了市场信心和经济增长后劲。在当前错综复杂的国际国内形势下，我国经济运行仍处于合理区间，延续总体平衡、稳中有进的发展态势，其中大规模减税降费政策发挥了重要作用。

三、实施更大规模减税降费的配套措施

我国发展仍处于并将长期处于重要战略机遇期，要善于化危为机、转危为安。我国当前面临经济下行的压力，毫无疑问，大规模减税降费是化解经济下行压力的重大决策；但大规模减税降费也是存在风险的，是一把“双刃剑”，即可以推进供给侧结构性改革，缓解经济下行的压力，但过度使用也可能导致经济运行的失衡，酿成债务风险。因此，必须确实遵循习近平主席提出的底线思维，保持战略定力、坚定必胜信念，增强忧患意识，采取有效对策，化危为机，化危为安。我国实施大规模减税降费是有底线的，也是有原则的。底线就是应对好内外部环境的不确定性，保持经济运行在合理区间；原则是根据形势变化相机预调、微调、定向调控、逆周期调控，坚持不搞“大水漫灌”式强刺激。因而，减税降费措施不仅要注重规模，更要注重成效，而且必须从财政收、支两方同时采取相应的配套措施。收入方面的措施主要有如下三个方面。

（一）适度增加财政赤字和政府债务，加强债务管理

从财政收入来说，适度增加财政赤字和政府债务规模是实施大规模减税降费最主要的搭配措施，也是防范减税降费风险的主要措施。近年来，为了应对大规模减税降费，我国财政赤字和政府债务规模有所加大。特别是2016年财政赤字比上年增加5 600亿元，赤字

率达 3%，2017 年有所减缓，赤字率降为 2.88%，2018 年降为 2.64%。2016 年增加财政赤字的幅度较大，主要用于弥补实施大规模减税降费必然带来的财政减收，保障政府应该承担的支出责任。同时，配合实施针对性强的政策措施，着力推动“三去一降一补”。中央财政设立并及时拨付工业企业结构调整专项奖补资金，支持化解钢铁、煤炭行业过剩产能过程中职工分流安置工作；安排补助资金，支持中央企业处置“僵尸企业”；调整房地产交易环节契税、营业税政策，加强对居民自住和改善性住房需求的支持，推动化解商品房库存；明确债转股涉及的债权转让和核销政策，支持实施市场化银行债转股；阶段性降低社会保险费率，清理涉企保证金，进一步帮助企业降低成本；加大补短板力度，大幅增加财政扶贫投入助力脱贫攻坚，大力支持棚户区改造、基础设施建设等重点领域。

我国政府债务按照《预算法》的规定，范围包括中央财政的国债、地方财政的债券和截至经过清理甄别认定的 2014 年末的存量政府债务。截至 2018 年，我国政府债务余额为 33.35 万亿元，其中中央政府国债余额为 14.96 万亿元；地方政府债务余额为 18.39 万亿元，负债率为 37%。当前我国政府负债率低于国际通用的 60%的警戒线，低于其他主要经济体和新兴市场国家的负债水平，预计未来几年不会发生明显变化。下一步是采取“开前门堵后门”并举的措施，进一步加强地方政府债务管理。在“开前门”方面，合理增加债务规模，比如 2018 年安排地方专项债券 1.35 万亿元，比上年增加 5 500 亿元；同时合理确定分地区地方政府债务限额，稳步推进专项债券管理改革。在“堵后门”方面，严格执行《预算法》和《中华人民共和国担保法》，从严整治无序举债乱象，坚持谁举债谁负责；同时，加大督查问责力度，做到终身问责、倒查责任，确保不发生系统性债务风险。

（二）发挥一般公共财政收入调节机制的作用

从我国每年的“全国一般公共预算收入决算表”中可以看到一个收入项目，即“全国财政使用结转结余及调入资金”。全国财政使用结转结余及调入资金，是中央和地方财政按照建立跨年度预算平衡机制、推进财政资金统筹使用以及盘活财政存量资金等要求，从预算稳定调节基金、政府性基金预算、国有资本经营预算调入的资金以及地方财政使用的以前年度结转结余调入一般公共财政收入的资金，用于弥补当年一般公共财政收入的缺口。运用预算收入调节机制还可以调节财政赤字规模和赤字率。从 2018 年国家预算决算可以看到，2018 年财政赤字是 23 800 亿元，同 2017 年持平，这就是运用调节机制调节的结果。为了不再加大财政赤字规模，2018 年结转结余及调入资金比上年增加 4 366.9 亿元，增大了收入总额，同时减少补充调节基金 2 156.9 亿元，减少了支出总额，于是维持了赤字规模不变，赤字率降为 2.5%。因此，我国建立的这种跨年度预算平衡机制，对调节和缓解一般公共预算收支差额发挥着重要作用。

应当特别关注其中的政府性基金的调入问题。对政府性基金应当坚持实行税费改革，坚决取缔滥收费，控制政府性基金收入的增长。过去我国也曾提出减税主张，当时提到的“税”似乎是指全口径的财政收入，包含减费，但这种主张混淆了“税”和“收费”两种性质截然不同的财政收入。这次明确提出减税降费，加上“降费”是完全正确和必要的。公共财政收入是政府全面统筹安排的收入，而政府性基金则是一种由中央和地方各部门掌握的定向的专款专用的收入，应当说，政府性基金是预算制度改革遗留的一个问题，在国家预算中设置政府性基金不符合现代国家财政制度的规范，应当根据我国的实际情况和可行性，逐步缩减以至最终取消，不可以取消的可将其转为一般公共预算中的非税收入。我国目前政府性基金的数额较大而管理薄弱，严重侵蚀了一般公共财政收入的税基和税源。如今政府性基金虽然已经纳入国家预算管理，但并没有改变由各地方各部门定向专用的基本性质。当前首先要完善政府性基金预算的编制和执行，加强预算管理，同时继续进行税费改革，进行清理整顿，严禁滥收费，确保税基，保证税收的合理增长。目前土地出让收入构成基金的大头，要完善并严格执行土地政策，并通过税费改革"以税代费"，整顿和消化"土地财政"。其实，目前我国已经将若干政府性基金收入转为一般公共财政收入，而且政府性基金构成调节一般公共财政收入的一个主要因素。显然，这里已经显示出政府性基金转为一般公共财政收入的趋势。

（三）加强和完善税务征管，确保减税降费落地生根和发效

实施更大规模减税降费要取得预期成效，加强税收征管是一个关键环节。当前税收征管的首要任务是以更扎实的举措，下大力气确保减税降费措施落地生根和发效。同时要全面加强和完善税收征管工作，诸如：着力提高纳税缴费服务质量，持续优化税收营商环境；全面建成政务服务"好差评"制度体系，面向企业和群众需求提供更便利的税费服务；继续深化税务系统"放管服"改革，开展便民办税春风行动；优化发票服务方式、提高办税缴费效率；要持续优化税收执法方式，高质量推进新时代税收现代化，更好发挥税收在国家治理中的保障性作用。税务部门一方面必须严格执行依法组织税费收入原则，既要不折不扣地把该减的税减到位，把该降的费降到位，又要依法依规把该收的征收好，严守决不收"过头税费"的纪律底线，确保当前税费收入实现合理的增长。

第四节　我国公共财政收入构成和非税收入分析

一、我国公共财政收入构成

我国公共财政收入的构成包括税收收入与非税收入。本书第三章已经说明，根据我国现行的国家预算收支分类与科目设置，一般公共预算科目有税收收入、非税收入、债务收入和转移性收入。债务收入和转移性收入将在后面的有关章节中分析，这里分析一般公共预算中的非税收入。

近年来我国公共财政中的非税收入变化较大，一是通过税费改革政府性基金被转入一般公共预算，二是增加了一些新项目，如国有资本上缴利润和经营收入、国有资源（资产）有偿使用收入等。

世界各国的经常性财政收入无一例外地都是以税收为主，收费也占据一定的比例。世界各国都没有政府性基金收入这个收入项目，经常性财政收入中的收费通称为"使用费"

(user charges)。一般而言，中低收入国家的收费所占比重较大，高收入国家中则差别较大，有高有低，分配体制倾向于集权的国家较低，而倾向于分权的国家较高。我国公共财政收入中的非税收入所占比重近年虽有所升高（见表9-2），但同世界各国进行横向比较可知，仍处于适中水平（见表9-3）。然而，加上公共财政收入外的政府性基金收入后可以看到，我国包括公共财政内收费和公共财政外收费的全部收费占财政收入的比重大大高于世界各国的水平，这是目前我国财政收入和财政体制的一个重大特点，即一般公共预算内收费的比重较小，收费主要在一般公共预算外。因此，在财政管理上清理整顿并严格控制一般公共预算外收费的增长，加强规范化、法制化，是我国当前财政管理的一项重要任务。

表9-2　　我国公共财政非税收入及其占公共财政收入的比重

年份	非税收入合计（亿元）	占公共财政收入的比重（%）
2010	9 890.72	11.9
2011	14 136.04	13.6
2012	16 639.24	14.2
2013	18 678.94	14.5
2014	21 194.72	15.0
2015	27 347.03	18.0
2016	29 244.24	18.3
2017	28 222.90	16.3

资料来源：《中国财政年鉴（2018）》。

表9-3　　世界各类国家收费占经常性财政收入的比重

国别	收费所占比重（%）	国别	收费所占比重（%）
印度（1998年）	22.0	德国（1998年）	17.2
泰国（1999年）	13.6	法国（1997年）	9.1
巴西（1998年）	17.1	英国（1998年）	8.5
美国（1999年）	19.7		

资料来源：郭庆旺，赵志耘. 财政学. 北京：中国人民大学出版社，2002.

二、公共财政收入中政府收费的性质和特殊作用

研究公共财政收入中税收与收费的关系，有必要对收费的性质和特殊作用作出说明。

首先，看看收费的性质。从理论上说，政府收费主要是使用费。按世界银行有关文件的说法，使用费是指“为交换公共部门所提供特殊商品和服务而进行的支付”。此外，还有少量的其他收费，如罚没收入和捐赠收入等。使用费实际上是政府模拟私人物品的定价方式收取的公共物品的价格，以便回收提供特殊商品和服务的全部或部分成本。使用费模拟市场价格，但又不同于市场价格，因为政府对公共物品定价不能采取利润最大化原则，所以，使用费一般不能弥补提供特殊商品和服务的全部成本。收费有时与税收难以截然区

分，因为有时一项收入可以采取税收形式，也可以采取收费形式，如对使用公路可以收取公路费，也可以征收燃油税。但二者也确实存在着差别，主要表现在四个方面：一是税收与政府提供的商品和服务没有直接联系，税收收入一般不规定特定用途，由政府统筹安排使用，而收费与政府提供的特定商品和服务有直接联系，专项收入专项使用。二是税收是政府一般的筹资手段，而收费往往是部门和地方具有特定用途的筹资手段。三是税收收入是政府的主要收入，必须纳入预算内统筹使用，而收费则可以有所不同，全国性收费通常纳入一般公共预算，而部门性收费或地方性收费可以作为预算外收入，按预算程序管理，形成政府性基金或由部门和地方自收自支。四是一般而言，税收的法治性和规范性强，有利于立法监督和行政管理，而收费的法治性和规范性相对较差，容易诱发滥收费现象，因而法治性不强的发展中国家应避免收费项目过多，并力求加强管理。

其次，再看看收费的特殊作用。既然税收与收费难以截然区分，那么政府为什么要采取收费形式呢？一是因为收取使用费在弥补市场失灵方面具有特殊作用，如可以矫正私人物品的外部效应。比如，假定某一工厂对周围环境带来污染而又没有采取治理措施，那么，它的私人成本将小于社会成本，获取额外利润，政府使用费可以定在等于甚至高于额外利润的水平上，运用经济手段迫使企业治理污染，或者政府运用这笔使用费来治理污染。二是因为收取使用费有利于提高公共物品的配置效率。使用费遵循的是受益原则，谁受益谁支付，合情合理，同时吸收了价格机制的优点，至少要收取相当于成本水平的使用费，显示了提供特殊商品和服务的价格信息，有利于避免公共物品的过度需求，提高公共物品的配置效率。那么，在某一项收入既可以采取税收形式也可以采取收费形式的情况下，如何合理选择呢？可以根据政策目标和效率原则进行抉择。比如，如果公路使用费不是在全国统一征收，即有的公路收取使用费，有的公路不收取使用费，就会产生车主选择不收费的公路，甚至绕道而行，在这种情况下，选择征收燃油税更有效率；如果财政收入奉行受益原则，则选择收取使用费更为公平；如果奉行支付能力原则，则选择征收燃油税更为公平；如果要防止诱发滥收费现象，无疑多采取税收形式更为恰当；等等。

☑【关键词】

狭义财政收入　广义财政收入　大规模减税降费　使用费

【复习与思考】

1. 分析我国财政收入增长变化的趋势。
2. 为什么说经济发展水平和科学技术水平对财政收入规模起决定性作用？
3. 如何判断我国改革开放以来分配体制和分配格局变化对财政收入增长趋势的影响？
4. 分析和评估我国当前的财政收入规模水平。
5. 试述实施大规模减税降费的背景及其重大意义。
6. 如何防范大规模减税降费的风险？思考大规模减税降费的底线思维。
7. 试述公共财政收入中非税收入不同于税收的性质和特殊作用。

第十章

税收原理

第一节　什么是税收

一、税收的基本属性

（一）马克思主义关于税收的定义

税收是一个人们十分熟悉的古老的经济范畴，它从产生至今，经历了不同的社会形态，已有几千年的历史。奴隶制社会、封建制社会以及资本主义社会都存在税收，社会主义社会仍然存在税收。马克思把税收界定为："赋税是政府机器的经济基础，而不是其他任何东西。"[①] "国家存在的经济体现就是捐税。"[②] 列宁也认为，所谓赋税，就是国家不付任何报酬而向居民取得东西。根据马克思主义学说，可以对税收作如下界定：第一，税收是与国家的存在直接联系的，是政府机器赖以存在并实现其职能的物质基础，也就是政府保证社会公共需要的物质基础；第二，税收是一个分配范畴，是国家参与并调节国民收入分配的一种手段，是国家财政收入的主要形式；第三，国家在征税过程中形成了一种特殊的分配关系，即以国家为主体的分配关系，因而税收的性质取决于社会经济制度的性质和国家的性质。马克思主义认为税收总是与国家紧密联系在一起的，无论是作为以财政收入的形式参与社会产品分配的手段，还是作为特定分配关系的体现，都是如此。

---

① 马克思，恩格斯. 马克思恩格斯全集：第 19 卷. 北京：人民出版社，1963：32.

② 马克思，恩格斯. 马克思恩格斯全集：第 4 卷. 北京：人民出版社，1958：366.

（二）西方经济学关于税收的学说

税收历来是西方经济学中一个最为敏感的问题，对税收的定义，虽观点不同，表述各异，但一般认为，其理论依据主要源于17世纪英国著名哲学家托马斯·霍布斯（Thomas Hobbes）的“利益交换说”（benefit exchange theory）。他认为“人们为公共事业缴纳的税款，无非是为了换取和平而付出的代价”“间接税和直接税就是为不受外敌入侵，人们以自己的劳动向拿起武器监视敌人的人们提供的报酬”①，因此，他把税收解释为人们享受政府提供的公共事业服务而付出的代价，是商品交换法则被引入公共经济活动的结果，他把税收看作政府与公民之间的一种利益交换关系，强调的是政府与公民之间的权利和义务的对等关系。后来，经过洛克、休谟、边沁以及亚当·斯密等人提出的社会契约说、利益原则和支付能力原则，利益交换说得到了不断的发展，并对欧美各国的税收制度和税收实践产生了重大影响，直至今天，对于公民纳税意识的强化、税款使用效率的提高等仍具有现实意义。但是，自从20世纪30年代以来，经济学界则逐渐从经济运行的角度提出了一些新的税收学说，认为国家征税除了为公共物品的供给筹措经费之外，还发挥调节经济的功能，如矫正外部效应、协调收入分配、刺激有效需求、优化产业结构等，总之，更侧重于从弥补市场失灵和调节宏观经济的角度来阐明税收存在的客观性和必要性。

二、税收的“三性”

税收的“三性”是指税收的强制性、无偿性和固定性。“三性”是税收区别于其他财政收入的形式特征，不同时具备“三性”的财政收入就不成其为税收。

（一）税收的强制性

税收的强制性，指的是征税凭借国家政治权力，通过颁布法令实施，任何单位和个人都不得违抗。在对社会产品的分配过程中，存在着两种权力：所有者权力和国家政治权力。前者依据对生产资料和劳动力的所有权取得收入，后者凭借政治权力占有收入。国家运用税收参与这种分配，就意味着政治权力凌驾于所有者权力之上，而这种分配之所以能够实现，正是因为它依据的是政治权力，而且国家依法征税，任何形式的抗税行为都构成违法行为。税收的强制性是税收作为一种财政范畴的前提条件，也是国家满足社会公共需要的必要保证。恩格斯曾经指出：“纳税原则本质上是纯共产主义的原则，因为一切国家的征税的权利都是从所谓国家所有制来的。的确，或者是私有制神圣不可侵犯，这样就没有什么国家所有制，而国家也就无权征税；或者是国家有这种权利，这样私有制就不是神圣不可侵犯的，国家所有制就高于私有制，而国家也就成了真正的主人。”② 根据我们的理解，这段话的意思是说明，在征税过程中国家所有制高于一切，征税是以社会产品最初归属于不同所有者为前提的，又是以否定不同所有者对社会产品占有的不可侵犯性为条件的。并且说明，征税中的强制性不是绝对的，在企业和个人明了征税的目的并增强纳税观念以后，强制性则可能转化为自愿性；同时，强制性是以国家法律为依据的，政府依法征

① 霍布斯. 利维坦. 北京：商务印书馆，1936.

② 马克思，恩格斯. 马克思恩格斯全集：第2卷. 北京：人民出版社，1957：615.

税，公民依法纳税，公民具有监督政府执行税法和税收使用情况的权利。

（二）税收的无偿性

税收的无偿性，指的是国家征税以后，税款即为国家所有，既不需要偿还，也不需要对纳税人付出任何代价。税收的这种无偿性同国家债务所具有的偿还性是不同的。但也必须指出，税收的无偿性与税收的强制性一样，也不是绝对的。因为针对具体的纳税人来说，纳税后并未获得任何报酬，从这个意义上说，税收是不具有偿还性或返还性的。但若从财政活动的整体来考察，税收的无偿性与财政支出的无偿性是并存的，这里又反映出有偿性的一面。特别是在社会主义条件下，税收具有马克思所说的“从一个处于私人地位的生产者身上扣除的一切，又会直接或间接地用来为处于社会成员地位的这个生产者谋福利”① 的性质，即通常所说的“取之于民，用之于民”。不过，每个纳税人缴纳的税款和他从税收使用中享受的利益并不是对称的。税收的无偿性特征是与其他财政收入形式相比较而得出的，从这个意义上说，税收无偿性的概括是准确的、科学的，也是有理论意义和实际意义的。

（三）税收的固定性

税收的固定性，指的是征税前就以法律的形式规定了征税对象以及统一的比例或数额，并只能按预定的标准征税。一般来说，纳税人只要取得了税法规定的应税收入，发生了应该纳税的行为，拥有了应税财产，就必须按规定标准纳税，不得违反。同样，政府也只能按预定标准征税，不得随意增减。当然，对税收的固定性也不能绝对化，以为标准一定，永不更改，事实不可能是这样。随着社会经济条件的变化，课税标准的改动是必然的，因为只有如此，才能使税收制度更为合理和科学。所以，税收的固定性实质上是指征税有一定的标准，而这个标准又具有相对的稳定性。

税收的“三性”可集中概括为税收的权威性，维护和强化税收的权威性，是我国当前税收征管中的一个重要课题。随着我国改革开放政策的实施，税收的作用在广度和深度上不断扩大，税收工作在经济生活中的地位日益提高，税收制度经过一系列改革已步入新的轨道，税收作为一个经济范畴和经济运行机制中不可缺少的经济手段已开始深入人心，为社会各阶层所熟悉和关注。但是，当前税收作用的潜在能量在建设小康社会和构建和谐社会中还没有充分发挥出来。这一事实在现实生活中有种种表现，诸如，依法治税和依法纳税的观念淡漠，擅自减免、偷漏税甚至抗税等现象仍然存在；税务机构和税务人员缺乏应有的威慑力量，殴打和辱骂税管人员的行为时有发生；税务人员内部也存在弄权渎职和贪赃枉法的不正之风；税收制度还不够完善，税收在社会主义市场经济中的调节作用仍不能正常发挥；等等。以上种种现象说明，从理论上阐明税收在社会主义市场经济中的地位和作用，指明税收的“三性”，加强税收的规范化和法制化，仍是当前征管工作的一项重要任务，而集中到一点，就是必须维护和强化税收的权威性。从根本上说，税收的权威性源于国家政权的权威性。马克思曾指出：“废除捐税的背后就是废除国家。”② 从这个意义上说，无视税收的权威，就是无视国家法律的权威，就是无视国家政权的权威。

---

① 马克思，恩格斯．马克思恩格斯全集：第19卷．北京：人民出版社，1963：20.

② 马克思，恩格斯．马克思恩格斯全集：第7卷．北京：人民出版社，1959：368.

第二节 税收术语和税收分类

一、税收术语

（一）纳税人

纳税人又称纳税主体，是指税法规定的负有纳税义务的单位和个人。纳税人可以是自然人，也可以是法人。所谓自然人，一般是指公民或居民个人，如月工资达到应税所得额的我国公民，就是个人所得税的纳税人。所谓法人，是指依法成立并能独立行使法定权利和承担法定义务的社会组织，主要是各类企业，如我国的国有企业、集体企业和私人企业等都是企业所得税的纳税人。与纳税人有联系的一个概念是负税人。负税人是指最终负担税款的单位和个人，它与纳税人有时是一致的，如在税负不能转嫁的条件下；有时是分离的，如在税负可以转嫁的条件下。

（二）课税对象

课税对象又称税收客体，是指税法规定的征税的目的物，是征税的根据。每一种税都必须明确对什么征税，每种税的课税对象都不会完全一致。课税对象是一种税区别于另一种税的主要标志。在现代社会，国家的征税对象主要包括所得、商品和财产三大类，国家的税制往往也是以对应于这三类课税对象的所得税、商品税和财产税为主体。与课税对象相关的是税源。税源是指税收的经济来源或最终出处，各种税有不同的经济来源。有的税种的课税对象与税源是一致的，如所得税的课税对象和税源都是纳税人的所得。有的税种的课税对象与税源不同，如财产税的课税对象是纳税人的财产，但税源往往是纳税人的收入。由于税源是否丰裕直接制约着税收收入规模，因而积极培育税源始终是税收征管工作的一项重要任务。

与课税对象相联系的另一个概念是税目。税目是课税对象的具体项目或课税对象的具体划分。税目规定了一个税种的征税范围（也称征收范围），反映了征税的广度。一般来说，一个课税对象往往包括多个税目，如关税就有近百个税目。当然，有的课税对象十分简单，不再划分税目。税目的划分可以使纳税人更透彻地了解税收制度，也可以使国家灵活地运用税收调节经济，如对各个税目规定不同的税率，就是调节经济的手段之一。

（三）课税标准

课税标准，指的是国家征税时的实际依据，或称课税依据。如纯所得额、商品流转额、财产净值等就为课税标准。征税对象形态各异，有的是商品，有的是所得，有的是财产，而仅就商品而言，又有不同的种类，国家征税必须以统一的标准对课税对象进行计量，如对商品按其货币价值统一衡量，否则便无法进行。同时，国家出于政治和经济政策层面的考虑，并不是对课税对象的全部课税，往往允许纳税人在税前扣除某些项目，如个人所得中的基本生计费用部分，因而也需要对课税对象予以计量，核算出实际征税的依据。确定课税标准是国家实际征税的重要步骤。

（四）税率

税率，是指对课税对象征税的比率。课税对象与税率的乘积就是应征税额，反过来说，税额与课税对象之比即为税率。税率是国家税收制度的核心，它反映征税的深度，体现国家的税收政策。一般来说，税率可划分为比例税率、定额税率和累进税率三类（见图 10－1）。

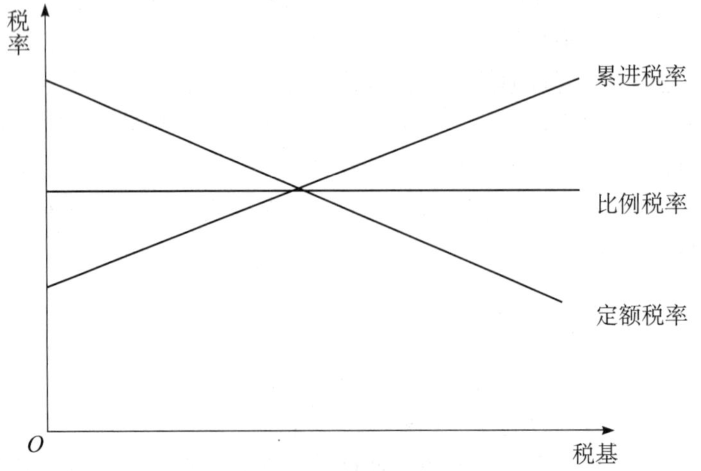

图 10－1　比例税率、定额税率和累进税率

比例税率是对同一课税对象，不论其数额大小，统一按一个比例征税。比例税率在具体运用上又可分为几种类型：行业比例税率，即按行业的差别规定不同的税率；产品比例税率，即按产品的不同规定不同的税率；地区差别比例税率，即对不同地区实行不同的税率。在比例税率下，同一课税对象的不同纳税人的负担相同，具有鼓励生产、计算简便和有利于税收征管的优点，一般应用于商品课税。比例税率的缺点是有悖于量能纳税原则，我国大部分税种采用的都是比例税率。

定额税率，亦称固定税额，它是按课税对象的一定计量单位直接规定一个固定的税额，而不规定征收比例。定额税率在计算上更为便利，而且由于采用从量计征办法，不受价格变动的影响。但是，由于它是一个固定的数额，随着税基规模的增大，纳税的比例变小，故税率具有累退的性质。它的缺点是负担不尽合理，因此只适用于特殊的税种，如我国的资源税、车船牌照税等。

累进税率是按课税对象数额的大小划分若干等级，对每个等级由低到高规定相应的税率，课税对象数额越大，税率就越高，数额越小，税率就越低。累进税率按计算方法的不同，又分为全额累进税率和超额累进税率两种。全额累进税率是对课税对象的全部按照与之相对应的税率征税，即按课税对象适用的最高级次的税率统一征税。超额累进税率是把课税对象按数额大小划分为不同的等级，每个等级由低到高分别规定税率，各等级分别计算税额，一定数额的课税对象同时使用几个税率。全额累进税率与超额累进税率都是按照量能纳税原则设计的，但两者又有不同的特点。其一，全额累进税率的累进程度高，超额累进税率的累进程度低，在税率级次和比例相同时，前者的负担重，后者的负担轻；其二，在所得额级距的临界点处，全额累进会出现税额增长超过所得额增长的不合理情况，超额累进则不存在这种问题；其三，全额累进税率在计算上简便，超额累进税率在计算上复杂。为了更清楚地说明两者的差异，试以表10-1为例进行比较。

表10-1　全额累进税与超额累进税的比较

税级（元）	税率（%）	适用全额累进税率的应税所得（元）	适用超额累进税率的应税所得（元）	全额累进税额（元）	超额累进税额（元）
25 000以下	20	25 000	25 000	5 000	5 000
25 001～50 000	30	50 000	25 000	15 000	7 500
50 001～75 000	40	75 000	25 000	30 000	10 000
75 001～100 000	50	100 000	25 000	50 000	12 500
—	—	100 000	100 000	50 000	35 000

从表10-1可以看出两种税率在累进程度上的差异和在计算方法上的不同。进一步分析，若该纳税人的应税所得为25 001元，按照全额累进税率纳税应为7 500.3（=25 001×30%）元，而当应税所得为25 000元时，仅需纳税5 000（=25 000×20%）元，即应税所得额增长1元，纳税额却增长2 500.3元。同一笔应税所得25 001元，如按超额累进税率计算，则纳税额为：25 000×20%+1×30%=5 000.3（元）。正是因为全额累进税率有上述缺点，所以在实际税制中很少应用，一般是实行超额累进税率。

应当指出，比例税率、定额税率、累进税率都是法律上的税率形式，即税法中可能采用的税率。若从经济分析的角度考察税率，则有另外的种类或形式，主要包括名义税率、实际税率、边际税率、平均税率等。名义税率即为税率表所列的税率，是纳税人实际纳税时适用的税率，实际税率是纳税人真实负担的有效税率，在没有税负转嫁的情况下，它等于税收负担率。有些税种由于实行免征额、税前扣除和超额累进征收制度，纳税人负担的税款低于按税率表上所列税率计算的税款，形成名义税率与实际税率的偏离。边际税率本来是指按照边际效用相等原则设计的一种理论化税率模式，其主要功能是使社会福利牺牲最小，实质上是按照纳税人收益多寡分等级课税的税率。由于累进税率大体上符合边际税率的设计原则，因而西方国家在经济分析中所讲的边际税率往往就是累进税率。平均税率是实纳税额与课税对象的比例，它往往低于边际税率，比较两者之间的差额是分析税率设计是否合理、税制是否科学的主要方法。一般来说，平均税率接近实际税率，而边际税率类似名义税率。

（五）税收能力和税收努力

税收收入和税率是衡量一国的税收水平或税收规模大小的指标，它的大小除了受一国人均收入水平、分配政策和分配制度等因素影响外，在理论上，对政府支出的需要、非税收资金来源（包括借债和货币创造等）的可用性和利用意愿也是很重要的决定因素。所有这些因素在一定程度上也可以用税收能力和税收努力这两个概念来概括。

（1）税收能力。简单来说，税收能力（tax capacity）是指应当能征收上来的税收数额。它包括两种能力：一是纳税人的纳税能力，二是政府的征税能力。纳税能力主要取决于一国的人均收入水平，征税能力主要取决于税务管理效率，而税务管理效率又取决于税务人员的人数、技能、敬业精神以及纳税人的合作情况。

（2）税收努力。税收努力（tax effort）是指税务当局征收全部法定应纳税额的程度，或者说是税收能力被利用的程度，税收努力决定了潜在的税收能力中有多大比例能转变为实际的税收收入。因此，税收努力是一个相对概念。一般来说，税收努力取决于两类因素，一是税制的完善程度，二是税务部门的征收管理水平。

（六）起征点与免征额

起征点指税法规定的对课税对象开始征税的最低界限，收入未达起征点的低收入者不纳税，收入超过起征点的高收入者按全部课税对象纳税；免征额指税法规定的课税对象的全部数额中免予纳税的数额，全部纳税人不论收入高低，同等享受免征额待遇。起征点和免征额存在明显的差别，不得混同。在税法中规定起征点和免征额是对纳税人的一种照顾措施，但两者照顾的侧重点显然不同，前者照顾的是低收入者，后者则是对所有纳税人的普惠照顾。世界各国为了体现纳税公平和维护公民的生存权利，都是既实行免征额制度，“人人纳税”，又照顾维持生活的人。我国税法也实行免征额制度。为了减轻低收入者的纳税负担，近年曾几次提高免征额。当采取提高免征额的措施时，高收入者不仅同时享受提高免征额的好处，而且得到超额收入纳税累进度减弱的好处。显然，采取提高免征额的措施，有利于减轻低收入者的税负，而不利于调节收入差距，因此必须权衡利弊，审慎取舍。我国个人所得税制的税前扣除是实行免征额制度，有些人士将其理解为起征点，是缺乏税收基本知识的误解。

（七）课税基础

课税基础简称税基，是源于西方的一个概念，指建立某种税或一种税制的经济基础或依据。它不同于课税对象，如商品课税的课税对象是商品，但其税基则是厂家的销售收入或消费的货币支出。它也不同于税源，税源总是以收入的形式存在，但税基却可能是支出。税基、课税对象、税源在一定情况下可能是一致的，但这三个概念在含义上的差别是明显的。税基选择是税制设计的重要内容，它包括两个方面的问题：其一是以什么为税基。现代税收理论认为以收益、财产为税基是合理的，但也有一种观点认为以支出为税基更为科学。其二是税基的宽窄问题。税基宽则税源厚，税款多，但也会造成较大的副作用；税基窄则税源薄，税款少，但对经济的不利影响也较小。正确界定税基是保证税收作用充分发挥的必要条件。如果仅从税基宽窄角度考虑问题，税基大体相当于征税范围，即征税广度。

二、税收分类

（一）按照课税对象分为所得课税、商品课税和财产课税

现代国家的税制一般都由多个税种组成，各税种既相互区别又密切相关，依照一定的

标准将各税种分别归类，是研究和建设税制的重要前提。虽然税收分类的标准和方法有很多，但按照课税对象的性质进行分类，始终是各国常用的主要的分类方法，也是最能反映现代税制结构的分类方法。按照课税对象的性质可将各税种分为所得课税、商品课税和财产课税三大类。所得课税，是指以纳税人的净所得（纯收益或纯收入）为课税对象的税种，一般包括个人所得税、企业所得税等，在西方国家，社会保障税、资本利得税等一般也划入此类。商品课税，包括所有以商品为课税对象的税种，有增值税、营业税、消费税、关税等。财产课税，是指以各类动产和不动产为课税对象的税收，有财产税、遗产税、赠与税等。必须说明，由于各个国家的税制千差万别，税种设计方式各异，因而同样采用此种分类方法，结果也不完全相同，如我国税种一般分为所得课税、商品课税、资源课税、行为课税和财产课税五大类。

（二）按照税负是否可以转嫁分为直接税与间接税

将税收划分为直接税和间接税的做法由来已久。早在18世纪，许多学者就把税源稳定、可以持久课征的税种称为直接税，而把偶然课征、难以稳定的税种称为间接税。后来，又有人将对财产课征的税种和对所得课征的税种称为直接税。到了现代社会，直接税和间接税的划分方法随着税收理论的发展而进一步完善，并最终以税负能否转嫁为标准进行划分，即凡是税负能够转嫁的税种，归属于间接税，凡是税负不能转嫁的税种，归属于直接税。一般认为，所得课税和财产课税属于直接税，商品课税属于间接税。税收分类标准的这一变化，使将税种分为直接税和间接税这种划分方法由过去仅是对税制的简单描述上升为一种经济分析理论，对税收理论的发展有重要的促进作用。但也必须指出，这种分类方法也有非科学的一面，主要问题是，税负能否转嫁不仅取决于税收的性质和特点，而且取决于客观的经济条件。有些税种看起来似乎可以转嫁，但在一定的经济条件下却未必可以转嫁出去，税负转嫁总是有条件的，仅仅凭借理论预期断定哪些税可以转嫁，哪些税不能转嫁，并依此分别称其为直接税或间接税，当然是不尽科学的。

（三）按照课税标准分为从量税与从价税

按照课税标准分类，可将税收划分为从量税和从价税。如前所述，国家征税时必须按一定标准对课税对象予以度量。而度量的方法有两种：一是按课税对象的数量、重量、容量或体积计算；二是按课税对象的价格计算。采用前一种计税方法的税种称为从量税，采用后一种计税方法的税种称为从价税。从量税的税额随着课税对象数量的变化而变化，计算简便，但税负水平是固定的、不尽合理的，因而只有少数税种采用这种计税方法，如我国的资源税、车船使用税等。相比较而言，从价税更适应商品经济的要求，同时也有利于贯彻国家的税收政策，因而大部分税种都采用这一计税方法。

（四）按照税收与价格的关系分为价内税与价外税

以税收与价格的关系为标准，可将税收分为价内税和价外税。凡税金构成价格组成部分的，称为价内税；凡税金作为价格之外的附加部分的，称为价外税；与之相适应，价内税的计税依据称为含税价格，价外税的计税依据称为不含税价格。一般认为，价外税比价内税更容易转嫁，价内税课征的侧重点为厂家或生产者，价外税课征的侧重点为消费者。西方国家的消费税大都采用价外税方式。我国1994年税制改革后的增值税，在零售以前各环节采取价外税方式征收，在零售环节采取价内税方式征收。

(五) 按照税种的隶属关系分为中央税与地方税

与前几种分类方法不同，中央税和地方税是按税种的隶属关系划分的。从理论上讲，税收的存在依据是国家的政治权力，因而任何税种都隶属于国家，也就是隶属于中央政府。把税收划分为中央税和地方税，并不意味着中央与地方具有同等的征税权力，而是由国家在政治和经济上实行分级管理体制所决定的。中央税和地方税的划分方法因国家政体和管理体制的不同而有所不同。有些国家的地方政府（州、省、县等）拥有税收立法权，可以自行设立税种，这类税种显然就是地方税；而中央政府开征的税种就是中央税。中央税与地方税的隶属关系是十分明确的。有些国家的税种是由中央政府统一设立的，但根据财政管理上的需要，特别是为了调动地方的积极性，划出一部分税种给地方，其管理和使用权限也相应下放给地方，从而形成另外一种类型的地方税。此外，有的国家还设立共享税，这类税收收入由中央和地方按一定比例分成。我国长期实行统一领导、分级管理的预算体制，中央税、地方税的概念早已有之，但由于绝大部分税收收入和立法权集中于中央，地方税有其名而无其实。1994年税制改革以后，明确了中央税、地方税和共享税，其中中央税有消费税、中央企业所得税、关税等，共享税有增值税、资源税、对证券交易征收的印花税等，地方税则是除此以外的其他所有税种。这一改革无疑是适应我国社会主义市场经济要求的，是我国税制的历史性进步。当然，当时税种划分的某些做法是出于收入划分的需要，随着经济改革的深化，对税种的划分及某些税种分享比例做必要的调整是不可避免的。

第三节 税收的公平与效率

一、如何理解税收中的公平与效率

在现代经济学看来，任何经济活动的目标都是追求公平与效率以及二者的最佳结合，税收也是如此。公平合理是税收的基本原则和税制建设的目标，从古到今，横贯东西方国家税收的实践表明，税收公平与否往往是检验税制和税收政策好坏的重要标准，即所谓税收以公平为本。一般地理解，税收公平包括普遍征税和平等征税两个方面。所谓普遍征税，是指征税遍及税收管辖权之内的所有法人和自然人，换言之，所有有纳税能力的人都应毫无例外地纳税，平等是指对所有纳税人一视同仁地征税，排除不合理的各类区别对待措施。当然，普遍征税也不是绝对的，如对外交使节的税收豁免待遇是一种国际惯例。所谓平等征税，通常指国家征税的比例或数额与纳税人的负担能力相称。具体有两个方面的含义：一是纳税能力相同的人同等纳税，即所谓“横向公平”；二是纳税能力不同的人不同等纳税，即所谓“纵向公平”。必须说明，上面所提到的纳税能力，一般是以所得为代表，所以“横向公平”的含义就是对所得相同的人同等课税，“纵向公平”的含义就是对所得不同的人不同等课税，简言之，就是所得多者多征，所得少者少征，无所得者不征。这里的征多征少，往往通过累进税、差别比例税、减征免征、加成征收等办法来实现。

税收以公平为本的同时，必须考虑效率的要求。征税不仅应是公平的，而且应是有效率的。这里的效率包括两层意义。一是指征税过程本身的效率。即采取先进和便利的征管机制，减少征收费用，征收费用与税收收入的比值越小越好；二是指征税对经济运行效率的影响，其宗旨是征税必须有利于促进经济效率的提高，也就是有效地发挥税收的经济调节功能，通过征税促进经济效率的提高是更高层次的税收效率。

税收既要公平又要效率，就存在两难选择和最优结合的问题。税收的公平与效率是密切相关的，从总体上讲，税收的公平与效率是相互促进、互为条件的统一体。首先，效率是公平的前提。因为税收作为一种分配手段是以丰裕的社会产品为基础的，而没有效率的公平便成了无本之木。所以，真正的公平必须融合效率的要求，必须是有效率的公平。其次，公平是效率的必要条件。尽管公平必须以效率为前提，但失去了公平的税收也不会是高效率的。因为税收不公平必然会挫伤企业和个人的积极性，甚至还会引致社会矛盾，从而使社会生产缺少动力和活力，自然也就无效率可言。就某一具体的税种来说，兼备公平与效率的税种几乎是不存在的。比如，商品课税可以促进合理配置资源，一般认为是有效率的，但由于它背离了量能纳税原则，有时会造成纳税人的苦乐不均，通常被认为是不公平的；所得课税具有负担合理、课征公平的优点，但所得课税只能调节收入分配，不能直接调节生产和流通，又有效率不高的缺点。因此，税收公平与效率的最优结合，是就集合多种税种而形成的税收制度而言的，讨论公平与效率的统一性主要也就是从这个意义上讲的。也就是说，建立由多个相互衔接和相互补充的税种组成的税收制度，才是优化税收公平与效率的结合的制度保障。当然，税收的公平与效率的统一并不是绝对的，有些国家从本国国情出发或为了实现特定的政治经济目标，在建设本国税制时实行把公平或效率某一方面作为侧重点的税收政策，从而形成效率型税制或公平型税制，这样的税制往往更具实践价值。如发展中国家实行效率型税制比实行兼顾型税制更能促进本国经济腾飞，发达国家实行公平型税制更有益于社会稳定。把税制的设计同本国的具体情况和长远发展战略结合起来，显然是对公平与效率两者更深层次和更高层次的兼顾。

我国当前的税制是以商品课税这种间接税为主，资源配置功能较强，收入分配功能较弱，因而改革的目标应是在改革和完善商品课税的同时加快改革和完善以所得课税和财产课税为主的直接税，提高直接税占税收总收入的比重。

二、税收中性问题

（一）税收中性的含义

所谓税收中性包含两种含义：一是国家征税使社会所付出的代价以税款为限，尽可能不给纳税人或社会带来其他的额外损失或负担；二是国家征税应避免对市场经济正常运行的干扰，特别是不能使税收超越市场机制成为资源配置的决定因素。2013 年 2 月发布的

《OECD 国际增值税/商品与服务税指引》（草案整合稿）明确提出了税收中性原则所包含的内容，其核心是“增值税是一种最终消费税，除最后环节的消费者外均可对进项税进行抵扣，确保税收中性”。只要国家征税，就必然对商品购买、劳动投入以及储蓄和投资等诸多方面产生不同程度的影响，在现实生活中保持完全税收中性是不可能的。因此，提出税收中性原则的实践意义在于尽量减少税收对市场经济正常运行的干扰，使市场机制在资源配置中发挥决定性作用，在这个前提下，掌握好税收超额负担的量和度，有效地发挥税收的调节作用，使税收机制与市场机制两者取得最优的结合，维护市场的统一。

应当指出，体现税收的中性原则，并不意味着取消或忽视税收对经济的调节作用。一般是将增值税视为一种中性税收，我国 1994 年税制改革也体现了税收中性原则。但增值税也不是一种纯中性税收。理由如下：一是从理论上说，商品课税的税负最终是由消费者负担的，但从实际来看，税负即使不构成产品成本，也是由企业首先垫支的。所以，政府课税以后，作为直接纳税人的企业必定会想方设法把税负转嫁出去。但税负的转嫁不是一厢情愿的，而是和价格的浮动相联系，并由产品的供求弹性来决定的。由于不同商品的供求弹性不同，因而税负转嫁的条件也不同，这就势必影响商品的相对价格，从而影响消费者的选择和生产者的决策。从这个意义上说，增值税失去了中性作用，而对资源配置发挥了调节作用。二是增值税的中性化是以单一税率为前提的，世界上多数国家的增值税都是设置 2～3 档税率，不同的税率就体现了税收的调节作用。三是全面推行增值税实行普遍征收的同时，世界各国一般都选择若干商品，再征一道按不同商品设置不同税率的消费税。我国在全面推行增值税的同时征收消费税，实行特殊调节，这是当前税制中发挥税收调节产业结构作用的主要税种和措施。

应当强调的是，税收效应或税收对经济及经济结构的调节作用是毋庸置疑的。但是，在社会主义市场经济体制下，对资源配置起决定性作用的是市场和市场形成的价格，税收必须在使市场起决定性作用的前提下发挥调节作用，传统体制下那种税收替代价格甚至超越价格对经济和经济结构发生调节作用的思路与做法必须彻底改变，还价格和税收以本来面目。

（二）税收超额负担或无谓负担

税收中性和税收超额负担相关，或者说，税收中性就是针对税收超额负担而提出的。税收超额负担（excess burden），又称无谓负担（dead burden），是指政府通过征税将社会资源从纳税人转向政府部门的转移过程中，给纳税人造成了纳税税款以外的负担。超额负担主要表现在两个方面：一是国家征税一方面减少了纳税人的支出，另一方面增加了政府部门的支出，若因征税而导致纳税人的经济利益损失大于因征税而增加的社会经济效益，则发生资源配置方面的超额负担；二是由于征税改变了商品的相对价格，因而会对纳税人的消费和生产行为产生不良影响，从而发生经济运行方面的超额负担。税收理论认为，税收的超额负担会降低税收的效率，而减少税收的超额负担从而提高税收效率的重要途径在于尽可能保持税收的中性原则。一般而言，所得课税只产生收入效应，对市场的干预程度较小，商品课税则因税种和税率的设置不同而有所不同，如避免重复课税和税率档次较少的税种，对市场的干预程度也较小。

税收超额负担是哈伯格运用马歇尔的基数效用理论，将其作为基础理论提出的，所以该理论被称为马歇尔-哈伯格超额负担理论。这种理论使用了消费者剩余和生产者剩余概念，并以消费者剩余的大小作为衡量消费者在消费某种商品时获得净福利的多少，见图 10-2。

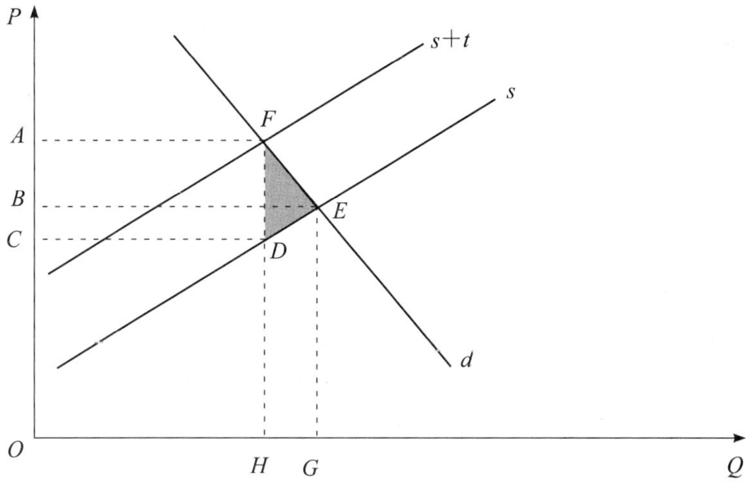

图 10-2 税收的超额负担

图 10-2 说明的是一种商品的市场，d 是商品的需求曲线，s 是商品的供给曲线。征税前的均衡点是 E，产量为 OG，价格为 OB。假定政府对这种商品课征 FD 的从量税，供给曲线 s 将向左上方移动至 $s+t$，税后均衡点为 F，产量减少至 OH，价格上升至 OA。这种税的税收收入是 CD（销售量）乘以 DF（税率），即 $ACDF$ 的面积。消费者因课税而损失的消费者剩余为 $ABEF$ 的面积，生产者因课税而损失的生产者剩余为 $BCDE$ 的面积。这两种损失合计为 $ACDEF$ 的面积，显然大于政府的课税收入（$ACDF$ 的面积）。二者的差额 FDE 就是课税的超额负担。这说明，纳税人的负担不仅是向政府纳税 $ACDF$，而且因政府课税带来价格上升而导致产量（消费量）减少，产生了纳税额之外的超额负担。这里的税收超额负担理论以消费者剩余为根据说明超额负担扭曲了课税商品与其他关联商品的消费选择，据此提出减少超额负担的三种方法：对需求弹性为零的商品征税；对所有商品等量（从价）征税；对所得征税。这里只介绍了税收超额负担的简单概念，至于对税收超额负担还存在一些争论的问题，属于需要进一步研究的问题。

第四节 税负的转嫁与归宿

一、税负转嫁与归宿概述

(一) 税负转嫁与归宿的含义

我们常常听到这样的说法：吸烟和喝酒的人对国家的贡献大，因为烟、酒税高利大，吸烟、喝酒等于向国家纳税。这种说法事实上就是在说明税负转嫁问题。稍有税收知识的人都知道，烟酒税是对生产者和销售者课征的，但生产者与销售者通过一定的方式可以将他们负担的税收转移给消费者，即吸烟和喝酒的人，这就是税负转嫁现象。概括地说，税负转嫁是指商品交换过程中，纳税人通过提高销售价格或压低购进价格的方法，将税负转移给购买者或供应者的一种经济现象。税负转嫁机制的特征如下：一是税负转嫁是和价格的升降直接联系的，而且价格的升降是由税负转移引起的；二是税负转嫁是各经济主体之间税负的再分配，也就是经济利益的再分配，税负转嫁必然导致纳税人与负税人的不一致；三是税负转嫁是纳税人的一般行为倾向，是纳税人的主动行为，因为课税是对纳税人的经济利益的侵犯，在利益机制的驱动下，纳税人必然千方百计地将税负转移给他人，以维护和增加自身的利益。与税负转嫁密切相关的一个概念是税收归宿。税收归宿一般指处于转嫁中的税负的最终落脚点。税负转嫁往往不是只有一次，如同一笔税款，厂家转嫁给批发商，批发商转嫁给零售商，零售商再转嫁给消费者，从而形成一个经济过程。但税负转嫁也并不是无穷尽的，总存在一个不可能再转嫁而要自己负担税款的阶层，如消费者，这一阶层即为税收归宿。税收归宿是一种理论抽象，如果分析具体的企业、个人之间的税负转嫁过程，它等同于负税人。与税负转嫁相联系的另一个范畴是逃税。逃税指个人或企业以不合法的方式逃避纳税义务，包括偷税、漏税和抗税等。逃税与税负转嫁不同，税负转嫁只会导致税收归宿的变化，引致纳税人与负税人的不一致，税收并未减少或损失。但逃税的结果是无人承担纳税义务，即无负税人，必然造成税收的减少或损失。逃税是一种不正常的违法行为。典型的税负转嫁在社会主义市场经济体制下主要存在于商品课税中，因此本书只限于对商品课税税负转嫁问题的讨论。

（二）税负转嫁方式

税负转嫁的基本方式有两种，即前转和后转，另外还有其他一些转嫁方式。

（1）前转方式。前转又称顺转，指纳税人通过抬高销售价格将税负转嫁给购买者。在商品经济条件下，很多税种都与商品或商品价格密切相关，大量的税收以价内税或价外税的方式课征。从事特定经营活动的纳税人往往可以抬高已税商品的价格并把这类商品销售出去，从而把该商品所负税收转移给下一个环节的经营者或消费者。如果加价的额度等于税款，则商品售出后即实现了充分的转嫁。如果加价的额度大于税款，则不仅实现了税负转嫁，纳税人还可以得到额外的利润，称为超额转嫁。如果加价的额度小于税款，则纳税人自身仍要负担部分税收，称为不完全转嫁。

（2）后转方式。后转又称逆转，指纳税人在无法实现前转时，通过压低进货的价格来转嫁税负。如对汽车销售商的课税，汽车销售商若无法提高售价，只好压低汽车进货价格，将税款全部或部分地转给汽车制造者，此即为后转。后转往往是通过厂商和销售商以谈判的方式实现的。

（3）其他转嫁方式。在现实生活中，往往是前转和后转并行，即一种商品的税负通过提高销价转移一部分，又通过压低进价转移一部分，这种转嫁方式称为混转或散转。在税收理论中还有消转和税收资本化之说。所谓消转，是指纳税人通过改进生产工艺，提高劳动生产率，自我消化税款。从税负转嫁的本意来说，消转并不成为一种税负转嫁方式。所谓税收资本化，指将某些能够增值的商品（如土地、房屋、股票）的课税预先从商品价格中扣除，然后再从事交易的方式。

二、税负转嫁与归宿的一般规律

任何纳税人都存在税负转嫁的愿望，这是毫无疑问的，但要把这种愿望转化为现实，却并不容易，问题在于，税负转嫁是有条件的。根据税负转嫁的定义可以得知，税负转嫁的基本条件是商品价格由供求关系决定而自由浮动。因为税负转嫁是通过价格升降实现的，如果价格不能自由浮动，那么纳税人虽有转嫁的动机，却不存在转嫁的条件，税负的转嫁也是不可能的。在价格可以自由浮动的前提下，税负转嫁的程度还受诸多因素的制约，常因供求弹性的大小、税种、课税标准、课税范围的宽窄以及企业所处行业、地位等不同而各异，但是也存在一般性的规律。

（1）商品课税较易转嫁，所得课税一般不易转嫁。从前边的讨论中可以看出，税负转嫁的最主要方式是变动商品的价格，因而，以商品为课税对象，与商品价格关系密切的增值税、消费税、关税等比较容易转嫁，而与商品及商品价格关系不密切或距离较远的所得课税往往难以转嫁。如对个人财产和劳动所得课征的税收一般只能降低个人的消费水平，无法转嫁出去。对各类企业课征的法人所得税尽管存在转嫁的渠道，如提高本公司商品的售价、降低或延迟提高雇员的工资或者提高劳动强度以及降低股息和红利，等等，但这些渠道并不畅通，或者会受到企业雇员和股东的强烈抵制，或者受制于社会供求关系的变化情况，都难以实现。

（2）供给弹性较大、需求弹性较小的商品的课税较易转嫁，供给弹性较小、需求弹性较大的商品的课税不易转嫁。社会中大量的商品生产和销售都处于竞争状态，商品价格的确定最终取决于供求关系，而税负转嫁自然与供求弹性有关。一般来说，供给弹性较大的商品，生产者可灵活调整生产数量，最终得以在所期望的价格水平上销售出去，因而所纳税款完全可以作为价格的一个组成部分被转嫁出去；而供给弹性较小的商品，生产者调整生产数量的可行性较小，从而难以控制价格水平，税负转嫁困难。同理，需求弹性较小的商品，其价格最终取决于卖方，也可以顺利地实现税负转嫁；但需求弹性较大的商品，买方可以通过调整购买数量影响价格，税负转嫁比较困难。如果把供给和需求结合起来考虑，则供给弹性大于需求弹性时，税负容易转嫁；供给弹性小于需求弹性时，税负转嫁困难。在极特殊的情况下，供给弹性等于需求弹性，则往往由供给和需求两方共同负担税款，税负转嫁只能部分实现。

在商品价格和供求关系变动的影响下，税负转嫁与归宿的一般规律可用图 10－3 和图 10－4 来表示。图中的符号 S 代表税前供给曲线，S' 代表税后供给曲线，D 代表需求曲线，P 代表价格，Q 代表供给或需求量。图 10－3 说明了供给弹性大于需求弹性条件下税负转嫁与归宿的情况。由于供给弹性大于需求弹性，税后的消费者支付价格由 P_1 上升到 P_2，供给者所得价格由 P_1 下降到 P_3，P_2-P_3 为全部税收，且 $P_2-P_3=(P_2-P_1)+(P_1-P_3)$。这时税收由消费者和供给者共同负担，即消费者负担 P_2-P_1，供给者负担 P_1-P_3，说明由于供给弹性大于需求弹性，税收的大部分向前转移给消费者负担，小部分由供给者本身负担。图 10－4 则说明了需求弹性大于供给弹性条件下税负转嫁与归宿的情况。由于需求弹性大于供给弹性，税后的均衡价格由 P_1 上升到 P_2，P_2-P_1 为消费者承担的税收，供给者所得价格由 P_1 下降到 P_3，P_1-P_3 为供给者承担的税收，说明由于需求弹性大于供给弹性，税收的小部分被转嫁给消费者负担，而大部分由供给者本身负担。

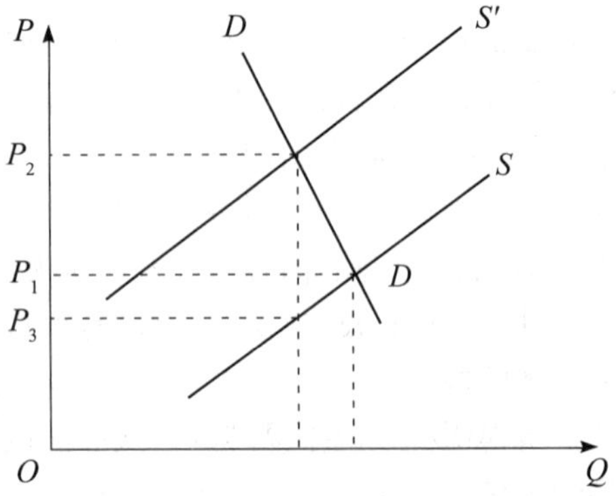

图 10-3　供给弹性大于需求弹性条件下的税负转嫁与归宿

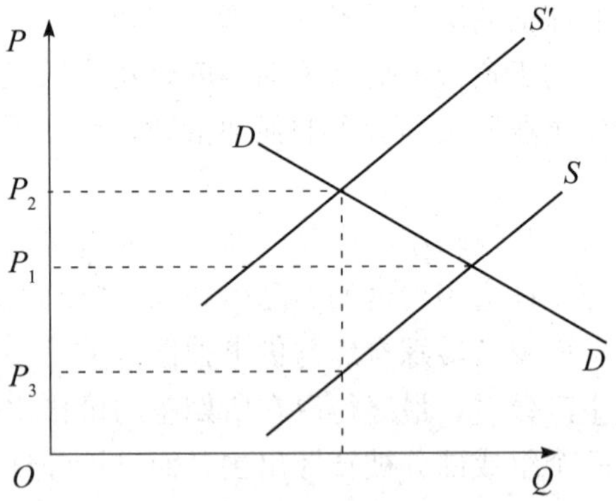

图 10-4　需求弹性大于供给弹性条件下的税负转嫁与归宿

（3）课税范围宽广的商品税负较易转嫁，课税范围狭窄的商品税负难以转嫁。税负转嫁必然引致商品价格的升高，若另外的商品可以替代加价的商品，消费者往往会转而代之，从而使税负转嫁失效。但若一种税收课税范围很广，甚至波及同类商品的全部，则消费者无法找到价格不变的代用品，只好承受税负转嫁的损失。

（4）对垄断性商品课征的税容易转嫁，对竞争性商品课征的税较难转嫁。因为垄断性商品在较大的市场范围内有独占性，生产者和经营者基本上掌握价格的控制权，提价转嫁税负的能力强。竞争性商品要根据市场供求状况调整价格，提价转嫁税负的能力较弱。

（5）从价课税的税负容易转嫁，从量课税的税负不容易转嫁。从量课税是按课税对象的数量、重量、容积、面积、体积征税，税额不受价格变动的影响，消费者对提价转嫁比较敏感，纳税人担心转嫁税负得少失多。在从价课税条件下，价格随税负转嫁而上升，消费者不易察觉，税负相对说来比较容易转嫁。

三、我国的税负转嫁

(一) 我国已经存在税负转嫁的经济条件

如上所述，税负转嫁是和商品经济相伴随的一种经济现象，是通过价格升降而实现的税负转移。价值规律是商品经济的基本规律，而价值规律的内涵就是商品价值由社会必要劳动时间决定，商品价格受供求关系的影响围绕价值而上下波动。因此，不论在什么社会经济制度下，只要是商品经济形式，价值规律在发挥作用，就存在税负转嫁，市场经济体制下普遍存在税负转嫁现象。当然，在不同社会经济制度下税负转嫁的实现条件是不同的。我国过去是实行计划经济体制以及相应的计划价格体制，在这种经济体制下，税负转嫁的主观条件和客观条件都是不存在的。

改革开放后，我国逐步转向社会主义市场经济体制，经济生活的各个方面都发生了巨大的变化，企业不仅存在税负转嫁的动机，而且具备了充分的税负转嫁的条件。这是因为：

(1) 企业是市场经济条件下自主经营、自负盈亏的经济实体，在竞争中求生存、求发展，有了自身的独立的经济利益，在物质利益的驱动下，利用税负转嫁机制减轻税负以获取更大的自身利益的动机增强了。

(2) 税负转嫁是以价格的自由浮动为前提条件的，而我国价格的市场化为税负转嫁提供了充分条件。

(3) 我国税制以商品课税为主体，也为税负转嫁提供了更为广阔的空间。只要存在税负转嫁现象，它就会对社会生活产生广泛的影响，而且可能发挥不同的效应。

因此，对税负转嫁问题不能回避和忽视，应当正视并认真对待，自觉地加以掌握和运用，利用它的积极作用，限制或防止它的消极作用。税负转嫁在我国是由于经济体制转换而带来的新问题，也是我国税收理论和实践正在探索的新课题。

(二) 有关税负转嫁的政策性问题

我国税制是以商品课税为主体的，而税负转嫁又主要发生在商品课税领域，因而深入研究税负转嫁的机理，采取相应的对策，有着特别重要的理论意义和实践意义。税负转嫁与设计税收制度及制定税收政策有密切关系。假定原定的税收政策和税收制度是合理的，既有利于优化资源配置，又符合公平原则，但税负转嫁可能改变预定的税负分配格局，影响税收的公平和效率，抵消税收的经济调节作用。因此，在设计税收制度和制定税收政策时必须充分考虑各类商品的供求状况和价格趋势，合理选择税率、课征范围以及做好税种的搭配，或采取其他相应的管理手段。

(1) 税负转嫁是税负的再分配，也就是物质利益的再分配，消费者会因税负转嫁而负担增加，商品的生产和经营者会因税负转嫁而改变其在竞争中的地位。因此，对价格放开的生活必需品不可施以重税，因为其需求弹性小，即使物价上涨，消费者也不能不购买，这样纳税人很容易把税负转嫁给消费者，增加消费者的负担；对供不应求的商品加税，既可以限制消费，又不会妨碍生产的增长；对供过于求的商品加税，由于价格难以上涨，税负不易转嫁，可以限制生产；等等。

（2）税负转嫁会强化纳税人逃税的动机，即当税负转嫁不易实现时，纳税人极有可能转向逃税来取代税负转嫁，也就是说，税负转嫁会破坏税收的严肃性，腐蚀纳税人依法纳税的自觉性。所以，税务机关在防止任意转嫁税负的同时，还必须采取经济手段、法律手段和行政手段加强税收征管工作。

（3）提高所得课税的比重，缩小税收转嫁的范围和空间。我国税负中商品税的比重偏高，而所得税的比重偏低。从税制改革的方向来看，提高所得税的比重，既有利于强化税收的调节作用，也有利于缩小税收转嫁的范围和空间，缓解税收转嫁的负面效应。

（4）实行价外税，有利于增强商品课税税负归宿的透明度。价内税与价外税的征纳税额是一样的，只是价格形式不同。价内税的税收是作为价格的组成部分，表现为含税价格，价外税的税收是作为价格的附加，价格与税收分离，表现为不含税价格。从现实生活来看，消费者购买商品的时候，价内税的税款是和价格同时支付，而价外税的税款是单独支付，所以，价内税是价税合一，降低了税负最终归宿的透明度，混淆了纳税人与负税人的区别，同时也会使价格信号失真，模糊价格与税收的不同功能。实行价外税，是将税款和价格分开，使纳税人与实际负税人分离，有利于增强税负最终归宿的透明度，有利于培养公民的纳税意识，也有利于更好地发挥税收和价格两个经济杠杆对经济的调节作用。总结我国商品课税征收的经验，借鉴国际上一些国家采用价外税的成功做法，为了避免引起大的波动，使企业和消费者逐步习惯，可先同步公布按含税价格征税和按不含税价格征税两种税率，逐步由按含税价格征税过渡到完全按不含税价格征税。

（5）自然垄断行业的税负转嫁居于优势，应加强对这些行业的价格管理。垄断分为自然垄断和人为垄断两大类。国家通过支持和鼓励竞争可以消除或限制人为垄断，但对自然垄断，则不能完全靠市场竞争来消除。由于自然垄断具有规模越大效益就越高的特征，在市场经济条件下，若国家不进行适当干预，自然垄断行业（如电力、天然气、煤气、供水、通信和运输等行业）就会通过减产提价来获得超额利润。对于自然垄断行业，不少市场经济国家都曾实行国有和公营，或对私有企业实施不同程度的国家干预。在市场经济条件下，自然垄断行业既要引入一定的市场调节，又不能像一般竞争行业那样主要靠市场调节。所以，对这些行业，在遵循供求规律的前提下，政府有必要在价格方面实施一定程度的干预和控制，这样才能有效控制该类企业为减轻税收负担而进行不正当的税负转嫁。

☑【关键词】

税收的“三性”	纳税人	课税对象	课税标准
比例税率	累进税率	起征点与免征额	课税基础
直接税与间接税	从量税与从价税	价内税与价外税	（税负）前转
（税负）后转	（税负）混转		

【复习与思考】

1. 阐明税收“三性”的理论意义和实践意义。

2. 简述税收的分类。
3. 讨论税收公平与效率对我国的税制改革有什么意义。
4. 简述税收中性和税收超额负担。
5. 试分析税负转嫁与归宿的一般规律。
6. 研究税负转嫁有什么现实意义?

第十一章

税收的经济效应

第一节　税收经济效应的作用机制

所谓税收的经济效应，是指纳税人因国家课税而在其经济选择或经济行为方面作出的反应，或者从另一个角度说，是指国家课税对消费者的选择以及生产者决策的影响，也就是通常所说的税收的调节作用。税收的经济效应表现为收入效应和替代效应两个方面，各个税种对经济的影响都可以分解成这两种效应，或者说，税收对相关经济变量的影响都可以从这两个方面进行分析。因此，税收经济效应的作用机制是分析税收经济影响的基本原理。

一、税收的收入效应

税收的收入效应，是指税收将纳税人的一部分收入转移到政府手中，使纳税人的收入下降，从而降低商品购买量和消费水平。我们用图 11-1 来说明。

在图 11-1 中，横轴和纵轴分别代表食品和衣物两种商品的数量。假定纳税人的收入是固定的，而且全部收入用于购买食品和衣物，两种商品的价格也是不变的，则将纳税人购买两种商品的数量组合连成一条直线，即图中的 AB 线，此时纳税人对衣物和食品的需要都可以得到满足。纳税人的消费偏好可以由一组无差异曲线来表示，每条曲线都表示个人得到同等满足程度时在两种商品之间选择不同组合的轨迹。由于边际效用随数量递减，无差异曲线呈下凸状。AB 线与无数条无差异曲线相遇，但只与其中一条相切，即图中的 I_1，切点为 P_1。在这一切点（P_1）上，纳税人以其限定的收入购买两种商品所得到的效用或满足程度最大，即用于衣物的支出为 P_1 与轴线的垂直距离乘以衣物价格，用于食品的支出为 P_1 与轴线的水平距离乘以食品价格。

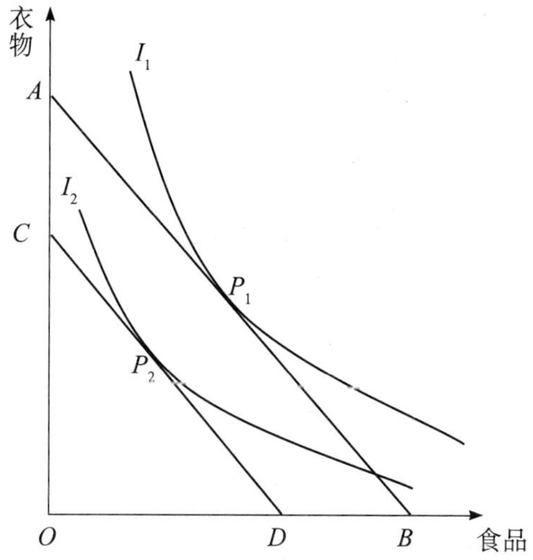

图 11-1 税收的收入效应

若政府决定对纳税人课征一次性税收（如个人所得税），税款相当于 AC 乘以衣物价格或 BD 乘以食品价格，那么，该纳税人购买两种商品的组合线由 AB 移至 CD。CD 与另一条无差异曲线 I_2 相切，切点为 P_2。在这一切点上，纳税人以其税后收入购买两种商品所得到的效用或满足程度最大，即用于衣物的支出为 P_2 与轴线的垂直距离乘以衣物价格，用于食品的支出为 P_2 与轴线的水平距离乘以食品价格。

由以上分析可以看出，政府课征一次性税收使纳税人购买商品的最佳选择点由 P_1 移至 P_2，这说明政府课税对纳税人的影响表现为，因收入水平下降而减少商品购买量或降低消费水平，但不改变购买两种商品的数量组合。

二、税收的替代效应

税收的替代效应，是指税收对纳税人在商品购买方面的影响，表现为当政府对不同的商品实行征税或不征税、重税或轻税的区别对待时，会影响商品的相对价格，使纳税人减少征税或重税商品的购买量，而增加无税或轻税商品的购买量，即以无税或轻税商品替代征税或重税商品。我们用图 11-2 来说明。

仍假定政府不征税或征税前纳税人购买两种商品的组合线为 AB，最佳选择点仍为 P_1。现假定只对食品征税，税款为 BE 乘以食品价格，对衣物不征税。在这种情况下，该纳税人会减少食品的购买量，购买两种商品的组合线便由 AB 移至 AE，与其相切的无差异曲线则为 I_3，切点为 P_3。在这一切点上，纳税人以税后收入购买商品所得的效用或满足程度最大，即用于衣物的支出为 P_3 与轴线的垂直距离乘以衣物价格，用于食品的支出为 P_3 与轴线的水平距离乘以食品价格。

由此可见，由于政府对食品征税而对衣物不征税，改变了纳税人购买商品的选择，其

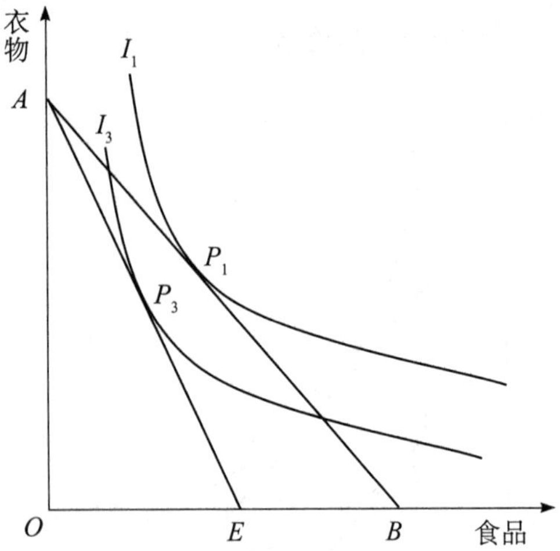

图 11－2　税收的替代效应

最佳点由 P_1 移至 P_3，这意味着纳税人减少了食品的购买量，相对增加了衣物的购买量，从而改变了购买两种商品的数量组合，也使消费者的满足程度下降。

第二节　税收对投资和收入分配的影响

一、税收对投资的影响

（一）税收影响投资的原理

税收对生产要素，如劳动力和储蓄的供给都会产生一定的效应，但主要是对投资的影响较大。投资是影响经济增长的重要因素，而投资决策是由投资的净收益和投资的成本决定的。税收对投资的影响，主要是通过企业所得税的税率、税前抵扣和税收优惠等措施影响纳税人的投资收益和投资成本。投资者关心的不是毛收益率，而是净收益率。假定投资量为 Q，毛收益为 R，则毛收益率为 $r=R/Q$；假定企业所得税税率为 t，则净收益率为 $r(1-t)$；再假定市场利率为 i，则投资者从追求最大利润的动机出发，要求 $r(1-t)\geqslant i$，而能否实现这个要求，在很大程度上取决于税率 t 的高低。从投资的结果来看，$r(1-t)$ 可能大于或等于 i，也可能小于 i，即出现亏损，这就是说存在一个投资风险问题。显然，课征企业所得税增加了投资风险，而税收却不能为投资者承担风险。虽然有些国家的税收制度允许投资者在纳税时进行亏损结转，即用以前或以后年份的利润冲减亏损，但即使这样也不可能完全消除投资风险，在通货膨胀严重的年份更是如此。此外，对投资征收企业所得税，一般都允许从应税所得中扣除折旧和科研费用，这种措施对鼓励投资起着重要作用。

（二）税收对投资的替代效应和收入效应分析

税收对投资的影响同样是通过替代效应和收入效应来实现的，可以采取同样的分析方法。课征企业所得税，会压低纳税人的投资收益率，如果因此而降低了投资对纳税人的吸引力，导致投资者减少投资而以消费替代投资，就是发生了税收对投资的替代效应。税收对投资的替代效应可以用图 11－3 来说明。

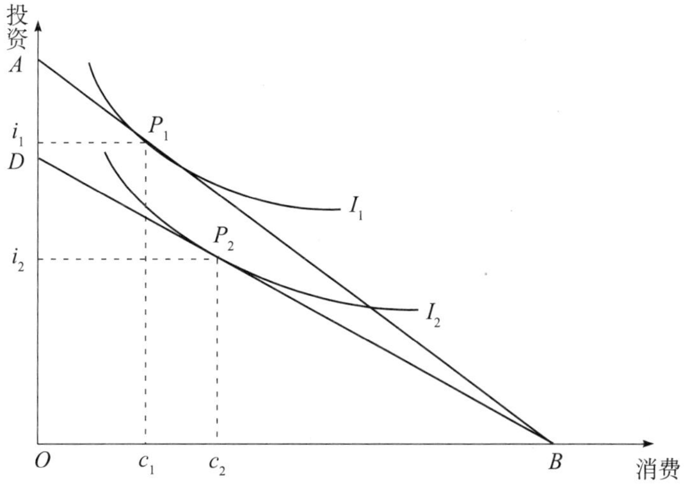

图 11－3　税收对投资的替代效应

在图 11－3 中，纵轴代表纳税人对投资的选择，横轴代表纳税人对消费的选择。在政府课税前，纳税人的投资和消费组合用 AB 线表示。AB 与无差异曲线 I_1 在 P_1 点相切，表明 P_1 点所决定的投资和消费组合可给纳税人带来最大的效用。现假定政府对企业征收企业所得税，若纳税人因此而减少投资，其对投资和消费的选择组合线会从 AB 向内旋转至 DB，DB 与新的无差异曲线 I_2 在 P_2 点相切，此切点决定了纳税人税后可获得最大效用的最佳组合。即投资额变为 i_2，小于税前的 i_1，消费额变为 c_2，大于税前的 c_1，说明纳税人因政府课征企业所得税而减少了投资，同时，增加消费替代了投资。

如果征税和提高税率减少了投资者的税后净收益，而投资者为了维持过去的收益水平趋向于增加投资，那么这就是税收对投资的收入效应。税收对投资的收入效应可以用图 11－4 来说明。

图 11－4 表明，若纳税人因政府课税而倾向于增加投资，对投资和消费的选择组合会从 AB 向内旋转至 AE。AE 与新的无差异曲线 I_2 在 P_2 点相切，这一切点决定了纳税人税后对投资与消费选择的最佳组合点，即他选择 i_2 为投资额，大于税前的 i_1，选择 c_2 为消费额，小于税前的 c_1，说明纳税人因政府征税而增加了投资。

（三）税收对吸引外国直接投资的影响

以上是对税收对投资的影响的一般分析，而税收对吸引外国直接投资的影响则存在一些特殊问题。一般而言，发展中国家为吸引外资，都给外资提供内资所不能享受的特殊优惠措施。例如：允许加速折旧，向后推移纳税义务；实行未分配利润减税或再投资退税，

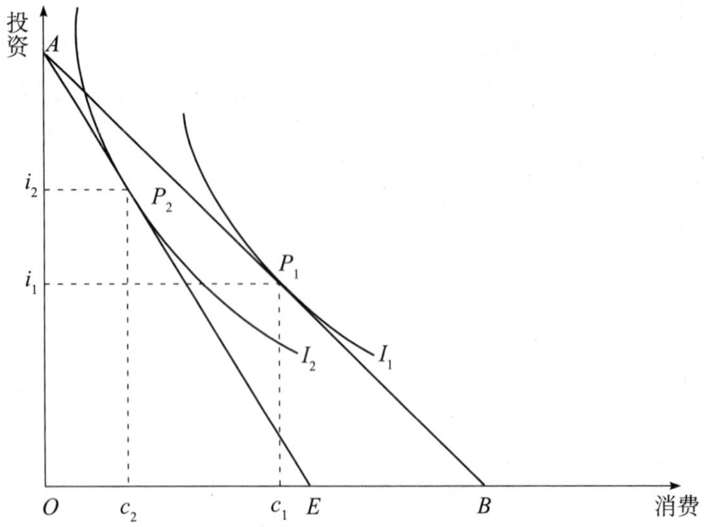

图 11－4　税收对投资的收入效应

鼓励将利润留在国内再投资；降低税率或定期免税；等等。但外国投资者是否会真正得到税收优惠的好处或者能够得到多少，还取决于投资者的居住国和投资国之间的国际税收关系。投资者的居住国对纳税人在投资国的已税收入可以实行三种不同的处理方法，即免税法、扣除法和抵免法。采取免税法，则居住国对投资者来源于投资国的利润免于征税，投资者可以享受投资国给予的全部税收优惠。采取扣除法，则居住国允许投资者从应税所得中扣除已在投资国缴纳的税款，投资者实际得到的利润将取决于投资国税率的高低，二者呈反向关系。采取抵免法，则居住国首先按本国税法规定计算出一个税额，然后从该税额中减去已在投资国缴纳的税款。不过，在投资国已缴纳的税款有一个最高抵免额，如果是比例税率，该抵免额就是纳税人在投资国的所得额按居住国税率计算的税额。在采取这种抵免法的情况下，投资国低税政策的好处并不会使投资者得到利益，结果是税收优惠从投资者转移到了投资者的居住国。这里涉及国际税收的基本知识问题，本书将在第十七章“国际税收”一节中专门讲述。

二、税收对收入分配的影响

收入分配是否公平是现代社会普遍关注的一个社会问题，税收作为一种调节收入分配的有力工具，已经越来越受到关注。因为政府通过征税，不仅可以对高收入者课以高税，抑制高收入者的收入，而且可以通过转移支付提高低收入者的收入，改善收入分配状况。

（1）个人所得税是调节收入分配的最有力工具。在各种收入来源既定的情况下，个人间收入分配的结果及其差距在很大程度上取决于个人所得税的征收状况。因为个人所得税具有两大特点：一是个人所得税直接对纳税人的所得综合或分类进行征税，即使实行比例税率，也体现了支付能力原则，即高收入者多征，低收入者少征；二是可以实行累进税率制度，税率随着收入级次的提高而提高，收入水平越高，适用税率就越高，从而具有较强的再分配作用。因此，个人所得税对个人间的收入分配特别是对抑制收入差距的扩大具有特殊的功能。

（2）税收支出也是影响收入分配的重要工具。政府可以通过对许多项目作出不予课税、税额抵免、所得扣除等特殊规定，增加低收入阶层的实际收入。实现这一目标的途径有两条：一是直接对低收入阶层的许多纳税项目给予税收优惠照顾，这些项目包括医疗费用扣除、儿童抚养费用扣除、劳动所得抵免、老年人和残疾人所得扣除、失业福利扣除、社会保险扣除，等等；二是对有助于间接增加低收入阶层收入或减少低收入者消费支出的行为给予税收优惠照顾，如对高收入者向慈善机构、公益事业机构等单位的捐款，给予免税待遇，以鼓励慷慨解囊举办社会福利事业。

（3）社会保险税是实现收入再分配的重要手段。社会保险税是以纳税人的工薪所得为征税对象的一种税收，在为全体居民提供社会保障基金的同时，也发挥了在高收入群体和低收入群体之间的再分配作用。

（4）所得税指数化是减轻通货膨胀的收入分配扭曲效应的一种方法。所谓所得税指数化，即按照每年的消费物价指数，调整应税所得的适用税率和纳税扣除额，以便剔除通货膨胀所造成的名义所得上涨的影响。在实行累进个人所得税制的情况下，通货膨胀对个人收入的再分配将发生重大影响。比如，通货膨胀使所有纳税人一律出现“档次爬升”现象，相对而言，就加重了低收入阶层的税收负担。从各国的实践来看，所得税指数化是消除通货膨胀以及累进税率机制所产生的收入分配扭曲效应的有力措施。所得税指数化主要有四种方法：1）特别扣除法，即从纳税人的应税所得额中，按一定比例扣除因通货膨胀而增加的名义所得部分。2）税率调整法，即按通货膨胀上涨指数，降低各级距的边际税率，使调整后的税率级距维持在原有效税率的实际水平上。3）指数调整法，即依据物价指数或相关的指定指标指数，调整个人所得税中的免征额、扣除额以及课税级距等，以消除通货膨胀期间的名义所得增加部分。4）实际所得调整法，即将各年应税所得还原为基年的实际所得，适用基年的免征额、扣除额及课税级距，求得纳税义务后，再以物价指数还原计算应纳税额。

三、西方供给学派的税收观点

（一）供给学派的三个基本命题

供给学派是在反对凯恩斯主义学派的背景下应运而生的，供给学派认为，需求管理政策不能解决经济的“滞胀”，只有从资本和劳动力投入的数量与质量及其使用效率着手，才能恢复经济的活力，因而主张实行“供给管理政策”，主要载体则是减税政策。

西方经济学将供给学派的税收观点归结为三个基本命题。一是高边际税率会降低人们的工作积极性，而低边际税率会提高人们的工作积极性。边际税率是指增加的收入中要向政府纳税的数额所占的比例。比如，若你增加 100 元收入，要向政府纳税 50 元，则边际税率为 50%。从劳动供给的角度看，如果边际税率过高，就会降低劳动人员的税后工资率，人们就会选择不工作、少工作或不努力工作，即减少劳动供给；如果实行低边际税率，就可以增强人们的工作积极性，从而增加劳动供给。从劳动需求的角度看，如果边际税率过高，企业会因为纳税后从劳动中赚得的收益减少而减少劳动需求；如果实行低边际税率，企业就会增加劳动需求。因此，供给学派认为，降低边际税率可以增加劳动的供给和需求，从而增加税后总供给。二是高边际税率会阻碍投资，减少资本存量，而低边际税率会鼓励投资，增加资本存量。这里的投资包括物质投资和人力投资。因为过高的边际税率会降低税后的投资收益，自然会影响人们的投资积极性，人们会根据边际税率的情况相应减少投资；反之，降低边际税率则会增强人们的投资积极性。因此，供给学派认为，降低边际税率，可以刺激投资，从而增加税后总供给。三是边际税率的高低和税收收入的多少不一定同向变化，甚至可能反向变化。供给学派认为，高边际税率会导致地下的"黑色经济"泛滥，助长纳税人的逃税动机，反而会减少税收收入；降低边际税率，会使纳税人自觉地纳税，从而增加税收收入。

（二）拉弗曲线

拉弗曲线是供给学派的代表人物拉弗设计的说明税率与税收收入和经济增长之间的函数关系的一条曲线，供给学派的三个基本命题可以从拉弗曲线得到说明，请参阅图 11-5。

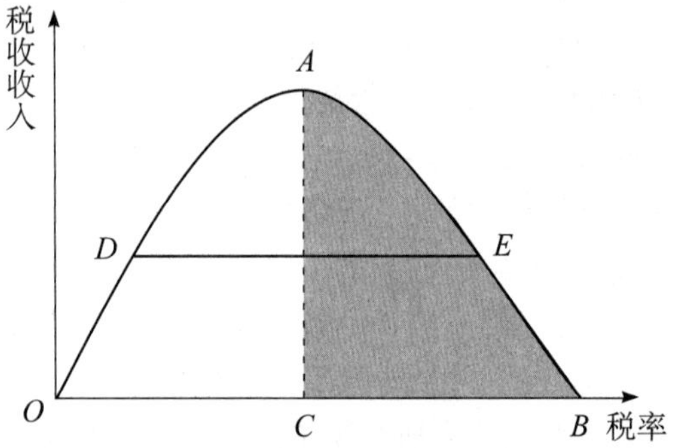

图 11-5　拉弗曲线

图中横轴代表税率，纵轴代表税收收入。税率从原点开始为 0，然后逐级提高至 B 点时为 100%；税收收入从原点向上计算，随着税率的变化而变化。税收收入与税率的函数关系呈曲线 OAB 状（抛物线形）。当税率逐级提高时，税收收入也随之增加。当税率提高至 OC 时，税收收入达到最大，即 AC。税率一旦超过 OC，税收收入反而会呈减少趋势。当税率上升到 OB（100%）时，税收收入将因无人愿意从事工作和投资而降为零。供给学派把 CAB 区域，即图中的阴影部分，称为税率"禁区"。在税率进入禁区后，税率越提高，税收收入越是减少。供给学派认为，美国 20 世纪 80 年代初期的税率处于禁区，要恢复经济增长势头，就必须降低边际税率。此后，在美国的带动下，全世界曾掀起了一阵以减税为核心的税制改革浪潮。

拉弗曲线至少阐明了以下三方面的经济含义：(1) 高税率不一定带来高税收收入，而高收入也不一定要实行高税率。因为高税率会挫伤生产者和经营者的积极性，削弱经济行为主体的活力，导致生产停滞或下降。(2) 取得同样多的税收收入，可以采用两种不同的税率，如图 11-5 中的 D 点和 E 点，税收收入是相等的，但 D 点的税收负担很轻。由于低税负刺激了工作意愿、储蓄意愿和投资意愿，因而会促进经济增长，随着经济的增长，税基扩大，税收收入自然增加。(3) 税率、税收收入和经济增长之间存在着相互依存、相互制约的关系，从理论上说应当存在一种兼顾税收收入与经济增长的最优税率。因此，保持适度的宏观税负水平是促进经济增长的一个重要杠杆。

减税政策是美国政府反萧条和促进经济增长的惯用手段，但却屡屡以失败告终。问题首先在于供给学派的理论基础是错误的，它宣称与需求管理“彻底决裂”，切割了供给侧与需求侧的有机联系，同时政策手段单一，缺乏相关政策的有效配合。我国当前也在实行减税降费政策。我国的减税降费政策完全不同于供给学派的减税政策。我国的减税政策是供给侧结构性改革中财政政策的一个有机组成部分，而供给侧结构性改革是在适度扩大总需求的同时，着力加强供给侧改革，并强调多种政策手段的相互配合，达到社会经济稳定均衡发展的目标。

☑【关键词】

税收的收入效应　税收的替代效应　拉弗曲线

【复习与思考】

1. 试述税收的收入效应。
2. 试述税收的替代效应。
3. 试述税收对投资的影响。
4. 试述税收对收入分配的影响。
5. 如何评价西方供给学派的税收观点和拉弗曲线?

第十二章 我国现行税制

第一节　税收制度和我国税制改革

一、税收制度概念及其演变

对税收制度可以从两个不同的角度来理解。一种理解认为，税收制度是国家各种税收法令和征收管理办法的总称，另一种理解认为，税收制度是国家按一定政策原则组成的税收体系，其核心是主体税种的选择和各税种的搭配问题。本章乃至本书提及的税收制度，主要指的是后一种含义。

税收制度的发展是指构成税制的各个税种的演变和主体税种的交替的历史过程。自人类社会有了国家，就开始了征税的历史。从古到今，各国开征的税种不胜枚举，但如前所述，可以将它们归纳为直接税和间接税两大类，而两类税种本身以及主体税种的更替经历了一个漫长的演进过程。与直接税和间接税的发展相适应，主体税种也反复更新，并体现了税收制度的不同发展阶段。很明显，作为主体税种的只能是那些课征范围广泛、税源充裕的税种。随着自然经济逐渐解体和商品生产与商品交换的日益发展，对商品的课税以它的税源充裕、课征方便等优点而逐渐显露头角。商品课税起源于封建社会的末期，盛行于资本主义生产方式确立之后。在资本主义条件下，社会的财富表现为“庞大的商品堆积”，商品课税遂以空前的规模发展，并形成以商品课税为主体的税收制度发展阶段。到了现代社会，由于大工业的发展、分工与协作的扩大和经济关系的国际化，商品课税与社会生产和消费又产生了矛盾。在国内，它干扰了市场的运行并造成分配不公；在国际上，它表现为保护关税，阻碍资金、劳动力和商品的自由竞争与流动，因而，经济发达国家转而发展现代直接税——所得课税和财产课税，并且这两者逐步取代商品课税而构成主体税种。

但是，在资本主义国家开征所得税，不可避免地要向资本家个人直接征税，不论资本家如何逃税或转嫁税收，所得税终究要减少他们已经分得的收入，因此对资产阶级来说，“再没有什么比所得税、财产税和房屋税等直接税更不受人欢迎的了。”① 法国资产阶级在取得政权后，曾宣布永不课征所得税，因而在资本主义国家开征所得税后的一段时间内，所得税时征时停，经过若干年以后才以立法形式确立下来，其中阶级斗争形势和战争对所得税制的确立起了催生作用。最早具备实行所得税条件的国家当然是老牌资本主义国家——英国。美国现行的所得税法是导源于1913年10月的所得税法，在第一次世界大战中美国曾两度提高所得税税率，所得税遂居主导地位，到1918年在税收总收入中已占60%以上。

第二次世界大战以后，发达的资本主义国家为了缓和阶级矛盾，稳定社会秩序，而普遍推行社会保险制度，并开征社会保险税。社会保险税一部分来自企业雇主，另一部分来自职工个人，也是所得税类的一个税种。目前发达国家的社会保险税在税收总收入中已占据相当高的比重。如1991—1995年社会保险税占中央政府经常收入的比重，美国为34.5%，法国为44.1%。

与发达国家相比，发展中国家税制结构的明显特点是以间接税为主，间接税一般在税收总额中占60%～90%。这种特点是由发展中国家的主客观条件决定的。发展中国家的经济发展水平较低，人均收入较低，如果勉强推行以所得税为主的税收体制，难以保证国家财政的需要，而流转税在征收管理上简便易行，流转税是从价计征，不直接作用于企业所得和个人所得，对私人投资和个人储蓄的影响较小。但随着商品经济的发展，发展中国家以间接税为主体的税制已经暴露出它的弊端，许多国家开始采取相应的措施，因而税制发展出现了一些新的趋势。一是为了克服全额流转税的重复征税从而不利于专业化协作的弊端，开始推行增值税。但全面推行增值税，要求具备健全的纳税登记制度和财务会计制度，要求有较高的税务管理水平，而许多发展中国家目前还不完全具备这些条件。二是为了开拓新的税源，逐步扩大以所得税为主的直接税的征税范围，但在发展中国家征收所得税必然受企业利润水平低和人均收入水平低的制约。有关资料显示，低收入国家中央政府经常收入中所得税类加社会保险税所占的比重不及20%，而发达国家则高达70%。

二、我国税制改革过程

新中国的税收制度是在1950年确立的。为了统一全国税政，建立新税制，我国制定了《全国税政实施要则》，并于1950年1月公布施行。1958年我国进入第二个五年计划时期，由于在1956年完成了社会主义改造，社会经济结构由多种经济成分并存转变为单一的社会主义公有制经济，因而建立在原有经济结构基础上的税制必须改革，以适应新的形势。这一次改革的原则是“基本上在原有税负基础上简化税制”。1973年，在当时的形势下，税收制度被视为“管、卡、压”的工具，“税收无用论”甚嚣尘上，因而把“简化”作为改革税制的主要原则。主要内容有两项：(1) 合并税种。合并以后，对国营企业只征

① 马克思，恩格斯．马克思恩格斯全集：第8卷．北京：人民出版社，1961：543.

工商税，对集体企业只征工商税和工商所得税。(2) 简化税目和税率。税目由原来的108个减为44个，税率由原来的141个减为82个。

1978年党的十一届三中全会决定将全党的工作重点转移到社会主义现代化建设上来，开始全面实行改革开放的政策。可以说，新时期的税制改革实际上是一次税制的重建。从1979年开始的税制改革主要包括以下内容：(1) 在商品课税方面，陆续开征产品税、增值税、营业税和一些地方工商税收来取代原有的工商税；(2) 在所得课税方面，陆续开征国营企业所得税、集体企业所得税、城乡个体工商户所得税、私营企业所得税、个人收入调节税，健全了所得税体系；(3) 在财产和资源课税方面，陆续开征或恢复城市房产税、车船使用税、土地使用税、资源税和盐税；(4) 在涉外税收方面，陆续开征中外合资经营企业所得税、外国企业所得税和个人所得税。另外，国家为了达到某些特定的政治经济目的，还开征了建筑税（后改为投资方向调节税）、国营企业工资调节税、奖金税、筵席税、城市维护建设税等。在此期间我国已经建成了包含30多个税种的较为完整的税收体系。应当指出，从1979年开始的税制改革，十分重视主体税种的选择问题。如果说从1950年开始我国基本上实行的是以商品课税为单一主体税种的税制，那么这次税制改革则突破了原有的税制结构，初步建成了以商品课税和所得课税为双主体税种的税制。

1994年我国进行的工商税制改革是新中国成立以来规模最大、范围最广、内容最深刻、力度最强的全面改革。党的十四大明确提出建立社会主义市场经济体制的目标，党的十四届三中全会又作出《中共中央关于建立社会主义市场经济体制若干问题的决定》，随着经济体制改革的继续深化，原来的工商税制已经不能完全适应市场经济发展的要求，需要全面建设符合社会主义市场经济要求的税收制度。这次工商税制改革是经济体制整体配套改革的一个重要组成部分，是发展社会主义市场经济的一项重大举措。这次改革的总的指导思想是：统一税法，公平税负，简化税制，合理分权，理顺分配关系，建立符合社会主义市场经济要求的税收体系。1994年工商税制改革主要涉及四方面内容。(1) 以推行规范化的增值税为核心，相应设置消费税、营业税，建立新的流转课税体系，对外资企业停止征收原工商统一税，统一实行新的流转税制。(2) 对内资企业实行统一的企业所得税，取消原来分别设置的国营企业所得税、国营企业调节税、集体企业所得税和私营企业所得税。同时，国有企业不再执行企业承包上缴所得税的包干制。(3) 统一个人所得税，取消原个人收入调节税和城乡个体工商户所得税，对个人收入和个体工商户的生产经营所得统一适用修改后的《中华人民共和国个人所得税法》（简称《个人所得税法》）。个人所得税的政策是主要对收入较高者征收，对中低收入者少征或不征。(4) 调整、撤并和开征其他一些税种。如调整资源税、城市维护建设税和城镇土地使用税；取消集市交易税、牲畜交易税、烧油特别税、奖金和工资调节税；开征土地增值税、证券交易税；将盐税并入资源税，将特别消费税并入消费税。改革后的税种设置由原有的32个减至23个，这次改革初步实现了税制的简化与高效的统一。

我国是一个发展中国家，又处于经济体制转轨的过程中，随着经济形势和国内外环境的不断变化，现行税制同经济社会之间的摩擦会不断发生，这就决定了我国目前的税制仍然需要有步骤地进一步完善和调整。党的十六届三中全会通过的《中共中央关于完善社会主义市场经济体制若干问题的决定》作出了“分步实施税收制度改革”的部署，政府对完善税收制度提出了具体要求。下一步税制改革的基本思路是：根据“简税制、宽税基、低税率、严征管”的原则，围绕统一税法、公平税负、规范政府分配方式、提高税收征管效能的目标，在保持税收收入稳定增长的前提下，适应经济形势和宏观调控的需要，积极稳妥地分步对现行税制进行有增有减的结构性改革。党的十八届三中全会通过的《中共中央关于全面深化改革若干重大问题的决定》对税制改革提出明确要求："深化税收制度改革，完善地方税体系，逐步提高直接税比重。推进增值税改革，适当简化税率。调整消费税征收范围、环节、税率，把高耗能、高污染产品及部分高档消费品纳入征税范围。逐步建立综合与分类相结合的个人所得税制。加快房地产税立法并适时推进改革，加快资源税改革，推动环境保护费改税。按照统一税制、公平税负、促进公平竞争的原则，加强对税收优惠特别是区域税收优惠政策的规范管理。税收优惠政策统一由专门税收法律法规规定，清理规范税收优惠政策。完善国税、地税征管体制。"应当指出，全面深化改革所设定的税收制度体系，目前还仍是目标体系，实现这个目标不是一朝一夕可以完成的，因而我国当前的税收制度仍旧是改革进程中的税收制度。

我国在进行工商税制改革的同时，在农村进行农村税费改革。农村税费改革是我国继土地改革、家庭承包经营制之后的又一次农村经济体制的重大改革。该项改革坚持"减轻、规范、稳定"的原则，即切实减轻农民负担，从制度上规范国家、集体和农民之间的分配关系与分配形式，在减轻和规范的基础上，使农民的税负水平在一个较长的时期内保持不变。这次改革把"三个确保"作为目标，即确保农民负担得到明显减轻而且不再反弹，确保乡镇机构和村级组织正常运转，确保农村义务教育经费不受影响。农村税费改革的主要内容可以概括为"三个取消，两个调整，一项改革"。"三个取消"是指取消乡统筹费、农村教育集资等专门面向农民征收的行政事业性收费、政府性基金和集资，取消屠宰税，取消统一规定的劳动积累工和义务工。"两个调整"是指调整农（牧）业税政策和调整农业特产税政策。"一项改革"是指改革村提留征收使用办法。为保证农村税费改革的顺利进行，各地区还实施了一系列配套改革措施，包括乡镇机构改革、教育体制改革、政府公共支出改革，等等。同时，为了弥补因农村税费改革给县乡财政造成的资金缺口，中央财政和省级财政还设法安排转移支付资金，给予适当补助。农村税费改革经过几年的试点，取得了明显成效。一是农民负担得到了较大幅度的减轻，扭转了农民负担长期较重的局面。二是促进了农民收入的增长，减负的积极作用就是拉动农民收入的增长。三是改善了农村干群关系，有利于农村的稳定。四是推动了农村基层民主制度建设的进程。在农村税费改革的过程中，我国已经根据"减轻、规范、稳定"的原则对农（牧）业税和农业特产税进行了调整，同时也明确在五年内将逐步取消农业税。2006 年 3 月 14 日，第十届全国人民代表大会第四次会议通过决议，庄严宣布在全国范围彻底取消农业税。从此，农业税在我国退出历史舞台，征收农业税在中华大地已经成为历史。

第二节 我国现行商品课税

一、商品课税的特征和功能

商品课税是泛指所有以商品为征税对象的税类。就我国现行税制而言，包括增值税、消费税、土地增值税、关税及一些地方性工商税种。同其他税类对比而言，商品课税有下述四方面的特征：

（1）课征普遍。商品课税以商品交换并形成销售收入为前提。在现代社会中，商品是社会生产、分配、交换和消费的对象，商品生产和商品交换是社会生产的主要形式，对商品的课税自然是最具普遍性的税类。

（2）以商品和非商品的流转额为计税依据。这里的商品流转额指商品销售的收入额，非商品流转额指交通运输、邮政通信以及各种服务性行业的营业收入。由于商品课税以流转额为计税依据，在税率既定的前提下，税额大小直接依存于商品和劳务价格的高低及流转额的多少，而与成本和费用水平无关。根据商品课税的这一特征，商品课税又被称为流转课税。

（3）实行比例税率。除少数税种实行定额税率外，适用比例税率制是商品税类的一个重要特征。

（4）计征简便。商品课税以流转额为计税依据，与商品成本和盈利水平无关，又是实行比例税率，所以计税与征税都十分简便。

商品课税的优点是税源充裕，课征方便，并可以抑制消费，增加储蓄和投资，有利于经济发展。但正如前面所指出的，由于商品课税与商品价格相联系，在国内会干扰市场运行并形成分配不公，在国际上会阻碍资金、劳动力和商品的自由竞争和流动。总之，商品课税是特征鲜明、功能突出、缺陷明显的一个税类。在税收实践中，必须扬其长而避其短，这也正是我国商品课税制度建设中应遵循的基本原则。

我国的商品课税有多个具体税种，这里只简要介绍具有代表性的主要税种及其基本制度规定，即增值税和消费税，目的在于说明商品课税的课税对象、纳税人、税率及计征方法等税制中的主要问题。

二、增值税

（一）增值税概述

增值税，顾名思义，是就商品价值中增值额课征的一个税种，增值额是指企业在商品生产过程中新创造的价值，相当于商品价值扣除生产中消耗的生产资料价值 C 之后的余额，即 $V+M$ 部分。具体到一个生产单位，增值额是指纳税人的商品销售收入或劳务收入扣除外购商品价款后的余额。增值税始建于法国，之后在西欧和北欧各国迅速推广，已成为当今许多发达国家和发展中国家广泛采用的一个国际性税种。

（1）增值税的特点和优点。

增值税的最大特点和功能是就一种商品和劳务在从生产到流通全过程的多道课征中采取道道扣税制度，从而消除重复征税，避免对市场的干扰，充分体现税收中性原则。这一特点适应了社会化大生产的需要，在促进生产的专业化和技术协作、保证税负分配相对公平等方面有较大功效。增值税还有其他一些优点，诸如：增值税采取道道课税的课征方式，并以各企业新创造的价值为计税依据，可以使各关联企业在纳税上互相监督，减少乃至杜绝偷税漏税，因为上游企业漏税必然使下游企业多纳，在经济利益原则的驱使下，下游企业必然主动监督上游企业的纳税情况；增值税的课征与商品流转环节相适应，但税收额的大小又不受流转环节多少的影响；企业的兼并和分解都不影响增值税税额，可以保证收入的稳定；对于出口需要退税的商品可以实行“零税率”，将商品在国内已缴纳的税收一次性全部退还给企业，比退税不彻底的一般流转税更能鼓励外向型经济的发展。

（2）增值税的类型。

一般而言，增值税的计税依据是商品和劳务价款中的增值额，但各国的增值税制度对购进固定资产价款的处理有所不同，据此增值税可分为三种类型：一是生产型增值税。计税依据中不准许抵扣任何购进的固定资产的价款，就国民经济整体而言，计税依据相当于国民生产总值，故称为生产型增值税。二是收入型增值税。只准许抵扣当期应计入产品成本的折旧部分，就国民经济整体而言，计税依据相当于国民收入，故称为收入型增值税。三是消费型增值税。准许一次全部抵扣当期购进的用于生产应税产品的固定资产的价款，就国民经济整体而言，计税依据只包括全部消费品的价值，故称为消费型增值税。由于计税依据有差别，因而不同类型增值税的收入效应和激励效应是不同的。从财政收入着眼，生产型增值税的效应最大，收入型增值税次之，消费型增值税最小；从激励投资着眼，则次序相反。西方国家采用生产型增值税者较少，普遍采用后两种类型。

（3）增值税的计征方法。

增值税的计征方法比较复杂，从理论上讲，有三种计征方法：一是将纳税单位纳税期内新创造的价值（如工资、利润、利息和其他增值项目）逐项相加作为增值额，然后按适用税率求出增值税税额，故称为“加法”；二是将企业单位纳税期内的销售收入额减去法定扣除额（如原材料、燃料、动力、零配件等）后的余额作为增值额，故称为“减法”（或扣额法）；三是不直接计算增值额，而是从按销售收入额计算的税额中扣除法定外购商品的已纳税金，以其余额作为增值税应纳税额，故通常称为“扣税法”。在实践中，由于“加法”计算复杂，误差较大，很少有国家采用，一般采取扣税法。

（二）我国增值税制度的演变

我国自20世纪80年代开始试行增值税，1993年发布了《中华人民共和国增值税暂行条例》。当时实行的增值税是生产型增值税，而且没有覆盖全行业，未覆盖的行业仍实行营业税，是一种不完全的增值税。因此，为了体现增值税的特点和功能，必须适时进一步完善和改革。第一步是“转型”改革。国务院决定自2009年1月1日起，开始实施修订后的《中华人民共和国增值税暂行条例》，在全国推开增值税转型改革，改革的核心是在企业计算应缴增值税时，允许其扣除购入机器设备所含的增值税，即将生产型增值税改为消费型增值税。第二步是“扩围”改革，即“营改增”改革。国务院决定从2012年1月1日起开展“营改增”的试点，并由财政部、国家税务总局印发了《营业税改征增值税试点方案》。2016年《政府工作报告》明确从2016年5月1日起继续并全面实施“营改增”，力争圆满实现建立彻底的消费型增值税制度的最终目标。2017年11月19日国务院公布《国务院关于废止〈中华人民共和国营业税暂行条例〉和修改〈中华人民共和国增值税暂行条例〉的决定》，这标志着在我国长期实行的营业税已经谢幕并开始执行修改后的《中华人民共和国增值税暂行条例》。

“营改增”是推进供给侧结构性改革的重大举措，是近年来我国实施的减税规模最大的改革措施，也是本届政府推进财税体制改革的重头戏，对于推动构建统一简洁税制和消除重复征税、有效减轻企业和群众负担，拉长产业链条，扩大税基，落实创新驱动发展战略，促进新动能成长和产业升级，带动增加就业，起到了一举多得的重要作用，既为当前经济增长提供了有力支撑，也为今后持续发展增添了强劲动力。

（三）现行增值税

现行增值税条例主要规定如下：

（1）增值税的纳税人。

在中华人民共和国境内销售货物或者加工、修理修配劳务（以下简称劳务），销售服务、无形资产、不动产以及进口货物的单位和个人，为增值税的纳税人。

（2）增值税税率。

增值税税率曾于2018年由17%降为16%，2019年又进一步降低。根据2019年4月1日起实施的最新增值税税率表，准确地说，对一般纳税人规定了三档税率，即13%、9%、6%。而对小规模纳税人则适用征收率，至于对出口货物实行所谓“零”税率，事实上不构成税率，因为没有纳税。

一般纳税人适用的三档税率分别是：

1）销售货物、加工、修理修配劳务行业的税率由16%降为13%，包括销售或进口货物，提供加工、修理修配劳务，提供有形动产租赁服务。

2）销售或进口货物中适用低税率的货物，包括粮食、自来水、图书、饲料等，税率由13%降为9%；原适用税率为11%的，税率也降为9%，包括交通运输服务、邮政服务、建筑服务、销售不动产。

3）原适用税率为6%的，税率保持不变，包括销售无形资产、电信服务、金融服务、生活服务、现代服务。

此次降税主要是针对一般纳税人，而小规模纳税人3%的征收率保持不变。对出口货物不征税，国务院另有规定的除外。

（3）增值税应纳税额的计算。纳税人销售货物、劳务、服务、无形资产、不动产（以下统称应税销售行为），应纳税额为当期销项税额抵扣当期进项税额后的余额。应纳税额计算公式为：应纳税额＝当期销项税额－当期进项税额；销项税额计算公式：销项税额＝销售额×税率。进项税额为纳税人购进货物、劳务、服务、无形资产、不动产支付或者负担的增值税额，销售额为纳税人发生应税销售行为收取的全部价款和价外费用，但是不包括收取的销项税额。销售方取得的增值税专用发票上注明的增值税额和从海关取得的海关进口增值税专用缴款书上注明的增值税额，准予从销项税额中抵扣。购进农产品，除取得增值税专用发票或者海关进口增值税专用缴款书外，按照农产品收购发票或者销售发票上注明的农产品买价和11%的扣除率计算进项税额，进项税额计算公式为：进项税额＝买价×扣除率。

（4）增值税小规模纳税人的纳税规定。对小规模纳税人发生应税销售行为，实行按照销售额和征收率计算应纳税额的简易办法，不得抵扣进项税额。应纳税额计算公式为：应纳税额＝销售额×征收率。小规模纳税人的标准由国务院财政、税务主管部门规定，征收率为3%。小规模纳税人会计核算健全，能够提供准确税务资料的，可以向主管税务机关申请资格认定，不作为小规模纳税人，依照增值税条例有关规定计算应纳税额。

（5）增值税免税规定。下列项目免征增值税：农业生产者销售的自产农产品、避孕药品和用具、古旧图书、直接用于科学研究、科学试验和教学的进口仪器及设备、外国政府和国际组织无偿援助的进口物资及设备、由残疾人组织直接进口供残疾人专用的物品、销售的自己使用过的物品。除此之外，增值税的免税、减税项目由国务院规定。任何地区、部门均不得规定免税、减税项目。

（6）增值税纳税地点。

1）固定业户应当向其机构所在地的主管税务机关申报纳税。总机构和分支机构不在同一县（市）的，应当分别向各自所在地的主管税务机关申报纳税；经国务院财政、税务主管部门或者其授权的财政、税务机关批准，可以由总机构汇总向总机构所在地的主管税务机关申报纳税。

2）固定业户到外县（市）销售货物或者劳务，应当向其机构所在地的主管税务机关报告外出经营事项，并向其机构所在地的主管税务机关申报纳税；未报告的，应当向销售地或者劳务发生地的主管税务机关申报纳税；未向销售地或者劳务发生地的主管税务机关申报纳税的，由其机构所在地的主管税务机关补征税款。

3）非固定业户销售货物或者劳务，应当向销售地或者劳务发生地的主管税务机关申报纳税；未向销售地或者劳务发生地的主管税务机关申报纳税的，由其机构所在地或者居住地的主管税务机关补征税款。

4）进口货物，应当向报关地海关申报纳税。

三、消费税

消费税的课税对象是消费品的销售收入，是 1994 年工商税制改革中新设置的一种商品课税。凡生产与进口应税消费品的单位和个人均为消费税的纳税人。在对商品普遍征收增值税的基础上，选择少数消费品再征收一道消费税，主要的作用是调节消费结构和消费方向，治理污染和保护环境，保证国家的财政收入。对烟、酒、汽油等消费品实行高税率或单独设置税种课以较重的税收，是国际上普遍的做法。从 1994 年税制改革方案的设计上看，消费税的收入由从原税制的产品税、增值税中分离出来的一部分收入构成，属于新老税制收入的转换，征收消费税并不是额外向消费者再加一道税。在被征收消费税的商品的价格中，过去就含有产品税、增值税，而且比例相对较高，现在按照统一税率征收增值税后，对这些商品征收的税款比过去减少，对减少的税款通过设置消费税这个税种进行单独征收，并没有增加这些商品的总体税收负担，也就是说，被征收消费税的消费品基本上维持了改革前的税负水平。

对消费税征税范围的选择，1994 年设置消费税时主要是考虑以下几个种类的消费品：一是流转税制格局调整后税收负担下降较多的产品；二是非生活必需品中一些高档、奢侈的消费品；三是从保护身体健康、生态环境等方面的需要出发，不提倡也不宜过度消费的某些消费品；四是一些特殊的资源性消费品。

在种类繁多的消费品中，征收消费税的极少。最初的《中华人民共和国消费税暂行条例》确定征收消费税的品目有 11 个，包括烟、酒、化妆品、护肤护发品、贵重首饰、汽油、柴油、汽车轮胎、摩托车、小汽车、烟花爆竹。消费税采取从价定率、从量定额以及从价定率与从量定额相结合的计税办法。从价定率的计税办法根据商品销售价格和税法规定的税率计算征税，这些商品包括雪茄烟、烟丝、化妆品等；从量定额的计税办法根据商品销售数量和税法规定的单位税额计算征税，对黄酒、啤酒、汽油、柴油适用从量定额的计税办法，如汽油的应纳税额＝销售数量（升）×0.2；对粮食白酒、薯类白酒、卷烟采用从价定率和从量定额相结合的复合计税办法，其应纳税额＝应税销售数量×定额税率＋应税销售额×比例税率，如粮食白酒的定额税率为每斤（500 克）0.5 元，比例税率为 25%。消费税根据不同的税目或子目确定相应的税率或单位税额。消费税实行价内征收的办法。从价定率征收，以含有消费税税金而不含增值税税金的消费品价格为计税依据。消费税从理论上说最终是由消费者负担的，但为了减少纳税人的数量，从而降低征收费用，防止税款流失，消费税的纳税环节确定为生产环节。

消费税自实施以来，对组织财政收入和引导消费方向发挥了重要作用，但随着经济形势的发展变化，在征税范围、税目设置、税率结构等方面逐渐出现了一些与现实情况不相适应的问题，因此，我国自 1994 年建立消费税后曾进行多次调整。

我国自 2006 年 4 月 1 日起对消费税制度进行重大调整。这次调整突出两个重点：一是突出环境保护和资源节约；二是突出合理引导消费并间接调节收入分配。比如，对高尔夫球及球具和游艇等高档消费和消费品开征消费税，对已具有大众消费特征的护肤护发品停征消费税，提高白酒、小汽车的税率。调整的主要内容是：（1）新增高尔夫球及球具、高档手表、游艇、木制一次性筷子、实木地板等税目。增列成品油税目，将原汽油、柴油税目作为该税目的两个子目，同时新增石脑油、溶剂油、润滑油、燃料油、航空煤油 5 个子目。（2）取消护肤护发品税目。（3）调整部分税目税率。在当时的 11 个税目中，涉及税率调整的有白酒、小汽车、摩托车、汽车轮胎几个税目。

2008 年 11 月财政部、国家税务总局按照国务院关于实施成品油价格和税费改革的要求，曾联合下发通知，决定从 2009 年 1 月 1 日起调整成品油消费税政策。主要内容是：（1）提高成品油消费税单位税额。汽油、石脑油、溶剂油、润滑油的消费税单位税额由每升 0.2 元提高到每升 1.0 元；柴油、航空煤油和燃料油的消费税单位税额由每升 0.1 元提高到每升 0.8 元。（2）调整特殊用途成品油消费税政策。例如：对进口石脑油恢复征收消费税；对航空煤油暂缓征收消费税；对用外购或委托加工收回的已税汽油生产的乙醇汽油免征消费税；用自产汽油生产的乙醇汽油，按照生产乙醇汽油所耗用的汽油数量申报纳税；等等。成品油消费税政策调整是成品油价格和税费改革的重要内容之一，对促进节能减排和经济结构调整、规范政府收费行为和公平社会负担，都具有非常重大的意义。

在修订《中华人民共和国增值税暂行条例》的过程中，鉴于营业税、消费税与增值税之间存在较强的相关性，为了保持这三个税种的相关政策和征管措施之间的有效衔接，我国同时对《中华人民共和国消费税暂行条例》进行了相应修改，内容是：（1）将 1994 年以来出台的政策调整内容更新到新修订的《中华人民共和国消费税暂行条例》（自 2009 年 1 月 1 日起实施）中，如将部分消费品（金银首饰、铂金首饰、钻石及钻石饰品）的消费税调整为在零售环节征收、对卷烟和白酒增加复合计税办法、消费税税目税率调整等。（2）与《中华人民共和国增值税暂行条例》衔接，将纳税申报期限从 10 日延长至 15 日，对消费税的纳税地点等规定进行了调整。2009 年曾对成品油消费税进行一揽子改革，取消了公路养路费等六项收费，提高了成品油消费税税率，改革后汽油消费税单位税额为每升 1 元，柴油为每升 0.8 元。

2014 年 11 月财政部、国家税务总局发出通知，决定自 2014 年 11 月 29 日起上调成品油消费税，该通知称，自 11 月 29 日起调整成品油等部分产品的消费税，其中，汽油消费税单位税额提高 0.12 元/升，柴油消费税提高 0.14 元/升，调整后，汽油、柴油消费税将为每升 1.12 元和每升 0.94 元；自 12 月 1 日起停止征收成品油价格调节基金，取消汽车轮胎消费税等四项消费税。这是自 2009 年成品油税费改革后首度调整成品油消费税。近年来我国经济发展与资源环境保护的矛盾日益突出，节能减排工作任务艰巨。随着机动车保有量的快速增长，耗油量急剧增加，燃油污染也日益严重。目前我国相当一部分城市受到较大范围、较长时间的严重雾霾天气困扰。适当提高成品油消费税，不仅可以促进大气污染治理，减少污染物排放，合理引导消费需求，促进石油资源的节约利用，而且有利于促进新能源产业的发展。

消费税对调节消费、治理污染以及保证国家财政收入起着重要作用，在深化财税体制改革的过程中，仍然需要按照党的十八届三中全会的要求对消费税进行必要的调整，主要方向是调整征税范围、环节、税率。消费税改革首先是要扩围，基本原则是“三高”即高耗能、高污染和高档消费品都要纳入消费税的征税范围。总目标是发挥消费税的调节作用，具体体现就是节能减排，引导消费行为，同时促进分配的公平。还要对消费税的征收环节进行调整完善，一些在生产环节征收的，以后可能要调整为在销售环节征收。税率可能也要进行适当的调整，比如烟的税率就曾进行过调整，按照世界卫生组织的建议，烟税还要再提高，其他消费品的税率也需要进行相应的调整。今后消费税改革要遵循的调整思路是：征税范围要调整到位，税率要调整得合适，要调整好征税环节。

2019 年 12 月财政部发布了《中华人民共和国消费税法（征求意见稿）》。该征求意见稿的税目税率表明确，白酒在生产（进口）环节征税，税率为 20%加 0.5 元/500 克（或者 500 毫升）；金银首饰、铂金首饰和钻石及钻石饰品在零售环节按 5%的税率征税；乘用车根据气缸容量，按 1%～40%不等的税率征税。对比现行的消费税暂行条例，烟、酒、石油等热门品类消费税税率没有改变。该征求意见稿不仅有助于落实税收法定原则，推动现代税制建设，同时也作出依法授权国务院组织开展消费税改革试点的规定，推动消费税的进一步改革，对调节中央与地方的收入分配、引导地方优化营商环境、促进消费结构升级等都具有积极意义。

第三节　所得课税

一、所得课税的特征和功能

（一）所得课税的特点

所得课税是对所有以所得额为课税对象的税种的总称。所得课税是一种优缺点十分鲜明的税类，具有四个方面的特征和优点：

（1）税负相对公平。所得课税以纯收入或净所得为计征依据，并一般实行所得多的多征、所得少的少征的累进征税办法，合乎量能纳税原则。同时，所得课税往往规定起征点、免征额及扣除项目，可以在征税上照顾低收入者，不会影响纳税人的基本生活。

（2）一般不存在重复征税问题，不影响商品的相对价格。所得课税是以纳税人的总收入减去准予扣除项目后的应纳税所得额为课征对象的，征税环节单一，只要不存在两个以上的课税主体，就不会出现重复征税，因而不会影响市场的运转。所得税的应纳税额不构成商品价格的追加，且不易转嫁，因而一般不会干扰各类商品的相对价格。

（3）有利于维护国家的经济权益。在国际经济交往与合作不断扩大的现代社会，跨国投资和经营的情况极为普遍，于是就必然存在跨国所得。对跨国所得征税是任何一个主权国家都应有的权益，这就需要利用所得税可以跨国征收的天然属性，参与纳税人跨国所得的分配，维护本国的权益。

（4）课税有弹性。所得来源于经济资源的利用和剩余产品的增加，从长远来看，随着资源利用效率的提高，剩余产品也会不断增长，因而所得课税不仅税源可靠，而且可根据国家的需要灵活调整，以适应政府支出的增减。

所得课税也存在某些缺陷，主要是：

（1）所得税的开征及其税源受企业利润水平和人均收入水平的制约。

（2）所得税的累进课税方法会在一定程度上压抑纳税人的生产和工作积极性的充分发挥。

（3）计征管理比较复杂，需要较高的税务管理水平，在发展中国家广泛推行往往遇到困难。

另外，有一种观点认为同商品课税相比，所得课税的经济调节功能较弱，不易有效地体现政府的经济政策。

我国的所得税有自身的特点：一是我国一向以商品课税为主，所得课税居于次要地位。二是西方发达国家的所得课税以个人所得税为主，而我国当前仍以企业所得税为主，但个人所得税的地位和作用也已经受到重视，正在显露头角。因此，目前我国所得税的功能仍然相对较弱，但随着市场经济的发展和经济改革的深化，可以预期，所得课税的功能将逐步得到运用和发挥。

（二）所得课税的功能

所得税是国家筹措资金的重要手段，也是促进社会公平分配和稳定经济的杠杆，所得税的后两种功能在当今社会备受重视，并成为各国社会政策和经济政策的主要传导工具。所得税是一种有效的再分配手段，可以通过累进课征缩小社会贫富和企业之间实际收入水平的差距，可以通过减税、免税给有特殊困难的纳税人以种种照顾，从而缓解社会矛盾，保持社会安宁。所谓税收的社会政策，主要是指所得税政策，所得税也是政府稳定经济的重要工具。由于所得税的弹性较大，因而政府可以根据社会总供给和总需求的平衡关系灵活调整税负水平，抑制经济波动：当经济增长速度过快，总需求过旺时，提高所得税税负水平；当经济处于萧条时期，社会总需求萎缩时，降低所得税税负水平。由于所得税一般实行累进税率，当经济过热、社会总需求过大时，企业和个人的所得会大幅度增加，原来按较低税率纳税的人要改按较高税率纳税，税收收入会自然增加，从而可以抑制纳税人的投资和消费冲动，维持经济稳定；反之，当经济萧条、纳税人收入下降时，适用税率自动下降，又可以刺激投资和消费，促进经济复苏。具有这种功能的所得税被称为“内在稳定器”和“人为稳定器”。所得税内在的稳定功能在以所得税为主的西方发达国家构成国家财政政策的核心内容。

二、企业所得税

（一）企业所得税改革历程

我国自改革开放以来，对内、外资企业一直实行两种不同的所得税法规。1991 年曾将分别适用于外商投资企业和外国企业的两种企业所得税制合并为《中华人民共和国外商投资企业和外国企业所得税法》，1993 年将适用于内资的国有、集体和私营企业所得税条例合并为《中华人民共和国企业所得税暂行条例》，由此形成内、外资企业两套企业所得税制度并存的格局。然而，两种税制之间由于名义税率和优惠待遇不同，实际税收负担率存在较大的差异，内资企业大体为 25%左右，而外资企业仅有 11%左右，在统一的市场下使内资企业长期处于非公平竞争的地位。因此，我国加入 WTO 以后，按照 WTO 规则中的非歧视原则统一内、外资企业所得税法，即实行“两税合一”已经成为税制改革中的一项迫切任务。经过多年的酝酿和论证，2007 年我国重新制定了《中华人民共和国企业所得税法》（简称《企业所得税法》），该法于 2007 年 3 月 16 日经第十届全国人民代表大会第五次会议通过，自 2008 年 1 月 1 日起施行。

（二）现行《企业所得税法》的主要内容

（1）纳税人。在中华人民共和国境内，企业和其他取得收入的组织（统称企业）为企业所得税纳税人。企业分为居民企业和非居民企业。居民企业是指依法在中国境内成立，或者依照外国（或地区）法律成立但实际管理机构在中国境内的企业。非居民企业是指依照外国（地区）法律成立且实际管理机构不在中国境内，但在中国境内设立机构、场所的，或者在中国境内未设立机构、场所，但有来源于中国境内所得的企业。

（2）税率。企业所得税的税率为 25%。非居民企业取得《企业所得税法》第三条第三款规定的所得，适用税率为 20%，第三条第三款规定“非居民企业在中国境内未设立机构、场所的，或者虽设立机构、场所但取得的所得与其所设机构、场所没有实际联系的，应当就其来源于中国境内的所得缴纳企业所得税”。

（3）应纳税所得额。企业每一纳税年度的收入总额，减除不征税收入、免税收入、各项扣除以及允许弥补的以前年度亏损后的余额，为应纳税所得额。收入总额为企业以货币形式和非货币形式从各种来源取得的收入，包括销售货物收入、提供劳务收入、转让财产收入、股息红利等权利性投资收益、利息收入、租金收入、特许权使用费收入、接受捐赠收入、其他收入。不征税收入有财政拨款、依法收取并纳入财政管理的行政事业性收费和政府性基金、国务院规定的其他不征税收入。《企业所得税法》还明确规定了准予扣除与不得计算扣除的费用和支出。

（4）税收优惠。国家对重点扶持与鼓励发展的产业和项目，给予企业所得税优惠，如：从事农、林、牧、渔业项目的所得，从事国家重点扶持的公共基础设施项目投资经营的所得，从事符合条件的环境保护、节能节水项目的所得，符合条件的技术转让所得，免征所得税；国家需要重点扶持的高新技术企业，减按15%的税率缴纳企业所得税；创业投资企业从事国家需要重点扶持和鼓励的创业投资，可以按投资额的一定比例抵扣应纳税所得额；企业的固定资产由于技术进步等原因，确需加速折旧的，可以缩短折旧年限或者采取加速折旧的方法；企业综合利用资源，生产符合国家产业政策规定的产品所取得的收入，可以在计算应纳税所得额时减计收入；企业购置用于环境保护、节能节水、安全生产等专用设备的投资额，可以按一定比例实行税额抵免；等等。

三、个人所得税

（一）《中华人民共和国个人所得税法》第七次修正

众所周知，个人所得税是税收制度中的一个重要税种，是调节国民收入分配的一种有效手段，可以通过对个人收入再分配的调节作用，缩小收入分配差距，遏制贫富分化，促进社会公平与和谐，是社会的"内在稳定器"。

《中华人民共和国个人所得税法》（简称《个人所得税法》）于1980年9月10日经第五届全国人民代表大会第三次会议审议通过执行，随后已经有过七次修正，现行税法是根据2018年8月31日第十三届全国人民代表大会常务委员会第五次会议通过的《全国人民代表大会常务委员会关于修改〈中华人民共和国个人所得税法〉的决定》进行了第七次修正的《个人所得税法》。

修正的总体指导思路是落实党中央、国务院关于个人所得税改革的决策部署，依法保障个人所得税改革顺利实施。修正工作坚持突出重点，对《个人所得税法》不适应改革需要的内容进行修改，补充、完善保障改革实施所需内容。对其他内容，原则上不作修改。

第七次修正的主要内容如下：

（1）明确居民个人和非居民纳税人概念。

修正前的《个人所得税法》规定了两类纳税人：一是在中国境内有住所，或者无住所而在境内居住满一年的个人，从中国境内和境外取得的所得，缴纳个人所得税；二是在中国境内无住所又不居住，或者无住所而在境内居住不满一年的个人，从中国境内取得的所得，缴纳个人所得税。从国际惯例看，一般将个人所得税纳税人分为居民个人和非居民个人两类，两类纳税人在纳税义务和征税方式上均有所区别。修正前的《个人所得税法》规定的两类纳税人实质上是居民个人和非居民个人，但没有明确作出概念上的分类。为适应个人所得税改革对两类纳税人在征税方式等方面的不同要求，便于税法和有关税收协定的贯彻执行，借鉴国际惯例，这次修正明确引入了居民个人和非居民个人的概念，并将在中国境内居住的时间这一判定居民个人和非居民个人的标准，由修正前的是否满1年调整为是否满183天，以更好地行使税收管辖权，维护国家税收权益。

（2）对部分劳动性所得实行综合征税。

修正前的《个人所得税法》采用分类征税方式，将应税所得分为11类，实行不同的征税办法。这次修正按照“逐步建立综合与分类相结合的个人所得税制”的要求，结合当前征管能力和配套条件等实际情况，将工资（含薪金所得）、劳务报酬所得、稿酬所得、特许权使用费所得等4项劳动性所得（以下称综合所得）纳入综合征税范围，适用统一的超额累进税率，居民个人按年合并计算个人所得税，非居民个人按月或者按次分项计算个人所得税。同时，适当简并应税所得分类，将“个体工商户的生产、经营所得”调整为“经营所得”，不再保留“对企事业单位的承包经营、承租经营所得”，该项所得根据具体情况，分别并入综合所得或者经营所得。对经营所得，利息、股息、红利所得，财产租赁所得，财产转让所得，偶然所得以及其他所得，仍采用分类征税方式，按照规定分别计算个人所得税。

（3）优化调整税率结构。

一是综合所得税率。以修正前的工资、薪金所得税率（3%至45%的7级超额累进税率）为基础，将按月计算应纳税所得额调整为按年计算，并优化调整部分税率的级距。具体是：扩大3%、10%、20%三档低税率的级距，3%税率的级距扩大一倍，将修正前的税率为10%的部分所得的税率降为3%；大幅扩大10%税率的级距，将修正前的税率为20%的所得，以及修正前的税率为25%的部分所得的税率降为10%；将修正前的税率为25%的部分所得的税率降为20%；相应缩小25%税率的级距，30%、35%、45%这三档较高税率的级距保持不变。

二是经营所得税率。以修正前的个体工商户的生产、经营所得和对企事业单位的承包经营、承租经营所得税率为基础，保持5%至35%的5级税率不变，适当调整各档税率的级距，其中最高档税率级距下限从10万元提高至50万元。

（4）提高综合所得基本减除费用标准。

按照修正前的《个人所得税法》，工资、薪金所得的基本减除费用标准为3 500元/月；劳务报酬所得、稿酬所得、特许权使用费所得，每次收入不超过4 000元的，减除费用800元，4 000元以上的，减除20%的费用。这次修正将上述综合所得的基本减除费用标准提高到5 000元/月（6万元/年）。这一标准综合考虑了人民群众消费支出水平增长等各方面的因素，并体现了一定的前瞻性。按此标准并结合税率结构调整测算，取得工资、薪金等综合所得的纳税人，总体上税负都有不同程度下降，特别是中等以下收入群体税负下降明显，有利于增加居民收入、增强消费能力。该标准对于在中国境内无住所而在中国境内取得工资、薪金所得的纳税人和在中国境内有住所而在中国境外取得工资、薪金所得的纳税人统一适用，不再保留专门的附加减除费用（1 300元/月）。

（5）设立专项附加扣除。

在提高综合所得基本减除费用标准，明确修正前的个人基本养老保险、基本医疗保险、失业保险、住房公积金等专项扣除项目以及依法确定的其他扣除项目继续执行的同时，增加规定子女教育支出、继续教育支出、大病医疗支出、住房贷款利息或住房租金支出、赡养老人支出等与人民群众生活密切相关的专项附加扣除。专项附加扣除考虑了个人负担的差异性，更符合个人所得税基本原理，有利于实现税制公平。

（6）增加反避税条款。

目前，个人运用各种手段逃避个人所得税的现象时有发生。为了堵塞税收漏洞，维护国家税收权益，这次修正参照《企业所得税法》有关反避税的规定，针对个人不按独立交易原则转让财产、在境外避税地避税、实施不合理商业安排获取不当税收利益等避税行为，赋予税务机关按合理方法进行纳税调整的权力。税务机关依照规定作出纳税调整，需要补征税款的，应当补征税款，并依法加收利息。

此外，为保障个人所得税改革的顺利实施，这次修正还明确了非居民个人征税办法，并进一步健全了与个人所得税改革相适应的税收征管制度。

（二）新《个人所得税法》主要项目规定

（1）课税对象与纳税人。

个人所得税的课税对象为个人所得。在中国境内有住所，或者无住所而一个纳税年度内在中国境内居住累计满 183 天的个人，为居民个人。居民个人从中国境内和境外取得的所得，依照《个人所得税法》规定缴纳个人所得税。在中国境内无住所又不居住，或者无住所而一个纳税年度内在中国境内居住累计不满 183 天的个人，为非居民个人。非居民个人从中国境内取得的所得，依照《个人所得税法》规定缴纳个人所得税。纳税年度，自公历 1 月 1 日起至 12 月 31 日止。

应当缴纳个人所得税的个人所得包括：①工资、薪金所得；②劳务报酬所得；③稿酬所得；④特许权使用费所得；⑤经营所得；⑥利息、股息、红利所得；⑦财产租赁所得；⑧财产转让所得；⑨偶然所得。居民个人取得第①项至第④项所得（以下称综合所得），按纳税年度合并计算个人所得税；非居民个人取得第①项至第④项所得，按月或者按次分项计算个人所得税。纳税人取得第⑤项至第⑨项所得，依照《个人所得税法》规定分别计算个人所得税。

（2）个人所得税的税率。

综合所得，适用 3%～45%的超额累进税率（税率表见表 12 - 1）；经营所得，适用 5%～35%的超额累进税率（税率表见表 12 - 2）；利息、股息、红利所得，财产租赁所得，财产转让所得和偶然所得，适用比例税率，税率为 20%。

表 12 - 1　个人所得税税率表之一

（综合所得适用）

级数	全年应纳税所得额	税率（%）
1	不超过 36 000 元的	3
2	超过 36 000 元至 144 000 元的部分	10
3	超过 144 000 元至 300 000 元的部分	20
4	超过 300 000 元至 420 000 元的部分	25
5	超过 420 000 元至 660 000 元的部分	30
6	超过 660 000 元至 960 000 元的部分	35
7	超过 960 000 元的部分	45

注：1. 本表所称全年应纳税所得额是指依照《个人所得税法》第六条的规定，居民个人取得综合所得以每一纳税年度收入额减除费用 6 万元以及专项扣除、专项附加扣除和依法确定的其他扣除后的余额。

2. 非居民个人取得工资、薪金所得，劳务报酬所得，稿酬所得和特许权使用费所得，依照本表按月换算后计算应纳税额。

表 12-2　　个人所得税税率表之二
（经营所得适用）

级数	全年应纳税所得额	税率（%）
1	不超过 30 000 元的	5
2	超过 30 000 元至 90 000 元的部分	10
3	超过 90 000 元至 300 000 元的部分	20
4	超过 300 000 元至 500 000 元的部分	30
5	超过 500 000 元的部分	35

注：本表所称全年应纳税所得额是指依照《个人所得税法》第六条的规定，以每一纳税年度的收入总额减除成本、费用以及损失后的余额。

（3）免、减税项目。

下列各项个人所得，免征个人所得税：①省级人民政府、国务院部委和中国人民解放军军以上单位，以及外国组织、国际组织颁发的科学、教育、技术、文化、卫生、体育、环境保护等方面的奖金；②国债和国家发行的金融债券利息；③按照国家统一规定发给的补贴、津贴；④福利费、抚恤金、救济金；⑤保险赔款；⑥军人的转业费、复员费、退役金；⑦按照国家统一规定发给干部、职工的安家费、退职费、基本养老金或者退休费、离休费、离休生活补助费；⑧依照有关法律规定应予免税的各国驻华使馆、领事馆的外交代表、领事官员和其他人员的所得；⑨中国政府参加的国际公约、签订的协议中规定免税的所得；⑩国务院规定的其他免税所得。第⑩项免税规定，由国务院报全国人民代表大会常务委员会备案。

有下列情形之一的，可以减征个人所得税，具体幅度和期限由省、自治区、直辖市人民政府规定，并报同级人民代表大会常务委员会备案：残疾、孤老人员和烈属的所得；因自然灾害遭受重大损失的。国务院可以规定其他减税情形，报全国人民代表大会常务委员会备案。

（4）应纳税所得额的计算。

居民个人的综合所得，以每一纳税年度的收入额减除费用 6 万元以及专项扣除、专项附加扣除和依法确定的其他扣除后的余额，为应纳税所得额。非居民个人的工资、薪金所得，以每月收入额减除费用 5 000 元后的余额为应纳税所得额；劳务报酬所得、稿酬所得、特许权使用费所得，以每次收入额为应纳税所得额。经营所得，以每一纳税年度的收入总额减除成本、费用以及损失后的余额，为应纳税所得额。财产租赁所得，每次收入不超过 4 000 元的，减除费用 800 元；4 000 元以上的，减除 20%的费用，其余额为应纳税所得额。财产转让所得，以转让财产的收入额减除财产原值和合理费用后的余额，为应纳税所得额。利息、股息、红利所得和偶然所得，以每次收入额为应纳税所得额。劳务报酬所得、稿酬所得、特许权使用费所得以收入减除 20%的费用后的余额为收入额。稿酬所得的收入额减按 70%计算。个人将其所得对教育、扶贫、济困等公益慈善事业进行捐赠，捐赠额未超过纳税人申报的应纳税所得额 30%的部分，可以从其应纳税所得额中扣除；国务院规定对公益慈善事业捐赠实行全额税前扣除的，从其规定。

（5）《个人所得税法》规定的专项扣除、专项附加扣除与抵免。

专项扣除包括居民个人按照国家规定的范围和标准缴纳的基本养老保险、基本医疗保险、失业保险等社会保险费和住房公积金等。专项附加扣除包括子女教育、继续教育、大病医疗、住房贷款利息或者住房租金、赡养老人等支出，具体范围、标准和实施步骤由国务院确定，并报全国人民代表大会常务委员会备案。居民个人从中国境外取得的所得，可以从其应纳税额中抵免已在境外缴纳的个人所得税税额，但抵免额不得超过该纳税人境外所得依照《个人所得税法》规定计算的应纳税额。

（6）纳税申报。

有下列情形之一的，纳税人应当依法办理纳税申报：①取得综合所得需要办理汇算清缴；②取得应税所得没有扣缴义务人；③取得应税所得，扣缴义务人未扣缴税款；④取得境外所得；⑤因移居境外注销中国户籍；⑥非居民个人在中国境内从两处以上取得工资、薪金所得；⑦国务院规定的其他情形。扣缴义务人应当按照国家规定办理全员全额扣缴申报，并向纳税人提供其个人所得和已扣缴税款等信息。

四、土地增值税

土地增值税的征税对象是转让国有土地使用权、地上建筑物及其附着物（简称转让房地产）所取得的收入，减除相关的成本、费用及税金后的余额，即转让房地产的增值额。我国的土地增值税是一种财产税，但按其课征对象则属于所得课税的性质。不分经济性质，不分内外资企业及中外籍人员，不论是专营还是兼营房地产，只要是在中华人民共和国境内转让房地产并取得收入的单位和个人，都是土地增值税的纳税义务人。土地增值税是 1994 年税制改革新开征的一个税种。

20 世纪 80 年代后期，我国开始尝试土地使用制度的改革，实行国有土地使用权的有偿出让、转让。1990 年 5 月，国务院发布了《中华人民共和国城镇国有土地使用权出让和转让暂行条例》，对国有土地使用权的出让和转让做了界定，为土地使用权成为生产要素进入市场提供了法律保障。近年来，我国房地产业迅猛发展，在改善人民群众居住条件、合理配置土地资源、充分发挥土地效益、改善投资环境、增加财政收入等诸多方面都起到了一定作用。但是房地产市场在发展的同时也存在一些问题，主要是房地产市场的管理制度尚不健全、交易行为尚不规范，使得转让土地使用权及房地产经营者获得过高的利润。为促进房地产业健康发展，完善房地产业的税收制度，国家决定开征土地增值税，对转让房地产过程中取得高收入者进行专门的调节。土地增值税实行四级超率累进税率，其税率表见表 12－3。

表 12－3　　土地增值税税率表

级数	级距	税率（%）
1	未超过扣除项目金额 50%的部分	30
2	超过扣除项目金额 50%，但未超过扣除项目金额 100%的部分	40
3	超过扣除项目金额 100%，但未超过扣除项目金额 200%的部分	50
4	超过扣除项目金额 200%的部分	60

注：扣除项目包括取得土地使用权所支付的金额、开发土地的成本费用、新建房及配套设施的成本费用，或者旧房及建筑物的评估价格，以及与转让房地产有关的税金等。

第四节 资源课税与财产课税

一、资源课税与财产课税的一般特征

人类的财富有两类：一是大自然赐予的各种资源，如土地、河流、矿山等；二是人类经过劳动，利用已有资源制造出的社会财产，如房屋、机器设备、股票和债券等。两类财富有时是难以截然分开的，如土地，既是一种自然资源，又是一种社会财富，而且两类财富具有某些相同或类似的性质。与此相适应，对两类财富的课税也具有某些相同的特点和作用。

对自然资源的课税称为资源税。资源税有两种课征方式：一是以自然资源本身为计税依据，这种自然资源必须是私人拥有的；二是以自然资源的收益为计税依据，这种自然资源往往为国家所有。前一种资源税实质上就是财产税，即对纳税人拥有的自然财富的课税，它与对纳税人拥有的其他形式财产的课税并没有根本的差别。很多国家的自然资源为私人拥有，因而这些国家只有财产税而没有资源税。财产税也有两种课征方式：其一是以财产价值为计税依据；其二是以财产收益为计税依据。而第二种财产税又与资源课税有密切联系，如果是对自然财富收益的课税，往往可以纳入资源课税。很明显，财产课税和资源课税具有较强的同一性。有一种观点认为，财产课税和资源课税的划分主要由政府思考问题的标准不统一所致，这并不是没有道理的。

财产课税和资源课税的特征可以归纳为以下几点：

（1）课税比较公平。由于个人拥有财产的多寡往往可以反映他的纳税能力，因此，对财产课税符合量能纳税原则。企业或个人占用的国家资源有多和少、有和无的差别，有质量高低的差别，而这种差别又会直接影响纳税人的收益水平，课税可以调节纳税人的级差收入，也合乎受益纳税原则。

（2）具有促进社会节约的效能。对财产的课税可以促进社会资源合理配置，限制挥霍和浪费。对资源的课税可以促进自然资源的合理开发和使用，防止资源的无效损耗。

（3）课税不普遍，且弹性较差。这是财产课税和资源课税固有的缺陷。无论是财产课税还是资源课税，都只能有选择性地征税，不可能遍及所有财产和资源，因而征税范围较窄。同时，由于财产和资源的生成与增长需要较长时间，速度较慢，弹性较差，因而财产课税和资源课税都不可能作为一个国家的主要税种，一般是作为地方税种。

二、现行资源税

资源税的课税对象是开采或生产应税产品的收益，开采或生产应税产品的单位和个人为资源税的纳税人，它的作用在于促进资源的合理开发和利用，调节资源级差收入。资源税分别由国家税务局和地方税务局负责征收管理，所得收入由中央政府与地方政府共享。我国于 1984 年 10 月开征资源税，按当时的条例规定，征税范围包括原油、煤炭、金属矿产品和非金属矿产品，但根据当时价格不能大动的情况，为了避免企业既得利益受到影响，资源税的实际征收只限于少数煤炭、石油开采企业。资源税开征时，是按照资源产品的销售利润率确定税率征收的。1986 年鉴于资源产品销售利润率下降的情况，为了稳定资源税收入，我国决定将资源税计税办法在原设计税负的基础上，改为按产量和销量核定税额从量征收。我国还有一个属于资源税性质的税种，即历史上延续下来的盐税。盐税与资源税的相同之处在于，它也是按照不同盐产区资源条件的不同，确定不同的税额从量征收的；不同之处在于，盐税是普遍征收的，包括在动用国家储备盐时也要补缴盐税，并且盐税的征税定额相对而言比资源税要高得多。

1994 年税制改革中资源税的改革体现了三个原则：一是统一税政，简化税制，将盐税并入资源税，作为资源税的一个税目，简化了原盐税征税规定；二是贯彻了普遍征收、级差调节的原则，扩大了资源税的征税范围并规定生产应税资源产品的单位和个人都必须缴纳一定的资源税；三是对资源税的负担确定与流转税负担结构的调整作了统筹考虑，一部分原材料产品降低的增值税负担转移到了资源税上。

1994 年税制改革后资源税的征税范围包括所有矿产资源，征税品目有原油、天然气、煤炭、其他非金属矿原矿、黑色金属矿原矿、有色金属矿原矿和盐。资源税实行按产品类别从量定额计算征税的办法，设置有上下限的幅度税额，同类产品资源条件不同，税额也不相同。随着社会经济的迅速发展，我国矿产资源产业的市场化、现代化不断推进，矿产资源在国民经济中的重要地位日益显现。当时从国际和国内市场看，矿产价格增长较快，矿产开采企业的利润也相应增长，而我国的资源产业中普遍存在着严重浪费和破坏环境的现象。因此，我国于 2004 年对陕西、山西、青海、内蒙古四省区煤炭资源税单位税额进行了调整，2005 年又调整了河南等 12 个省区市煤炭资源税单位税额，调整了全国原油、天然气资源税单位税额，还调整了部分金属矿产品的资源税单位税额。自 2007 年 8 月 1 日起上调铅锌矿石、铜矿石和钨矿石的资源税，其中，铅锌矿一等矿山的矿石的资源税由原来的每吨 4 元调整为每吨 20 元；铜矿一等矿山的矿石的资源税由原来的每吨 1.6 元调整到每吨 7 元；钨矿三等矿山的矿石的资源税由原来的每吨 0.6 元提高到每吨 9 元。这是自资源税开征以来第一次大幅度调整这三类矿石的资源税，预示着我国为了贯彻节能减排方针，将加快资源税改革的步伐。

资源税以各种自然资源为课税对象，体现国有资源有偿使用原则，发挥保护资源、有效利用资源并调节级差收入的作用。1994 年税制改革，我国首次对矿产资源全面征收资源税，此后在相当长的一段时间里，相关税率基本没有较大的变化，同时从量计征也一直延续下来。近年来，国际市场资源价格普遍上涨，显然，过低的资源税水平和从量计征方式已经不能发挥有效利用和保护资源的效应，也不符合转变经济发展方式和建设资源节约型社会的宏观目标。因此，资源税改革的目标是提高税率，改革计征方式。从 2004 年开始，政府相继对石油、天然气等多种资源产品的单位税额进行了调整，调整范围和规模逐步扩大，在 2006 年还开征了被称为“暴利税”的石油特别收益金，这些措施实际上已经拉开了资源税改革的帷幕。显然，在资源产品价格偏低的条件下，通过调高税率能够真实地反映级差地租，有利于资源的节约和合理开发，使得开发行为走向规范的轨道。但是，现行资源税仍采取从量计征的方式，对课征对象分别以吨或立方米为单位征收固定的税额。在国际市场资源价格普遍上涨的情况下，从量征收不受价格变动影响，只与数量有直接关系，而与资源价格及资源价格的变动脱钩，因而，我国在调整资源税负的同时，必须将计征方式由从量计征改为从价计征，从而将税收与资源的市场价格直接挂钩。

经国务院批准，我国从 2010 年 6 月 1 日起在新疆进行原油、天然气资源税改革试点后，从 2010 年 12 月 1 日起又在其他西部省（区）进行了这项改革试点，将原油、天然气资源税由“从量定额”计征改为“从价定率”计征，即按照应纳税资源产品的销售收入乘以规定的比例税率计征。从实践情况看，改革试点运行平稳，成效明显。按照“十二五”规划纲要提出的全面推进资源税改革的要求，总结改革试点的成功经验，国务院决定，修改《中华人民共和国资源税暂行条例》（简称《资源税暂行条例》），增加规定从价定率的资源税计征办法，自 2011 年 11 月 1 日起施行，在全国范围内实施资源税改革。我国先对原油、天然气实行从价定率计征，条件成熟时再逐步扩大到其他资源产品。这是我国税收制度改革的又一重大措施。这次修改除重点调整了油气资源税的计征办法和税率外，还调整了焦煤和稀土矿的资源税税额标准，具体来说，在这次《资源税暂行条例》的修改中，将焦煤和稀土矿分别在煤炭资源和有色金属原矿资源中单列，相应提高了这两种重要稀缺资源的税额标准，对其他煤炭资源和有色金属原矿的资源税税额标准则未作调整。我们在深化财税体制改革中要加快资源税改革，抓紧在全国范围内实施煤炭资源税从价计征，全面推进资源税从价计征改革，相应清理取消涉及的行政事业性收费和政府性基金；逐步将资源税扩展到水流、森林、草原、滩涂等自然生态空间。

2016 年 5 月《财政部 国家税务总局关于全面推进资源税改革的通知》发布。改革的指导思想是全面贯彻党的十八大和党的十八届三中、四中、五中全会精神，按照“五位一体”总体布局和“四个全面”战略布局，牢固树立和贯彻落实创新、协调、绿色、开放、共享的发展理念，全面推进资源税改革，有效发挥税收杠杆的调节作用，促进资源行业持续健康发展，推动经济结构调整和发展方式转变。基本原则是：清费立税、合理负担、适度分权、循序渐进。主要目标是通过全面实施清费立税、从价计征改革，理顺资源税费关系，建立规范公平、调控合理、征管高效的资源税制度，有效发挥其组织收入、调控经济、促进资源节约集约利用和生态环境保护的作用。

改革的主要内容如下：一是扩大资源税征税范围，开展水资源税改革试点工作，逐步将其他自然资源纳入征税范围。二是实施矿产资源税从价计征改革，对《资源税税目税率幅度表》中列举名称的 21 种资源品目和未列举名称的其他金属矿实行从价计征，计税依据由销售量调整为销售额。三是全面清理涉及矿产资源的收费基金，将全部资源品目矿产资源补偿费费率降为零，停止征收价格调节基金，取缔地方针对矿产资源违规设立的各种收费基金项目。四是合理确定资源税税率水平，各省级人民政府在提出和确定适用税率时，要结合当前矿产企业的实际生产经营情况，遵循改革前后税费平移原则，充分考虑企业负担能力。五是加强矿产资源税收优惠政策管理，提高资源综合利用效率，对符合条件的采用充填开采方式采出的矿产资源，资源税减征 50%；对符合条件的衰竭期矿山开采的矿产资源，资源税减征 30%；对鼓励利用的低品位矿、废石、尾矿、废渣、废水、废气等提取的矿产品，由省级人民政府根据实际情况确定是否减税或免税。六是关于收入分配体制及经费保障，按照现行财政管理体制，此次纳入改革的矿产资源税收入全部为地方财政收入，水资源税仍按水资源费中央与地方 1∶9 的分成比例不变。

三、现行财产税

财产税是历史上最悠久的税收，是现代国家三大税收体系之一，具有其他税种不可替代的作用。财产税是对纳税人拥有或支配的应税财产就其数量或价值额征收的一类税收的总称。财产税在我国香港被称为物业税。财产税不是单一的税种名称，而是一个税收体系。财产税可分为两大类：一类是对财产的所有者或者占有者课税，包括一般财产税和个别财产税；另一类是对财产的转移课税，主要是遗产税、继承税和赠与税。我国现行的具有对财产课税的性质的税种有房产税、城市房地产税、土地使用税、耕地占用税、车船税和契税，土地增值税也属于财产税的一个税种。

我国当前的财产税具有以下特征：

（1）财产税收入比重偏低，限制了其应有功能的发挥。

（2）财产课税制度设计不尽规范，计税依据、税额标准不够科学。

（3）征税范围较小，税基偏窄，房产税对城镇个人所有的非营业性的房产、广大农村的经营性房产及位于农村的企业房产均免税。

（4）内外税制不统一。目前，对内资征收的是房产税和城镇土地使用税，对外资征收的是房地产税（土地除外）和土地使用费（不由税务机关征收），两套制度在征税范围、税（费）率、计税（费）依据方面都有所不同。

（5）税制改革相对滞后，与经济发展脱节。1994 年推出的税制改革，其侧重点是流转税和所得税的改革，而对财产税的触动不大。如现行房产税法是 1986 年颁布的《中华人民共和国房产税暂行条例》，现行车船使用税的基本规范也是于 1986 年颁布的《中华人民共和国车船使用税暂行条例》，有的税种是在 20 世纪 50 年代出台而至今基本上仍按当时的税法执行，如城市房地产税、车船使用牌照税等。另外还有一些应该开征的财产税税种至今尚未开征，如遗产税与赠与税。

如前所述，财产税不是单一的税种名称，而是一个税收体系，我国财产税改革的方向是：整合税种、统一名称、统一内外税制，扩大征税范围，建立既符合 WTO 原则，又适合我国国情的大财产税制。改革的主要内容大体是：

（1）统一名称，整合税种。明确界定财产税的属性，本着“简化税制”的原则，跳出现行模式，取消诸多并存的税种，统一内外税制，建立统一的财产税。具体而言，就是单设“财产税”一个税种，再按财产的形态和类型以列举法有选择性地设置若干个税目，如可在财产税税种下分别设置“房地产”“固定资产”“车船”“遗产”等多个税目。比如，整合现行的房产税、城市房地产税、城镇土地使用税和耕地占用税而设置“房地产”税目。

（2）拓宽税基，扩大财产税的调节范围。按照财产税的税种属性特征，在财产不同的存续形态下合理选择课征点，扩大财产税的覆盖面。从课税环节来看，财产税应主要涵盖财产的保有和转让环节，对财产持有、让与、自然增值等一定时点上的财产存量和增量课税。从课征对象来看，在保有环节课征对象主要包括不动产，兼顾有形动产，如企业的机器设备、车船等；同时，还应包括其他具有财产价值的权利，如永久使用权、所有权、支配权、处置权等。从课征地域来看，要将财产税扩大到农村，体现普遍课征的原则。从纳税人来看，按照属人和属地相结合的原则，既要对中国居民在中国境内、境外的财产征税，也要对外国居民在中国境内的财产征税。随着分配制度的改革、个人住宅商品化和家庭财产的积累，财产税的纳税人要进一步扩大到自然人。

(3) 可以考虑适度分权。鉴于我国幅员辽阔、财产税税基具有非流动性的特征，在税收管理上应适度向地方放权，可以采取中央设定税种、地方政府有权决定开征停征和税率高低的管理模式。

(4) 提高财产税的比重，充分发挥财产税的功能。目前我国财产税的税基窄、税额小、比重低，制约了该税种的税制功能的全面发挥。当前，在经济转轨时期，地方政府的职能和权限正日益受到重视，财产税的税源日益丰沛，有必要也有可能为地方提供一定比例的固定收入，作为地方财力的后盾。

根据我国当前的实际情况，首先需要加快房地产税立法并适时推进改革。总的方向是，在保障基本居住需求的基础上，对城乡个人住房和工商业房地产统筹考虑税收与收费等因素，合理设置建设、交易、保有环节税负，促进房地产市场健康发展，使房地产税逐步成为地方财政持续稳定的收入来源。房地产税改革要加强调研，立法先行，适时推进。

第五节 环境保护税

2018 年 1 月 1 日，《中华人民共和国环境保护税法》(简称《环境保护税法》) 正式施行，《排污费征收使用管理条例》同时废止。

党的十九大报告提出，“从现在到二〇二〇年，是全面建成小康社会决胜期”，要坚决打好防范化解重大风险、精准脱贫和污染防治这三大攻坚战，使全面建成小康社会得到人民认可、经得起历史检验。生态文明建设功在当代、利在千秋。《环境保护税法》是我国第一部推进生态文明建设的单行税法。在强化企业治污减排责任的同时，《环境保护税法》对主动采取措施降低污染物排放浓度的企业给予税收减免优惠的政策，有利于形成有效的激励约束机制，提高全社会的环境保护意识，更好地推进生态文明建设。《环境保护税法》也是落实深化财税体制改革的重要举措，构建绿色税制体系对推动经济结构调整和发展方式向高质量发展转变具有重要意义。

一、环境保护税的纳税人

在中华人民共和国领域和中华人民共和国管辖的其他海域，直接向环境排放应税污染物的企业事业单位和其他生产经营者，为环境保护税的纳税人。环境保护税不仅适用于陆域而且适用于海域，就海域而言，《海洋工程环境保护税申报征收办法》明确“在中华人民共和国内水、领海、毗连区、专属经济区、大陆架以及中华人民共和国管辖的其他海域内从事海洋石油、天然气勘探开发生产等作业活动，并向海洋环境排放应税污染物的企业事业单位和其他生产经营者”为海洋工程环境保护税的纳税人。我国仅对直接向外环境排放污染物的征收环境保护税，仅针对应税污染物征收环境保护税。

二、环境保护税的应税污染物

就陆域而言，应税污染物为《环境保护税法》所附《环境保护税税目税额表》《应税污染物和当量值表》规定的大气污染物、水污染物、固体废物和噪声。其中：(1) 大气污染物有 44 项；(2) 第一类、第二类水污染物共计 61 项（第一类 10 项，第二类 51 项）；(3) 固体废物已明确为煤矸石、尾矿、危险废物、冶炼渣、粉煤灰和炉渣 6 项，其他固体废物（含半固态、液态废物）由省级人民政府提出后报省级人大常委会决定，并报全国人大常委会和国务院备案；(4) 噪声明确限定为工业噪声。

三、环境保护税的税额

环境保护税的税额依照《环境保护税法》所附《环境保护税税目税额表》执行。其中固体废物和噪声的税额为固定值，具体见表 12-4；应税大气污染物和水污染物的具体适用税额的确定和调整，由省级人民政府在大气污染物每污染当量 1.2 元至 12 元、水污染物每污染当量 1.4 元至 14 元的税额范围内提出方案，报同级人大常委会决定，并报全国人大常委会和国务院备案。目前各省、市、自治区适用的税额见表 12-5。海洋工程环境保护税的具体适用税额按照负责征收环境保护税的海洋石油税务（收）管理分局所在地适用的税额标准执行。生活垃圾按照《环境保护税法》“其他固体废物”税额标准执行。

表 12-4　　环境保护税税目税额表

<table>
<tr><th colspan="2">税目</th><th>计税单位</th><th>税额</th><th>备注</th></tr>
<tr><td colspan="2">大气污染物</td><td>每污染当量</td><td>1.2 元至 12 元</td><td></td></tr>
<tr><td colspan="2">水污染物</td><td>每污染当量</td><td>1.4 元至 14 元</td><td></td></tr>
<tr><td rowspan="4">固体废物</td><td>煤矸石</td><td>每吨</td><td>5 元</td><td rowspan="4"></td></tr>
<tr><td>尾矿</td><td>每吨</td><td>15 元</td></tr>
<tr><td>危险废物</td><td>每吨</td><td>1 000 元</td></tr>
<tr><td>冶炼渣、粉煤灰、炉渣、其他固体废物（含半固态、液态废物）</td><td>每吨</td><td>25 元</td></tr>
<tr><td rowspan="6">噪声</td><td rowspan="6">工业噪声</td><td>超标 1～3 分贝</td><td>每月 350 元</td><td rowspan="6">1. 一个单位边界上有多处噪声超标，根据最高一处超标声级计算应纳税额；当沿边界长度超过 100 米有两处以上噪声超标时，按照两个单位计算应纳税额。
2. 一个单位有不同地点作业场所的，应当分别计算应纳税额，合并计征。
3. 昼、夜均超标的环境噪声，昼、夜分别计算应纳税额，累计计征。
4. 声源一个月内超标不足 15 天的，减半计算应纳税额。
5. 夜间频繁突发和夜间偶然突发厂界超标噪声，按等效声级和峰值噪声两种指标中超标分贝值高的一项计算应纳税额。</td></tr>
<tr><td>超标 4～6 分贝</td><td>每月 700 元</td></tr>
<tr><td>超标 7～9 分贝</td><td>每月 1 400 元</td></tr>
<tr><td>超标 10～12 分贝</td><td>每月 2 800 元</td></tr>
<tr><td>超标 13～15 分贝</td><td>每月 5 600 元</td></tr>
<tr><td>超标 16 分贝以上</td><td>每月 11 200 元</td></tr>
</table>

表 12－5　　31 个省份适用环境保护税税额

序号	省份	每污染当量应税大气污染物	每污染当量应税水污染物
1	北京	12 元。	14 元。
2	天津	（一）二氧化硫适用税额为每污染当量 6 元； （二）氮氧化物适用税额为每污染当量 8 元； （三）烟尘适用税额为每污染当量 6 元； （四）一般性粉尘适用税额为每污染当量 6 元； （五）其他应税大气污染物适用税额为每污染当量 1.2 元。	（一）化学需氧量适用税额为每污染当量 7.5 元； （二）氨氮适用税额为每污染当量 7.5 元； （三）其他应税水污染物适用税额为每污染当量 1.4 元。
3	河北	执行一档税额标准的区域：与北京市相邻的 13 个县（市、区），包括涞水县、涿鹿县、怀来县、赤城县、丰宁满族自治县、滦平县、三河市、大厂回族自治县、香河县、廊坊市的广阳区和安次区、固安县、涿州市；雄安新区及相邻的 12 个县（市、区），包括雄县、安新县、容城县以及永清县、霸州市、文安县、任丘市、高阳县、保定市的竟秀区、莲池区、满城区、清苑区、徐水区、定兴县、高碑店市。税额标准：大气主要污染物为 9.6 元/污染当量；大气其他污染物为 4.8 元/污染当量。 执行二档税额标准的区域：石家庄市、保定市、廊坊市、定州定、辛集市（不含执行一档税额的区域），税额标准：大气主要污染物为 6 元/污染当量；大气其他污染物为 4.8 元/污染当量。 执行三档税额标准的区域：唐山市、秦皇岛市、沧州市、张家口市、承德市、衡水市、邢台市、邯郸市（不含执行一档、二档税额的区域）。税额标准：大气主要污染物和其他污染物均为 4.8 元/污染当量。	执行一档税额标准的区域（与大气污染物相同） 税额标准：水主要污染物为 11.2 元/污染当量；水其他污染物为 5.6 元/污染当量。 执行二档税额标准的区域（与大气污染物相同） 税额标准：水主要污染物为 7 元/污染当量；水其他污染物为 5.6 元/污染当量。 执行三档税额标准的区域（与大气污染物相同） 税额标准：水主要污染物和其他污染物均为 5.6 元/污染当量。
4	河南	4.8 元。	5.6 元。
5	山东	二氧化硫、氮氧化物的具体适用税额为 6.0 元/污染当量； 其他应税大气污染物的具体适用税额为 1.2 元/污染当量。	化学需氧量、氨氮、总铅、总汞、总铬、总镉、总砷的具体适用税额为 3.0 元/污染当量； 其他应税水污染物的具体适用税额为 1.4 元/污染当量； 城乡污水集中处理场所超过国家和省规定的排放标准向环境排放应税水污染物的，其化学需氧量、生化需氧量、总有机碳、悬浮物、总磷、氨氮、大肠菌群数（超标）、总铅、总汞、总铬、总镉、总砷的具体适用税额为 3.0 元/污染当量； 排放其他应税水污染物的具体适用税额为 1.4 元/污染当量。
6	山西	1.8 元。	2.1 元。

续前表

序号	省份	每污染当量应税大气污染物	每污染当量应税水污染物
7	上海	2018：二氧化硫、氮氧化物的税额标准分别为6.65元/污染当量、7.6元/污染当量；其他大气污染物的税额标准为1.2元/污染当量。 自2019年1月1日起，二氧化硫、氮氧化物的税额标准分别调整为7.6元/污染当量，8.55元/污染当量。	2018年化学需氧量税额标准为5元/污染当量，氨氮税额标准为4.8元/污染当量，第一类水污染物税额标准为1.4元/污染当量；其他类水污染物税额标准为1.4元/污染当量。
8	浙江	大气污染物（除四类重金属污染物项目）适用税额为每污染当量1.2元； 四类重金属污染物项目（铬酸雾、汞及其化合物、铅及其化合物、镉及其化合物）适用税额为每污染当量1.8元。	水污染物（除五类重金属污染物项目）适用税额为每污染当量1.4元； 五类重金属污染物项目（总汞、总镉、总铬、总砷和总铅）适用税额为每污染当量1.8元。
9	安徽	1.2元。	1.4元。
10	江苏	南京市为每污染当量8.4元； 无锡市、常州市、苏州市、镇江市为每污染当量6元； 徐州市、南通市、连云港市、淮安市、盐城市、扬州市、泰州市、宿迁市为每污染当量4.8元。	南京市为每污染当量8.4元； 无锡市、常州市、苏州市、镇江市为每污染当量7元； 徐州市、南通市、连云港市、淮安市、盐城市、扬州市、泰州市、宿迁市为每污染当量5.6元。
11	福建	1.2元。	五项重金属、化学需氧量和氨氮每污染当量1.5元； 其他水污染物每污染当量1.4元。
12	广东	1.8元。	2.8元。
13	广西	1.8元。	2.8元。
14	海南	2.4元。	2.8元。
15	贵州	2.4元。	2.8元。
16	云南	2018年1月至12月：1.2元； 自2019年1月起：2.8元。	2018年1月至12月：1.4元； 自2019年1月起：3.5元。
17	四川	3.9元。	2.8元。
18	重庆	2018年1月1日至2020年12月31日：2.4元； 自2021年1月1日起：3.5元。	3元。
19	湖北	废气中的二氧化硫和氮氧化物的税额为每污染当量2.4元； 其余大气污染物的税额为每污染当量1.2元。	废水中的化学需氧量、氨氮、总磷和五项主要重金属（铅、汞、铬、镉、类金属砷）的税额为每污染当量2.8元； 其余水污染物的税额为每污染当量1.4元。
20	湖南	2.4元。	3元。
21	江西	1.2元。	1.4元。
22	辽宁	2018年至2019年：1.2元。	2018年至2019年：1.4元。
23	吉林	1.2元。	1.4元。

续前表

序号	省份	每污染当量应税大气污染物	每污染当量应税水污染物
24	黑龙江	1.2元。	1.4元。
25	甘肃	1.2元。	1.4元。
26	宁夏	1.2元。	1.4元。
27	青海	1.2元。	1.4元。
28	陕西	1.2元。	1.4元。
29	新疆	1.2元。	1.4元。
30	内蒙古	2018年：1.2元； 2019年：1.8元； 2020年：2.4元。	2018年：1.4元； 2019年：2.1元； 2020年：2.8元。
31	西藏	未查到。	未查到。

四、环境保护税的计算

（一）应税大气污染物

应税大气污染物按照污染物排放量折合的污染当量数确定，以该污染物的排放量除以该污染物的污染当量值计算。每种应税大气污染物的具体污染当量值，依照《环境保护税法》所附《应税污染物和当量值表》执行。每一项应税大气污染物的应纳税额＝当期该污染物的污染当量×适用税额＝当期该污染物的排放量÷该污染物的污染当量值×适用税额。每一排放口或者没有排放口的应税大气污染物，按照污染当量数从大到小排序，对前三项污染物征收环境保护税。从两个以上排放口排放应税污染物的，对每一排放口排放的应税污染物分别计算征收环境保护税；纳税人持有排污许可证的，其污染物排放口按照排污许可证载明的污染物排放口确定。省级人民政府可以增加同一排放口征收环境保护税的应税污染物项目数，报同级人大常委会决定，并报全国人大常委会和国务院备案。根据目前各省公布的信息，无省级人民政府提出增加同一排放口应税污染物项目数。

（二）应税水污染物

应税水污染物按照污染物排放量折合的污染当量数确定，以该污染物的排放量除以该污染物的污染当量值计算。每种应税水污染物的具体污染当量值，依照《环境保护税法》所附《应税污染物和当量值表》执行。每一项应税水污染物的应纳税额＝当期该污染物的污染当量×适用税额＝当期该污染物的排放量÷该污染物的污染当量值×适用税额。每一排放口的应税水污染物，按照《环境保护税法》所附《应税污染物和当量值表》，区分第一类水污染物和其他类水污染物，按照污染当量数从大到小排序，对第一类水污染物按照前五项征收环境保护税，对其他类水污染物按照前三项征收环境保护税。从两个以上排放口排放应税污染物的，对每一排放口排放的应税污染物分别计算征收环境保护税；纳税人持有排污许可证的，其污染物排放口按照排污许可证载明的污染物排放口确定。省级人民政府可以增加同一排放口征收环境保护税的应税污染物项目数，报同级人大常委会决定，并报全国人大常委会和国务院备案。

（三）应税固体废物

应税固体废物的计税依据，按照固体废物的排放量确定。固体废物的排放量＝当期应税固体废物的产生量－当期应税固体废物的贮存量－当期应税固体废物的处置量－当期应税固体废物的综合利用量。固体废物的贮存量、处置量，是指在符合国家和地方环境保护标准的设施、场所贮存或者处置的固体废物数量；固体废物的综合利用量，是指按照国务院发展改革、工业和信息化主管部门关于资源综合利用的要求以及国家和地方环境保护标准进行综合利用的固体废物数量。每一项固体废物的应纳税额＝当期应税固体废物的排放量×适用税额。

（四）应税噪声

应税噪声的应纳税额为超过国家规定标准的分贝数对应的具体适用税额。

五、应税污染物的排放值计算

《环境保护税法》第十条规定："应税大气污染物、水污染物、固体废物的排放量和噪声的分贝数，按照下列方法和顺序计算：（一）纳税人安装使用符合国家规定和监测规范的污染物自动监测设备的，按照污染物自动监测数据计算；（二）纳税人未安装使用污染物自动监测设备的，按照监测机构出具的符合国家有关规定和监测规范的监测数据计算；（三）因排放污染物种类多等原因不具备监测条件的，按照国务院环境保护主管部门规定的排污系数、物料衡算方法计算；（四）不能按照本条第一项至第三项规定的方法计算的，按照省、自治区、直辖市人民政府环境保护主管部门规定的抽样测算的方法核定计算。"

六、环境保护税的减免

（一）环境保护税的免征情形

《环境保护税法》第十二条规定："下列情形，暂予免征环境保护税：（一）农业生产（不包括规模化养殖）排放应税污染物的；（二）机动车、铁路机车、非道路移动机械、船舶和航空器等流动污染源排放应税污染物的；（三）依法设立的城乡污水集中处理、生活垃圾集中处理场所排放相应应税污染物，不超过国家和地方规定的排放标准的；（四）纳税人综合利用的固体废物，符合国家和地方环境保护标准的；（五）国务院批准免税的其他情形。前款第五项免税规定，由国务院报全国人民代表大会常务委员会备案。"

（二）环境保护税的减征情形

环境保护税的减征只适用于应税大气污染物和水污染物。《环境保护税法》第十三条规定："纳税人排放应税大气污染物或者水污染物的浓度值低于国家和地方规定的污染物排放标准百分之三十的，减按百分之七十五征收环境保护税。纳税人排放应税大气污染物或者水污染物的浓度值低于国家和地方规定的污染物排放标准百分之五十的，减按百分之五十征收环境保护税。"

【关键词】

税收制度　商品课税　所得课税　资源税　财产税

【复习与思考】

1. 试述商品课税的一般特征和功能。
2. 分析"营改增"的重大意义。
3. 试述所得课税的一般特征和功能。
4. 评析我国 2019 年个人所得税税制改革的基本思路和主要内容。
5. 思考我国财产税进一步改革的思路。

第十三章

预算收支管理体制

——中央与地方财政关系

第一节　预算管理体制概述

一、我国预算收支管理体制的沿革

预算收支管理体制（简称预算管理体制）是处理中央财政和地方财政以及地方财政各级之间的财政收支关系的基本制度，预算管理体制的核心是各级预算主体的独立自主程度以及集权和分权的关系问题。所以，预算管理体制的类型不是按收支划分方法区分，它的主要标志是各级预算主体的独立自主程度，核心问题是地方预算是否构成一级独立的预算主体。按照这个标准，我国先后实行过四种类型的预算管理体制。新中国成立之初国民经济恢复时期实行统收统支体制，这是一种典型的高度集中的预算管理体制。在 1953—1979 年 20 多年的时间内我国基本上是实行“统一领导、分级管理”体制。主要做法是由中央核定地方收支指标，全部收入分为各级固定收入和比例分成收入，凡收大于支的地方上解收入，凡支大于收的地方由中央补助。中央预算另设专项拨款，由中央集中支配。

改革开放后，我国于 1980 年开始实行“划分收支、分级包干”体制，简称财政包干体制。具体做法经过几次调整，1988 年形成对不同地区实行不同的 6 种包干方法：收入递增包干、总额分成、总额分成加增长分成、上解额递增包干、定额上解、定额补助。财政包干体制的主要特征是，在总额分成的基础上对增收或超收部分加大地方留成比例，通过多收多留的激励机制鼓励地方特别是富裕地区增收的积极性，从而保证全国财政收入的不断增长，地方预算也初步成为责、权、利相结合的相对独立的一级预算主体。但是，随着经济体制改革的深化和经济的快速增长，财政包干体制的弊端越来越明显地暴露出来：一是财政包干制的最大特点是增量向地方倾斜，导致中央收入占全部收入的比重日趋下降，1993 年曾下降为 22%；二是各地方收入多了，都热衷于那些利润大、见效快的加工工业的投资，而且形成“多收、多留、多投资”的运行机制，加剧了当时的经济过热现象；三是重复建设严重，地区产业结构趋同，地区相互封锁，盲目竞争；四是地区间富的越富，穷的越穷，贫富差距拉大；五是各地区的包干方法多种多样，在制度上缺乏规范性。随着社会主义市场体制改革的深化，财政包干体制的弊端日益凸显，改革势在必行。改革的方向是，从我国实际出发，借鉴西方国家的有益经验，实行具有中国特色的分级分税预算管理体制，这就是我国于 1994 年实行的分税制改革。

二、分级分税预算管理体制简介

（一）分级分税预算管理体制的要点

分级分税预算管理体制是实行市场经济的国家普遍采取的一种预算体制，在西方财政学中称为财政联邦主义（fiscal federalism）。财政联邦主义不是专指联邦制国家的财政体制，而是有关多级财政体制的概念，也就是分级分税预算管理体制。它的主要特征是中央与地方的事权与支出责任相适应，规范化，法制化，长期相对稳定，地方预算构成名副其实的一级预算主体。综观有关各国的实践，分级分税预算管理体制可归纳为以下几个要点：(1) 在明确市场经济下政府职能边界的前提下划分各级政府的职责（即事权）范围，在此基础上划分各级预算支出的责任（即财权）范围，各级政府的财政责任分工明确。(2) 一级政权，一级预算主体，各级预算相对独立，自求平衡。国家立法机关只审批中央预算，地方预算由本级立法机关审批。各级地方预算经常收入由本级税收、收费收入和中央补助组成，以上收入不能满足需要时，允许发行地方债券或向银行借款，自求平衡。(3) 收入划分实行分税制。在收入划分比例上中央预算居主导地位，保证中央的调控权和调控力度。在税收划分方法上，各级预算都有本级的主体税种，有的对同一税种按不同税率分享，有的实行分成或共享制。(4) 实行转移支付的预算调节制度，有纵向调节（或纵向转移）和横向调节（或横向转移）两种形式。纵向调节的典型做法是补助金制度，补助金分为无条件补助、有条件补助和专项补助。横向调节是由“富裕地区”直接向“贫困地区”转移支付，实行地区间的互助式调节，不再通过中央预算。(5) 各国的分级分税预算管理体制是适应本国的政治经济制度和历史传统经由长期而形成的，就体制整体而言是相对稳定的，只是调节方法可以经常进行调整。

（二）收支划分的基本理论依据

首先，收支划分的基本依据是公共物品的层次性和“外部性”，这是各国一般来说通用的依据。公共物品根据它的受益范围可分为不同的层次：全国性公共物品、地方性公共物品、交叉性公共物品。显然，为全国性公共物品提供财力理应属于中央政府的财政职责，为地方性公共物品提供财力理应属于地方政府的财政职责。此外，还有一些属于中央与地方以及地方与地方之间交叉的公共物品，如一般公共服务、高等教育和公共设施工程等，自然是按所属的层次由各级政府分别履行提供财力的职责。按受益范围区分公共物品，并按不同类别的公共物品来划分各级政府的财政责任，既体现受益公平原则，也符合资源配置的效率原则。因为受益地区最熟悉本地区的情况，掌握最充分的信息，也最关心本地区公共服务和公共工程的质量与成本。比如，从公平与效率原则出发，跨地区的巨大公共工程应属于全国性公共物品。如我国的三峡工程建成后输电范围延及北京、广州、上海、兰州等广大地区，京九铁路工程南北贯通七个省，一个直辖市，一个特别行政区，后续效益将泽及子孙万代，如果这类工程由地方举办或由沿库区、沿路的省、市、区联合举办，将会矛盾重重，难以确保工程质量和工程进度，也会提高工程成本；相反，一个地方性水利工程由中央提供，就不一定能做到因地制宜，切合地方的需要。此外，在进行收支划分时还必须考虑某些公共物品的“外部性”问题。所谓“外部性”是指某些公共物品的效益扩展到辖区以外，给相邻地区带来利益或造成损失。水利工程的上游对下游周边地区的外部性是最典型的例子。显然，全国性公共物品不存在国内的利益外溢，只有地方性公共物品才存在外部性问题。从财政上解决外部性的有效措施就是由主受益地区举办、中央给予补助，或中央与地方联合投资。

应当指出，上面似乎仅仅说明了层次性是财政支出的依据，其实不然，层次性同样是划分财政收入的依据。一方面，从中央和地方收支运行的结果看收支总是要对称的，只有收支对称，才能维持财政收支的平衡。从这个意义上说，收入划分受支出划分的制约，也就是受公共物品受益范围的制约。另一方面，任何国家税制中的多个税种本身就具有明显的层次性，这是指各税种的税源的覆盖范围和各税种调节功能的大小不同。按照这个标准，凡税源普及全国、流动性大以及调节功能较大的税种，应划为中央税；凡税源比较固定且税基较为狭窄的税种，则应划为地方税。显然，这种划分标准也是符合公平和效率原则的。因为将税源广阔且流动性强的税种如我国的增值税划归中央税，有利于控制税源，便于在全国范围内交叉稽核，加强稽征管理，防止税收流失。又比如将调节功能强的所得税划归中央税，有利于发挥所得税调节收入分配和稳定经济的功能，如果将其划归地方税，则有可能出现差别税率和变相减免税问题，不利于生产要素的合理流动和公平竞争。将税源比较固定、仅限于某一地区的税种划归地方税，也有利于地方因地制宜，加强征管。另外，为了保证地方有足够的固定收入，不至于过分依赖中央的补助，可设置共享税（即交叉税），即中央税按税率或按收入的一定比例与地方分享。

其次，集权与分权关系也是划分收支的基本依据之一。将公共物品的层次性作为划分收支的标准，是市场经济国家分级预算管理体制通用的一般标准，但各国的收支划分是不同的，有的差别还很大，主要取决于由各国的政治体制和本国国情决定的集权与分权关系。预算管理体制是政治与经济结合的最明显的体现。如果说公共物品的层次性是经济标准，那么集权与分权关系则是政治标准。

在人类社会的历史长河中，集权与分权关系是在不断调整和变化的。综观世界各国，集权与分权关系的变化尽管有所不同，但也有其共同性，即始终以集权为轴心，分权围绕集权进行调整。恩格斯曾经指出：“集权是国家的本质、国家的生命基础……没有一个国家可以不要集权，联邦制国家需要集权，丝毫也不亚于已经发达的集权国家。”① 但是，分

① 马克思，恩格斯. 马克思恩格斯全集：第41卷. 北京：人民出版社，1982：420.

权也具有客观必然性。这种必然性来源于地方的相对独立的经济利益，也是国家经济职能不断强化的内在要求，分权是一种社会进步的标志。集权与分权关系由于各国的政治体制和国情的不同而有所差别。一般而言，联邦制国家侧重分权，单一制国家侧重集权。集权与分权关系在预算管理体制上体现为中央与地方之间收支划分的比例，几乎所有国家，无论是联邦制国家还是单一制国家，关于中央与地方之间支出项目与税种划分的基本框架大体上是一致的。一是中央一级无论在支出方面还是在收入方面都占据主导地位，尤其是单一制国家更为明显；二是中央一级在收入方面集中的比例更大一些，而在支出方面所占比例相对小一些，也就是说，收入主要集中在中央，地方则承担更多的支出责任，而地方支出大于收入的差额（即财政缺口），由中央通过转移支付制度给予弥补，以均衡地区间的支出水平，实施政策调节。但各国中央与地方之间支出和收入所占的比例却有较大差别。比如，转移后的中央支出的比重在英国为70%左右，在美国为50%左右，在加拿大则为30%左右。日本的收支划分颇具特色，日本是一个单一制国家，战前实行高度集权体制，战后开始实行地方自治体制，但在预算管理体制上仍保留很浓的高度集中的色彩。日本中央与地方之间的收支分配格局大体是近2/3的收入集中在中央，近2/3的支出交由地方执行，几乎形成一种中央收钱、地方花钱、中央保留高度控制权的格局。

（三）政府间转移支付制度

根据上述标准划分财政收支，一般会形成如下分配格局：收入方偏重于中央，支出方偏重于地方，或者说，中央收大于支，地方支大于收。因此，必须由中央通过转移支付弥补地方财政缺口，均衡地区间的差距。政府间转移支付是指政府间财力的无偿转移，一般是指上级政府（财政）对下级政府（财政）的无偿拨款或补助，而财力无偿转移的方法、规则和程序则构成政府间转移支付制度。转移支付制度是预算管理体制的一个重要的有机组成部分，而且转移支付制度的设计是预算管理体制中政策性最强和最为复杂的问题。

转移支付制度具有如下功能：一是弥补纵向财政缺口。纵向财政缺口是指由于中央收入占主导地位而地方又承担更多的支出责任所形成的地方财政的财政缺口，这种缺口要靠中央通过转移支付形式给予弥补。其中也包括地方财政上下级之间，上级（如省）财政对下级（如市）财政缺口的弥补。二是弥补横向财政缺口。横向财政缺口是指由于规范统一的收支划分方法，形成了一些地方的收入能力不能满足支出需要的缺口，转移支付是为了保证各地区间具有大体均衡的最低公共服务水平。三是弥补地方性公共物品辖区间的外部效应。在由地方政府提供地方性公共物品的情况下，可能存在外部效应问题，这就需要上级政府给予一定的配套补助或拨款，弥补正面外溢的成本，从而提高社会资源的配置效率。四是支持落后地区的经济发展。对一个发展中国家特别是对一个由多民族组成的大国来说，均衡地区间的发展是一个发展战略性问题。因此，还需要通过规定用途的专项补助或拨款，支持落后地区和少数民族地区经济的加快发展。

均衡拨款的方式分为无条件均衡拨款和专项拨款。无条件均衡拨款是指一旦确定拨款数额，该拨款就无附加条件地归受补助地区自主使用。专项拨款是一种与无条件均衡拨款相对应的有条件的指定用途的拨款，是转移支付的辅助形式。无条件均衡拨款和有条件的专项拨款涉及集权与分权关系问题。由于接受地区可以自主使用无条件均衡拨款，而有条件的专项拨款的使用则受指定用途的限制，所以接受拨款地区倾向于无条件均衡拨款，而中央为了通过拨款对地方发挥调节作用，则倾向于专项拨款。专项拨款又分为非配套拨款和配套拨款。二者的差别在于，一是前者补偿地方公共物品的全部成本，后者只是补偿地方公共物品的一部分而非全部成本，不足的部分由地方自筹；二是对配套拨款的使用，地方具有一定的自主权，而对非配套拨款的使用，地方基本上没有任何自主权，使用的地方不过是中央的代理。无条件均衡拨款可以有多种确定方式，但从各国的实践来看，许多国家是采取测算标准收入和标准支出并运用规范化的公式计算各地区应得的转移支付拨款的方法，如英国、澳大利亚、日本、韩国等国都采用这种方法。

第二节　我国分税制改革

一、分税制改革的指导思想

如前所述，原来实行的财政包干体制虽然曾经发挥了一定的积极作用，但已经不适应社会主义市场经济体制改革和经济发展的要求的情况越来越凸显，必须尽快改革。国务院决定从 1994 年 1 月 1 日起改革包干制，实行分税制。分税制改革是与工商税制改革并行的，两项改革构成了社会主义市场经济体制改革的重要内容。1994 年的分税制改革充分考虑了我国当时的国情和可能，并借鉴国际通行的分级分税预算管理体制的有用经验，分税制是一种符合我国当时实际的预算管理体制。

分税制改革的指导思想是：(1) 合理处理中央与地方的利益关系，促进国家财政收入合理增长，逐步提高中央财政收入的比重，增强中央财政的宏观调控能力。同时又要考虑地方利益，调动地方发展经济、增收节支的积极性。(2) 合理调节地区之间的财力分配。既要有利于经济发达地区继续保持较快的发展势头，又要通过中央财政对地方的税收返还和转移支付制度，扶持经济不发达地区的发展和老工业基地的改造。(3) 坚持“统一政策与分级管理相结合”的原则。划分税种不仅要考虑中央与地方的收入分配，还必须考虑税收对经济发展和社会分配的调节作用。中央税、共享税以及一些重要的地方税的立法权都要集中在中央，以保证中央政令统一，维护全国统一市场和企业平等竞争。(4) 分税制改革既要借鉴国外经验，又要从本国实际出发。在明确改革目标的基础上，改革办法力求规范化。坚持整体设计与逐步推进相结合的原则，通过渐进式、温和式的改革，先把分税制的基本框架建立起来，在实施中逐步完善。(5) 必须抓住重点，分步实施。首先要针对收入流失比较严重的状况，通过分税和分别征管堵塞漏洞，保证财政收入的合理增长；先把主要税种划分好，其他收入划分逐步规范化；作为过渡，原体制的补助、上解和有些结算事项继续运转；通过“存量不动，增量调整”的办法，逐步提高中央财政收入的比重，逐步调整地方利益格局。

二、分税制改革的主要内容

（一）支出责任与收入划分的基本方案

支出责任的划分，是根据当时中央政府与地方政府事权的划分，中央财政主要承担国家安全、外交和中央国家机关运转所需经费，调整国民经济结构、协调地区发展、实施宏观调控所必需的支出以及由中央直接管理的事业发展支出等，地方财政主要承担本地区政权机关运转所需支出以及本地区经济、事业发展所需支出等。收入的划分，是根据事权与财权相结合的原则，按1994年税制改革后的税种设置，将当时的税种分为中央税、地方税和共享税。将维护国家权益、实施宏观调控所必需的税种如关税和消费税等划为中央税；将适合地方征管的税种如营业税、个人所得税和房产税等划为地方税，并充实地方税税种，增加地方税收入；将同经济发展直接相关的主要税种——增值税、证券交易税和资源税划为中央与地方共享税，中央与地方的分享比例增值税为75∶25，证券交易税为50∶50，资源税中的海洋石油税归中央，其他资源税归地方。同时，建立增值税和消费税“两税”的税收返还制度。

（二）“两税”返还办法及其进一步的完善

按1994年制定的收入划分办法，原来属于地方支柱财源的消费税全部和增值税的75%上划给中央，如果不采取适当措施给予补偿，必然侵害地方的既得利益，形成地方财政的大量缺口，从而增加改革的阻力。为了保护地方的既得利益格局，中央采取“维持存量、调整增量”，逐步达到改革目标的方针，为此制定了中央对地方的“两税”返还办法。税收返还数额的计算方法是：以1993年为基期，将分税后地方净上划中央的收入数额（=消费税+75%的增值税－中央下划收入），作为中央对地方税收返还的基数，基数部分全部返还给地方。同时，为了确保地方的既得利益，不仅将税收返还基数全部返还给地方，而且决定1994年以后的税收返还数额还要有一定的增长。增长办法是，将税收返还与各地区当年上缴中央金库的“两税”（消费税和增值税的75%）的增长率挂钩，税收返还的增长率按各地区“两税”增长率的1∶0.3的系数确定，即各地区的“两税”每增长1%，税收返还增长0.3%。

税收返还的症结在于返还的基期和基数。问题在于改革从1994年开始实施，理应以1993年作为基期和基数。但改革方案是在1993年制定的，一旦提前宣布基期和基数，势必激励各地方在有限的期限内加大征税力度，力求增大本地基数。

事实果然如预料的那样，1993年下半年的两税收入大幅增长。中央最终也不得不认可1993年的基数，但对“两税”返还办法进一步完善，增添了奖罚机制。中央确定以1993年全国“两税”增长率的1/3即16%作为今后“两税”的增长任务，各地以本地1993年“两税”增长率的1/3作为增长任务。对于不能完成增长任务的地方，要求以地方财政收入赔补，对于不能完成基数的地方，采取基数扣减办法；对于完成增长任务的地方，按当年该地区“两税”增长率的1∶0.3给予基数返还，对于增长超过任务的地方，超额部分按1∶0.6给予一次性奖励；增长返还系数1∶0.3不再与全国“两税”平均增长率挂钩，改按与本地上划“两税”增长率挂钩。

（三）所得税分享改革

1994年分税制改革后，1997年我国曾对证券交易税的分享比例进行了几次调整。1997年调整为中央分享80%，地方分享20%；1997年将证券交易税由3%调高为5%，其中调高税率所增加的收入全部归中央，由此分享比例折算为中央88%，地方12%；2000年决定将证券交易税的分享比例分三年最终调整为中央分享97%，地方分享3%。

改革后分享比例的调整措施主要是2002年的所得税分享改革所采取的措施。1994年改革时我国将企业所得划归地方税，延续了按企业隶属关系划分的格局，随着经济体制改革的深化，这种划分办法的弊端日益显露。中央决定自2002年实施企业所得税分享的改革，将按行政隶属关系分享改为按统一比例分享。具体办法包括：(1) 除铁路运输、国有银行等少数特殊行业和企业外，对其他企业所得税和个人所得税收入实行比例分享，2002年中央和地方的分享比例为50：50，2003年起分享比例为60：40。(2) 保证各地区2001年所得税实际收入的基数，实行增量分成，计算公式为：2003年所得税基数返还＝2002年地方实际所得税收入×60%－2002年中央实际所得税收入×40%。(3) 中央将所得税分享改革所增加的收入，用于增加对中西部地区的一般性转移支付。(4) 跨地区经营企业集中缴纳的所得税中地方分享部分按分公司（子公司）所在地的企业经营收入、职工人数和资产总额三个因素在相关地区间分配，权重分别是0.35、0.35和0.3。所得税分享改革不仅遏制了因企业隶属关系难以准确界定而导致的企业所得税征管混乱以及中央收入流失的现象，而且有利于现代企业制度的建立和健全，有利于克制地区间的恶性竞争和地方保护主义。

（四）转移支付制度

分税制改革根据中央与地方财政收入的重新划分和关于原体制中中央补助、地方上解及有关结算事项的规定，相应地形成了多种形式并存的政府间转移支付制度。除保留了原体制中中央对地方的定额补助、专项补助和地方上解外，新增加了中央对地方的税收返还。此后，为配合国家有关政策的实施，相应地对转移支付进行了调整。

考虑我国地区的实际情况，完全实行规范化、公式化的转移支付制度的条件尚不成熟，因此，我国从1995年起实行过渡时期的转移支付办法。基本思路是，从中央财政每年增加的收入中拿出一部分，主要用于对边远的少数民族地区和贫困地区的转移支付，调节这些地区的最低公共服务水平。办法是，借鉴国际通行的做法，按照规范和公平的原则，根据客观因素计算确定各地区的标准收入和标准支出，以标准收支的差额作为转移支付的分配依据。计算标准支出选择的客观因素主要有人口、可居住面积、冬天平均气温、平均海拔高度、行政区划个数、都市化程度、学校及学生人数等。计算标准收入选择的主要因素有该地区的GDP、产业结构、企业规模、企业盈余、职工平均工资及分组等。几年来，转移支付办法不断改进，转移支付金额不断增加。过渡时期转移支付办法在一定程度上调节了地区间最低公共服务水平的差距，更重要的意义还在于对中央与地方之间转移支付制度的规范化进行了实验，并推动了地方各级之间转移支付制度的建设。

从2002年开始，过渡时期转移支付的概念不再沿用，其资金合并到中央财政因所得税分享改革而增加的收入中分配，统称一般性转移支付。一般性转移支付额主要按照各地标准财政收入和标准财政支出的差额以及转移支付系数计算确定，凡标准财政收入大于或等于标准财政支出的地区，不纳入转移支付范围。此外，对难以按统一公式量化但又必须解决的特殊问题，增加特殊转移支付。各地区标准财政收入由地方本级标准财政收入、中央对该地区的税收返还和财政转移支付构成，地方本级标准财政收入主要根据各税种的税基和税率计算确定，中央对地方的税收返还和财政转移支付（扣除各地区对中央的上解）按财政部核定数确定。各地区标准财政支出由该地区行政公检法支出、教育部门支出、农林水等其他部门支出等经常性支出构成，根据标准财政供养人数和全国统一支出水平等因素，按人员经费、公用经费和其他经常性支出项目分别计算确定。转移支付系数参照当年一般性转移支付总额、各地区标准支出大于标准收入的收支差总额以及各地区财政困难程度确定。对少数民族地区、革命老区、边缘地区，适当提高转移支付系数。此外，多年来为配合和支持中央实施的一系列政策，我国曾设置多项政策性转移支付，如调整工资转移支付、民族地区转移支付、县乡基本财力保障机制奖补资金、义务教育转移支付及定额补贴等。

目前除税收返还外，转移支付主要包括两类：一类是一般性转移支付，主要功能是缓解地方财力紧张，推进地方间基本公共服务均等化；另一类是专项转移支付，包括预算专项拨款、国债补贴，重点用于教育医疗卫生、社会保障和支农等领域。实行分税制后，我国的财政转移支付制度逐步建立和不断完善，而且已经达到相当规模，其结构也在不断优化。

第三节　全面深化改革中的分税制改革

一、现行分税制的运行情况和存在的问题

1994 年分税制改革改变了财政包干制“一对一”谈判的模式，根据当时中央与地方事权的划分，划分了支出责任，划分了收入，从制度层面上规范了中央与地方的关系，建立起一定时期内的稳定的激励与约束机制，对经济发展和社会稳定发挥了积极作用，自实施以来，运行情况基本良好，基本达到预期的目标。一是较好地调动了中央与地方的两个积极性，财政收入占 GDP 的比重逐步回升，中央财政收入占全国财政收入的比重大幅上升，财力调节能力增强。二是各级政府的收支范围重新划分，政府间的财政关系趋向规范，预算约束趋于硬化。三是建立了转移支付制度，结合我国当前的实际情况，灵活地处理了纵向平衡、横向平衡以及专项补助。四是通过分税，如将消费税划为中央税，将营业税等划为地方税，将增值税作为中央与地方的共享税，有利于产业结构的合理调整和资源的优化配置，推动了由注重发展速度和规模向更加注重发展质量和经济效益的转变。总之，分税制为我国现代化预算管理体制的建设奠定了良好的基础。然而，1994 年分税制改革是采取整体设计、逐步推进、逐步完善的方式进行的，通过多年的运行，在新的形势

下已经明显暴露出严重的弊端。

预算管理体制是一项完整的系统工程，目标是建立事权与财权相适应、相匹配的制度模式。制度整体是由四个环节组成的：首先是明确划分事权，其次是明确支出责任，再次是划分收入，最后是制定转移支付制度。显然，事权与支出责任的对称是整体制度的核心，后两个环节则处于从属地位。分税制的全称应是分级分税制，而现行分税制主要是“分税”，而“分级”则不够明确，比较模糊，是一种缺乏明确划分事权和支出责任前提下的“分税”模式。应当说，这是现行分税制问题的焦点。1994 年实行分税制之前实行的是财政包干制，主要目标是鼓励地方发展经济和增加财政收入的积极性，而事权和支出责任是不对称的，其实际上是在收支划分上向地方过度倾斜的分权模式。1994 年的分税制改革的主要目标是集中收入，扭转收入过度向地方倾斜的弊端，形成了收入层层集中、支出责任层层下沉、借助转移支付解决纵向失衡的分权模式，因而现行分税制同样没有解决事权与支出责任不对称的问题。这种模式强化了中央财政对财力的控制力，无疑有利于政局的稳定和国家政策的顺利实施。但由于它没有解决事权与支出责任不对称的问题，因此带来了新的问题：一是削弱了中央的支出责任。如 2015 年中央集中的财政收入达 45.5%，向地方转移支付后净余 12.6%，而承担的支出责任仅占 14.5%，中央进行转移支付后余下的收入不足以承担中央的支出责任，要靠举债来弥补财政赤字（见表 13 - 1）。二是地方支出责任繁重，主要依赖中央对其的转移支付，而且中央进行转移支付后仍旧不足，于是酿成地方债务泛滥和“土地财政依赖症”。三是支出责任层层下沉，导致基层政府特别是中西部基层政府普遍陷入财政困难的境地。因此，当前的分税制改革的重点是解决核心问题，即进一步明确中央与地方的事权和支出责任，使二者相对称。

表 13 - 1　　中央和地方财政收支的比重

年份	转移支付前中央收入占总收入的比重（%）	转移支付后中央收入占总收入的比重（%）	中央本级支出占总支出的比重（%）
2010	51.1	12.2	19.2
2011	49.4	11.0	15.9
2012	47.9	9.2	16.0
2013	46.6	9.4	15.8
2014	45.9	9.2	16.1
2015	45.5	9.3	14.5
2016	45.3	8.1	14.6

资料来源：根据《中国财政年鉴（2016）》“补助地方（地方上解）后的中央财政收支”“中央和地方财政收入及比重”两表的相关数据计算。

二、建立事权与支出责任相适应的制度

如前所述，事权与支出责任是否相适应是政府间分权的核心问题，而事权划分和明确支出责任又是进一步完善分税制的基本前提，在明确政府间事权划分和界定各级政府间支

出责任的基础上，划分政府间收入，再通过转移支付手段调节中央与地方以及地方各级之间的财力余缺，是建立科学的预算管理体制的合理逻辑和主要内容。但要看到，在新形势下，现行的中央与地方间事权和支出责任划分显露出不清晰、不合理、不规范等诸多问题。主要表现在：(1) 在政府与市场关系层面上，政府职能定位不清，一些本可由市场调节或社会提供的事务，财政包揽过多，同时一些本应由政府承担的基本公共服务，财政承担不够。(2) 在各级政府间关系层面上，事权和支出责任划分不尽合理，一些本应由中央直接负责的事务交给地方承担，一些宜由地方负责的事务，中央承担过多，地方没有担负起相应的支出责任；中央和地方的职责交叉重叠，共同承担的事项较多；省以下财政事权和支出责任划分不尽规范，有的事权和支出责任划分缺乏法律依据，法治化、规范化程度不高。因此，当前迫切需要推进中央与地方事权和支出责任划分的改革。

党的十八届三中全会通过的《中共中央关于全面深化改革若干重大问题的决定》对建立事权和支出责任相适应的制度确立了总的原则，包括：首先，建立事权与支出责任相适应的制度，适度加强中央事权和支出责任，将国防、外交、国家安全、关系全国统一市场规则和管理等作为中央事权。其次，将部分社会保障、跨区域重大项目建设维护等作为中央和地方共同事权，逐步理顺事权关系；中央和地方按照事权划分相应承担和分担支出责任。再次，中央可通过安排转移支付将部分事权和支出责任委托地方承担；对于跨区域且对其他地区影响较大的公共服务，中央通过转移支付承担一部分地方事权和支出责任。最后，保持中央和地方财力格局总体稳定。

国务院于 2016 年 8 月发布《国务院关于推进中央与地方财政事权和支出责任划分改革的指导意见》，提出 2019—2020 年，基本完成主要领域改革，形成中央与地方财政事权和支出责任划分的清晰框架。该指导意见提出改革的主要内容如下：

(1) 推进中央与地方财政事权划分。1) 适度加强中央的财政事权。要逐步将国防、外交、国家安全、出入境管理、国防公路、国界河湖治理、全国性重大传染病防治、全国性大通道、全国性战略性自然资源使用和保护等基本公共服务确定或上划为中央的财政事权。2) 保障地方履行财政事权。要逐步将社会治安、市政交通、农村公路、城乡社区事务等受益范围地域性强、信息较为复杂且主要与当地居民密切相关的基本公共服务确定为地方的财政事权。3) 减少并规范中央与地方共同财政事权。要逐步将义务教育、高等教育、科技研发、公共文化、基本养老保险、基本医疗和公共卫生、城乡居民基本医疗保险、就业、粮食安全、跨省（区、市）重大基础设施项目建设和环境保护与治理等体现中央战略意图、跨省（区、市）且具有地域管理信息优势的基本公共服务确定为中央与地方共同财政事权，并明确各承担主体的职责。4) 建立财政事权划分动态调整机制。财政事权划分要根据客观条件的变化进行动态调整。在条件成熟时，将全国范围内环境质量监测和对全国生态具有基础性、战略性作用的生态环境保护等基本公共服务，逐步上划为中央的财政事权。对新增及尚未明确划分的基本公共服务，要根据社会主义市场经济体制改革进展、经济社会发展需求以及各级政府财力增长情况，将应由市场或社会承担的事务交由市场主体或社会力量承担，将应由政府提供的基本公共服务统筹研究划分为中央财政事权、地方财政事权或中央与地方共同财政事权。

(2) 完善中央与地方支出责任划分。1) 中央的财政事权由中央承担支出责任。属于中央的财政事权，应当由中央财政安排经费，中央各职能部门和直属机构不得要求地方安排配套资金。中央的财政事权如委托地方行使，要通过中央专项转移支付安排相应经费。2）地方的财政事权由地方承担支出责任。属于地方的财政事权原则上由地方通过自有财力安排。对地方政府履行财政事权、落实支出责任产生的收支缺口，除部分资本性支出通过依法发行政府性债券等方式安排外，主要通过上级政府给予的一般性转移支付弥补。地方的财政事权如委托中央机构行使，地方政府应负担相应经费。3）中央与地方共同财政事权区分情况划分支出责任。根据基本公共服务的属性，体现国民待遇和公民权利、涉及全国统一市场和要素自由流动的财政事权，如基本养老保险、基本公共卫生服务、义务教育等，可以研究制定全国统一标准，并由中央与地方按比例或以中央为主承担支出责任；对受益范围较广、信息相对复杂的财政事权，如跨省（区、市）重大基础设施项目建设、环境保护与治理、公共文化等，根据财政事权外溢程度，由中央和地方按比例或中央给予适当补助方式承担支出责任；对中央和地方有各自机构承担相应职责的财政事权，如科技研发、高等教育等，中央和地方各自承担相应的支出责任；对中央承担监督管理、出台规划、制定标准等职责，地方承担具体执行等职责的财政事权，中央与地方各自承担相应的支出责任。

（3）加快省以下财政事权和支出责任划分。

三、中央与地方收入的划分

完善事权和支出责任划分以后，应在保持现有中央和地方财力格局总体稳定的前提下，结合当前税制改革，进一步理顺中央和地方收入划分。根据税种属性特点，遵循公平、便利和效率等原则，合理划分税种，将收入周期性波动较大、易转嫁的税种划为中央税，或中央分成比例大一些；将其余明显具有受益性、区域性特征且对宏观经济运行不产生直接重大影响的税种划为地方税，或地方税分成比例大一些，以充分调动中央和地方的两个积极性。

中央和地方收入划分与我国现行税制结构和当前的税制改革有直接关系。我国现行税制以间接税为主，其中“营改增”之前属于地方固定收入的营业税收入占地方财政税收收入的33%，其他地方税种都是直接税，而且税系不够完善，税制不够健全，目前收入也微不足道；“营改增”的增值税改革使税制结构和中央与地方收入划分发生重大变化，取消营业税后，地方税收失去了主要税种。从税制的结构性改革和完善分税制的角度来看，过渡的做法是提高增值税的地方分成比例，规范的做法是大力完善和健全地方所属的直接税，也就是注重增大地方政府自主性较大的自身收入，弱化地方政府对中央补助的依赖性。因此，在建立现代财政制度的过程中，关于完善税收制度，国家明确规定：“完善地方税体系，逐步提高直接税比重”“逐步建立综合与分类相结合的个人所得税制。加快房地产税立法并适时推进改革，加快资源税改革，推动环境保护费改税。”

四、完善转移支付制度

目前政府间转移支付主要包括一般性转移支付和专项转移支付。前者主要解决基本公共服务均等化问题，后者主要解决外部性、中央和地方共同支出责任以及实现中央特定目标等问题。现行转移支付制度还不够完善，一般性转移支付还不够规范，仍掺杂某些人为因素，有些碎片化，专项转移支付项目繁杂，比重过大，资金分散，影响政策目标的实现和改革的实施效率。当前完善转移支付制度的任务是：一方面，完善一般性转移支付的稳定增长机制，重点增加对革命老区、民族地区、边疆地区、贫困地区的转移支付；扩大一般性转移支付的规模和比例，更好地发挥地方政府接近基层、熟悉实际情况、就近管理的优势，促进地区间财力均衡；中央出台增资政策形成的地方财力缺口，原则上通过一般性转移支付调节。另一方面，清理、整合、规范专项转移支付项目。大幅减少转移支付项目，归并重复交叉项目，逐步取消竞争性领域专项和地方资金配套，严格控制引导类、救济类、应急类专项；对保留的专项进行甄别，属于地方事务且数额相对固定的项目，划入一般性转移支付，并根据经济社会发展及时清理专项转移支付项目。

五、加快省以下各级预算管理体制改革

1994年分税制改革从制度上规范了中央与地方的财政关系，但并没有明确确定省以下各级预算管理体制。不过，各省（区）基本上比照中央与地方财政关系的框架，陆续实行了分税制，然而，各省（区）在支出责任和收入划分安排的具体做法上存在较大的差异。虽然各地区的做法存在较大的差异，但也呈现出与中央和地方关系相同的特点，即财权集中、事权下移。各县乡基层政府承担着较重的公共服务事务，但拥有或分享十分有限的财力，因而基层政府普遍出现严重的财政困难。省（区）对下的转移支付制度，从大的方面看，与中央对地方转移支付的形式和方法是雷同的。不同之处在于，地方税系有待完善，省对下的级次多，因而建立省对下的转移支付制度的难点更多。自实行分税制后，大部分省（区）建立了省对下的转移支付制度，在转移支付金额、资金来源、技术方法以及利益格局调整等方面做了大量工作，取得了可喜的成效，但形式多样化，力度欠缺，不够规范。当前的主要问题是，省一级集中财力较多，基层财政困难较大，地区间财力的差距呈扩大趋势。当前可行的措施是，通过增量调整适当增强突出财政困难县（含县级市、旗）的财力，采取有效措施保证各级地方财政的平稳运行。为了有效化解县级财政困难，增强县级财政的自主发展能力，从20世纪90年代开始我国进行了以减少财政级次为核心内容的改革探索。我国实行五级政府政治体制（中央政府、省级政府、地市级政府、县级政府和乡镇政府），相应的财政也是实行五级财政体制。20世纪90年代初由浙江省发起试行“省直管县”预算管理体制，并将乡镇财政归属于县级财政。由于精简了财政级次，预算资金调度和财政转移支付的效率明显提高了。2003年以来，省直管县的预算管理体制逐步扩展到其他地区，目前全国大部分省份实施省直管县的预算管理体制。当前首先是贯彻《国务院关于推进中央与地方财政事权和支出责任划分改革的指导意见》关于加快省以下财政事权和支出责任划分的意见。省级政府要参照中央做法，结合当地实际，按照财政事权划分原则合理确定省以下政府间财政事权。将部分适宜由更高一级政府承担的基本公共服务职能上移，明确省级政府在保持区域内经济社会稳定、促进经济协调发展、推进区域内基本公共服务均等化等方面的职责。将有关居民生活、社会治安、城乡建设、公共设施管理等适宜由基层政府发挥信息、管理优势的基本公共服务职能下移，强化基层政府贯彻执行国家政策和上级政府政策的责任。省级政府要根据省以下财政事权划分、财政体制

及基层政府财力状况，合理确定省以下各级政府的支出责任，避免将过多支出责任交给基层政府承担。

国务院办公厅于2018年2月印发了《基本公共服务领域中央与地方共同财政事权和支出责任划分改革方案》。该方案提出，要坚持以人民为中心，坚持财政事权划分由中央决定，坚持保障标准合理适度，坚持差别化分担，坚持积极稳妥推进，力争到2020年，逐步建立起权责清晰、财力协调、标准合理、保障有力的基本公共服务制度体系和保障机制。该方案明确：一是将由中央与地方共同承担支出责任、涉及人民群众基本生活和发展需要的义务教育、学生资助、基本就业服务等基本公共服务事项，列入中央与地方共同财政事权范围。二是制定基本公共服务保障国家基础标准。参照现行财政保障或中央补助标准，制定义务教育公用经费保障、免费提供教科书、中等职业教育国家助学金、城乡居民基本养老保险补助等9项基本公共服务保障的国家基础标准。三是规范基本公共服务领域中央与地方共同财政事权的支出责任分担方式，主要实行中央与地方按比例分担。四是在一般性转移支付下设立共同财政事权分类分档转移支付，对共同财政事权基本公共服务事项予以优先保障。该方案还要求，加快推进省以下支出责任划分改革，明确部门管理职责，加强基本公共服务项目预算管理，推进基本公共服务大数据平台建设，强化监督检查和绩效管理。该方案自2019年1月1日起实施。

☑【关键词】

转移支付制度　纵向财政缺口　横向财政缺口　共享税

【复习与思考】

1. 简述分级分税预算管理体制的要点。
2. 简述政府间收支划分的理论依据。
3. 简述政府间转移支付制度的功能。
4. 简述我国1994年分税制改革的指导思想和基本内容。
5. 如何建立事权与支出责任相适应的制度？
6. 在明确事权与支出责任的前提下如何完善收入划分和转移支付制度？
7. 如何加快省以下各级预算管理体制改革？

第十四章 国债和国债市场

第一节　国债的基本原理

一、国债的含义及其产生和发展

（一）国债的含义

在信用经济高度发展的今天，为某种需要而举债已成为十分普遍的经济现象。举债的主体或借债人主要有两类：一是私人和企业，二是政府。私人和企业举借的债务称为民间债务或私债，政府举借的债务称为国债或公债。国债是整个社会债务的重要组成部分，主要指中央政府在国内外发行债券或向外国政府和银行借款所形成的国家债务，也包括地方政府举借的各种类型的债务。应当明确我国地方政府债务理所应当属于国债的组成部分。

国债是一个特殊的财政范畴。它首先是一种非经常性的财政收入，因为国家发行债券或借款意味着政府可支配资金的增加。但是，国债的发行必须遵循信用原则：有借有还。发行债券或借款到期不仅要还本，而且要付一定的利息。国债具有偿还性，又是一种预期的财政支出，这一特点和具有无偿性的税收是不同的。国债还具有认购上的自愿性，除极少数强制国债以外，人们是否认购、认购多少，完全由认购者自己决定，这也和强制课征的税收是不同的。国债又是一个特殊的债务范畴，它与私债的本质区别在于发行的依据或担保物不同。民间借债一般须以财产或收益为担保，人们只有在确信借债者具有还本付息的能力的情况下才会出借。在一般情况下，国债的担保物主要不是财产和收益，而是政府信誉，国债的可靠性强于私债，通常被称为“金边债券”。

（二）国债的产生与发展

国债的产生离不开商品经济和信用经济的发展，如果社会上没有较为充裕的闲置资金，国债就成为无源之水。国债制度是在私债的基础上发展和演变而来的，产生于奴隶社会。到了封建社会，借债规模有所扩大，但发展十分缓慢，加快发展则是在商品经济和信用经济高度发达的资本主义社会。依照马克思的说法，“殖民制度以及它的海外贸易和商业战争是公共信用制度的温室。”[①] 在今天，国债的发展早已远远超出了发达资本主义国家的范围。不管社会制度怎样，不论经济发展水平如何，几乎所有国家都将国债作为政府筹集财政资金的重要形式和发展经济的重要手段。

中华人民共和国成立以后，我国的国债发行分为三个阶段：第一阶段是中华人民共和国刚刚建立的1950年，当时为了保证仍在进行的革命战争的供给和恢复国民经济，国家发行了“人民胜利折实公债”。第二阶段是1954—1958年，为了进行社会主义经济建设，国家分五次发行了“国家经济建设公债”。第三阶段是1979年实行改革开放政策以后，我国从理论上矫正了所谓“既无内债又无外债是社会主义的优越性”的传统观念，积极完善国债制度，科学地确定国债规模，并按照社会主义市场经济的要求，不断强化国债的作用。

二、国债种类和国债结构

（一）国债种类

现代国家的国债不仅包括各种各样的借款，而且有名目繁多的债券，是一个庞大的债务体系。为了便于国债管理，必须首先对国债进行分类。

（1）以国家举债的形式为标准，国债可分为国家借款和发行债券。

（2）以筹措和发行的地域为标准，国债可分为内债和外债，本章只介绍内债。

（3）以债券的流动性为标准，国债可分为可转让国债和不可转让国债。一般说来，自由转让是国债的基本属性，大多数国家的债券都可以进入证券市场自由买卖，但也有一些国家的债券不允许公开出售，如美国的“储蓄券”和我国1984年以前发行的国库券。

（4）以发行的凭证为标准，国债可分为凭证式国债和记账式国债。凭证式国债是指国家采取不印刷实物券，而用填制“国库券收款凭证”的方式发行的国债，具有类似储蓄又优于储蓄的特点，通常被称为“储蓄式国债”，这种国债是以储蓄为目的的个人投资者理想的投资方式，具有安全性好以及保管、兑现方便的特点。记账式国债利用账户通过电脑系统完成国债发行、兑付的全过程，被称为“无纸化国债”，可以记名、挂失，安全性好，发行成本低，发行时间短，发行效率高，交易手续简便，已成为当前世界各国发行国债的主要形式。

（二）国债结构

国债的结构是指一个国家各种性质债务的互相搭配，以及债务收入来源和发行期限的

---

① 马克思．资本论：第1卷．2版．北京：人民出版社，2004：864.

有机结合。

（1）应债主体结构。应债主体的存在是国债发行的前提，应债主体结构实际上就是社会资金或收入在社会各经济主体之间的分配格局，即各类企业和各阶层居民各自占有社会资金的比例。

（2）国债持有者结构或应债资金来源结构。国债持有者结构是各应债主体即各类企业和各阶层居民实际认购和持有国债的比例，又可称为国债资金来源结构。国债持有者结构要受应债主体结构制约，若社会财富分配不均，贫富差距较大，社会资金集中在少数企业和个人手中，则国债持有者比较集中；而若社会财富分配比较平均，社会资金相对分散，则国债持有者也必然相对分散。

（3）国债期限结构。以偿还期为标准，国债可分为短期国债、中期国债、长期国债和永久国债。一般而言，短期国债指偿还期在1年或1年以内的国债，偿还期为1～5年（或1～10年）的国债称为中期国债，偿还期为5年（或10年）以上的国债称为长期国债。永久国债是指没有偿还期的国债，只是按年付息，但可以上市流通，随时兑现。改进国债期限结构，对完善国债体系具有重要意义。我国国库券开始发行时期限为10年，1985年调整为5年，后又缩短为3年，其他种类的国债也大多为3～5年。以3～5年的中期国债为主的国债期限结构缺乏均衡合理的分布，不仅易于导致国债偿还集中到期，且难以发挥国债的调节作用。对于投资者来说，这种单一的国债期限结构不利于其进行选择，很难满足持有者对金融资产期限多样化的需求，结果必然使国债的形象欠佳，吸引力较弱。从1994年起，为了使期限结构合理化，我国已经开始适量发行短期国债和长期国债。发行短期国债，主要是用于平衡国库短期收支，同时可作为中央银行进行公开市场操作的工具，而长期国债通常用于周期较长的基础设施或重点建设项目。

三、国债负担与国债债务率

（一）国债负担

各个国家的经济实践已经充分证明，国债不仅存在一个负担问题，而且如何衡量和处理国债负担是财政理论与实践的重要内容。国债负担可以从四个方面来分析。

一是认购者负担。国债作为认购者收入使用权的让渡，这种让渡虽是暂时的，但对认购者的经济行为会产生一定的影响，所以国债发行必须考虑认购者的实际负担能力。

二是纳税人负担。不论国债资金的使用方向如何、效益高低，还债的收入来源最终还是税收。马克思所说的国债是一种延期的税收，就是指国债与税收的这种关系。

三是代际负担。国债不仅形成一种当前的社会负担，而且在一定条件下还会向后推移，形成代际负担。也就是说，由于有些国债的偿还期较长，连年以新债还旧债并不断扩大债务规模，就会形成这一代人借的债转化为下一代甚至几代人负担的问题。如果转移债务的同时为后代人创造了更多的财富或奠定了创造财富的基础，这种债务负担的转移在某种意义上被认为是正常的；如果国债收入被用于当前的消费，或者使用效率低下，留给后代人的只有净债务，那么，债务转移必将极大地影响后代人的生产和生活，这是一种愧对子孙的短期行为。

四是政府负担，即债务人负担。政府借债是有偿的，政府举债的负担首先是付息，其次是还本，尽管政府借债时获得了经济收益，但偿债却体现为一种支出。借债的过程也就是国债负担的形成过程，所以，政府借债要考虑偿还能力，只能量力而行。当然，在现代普遍实行“以新债还旧债”且国债可以通过国债市场流通的国债制度下，虽然可以不必增加当前税收来偿还国债，但持续“以新债还旧债”会不断增大债务余额。所以研究国债负担首先要研究政府的债务负担问题。

（二）国债债务率

国家发行国债有利于推动社会经济的发展，但也会形成各类社会负担。既然存在国债负担问题，那么，国债发行就必须有一定的限度，过度则可能形成债务风险。国债的限度一般是指国家债务规模的最高额度，也就是指国债适度规模问题。在国债余额管理制度下，衡量国债绝对规模的指标是历年累积的国债余额，衡量国债相对规模的指标即为国债债务率。国债债务率可以有两种计算方法：

一是考虑决定国债的因素，即财政赤字率和GDP增长率，简单的公式就是：

国债债务率＝财政赤字率/GDP增长率

这种计算方法可以显示国债的风险度，可以对国债债务率进行动态分析，对设计财政政策和防范债务风险具有重要的理论意义和实践意义。

二是通常是用当年国债余额占GDP的比重来表示，这种计算方法可以简明地显示政府的负担水平，可称为国债负担率。同时，国债是撬动经济运行的一种杠杆，因而国债负担率也就是当前媒体高频报道的杠杆率中的政府杠杆率。

四、国债的发行、还本与付息

（一）国债的发行

国债的发行指国债售出或被个人和企业认购的过程。它是国债运行的起点和基础环节，核心是确定国债发行的方式。国债既是政府筹集资金的手段，又是认购者的投资工具，发行者的目标是以最小的成本筹集所需的资金，认购者的目标是以最小的投资获取最大的收益，协调双方利益目标的手段是国债的发行条件——票面利率、偿还期限和发行价格，而决定发行条件的过程和关键环节则是国债发行方式。世界各国通用的国债发行方式有四种：

（1）直接发行方式。这种方式是发行主体直接向个人或机构投资者销售国债。

（2）“随买”方式，或称“连续发行”方式。这种方式是发行主体不预先确定发行条件，而是委托销售网点和代理销售机构相机确定，且可随时调整发行条件，调节发行流量。

（3）承购包销方式。这种方式是由发行主体与承销人（如辛迪加集团）共同协商发行条件，签订承销合同，明确双方的权利义务关系，由承销人向投资者分销。

（4）公募招标方式。这种方式是通过国债市场公开投标、招标确定发行条件。这种投标、招标方式即通过市场机制确定发行条件，具有较强的适应性和生命力，已经成为当今世界各国的主导发行方式。

我国改革开放后，国债发行方式逐步改革和完善，先后曾采取过行政摊派、承购包销、柜台销售和招标发行等多种发行方式。1981 年我国重新开始发行国债，初期仍沿用计划经济时期采取的行政摊派发行方式。1991 年开始采用承购包销发行方式，当年财政部和承购包销团的主干事中国工商银行信托投资公司签订了承购包销合同，承销当年国债25 亿元。1993 年推出了一级自营商制度，19 家信誉良好且资金雄厚的金融机构获准成为首批一级自营商，随后又进一步扩大了一级自营商队伍，健全了一级自营商的管理制度。1994 年曾采用柜台销售方式，即利用遍布全国的银行储蓄网点销售不可上市流通的凭证式国债。1995 年开始试行招标发行方式，通过招标形成了科学的价格决定机制，加速了利率市场化进程，为国债市场的发展奠定了基础。不过，我国的招标发行方式的特点是，规定一级自营商一定比例的承销基数，即实行基数承销基础上的招标，实质上是一种承购包销与招标发行相结合的发行方式。2000 年，为了打通银行间国债市场和交易所国债市场的连接，我国组建了统一的记账式国债承销团，代替了一级自营商制度，随后又组建了凭证式国债承销团。

从总体上说，目前我国的国债发行方式是一种承购包销和招标发行相结合的模式。具体而言，凭证式国债是凭证式国债承销团（以商业银行为主）承购包销与柜台销售相结合，而记账式国债是招标与承购包销相结合，即先向承销团进行招标，再由承销团成员分销或在二级市场销售。

（二）国债的还本与付息

国债到期之后，就要依发行时的规定，按期如数还本。国债偿还中的一个重要任务就是慎重地选择偿还方式。国债本金的偿还数额虽然是固定的，但政府在偿还方式上却有很大的选择余地。可选择的比较简单的国债偿还方式有分期逐步偿还法、抽签轮次偿还法、到期一次偿还法，还有市场购销偿还法和以新替旧偿还法。市场购销偿还法，即在债券期限内，定期或不定期地从证券市场上赎回（或称买回）一定比例的债券，赎回后不再卖出，使这种债券期满时，已全部或绝大部分被政府持有。这种方式的长处是给投资者提供了中途兑现的可能性，并会对政府债券的价格起支持作用。以新替旧偿还法，即通过发行新债券来兑换到期的旧债券，以达到偿还国债之目的。

不论采取什么偿还方式，国债的还本总是财政的一种负担。同时，还本是否能如约进行，既影响到期国债的行市，也影响其他一切债券的行市，对债券持有者和政府都是利害攸关的，这就要求国债的偿还必须有较为稳定且充足的资金来源。还本资金来源于如下几种方式：一是通过预算设置“偿债基金”。二是通过预算列支，就是将每年的国债偿还数额作为财政支出的一个项目（如“债务还本”）列入当年支出预算。三是举借新债，就是政府通过发行新债券，为到期债务筹措偿还资金，这种偿还方式可以使国债长时间地延续下去，正因为如此，发新债还旧债便成为各国政府偿还国债的基本手段。

国债发行之后，除短期者（已通过折价发行预扣利息）外，在其存在的期间内必须付息。由于国债在发行时已经规定了利息率，每年应付的利息支出是固定的，政府在国债付息方面的主要任务便是规定付息方式，包括付息次数、时间及方法等。国债的付息方式大体可分为两类。一是按期分次支付法。即将债券应付利息，在债券存在期限内分作几次支付（如每年或每半年支付一次），一般附有息票，债券持有者可按期剪下息票兑付息款。

这种方式往往适用于期限较长或在持有期限内不准兑现的债券。二是到期一次支付法。即将债券应付利息同偿还本金结合起来，在债券到期时一次支付。这种方式则多适用于期限较短或超过一定期限后随时可以兑现的债券。

由于付息方式不同，政府在每一年度应付的利息和实际支付的利息并不完全一样。在通常情况下，应付额会大于实付额而形成一笔利息上的债务。因此，在国债的付息工作中，政府往往要通过选择恰当的付息方式，安排好应付额和实付额的关系，以期与财政状况和经济形势的需要保持一致。

五、国债管理制度

完善的国债管理制度是发挥国债功能的重要前提条件。我国自恢复国债发行以来，一直是采取逐年审批年度发行额的管理方式，这种管理方式不能全面反映国债规模及其变化情况，不利于国债管理，也不利于充分发挥国债的功能。第十届全国人大常委会第四十次委员长会议讨论通过，从 2006 年开始，参照国际通行做法，改为实行国债余额管理制度。国债余额是指中央财政历年的预算差额，即赤字和盈余相互抵冲后的赤字累计额和经全国人大常委会批准的特别国债的累计额。基本管理办法是：

（1）每年向全国人大作预算报告时，报告当年年度预算赤字和年末国债余额限额，全国人大予以审批；一般情况下，年度预算赤字即为当年年度新增国债限额。

（2）在年度预算执行中，如出现特殊情况需要增加年度预算赤字或发行特别国债，由国务院提请全国人大常委会审议批准，相应追加年末国债余额限额。

（3）当年期末国债余额不得突破年末国债余额限额。

（4）国债借新还旧部分由国务院授权财政部自行运作。

（5）每年第一季度，在中央预算批准前，由财政部在该季度到期国债还本数额以内合理安排国债发行额。

国债余额管理制度对加强国债管理和提高国债效率发挥了重要作用。

第一，因为国债余额即为中央财政赤字的累计额，也就是中央财政当年收支的逆差或当年国债发行额与还本额的差额，所以余额管理可以更为全面地反映国债余额及其变化情况。

第二，因为发行年内到期的短期国债将不增加期末余额，因而这会增强财政部门发行短期国债的动力，有利于改善国债期限结构，也有利于防止长期国债的膨胀。

第三，增强了财政部门对国债发行的主动性和灵活性，有助于实现短期国债发行规模的突破，有助于开展国债的有序滚动发行，从而提高财政的资金运用能力，增强财政政策的灵活性。

第四，短期国债规模的增大提高了国债市场的流动性，为强化央行的公开市场操作创造了条件，而且可以发挥央行票据的替代作用，避免央行票据规模膨胀和成本过高的弊端。

第五，国债期限结构的优化还可以为建立具有市场代表性和参考价值的收益率曲线提供前提条件。

第二节 国债的经济效应和政策功能

一、国债的经济效应

(一) 国债的资产效应

什么是国债的资产效应?分析国债的经济效应,从短期来看,主要是分析国债的收入效应或流量效应。但是,如果研究国债的长期效应,则不能仅限于国债的流量效应,还必须分析国债存量对资产的影响。也就是说,国债发行量的变化不仅影响国民收入,而且影响居民所持有资产的变化,这就是所谓的资产效应。国债是否具有资产效应,这要从政府运用税收和借债为支出筹集资金是否存在差别来判断。如果消费者将债券仅仅看作延期的税收,那么这些债券就不能作为总财富的一部分;如果消费者认为当前发债和未来的税收并没有直接的联系,或者更可能的是认为这些债券根本不需要用税收来偿还(如借新债还旧债),那么这些债券就会被看作总消费函数中总财富的一部分。我们可以通过国民收入的决定分析判断这个问题。在国民收入决定的分析模型中,总消费函数起着至关重要的作用,而总消费函数通常被表述为可支配的总收入和总财富的函数,也就是消费将随着收入和财富的增加而增加,若人们因持有债券而增加消费,说明国债具有资产效应。

正因为国债有资产效应,所以国债在经济增长中具有稳定功能。由于国债的增加与税收的增加相比能够增加居民持有的资产,一方面,人们心中可能因感到富有了而增加消费,另一方面,人们的劳动意愿可能随之下降而减少储蓄,因而发行国债在经济萧条时具有扩大消费而在经济旺盛时具有抑制消费的功能,而且人们持有资产是为了预防萧条,所以经济萧条时国债的资产效应更大,经济繁荣时国债的资产效应相对较小。此外,国债利息的支付也具有稳定的作用。在萧条时期,税收收入减少,尤其是在实行累进税制的情况下,税收减少的趋势更为明显,这时国债利息支付保持在一定水平上,对消费需求会起维持作用。在繁荣时期,税收收入会比国民收入增长得更快,而国债利息支付是一定的,这又会起抑制消费需求的作用。

(二) 国债的需求效应

国债融资增加政府支出,可以通过支出的乘数效应增加总需求,或通过将储蓄转化为投资,并通过投资的乘数效应,推动经济的增长。国债对总需求的影响有两种不同的情形:一种情形是叠加在原有总需求之上,增加总需求;另一种情形是在原有总需求内部只改变总需求结构,而不增加总需求。至于究竟属于哪一种情形,主要取决于不同的应债主体即不同的应债资金来源,需要进行具体的分析,才能作出判断。

中央银行购买国债,相当于过去传统体制下的财政向银行透支或借款,也就是现在所谓的债务货币化。中央银行购买国债，会使银行持有的国债账户余额增加，同时财政国库存款账户余额增加，财政资金通过发行国债筹集时，则形成企业存款和居民储蓄或手持现金，商业银行存款增加。由此推理可知，中央银行购买国债将导致银行准备金增加从而增加基础货币，对总需求发挥扩张作用，构成通货膨胀因素。所以，一般而言，中央银行购买国债是叠加在原有总需求之上扩张总需求。当然，这种扩张效应也不是绝对的。众所周知，随着经济的增长，货币需求必然增加，从而要求增加货币供给，而在每年增加的基础货币中必然有一部分是适应经济增长而增加的，如果在这个限度内购买国债，就不是必然发生通货膨胀，或者说，只要中央银行在购买国债时严格限制再贷款规模，就可能不会发生货币供给过量的问题。

商业银行或居民个人购买国债和中央银行购买国债的情形不同。商业银行或居民个人购买国债，一般来说只是购买力的转移或替代，不会产生增加货币供给从而扩张总需求的效应。因为商业银行或居民个人购买国债表现为商业银行在中央银行准备金的减少或居民个人在商业银行储蓄存款的减少，而财政支用这些资金又会表现为商业银行准备金的恢复或居民储蓄存款的恢复，货币供给规模不变；变化的只是商业银行拥有的资金暂时转由财政使用，或居民储蓄通过国债转化为投资，也就是购买力或资金使用权发生转移或替代，从而不产生扩张总需求的效应。在经济繁荣时期，由于资金供求紧张，发行国债会带动利率上升，可能对民间投资产生挤出效应，不利于民间投资的增长；在经济萧条时期，商业银行购买国债实际上是商业银行将暂时闲置的资金转由财政使用，将居民储蓄转化为投资，弥补了储蓄与投资之间的缺口，这样不但可以推动经济增长，而且有利于提高商业银行的效益。我国当前实施积极财政政策，向商业银行和居民个人推销国债，就属于这种情形。不过，居民个人购买国债也可能有两种情形。一种情形是居民用现金或活期存款购买国债，造成货币供给量中 M1 的缩减，而这些资金被财政支用时却形成准货币 M2，这样就会降低货币的流动性，从而对社会需求起抑制作用。另一种情形是居民用储蓄或定期存款购买国债，造成 M2 的缩减，而这些资金被财政支用时却形成 M1，则 M2 的规模不变，M1 的规模扩大，这样会增强货币的流动性，也可以对社会需求起扩张作用。

（三）国债的供给效应

发行国债作为一种扩张政策，当将其用于治理周期性衰退时，主要注重的是它的短期的需求效应，即刺激需求，拉动经济增长。但实际上国债不仅具有需求效应，而且同时具有供给效应，即增加供给总量和改善供给结构。事实上需求与供给是一个问题的两个方面，二者是相互伴随、不可分割的。比如，国债收入用于投资，自然会增加投资需求，这是不言而喻的，但国债收入用于投资也必然提供供给，而且由于投资领域的不同，也就同时会改变供给结构。至于关于需求自动创造供给或供给自动创造需求的说法，如果分开了说，都有片面之嫌，因为在市场经济下，需求与供给是互动的。比如，只要存在有支付能力的有效需求，即使暂时缺乏相应的商品供给，通过市场调节，这种需求也很快会得到满足；当一种新科技、新产品上市时，只要确是人们所需要的，就必然有它的需求。但当供求失衡如供给大于需求或需求大于供给不是由于市场本身的原因，而是一种制度性问题即属于“市场失灵”时，就需要政府来调节，而政府发行国债，就是政府宏观政策中用来调节总需求与总供给以使之平衡的一种重要手段。

上面已经说明，政府发行国债取得的收入是用于投资的，而且主要是用于那些具有非排他性、非竞争性或具有外部效应的提供“公共物品”的领域的投资，其中的首选是基础设施投资，还有高新技术投资、风险投资、农业投资、教育投资和开发大西北投资等。我国实施积极财政政策，国债投资集中力量建成了大批重大基础设施项目，办了一些多年来我们想办而没有办的事，既增加了有效供给，也基本突破了长期存在的基础设施的“瓶颈”，改善了供给结构。这就是国债的供给效应。因此，国债是供给侧结构性改革的一种重要手段。

二、国债的政策功能

国债的主要政策功能如下：

(1) 弥补财政赤字。通过发行国债弥补财政赤字，是国债产生的主要动因，也是当今各国的普遍做法。用国债弥补财政赤字，实质是将不属于国家支配的民间资金在一定时间内让渡给国家使用，是社会资金使用权的单方面转移。政府也可以采用征税和向银行透支的方式弥补财政赤字，但相比较而言，以发行国债的方式弥补财政赤字，一般不会影响经济发展，可能产生的副作用也较小。这是因为：首先，发行国债只是部分社会资金的使用权的暂时转移，一般不会导致通货膨胀；其次，国债的认购通常遵循自愿的准则，筹集的基本上是在社会资金运动中游离出来的资金，一般不会对经济发展产生不利影响。当然，也不能把国债视为医治财政赤字的灵丹妙药。因为财政赤字过大，债台高筑，最终会导致财政收支的恶性循环，而且社会的闲置资金是有限的，国家集中过多资金往往会侵蚀经济主体的必要资金，从而降低社会的投资和消费水平。

(2) 筹集建设资金。国债既具有弥补财政赤字的功能，又具有筹集建设资金的功能，似乎无法辨别两种功能的不同。其实不然，在现实生活中仍可以从不同角度加以区分。比如，在我国财政支出中总是有一部分要用于安排一定规模的必需的经济建设支出，如果不发行国债，势必要压缩这些必需的经济建设支出，或者挤压民生支出，从这个角度讲，发行国债具有明显的筹集建设资金的功能。有的国家则从法律上或在发行时对两种不同功能作出明确的规定。如我国过去发行的国库券，没有明确规定目的和用途，但从 1987 年开始则发行重点建设债券和重点企业建设债券，其中包括电力债券、钢铁债券、石油化工债券和有色金属债券等。又如日本在法律上将国债明确分为两种：一是建设公债；二是赤字公债。

(3) 调节经济运行，促进经济发展。国债是对 GDP 的再分配，反映了社会资源的重新配置，是调节经济的一种重要手段。发行国债，将这部分财力用于社会基础建设，可以发挥其杠杆作用，撬动少量财政资金从事更大的建设事业，从而可以调整经济结构，促进经济发展。如果将这部分财力用于消费，则会扩大社会的消费规模，可以调节社会总需求和社会总供给以使之平衡。国债不仅是财政政策手段，而且是货币政策手段，国债是可流通债券的重要组成部分，特别地，短期国债是中央银行进行公开市场操作从而调节货币需求与供给的重要手段。

第三节 国债债务率分析

一、国债债务率与财政赤字的简单动态关系分析

国债导源于财政赤字，所以分析国债债务率首先要分析国债债务率与财政赤字的关系；同时研究国债是否可持续、是否存在风险，不能仅限于国债债务率与财政赤字的静态分析，还必须从国债债务率、赤字率与经济增长的动态关系角度来考察，这样确定国债政策才具有实际意义。

这里介绍一种分析国债和财政赤字动态变化的简单框架。这个简单的框架设定：财政支出分为四类，即消费性支出、投资性支出、转移性支出、国债利息支出，也就是将利息支出单独列为一类支出，并将其从财政经常性支出中剥离出来作为财政赤字的组成部分，于是这里的财政赤字分为两个部分，即基本财政赤字和利息支出。为了研究国债和财政赤字的动态关系，将财政赤字分为基本财政赤字和利息支出两个部分是十分有必要的。因为利息支出与财政其他支出对国债债务率的影响具有显著的差异。利息支出的大小主要取决于过去积累的国债余额的大小、利率的高低、货币化的程度以及国债的期限结构等多种因素。利息支出在很大程度上是内生变量，在短期内政府很难控制利息支出的水平，而将财政赤字分为两个部分，这里的财政赤字考虑了利息的因素。因此，本框架内的基本财政赤字等于不包括利息支出的财政经常性支出减财政经常性收入，这里的财政赤字等于基本财政赤字与利息支出之和。根据这个分析国债和赤字动态变化的简单框架，就可以推导出计算国债债务率升降变化的公式：

$$\mathrm{d}b=b(r-y)+z \qquad (14-1)$$

式中，$\mathrm{d}b$ 代表以微分符号表示的国债债务率的升降变化，b 代表国债债务率，r 代表实际国债利率，y 代表 GDP 实际增长率，z 代表基本财政赤字率。

该公式实际上是对影响国债债务率的因素的分解，从这里可以看出，国债债务率的变化取决于三个因素：实际国债利率、经济增长率、基本财政赤字率，或者说取决于两个因素，即实际国债利率与经济增长率的对比和基本财政赤字率，而其中实际国债利率又是名义国债利率与通货膨胀率之差（$r=i-\pi$）。由公式很容易看到，基本财政赤字增减是决定国债债务率的基本因素，而实际国债利率和经济增长率往往也是影响国债债务率的重要因素，当年付息的实际国债利率与国债债务率正相关，经济增长率与国债债务率负相关，只要当年存在需要付息的国债余额，当实际国债利率大于经济增长率（$r>y$）时，即使当年预算是平衡的，国债债务率也会上升。

虽然从动态角度来看影响国债债务率的因素是比较复杂的，但从分析国债和赤字动态变化的简单框架中不难得出控制国债债务率的基本途径。第一，控制基本财政赤字。因为债务余额归根结底是由基本财政赤字产生的，是基本财政赤字的积累，如果不考虑其他因

素，基本财政赤字增加，国债债务率必然上升，因而控制基本财政赤字自然是控制国债债务率的基本措施。事实上，虽然赤字政策特别是不断增加赤字的赤字政策是一种反萧条的扩张性政策，但它只能是一种不应该也不可能长期持续的中短期政策，因而赤字政策必须适度，必须适可而止。第二，国债利率要适度。我国“九五”期间的实际国债利率一度过高，是由根据1993—1996年通货膨胀形势制定的高的名义国债利率与1998年后物价走低形成巨大反差造成的，这是一种特殊时期出现的特殊情况，以后再出现这种情况的可能性是很小的。众所周知，国债是一种“金边债券”，其利率低于市场利率或银行利率是通例，我国的国债利率已经随着银行利率的下调也开始下调，甚至开始略低于银行利率，今后走向正常是必然趋势。第三，强调国债投资效益，保持适度的经济增长率。发行国债是为了扩大政府投资，而不是用于扩大一般性的经常性支出，所以国债投资有投入、有产出，只要产出大于投入，不仅会扩大需求，而且会按照投资乘数带来总产出的增长，这将导致财政收支的良性循环和国债债务率的降低。根据我国当前的经济形势和发展趋势来判断，我国政府完全有条件并有能力保持国债债务率的相对稳定，从而可以避免因国债规模失控而导致的债务危机。我国的国债政策完全是按以上分析的思路发展的，至今仍保持着良好的、稳定的态势。

二、建立防控债务风险的制度机制

（一）欧共体《马斯特里赫特条约》

当谈到防范债务危机时，人们总会提到赤字率、债务率，根据这两个指标来判断国家的财政状况，而判断的参考标准通常是欧共体于1992年制定的《马斯特里赫特条约》（简称《马约》）所规定的3%的赤字率和60%的债务率。

欧共体当时制定这一条约的主要目的在于促进欧洲经济货币联盟的实现，它包括三个方面的重要内容：一是从1990年7月1日开始，逐步取消外汇管制，实现资本的自由流动；二是从1994年开始，实现各成员国的经济趋同效应，要求在通货膨胀、利率及财政政策稳定方面加强协调管理，其中包含重要的财政风险参考值，即要求加入欧共体的国家赤字率必须低于3%、债务占GDP的比重不高于60%；三是从1999年开始，实现统一货币，建立欧洲独立的中央银行体系，届时没有达标的成员国将被排除在欧洲经济货币联盟之外。

可以看出，当时《马约》中关于财政赤字及国债的约束还只是作为加入欧共体的门槛条件。但同时《马约》也提出了约束成员国财经纪律的方法，即对其成员国的财政状况进行周期性、经常性的评估，对那些严重偏离标准的成员国给予警告或者勒令整改，还规定如果成员国违反了参考标准，将会受到相应的处罚。其后欧盟又制定了《稳定与增长公约》，进一步对《马约》中的规定进行补充和完善，设定了相关的安全保障机制。至于欧共体根据什么提出3%和60%的参考值，并没有给出测算依据和任何说明，根据各方面分析的说法，参考值来自欧共体的12个成员国1991年的实际平均值。

但是，不能因为它们是实际参考值而怀疑甚至完全否定它们的积极作用。因为实际参考值符合上面“国债债务率与财政赤字的简单动态关系分析”所阐述的国债债务率与其决定因素之间的逻辑关系，只是略去了利率因素。简略地说，国债债务率主要取决于赤字率和经济增长率两个因素，三者的稳定关系是：

债务率＝赤字率/经济增长率

如果已经设定赤字率为3％、债务率为60％，则意味着5％的增长率是参考值成立的必要条件；从变化动态来看，赤字率与债务率正相关，经济增长率与赤字负相关。所以，《马约》的参考值仅是参考值，不是绝对标准，其存在一个波动的弹性区间。比如，赤字率不变，若经济增长率下降一个百分点，则债务率上升为75％，若经济增长率上升一个百分点，则债务率下降为50％；反过来看，经济增长率不变，若赤字率上升一个百分点，则债务率上升为80％，若赤字率下降一个百分点，则债务率下降为40％。

首先，应当肯定《马约》关于债务率的原理是科学的，《马约》的参考值是一种在经济正常运行条件下约束、协调和防范政府债务的有效措施。《马约》当年设置参考值是为了在通货膨胀、利率及财政政策稳定方面加强协调管理，实现各成员国经济的稳定增长和趋同效应。20世纪90年代，世界政治形势缓和，经济形势良好，将作为参考值前提条件的经济增长率定位为5％，说明这是一个经济正常运行情况下的参考值。只要按赤字率3％和债务率60％的组合进行约束与协调，就可以保证欧共体成员国的经济持续稳定增长。欧共体当时的实践证明，这种约束机制曾经取得了明显的成效。但是，一旦违背了这种约束机制，就可能面临债务危机。比如，2008年欧盟五国（葡萄牙、意大利、爱尔兰、希腊、西班牙）在国际金融危机的冲击下，为了刺激经济而执行了大规模的财政刺激计划，由此导致高额的财政赤字和公共债务的攀升，2009年希腊宣布预计赤字率高达12.7％、债务率达113％，爱尔兰赤字率高达12％、债务率达65％，意大利GDP缩水5％、财政赤字翻两番，葡萄牙和西班牙的赤字率也超过或接近10％，由此酿成了欧洲国家主权债务危机。

当然，《马约》的参考值是约束和防范债务危机的措施，而不是也不可能是治理债务危机的根本措施。其实，世界上并不存在“纯粹的”债务危机，因为债务来自赤字，而赤字来自经济衰退，债务危机不过是经济危机或全面金融危机的衍生品，只要经济是正常增长的，政府信誉没有丧失，就不会出现债务危机。一旦发生债务危机，单纯依靠削减债务是无法消除危机的，解决的根本出路是消除经济危机的根源。

（二）我国当前的国债债务率

我国长期以来根据本国国情，并参照《马约》规则，严格约束财政赤字和国债规模，特别是在实施积极财政政策时期也没有放松这种约束，这是我国财政政策取得良好效应的重要原因。

国债的基本功能是弥补财政赤字，若是连年发生赤字，则每年都要发行国债，而且一般而言积累的国债余额会逐年增长。我国改革开放后自1980年才重新发行国债，由于发行时间还较短，而且1993年以前我国的财政赤字可以由银行借款弥补，所以国债发行数较小，国债余额增长也较慢。自从实行积极财政政策以后，财政赤字加大，而且赤字只能由国债一条渠道来弥补，加上过去国债还本付息高峰的到来，于是国债余额的增长和国债债务率的提高都较快，人们普遍担心是否有可能酿成债务风险。回答这个问题需要了解我国当前的国债债务率水平。近年来我国国债余额虽然逐年增长，但我国国债债务率目前仍处于较低的水平，仍存在较大的上升空间（见表 14－1）。

表 14－1　　我国国债余额和债务率

年份	中央财政债务余额（亿元）	地方财政债务余额（亿元）	合计（亿元）	债务率（%）
2014	95 655.5	154 074.3	249 729.8	34.78
2015	106 599.6	147 568.4	254 168.0	36.89
2016	120 066.8	153 557.6	273 624.4	36.79
2017	134 770.2	165 099.8	299 870.0	36.25
2018	149 600.0	183 900.0	333 500.0	37.00

注：我国国务院 2014 年印发《关于加强地方政府性债务管理的意见》，对地方政府债务实行规模控制和预算管理。因此，本表以包括地方政府债务资料的 2014 年为起点。

资料来源：2017 年前数据来自《中国财政年鉴（2018）》，2018 年数据来自财政部 2019 年 3 月 23 日召开的 2018 年财政收支发布会。

（三）我国当前的杠杆率问题

我国在全面深化改革的进程中提出了供给侧结构性改革的命题，主要任务是去产能、去库存、去杠杆、降成本、补短板，其中去杠杆就是降低杠杆率，于是杠杆率成为媒体关注的高频话题。我国按政府债务余额占 GDP 比重计算的债务率，即为政府杠杆率。政府杠杆率是国家总杠杆率的一个组成部分，因而和其他杠杆率有着连带关系。因为我国国有企业规模较大，国有银行也是金融体系的主体，比如，产能过剩企业或僵尸企业的债务会形成银行的不良贷款，而银行不良贷款过大，最终会不得不靠国家财政“兜底”。

据相关部门评估，当前我国总体债务规模和杠杆率水平仍低于发达经济体，风险可控，但近来增长较快，分布不均衡，政府部门、居民部门较低，非金融企业部门相对偏高。基于不同的统计口径，我国 2015 年末非金融部门的总体杠杆率，国际清算银行（BIS）公布的为 254.8%，中国社科院的评估为 249%。我国当前的总债务规模和杠杆率水平并不高，在主要经济体中处于中等水平。同期，美国的杠杆率水平为 250.6%，英国为 265.5%，法国为 290.2%，日本为 388.2%，主要发达经济体平均为 268.2%。从不同部门的杠杆率来看，2015 年末，中央政府债务余额为 10.66 万亿元，地方政府债务余额为 14.76 万亿元，合计为 25.42 万亿元，占 GDP 的比重约为 36.89%。同期，日本的这一数据为 200%，美国超过 120%，法国超过 120%，德国为 80%，巴西为 100%左右。中国社科院数据显示，2015 年末中国居民部门杠杆率为 40%左右，同期，美国为 79.2%，英国为 87.3%，主要发达经济体平均为 75.2%，都高于中国的水平。2015 年末中国非金融企业的杠杆率，国际清算银行测算为 170.8%，中国社科院测算为 131%。

非金融企业债务是我国当前债务的主体，也是近年来我国杠杆率快速上升的主要推动因素。我国非金融企业杠杆率较高具有特殊的原因。从发展阶段看，我国是发展中国家和追赶型经济体，在发展过程中的一定阶段，杠杆率比较高有其必然性，因此，我国非金融企业杠杆率较高属于“成长中的烦恼”。随着市场化程度的提高，我国政府处理企业债务的方式已有所转变。比如，我国处理非金融企业债务采取债转股的方式，即国家组建金融资产管理公司，收购银行的不良资产，把原来银行与企业间的债权债务关系转变为金融资产管理公司与企业间的股权产权关系。1999 年政策性债转股是由政府指定债转股企业的范围，最后由财政来买单。当前的债转股则是采取市场化方式，债转股的对象企业完全由市场主体自己选择，债权转让的价格完全由市场主体协商，对债权和股权进行市场化定价，政府不再负有兜底责任。如前所述，我国当前的债务规模仍是可控的，只要我国经济增长继续保持在合理区间，结构性改革取得积极成效，并采取综合性措施加强防范，中国的杠杆率就会趋于稳定，个别和局部的债务违约就不会引发系统性风险。同时，我国的国债规模和债务率仍有一定的举债空间，为了降低总杠杆率，政府还可以阶段性地加杠杆，支持企业逐步“去杠杆”。看来，当前适度加大政府杠杆率，是降低总杠杆率的一项重要举措。

第四节　我国地方政府债务分析

一、政府直接隐性债务和或有债务

（一）什么是政府直接隐性债务和或有债务

世界银行专家汉娜·波拉克娃·布雷克斯（Hana Polackova Brixi）把政府承担的所有债务分为两类，即直接债务（direct liabilities）和或有债务（contingent liabilities）。直接债务是指在任何情况下都要承担的债务，不依附于任何事件，是可以根据某些特定的因素来预测和控制的负债，如政府的内外债及由法律规定的养老金负债等。或有债务是指由某一或有事项引发的债务，是否会成为现实，要看或有事项是否发生以及由此引发的债务是否最终要由政府来承担。或有债务的特点说明，或有债务不是政府能够完全控制的，同时也不是最终完全转化为财政负担，而是取决于转化的面和转化的概率。

直接债务和或有债务又可以从债务风险的角度进一步划分为两种类别：显性债务（即被法律或者合同所认可的政府债务）和隐性债务（即反映公众和利益集团压力的政府道义上的债务），因而这里明确指出了四种类型的债务：直接显性债务、直接隐性债务、或有显性债务、或有隐性债务（见表 14-2）。这种划分实际上指明了两类债务风险：一是直接债务风险，即由财政直接承担的债务，相当于世界银行所讲的直接显性债务；二是间接财政风险，即由财政间接承担的国家预算体系以外的债务，包括直接隐性债务、或有显性债务和或有隐性债务。相对于直接债务风险而言，后三种债务出现与否，取决于特定事件发生与否以及发生的概率，既外生于政府的政策（如自然灾害），也内生于政府的政策和其他各种因素（如政府的担保和决策失误），虽说这类债务可能要由国家财政来承担，但究竟最终是否会承担以及最终要承担多少是事先无法清楚知道的。特别是或有隐性债务，尽管不受法律约束，但由于公众的期望和政治压力以及政府的道义责任，政府可能被要求出面承担部分或全部，因而可能构成财政的一个很大的风险源。

本章前三节分析了直接显性债务的主要部分——国债，本节将分析地方政府直接债务（包括显性债务和隐性债务）和或有债务。

表 14-2　政府债务的风险矩阵

政府债务	直接债务 （在任何情况下都存在的债务）	或有债务 （只在特定事件发生时才产生的债务）
显性债务：法律或合同所确定的政府债务	• 国外和国内主权借款（中央政府的合同贷款和其发行的有价证券） • 由预算法律规定的支出 • 受长期法律约束的预算支出（公务员工资和公务员养老金）	• 政府对非主权借款以及地方政府、公共部门和私营部门实体（如开发银行）债务的担保 • 对不同类型贷款（诸如抵押贷款、对学习农业的学生的贷款和小型企业贷款）的保护性政府担保 • 对贸易与汇率、国外主权政府借款、私人投资的政府担保 • 有关存款、私营养老金基金最低收益、农作物、水灾、战争风险的政府保险体系
隐性债务：反映公众和利益集团压力的政府道义上的债务	• 公共投资项目的未来经常性费用 • 法律未做规定的未来公共养老金（而不是公务员的养老金） • 法律未做规定的社会保障计划 • 法律未做规定的未来医疗保健筹资	• 地方政府和公共或私营实体的非担保债务及其他负债的违约 • 对私营实体负债的清理 • 银行倒闭（处于政府保险的范围之外） • 非担保养老金基金、就业基金、社会保障基金（对小投资者的社会保护）的投资失败 • 中央银行不能履行其职责（外汇合约、保卫币值、国际收支稳定） • 私人资本流向改变之后采取的紧急救援行动 • 环境灾害后果的清理、救灾、军事筹资等

资料来源：Hana Polackova Brixi and Allen Schick, Government at Risk, World Bank Publications, 2002.

（二）隐性债务和或有债务是一种世界性现象

隐性债务和或有债务客观上或多或少地存在于当今世界的每一个国家，而且从近十几年的情况来看，无论对财政本身还是对整个经济体系都产生了一定的负面影响，特别是构成了财政风险，影响了财政的健康和稳定。正因为如此，很多国家开始重视隐性债务和或有债务问题，建立了有效的制度框架来防范和监控它的形成和发展过程。尽管隐性债务和或有债务产生的原因相当复杂，但许多西方学者还是从政治、经济、历史、社会制度变迁、市场失灵、政府失灵、信息不对称、寻租理论、官僚主义以及信息经济学等多个角度，对其存在的原因进行了剖析，提出了一些理论解释。毫无疑问，政府采取"机会主义"态度是形成隐性债务和或有债务的重要原因。比如，按照诸如欧盟、世界银行提出的预算标准或当利益集团提出资金要求时，为了保持预算平衡，避开硬的预算约束，而将某些支出转为隐性债务和或有债务，同时，由于政府的预算会计实行现收现付制，在制度上为这种"机会主义"行为提供了可能。但是，也不可否认，隐性债务和或有债务的出现有其客观必然性。例如，国际金融全球化的加快为私人资本跨国界大规模流动和大幅度波动提供了可能；随着政府职能的转变，政府隐性担保与显性担保逐渐取代政府直接财政补贴和直接投资，成为政府提供扶持的一种普遍做法；等等。发展中国家和经济转轨国家面临的隐性债务和或有债务所引致的财政风险，要远远大于发达国家。这些国家对国外融资的依赖、不明晰的产权、不充分的信息披露以及管理和法律制度的不完善等，加剧了隐性债务和或有债务风险。鉴于隐性债务和或有债务所带来的严重的财政影响，许多国家都建立了一套防范和治理的制度框架。

二、我国一般地方政府债务的形成和治理

（一）一般地方政府债务的形成

我国 1994 年《预算法》规定地方政府不得借债编制赤字预算，但地方政府早已存在大量的债务是不争的现实。当时的地方政府债务主要是指地方政府融资平台公司向银行的借款。融资平台公司是指由地方政府及其部门和机构等通过财政拨款或注入土地与股权等资产设立，承担政府投资项目融资功能并拥有独立法人资格的经济实体。公司债务大体分为三类：一是融资平台公司因承担公益性项目建设举借的，主要依靠财政性资金偿还的债务；二是融资平台公司因承担公益性项目建设举借的，项目本身有稳定经营性收入并主要依靠自身收益偿还的债务；三是融资平台公司因承担非公益性项目建设举借的债务。由于公司是地方政府通过财政拨款和注入国有资产注册的，是为地方政府投资项目融资的，因此这些公司债务属于政府直接隐性债务和或有隐性债务。

改革开放以来，随着工业化、城镇化进程的加快，地方建设性融资需求快速增长，从 20 世纪 90 年代起，一些地方政府开始尝试通过设立融资平台公司来对外融资，并很快向全国普及，逐渐形成了相当规模的融资平台公司债务。融资平台公司债务具有如下特点：一是普遍性。全国各个地方政府都存在这种债务，只是多少的差别。二是融资数额巨大，增长快。三是管理不统一，运作不规范，不仅未纳入预算，甚至有的地方财政部门根本无权过问公司债务。融资平台公司通过举债为地方经济和社会发展筹集资金，无疑对加强基础设施建设以及应对国际金融危机的冲击发挥了积极作用。但与此同时，也存在和积累了社会各界高度关注的巨大债务风险问题。

（二）规范地方债务管理，防范地方债务风险

党的十九大把防范化解重大风险摆在决胜全面建成小康社会“三大攻坚战”之首。

鉴于地方政府融资平台公司债务存在的问题，2010 年 6 月 13 日国务院曾下达《国务院关于加强地方政府融资平台公司管理有关问题的通知》，采取措施清理和规范地方政府融资平台公司及其积累的债务。当时主要是清理核实并妥善处理融资平台公司债务，清理规范融资平台公司，坚决制止地方政府违规担保承诺行为，规范经清理整合后保留的融资平台公司及其融资行为，并要求地方各级政府采取有效措施落实有关债务人的偿债责任。

但是，清理整顿只能是一种治标而不治本的措施，治理地方政府债务的根本出路应是通过法制化途径，加强预算约束，逐步建立有法可依、管理规范、运行高效、风险可控的地方政府债务管理制度和运行机制。我国 2014 年修订《预算法》时，将规范地方政府债务作为一项重要内容，专列第三十五条对地方政府债务作出明确的法律性规定，凸显政府

对地方债务风险的高度重视。随后，国务院发布了《国务院关于加强地方政府性债务管理的意见》。该意见的总体要求是，按疏堵结合、分清责任、规范管理、防范风险、稳步推进的原则，修明渠，堵暗道，赋予地方政府依法适度举债融资权限，建立“借、用、还”相统一的规范的地方性债务管理机制，坚决制止地方政府违法违规举债。主要措施是：（1）加快建立规范的地方政府举债融资机制，赋予地方政府依法适度举债权限，剥离融资平台公司政府融资职能，并推广使用政府与社会资本合作模式。（2）对地方政府债务实行规模控制和预算管理，对地方政府债务规模实行限额管理，严格限定地方政府举债程序和资金用途，把地方政府债务分门别类地纳入全口径预算管理。（3）控制和化解地方政府性债务风险，建立地方政府性债务风险预警机制，建立债务风险应急处理机制，严肃财经纪律。（4）妥善处理存量债务和在建项目的后续融资，抓紧将存量债务纳入预算管理，积极降低存量债务利息负担。

据财政部门介绍，目前我国地方政府债务依法主要包括地方政府债券以及清理甄别认定的 2014 年末非政府债券形式存量政府债务。2014 年《预算法》实施以后，地方国有企业（包括融资平台公司）举借的债务不属于政府债务，依法由国有企业负责偿还，地方政府不再承担偿还责任；地方政府作为出资人，只在出资范围内承担有限责任。我国目前垫付政府债务率虽然不是很高，但防范债务风险却不可掉以轻心。近年来，财政部门为构建规范的地方政府举债融资机制，健全地方政府债务风险防控制度体系，切实防范财政金融风险，积极采取了一系列举措。诸如：在国务院印发《国务院关于加强地方政府性债务管理的意见》的基础上，建立限额管理机制；发行地方政府债券置换存量债务，截至 2016 年 9 月底，全国地方累计完成发行置换债券 7.2 万亿元，初步匡算 2015—2016 年累计为地方节约利息支出 6 000 亿元，有效缓解了地方政府的偿债压力；目前政府债务已全部纳入预算管理，财政部印发了一般债券和专项债券预算管理办法，分别在 2016 年全国预算草案、地方预算草案和预算调整方案中完整地反映了地方政府债务情况，改变了以往政府债务游离于预算之外的局面，主动接受人大监督。此外，财政部还研究制定并发布了地方政府债务应急处置预案，妥善做好风险事件应急政策储备，制止违法违规担保融资行为。2016 年 10 月国务院发布了《国务院办公厅关于印发〈地方政府性债务风险应急处置预案〉的通知》，同年 11 月，财政部发布了《财政部关于印发〈地方政府性债务风险分类处置指南〉的通知》。《国务院办公厅关于印发〈地方政府性债务风险应急处置预案〉的通知》按风险事件的性质、影响范围和危害程度，将政府性债务风险事件划分为Ⅳ级（一般）、Ⅲ级（较大）、Ⅱ级（重大）、Ⅰ级（特大）四个等级，建立分级响应机制。对Ⅳ级、Ⅲ级债务风险，主要由市县政府立足自身化解；对Ⅱ级、Ⅰ级债务风险，除上述措施外，省级政府可依据市县政府的申请予以适当救助，当地方政府出现极大的风险时，中央政府可适当指导。要求各级政府坚持法治意识、树立风险意识、增强责任意识、强化大局意识，着力助推国家治理能力提升，依法做好应急政策储备，持续增强风险防控能力。下一步是采取“开前门堵后门”并举的措施，进一步加强地方政府债务管理。在“开前门”方面，合理增加债务规模，比如 2019 年安排地方专项债券 1.35 万亿元，比上年增加 5 500 亿元。同时合理确定分地区地方政府债务限额，稳步推进专项债券管理改革。在“堵后门”方面，严格执行《预算法》和《担保法》，从严整治无序举债乱象，坚持谁举债谁负责。加大督查问责力度，做到终身问责、倒查责任，确保不发生系统性债务风险。

三、地方政府专项债券的发行及其管理

(一) 地方政府专项债券的发行

2014年发布的《国务院关于加强地方政府性债务管理的意见》规定，地方政府举债采取政府债券方式：没有收益的公益性事业发展确需政府举借一般债务的，由地方政府发行一般债券融资，主要以一般公共预算收入偿还；有一定收益的公益性事业发展确需政府举借专项债务的，由地方政府通过发行专项债券融资，以对应的政府性基金或专项收入偿还。因此，当前地方政府债券可分为一般债券和专项债券两类。地方政府专项债券是指省、自治区、直辖市政府（含经省级政府批准自办债券发行的计划单列市政府）为有一定收益的公益性项目发行的、约定一定期限内以对应的公益性项目政府性基金或专项收入还本付息的政府债券。我国地方政府专项债券是依据国务院的政令发行的，理应属于政府直接显性债务，不属于隐性债务，但又不作为弥补财政赤字的资金来源，从这个角度来看，它又带有政府隐性债务的性质。建立地方政府专项债务并加快发行的意义和作用在于缓解当前财政收不抵支的缺口，从而强化逆周期调节，应对国内外不确定性因素叠加给经济带来的下行压力，调结构、促发展、保民生、保稳定。

地方专项债可分为普通专项债和项目收益专项债，自2017年起，财政部发文鼓励地方使用上一年度未使用额度发行项目收益专项债。目前全国范围内已发行土地储备、收费公路及棚改等专项债券，其中土地储备专项债、收费公路专项债占绝大比例，2018年8月20日首次发行“乡村振兴专项债”。地方政府专项债券的发行和运行形势良好。一是债券发行节奏明显加快，2019年11月，财政部提前下达了2020年部分新增专项债务限额1万亿元，预期早发行、早使用，确保2020年初即可使用并见效，因而推进了债券发行的进度，预计2020年1月至少可完成提前下达额度的60%。二是从明确公示专项债债券项目的投向来看，新发行的专项债的资金主要投向基建领域，明显向基建项目倾斜，比重达75.5%。三是专项债被用做资本金的规模显著提升，有许多项目的资本金100%来自专项债券，如铁路、收费公路和污水处理等项目，可直接和间接地撬动基本建设投资的增长。

财政部门相关资料显示，截至2019年12月末，全国地方政府债务余额为213 072亿元，控制在全国人大批准的限额之内。其中，一般债务为118 694亿元，专项债务为94 378亿元；2019年1至12月，全国发行地方政府债券43 624亿元，其中，发行一般债券17 742亿元，发行专项债券25 882亿元，按用途划分，发行新增债券30 561亿元，发行置换债券和再融资债券13 063亿元。

(二) 严加管理，防范风险

地方政府专项债务和地方政府一般债务一样，必须严加管理，防范债务风险。

(1) 将地方政府债务分门别类地纳入全口径预算管理。地方政府要将专项债务收支纳入政府性基金预算管理，将政府与社会资本合作项目中的财政补贴等支出按性质纳入相应政府预算管理。地方政府各部门、各单位要将债务收支纳入部门和单位预算管理。或有债务确需地方政府或其部门、单位依法承担偿债责任的，偿债资金要纳入相应预算管理。地方政府对其举借的地方政府债务有偿还责任，谁借谁还，中央政府实行不救助原则。

（2）对地方政府专项债务实行规模控制，实行限额管理，由国务院确定并报全国人大或其常委会批准，分地区限额由财政部在全国人大或其常委会批准的地方政府债务规模内根据各地区债务风险、财力状况等因素测算并报国务院批准。地方政府举债不得突破批准的限额。

（3）严格限定地方政府专项债务资金用途和举债程序。地方专项债根据用途可分为新增债券和置换债券，而置换债券中有一部分用于偿还到期债务的本金，被称为再融资债券。只有新增债券能为基建投资提供增量资金。地方政府专项债券资金只能用于公益性资本支出和适度归还存量债务，不得用于经常性支出。地方政府在国务院批准的分地区限额内举借债务，必须报本级人大或其常委会批准。地方政府不得通过企事业单位等举借债务，地方政府举借债务要遵循市场化原则。要建立地方政府信用评级制度，逐步完善地方政府债券市场。

（4）地方政府专项债务必须公开透明，各地要按照有关规定及时披露专项债券的基本信息、财政经济运行及相关债务情况、募投项目及对应的政府性基金或专项收入情况、风险揭示以及对投资者作出购买决策有重大影响的其他信息。

（5）建立地方政府性债务风险预警机制。财政部根据各地区一般债务、专项债务、或有债务等情况，测算债务率、新增债务率、偿债率、逾期债务率等指标，评估各地区债务风险状况，对债务高风险地区进行风险预警。列入风险预警范围的债务高风险地区，要积极采取措施，逐步降低风险。债务风险相对较低的地区，要合理控制债务余额的规模和增长速度。

第五节 国债市场及其功能

一、国债市场

前面我们基本上是从财政政策的角度讨论国债问题的，这里将转换一个角度，即从财政政策与货币政策相结合的角度讨论国债问题。国债的运行过程可以说是复杂的，由多方面的内容和活动过程组成。实际的国债运行过程是这样的：首先，财政部门决定发行一定品种、一定额度的国债，通过国债承销商向社会发售，国债的发售意味着作为债务人的政府取得债务收入，而后由政府按事前确定的期限清偿债务，收回债券，债券持有者取回本金并获取利息。其次，国债的发行意味着作为债权人的居民、企业、商业银行及中央银行持有并支配国债，他们将可转让国债的本息的索取权投入国债市场进行交易，不断转让或换手，以实现自身预期的收益。通过这个运行过程，不仅完成了国债的发行和偿还，而且活跃了债券市场，保证了债权人能够随时变现手头的国债，满足了他们的流动性偏好。由于政府不断发行新的债券，所以这个过程会川流不息地进行下去。这是国债运行过程有机组成的两个层次，而这两个层次是相互配合和相互影响的，财政政策主要在前一个层次发挥作用，货币政策主要在后一个层次发挥作用，从而国债的运行成为财政政策与货币政策的连接点和结合点。

什么是国债市场？国债是一种财政收入形式，也是一种有价证券。证券市场是有价证券交易的场所，政府通过证券市场发行和偿还国债，意味着国债进入了交易过程，而在证券市场中进行的国债交易即为国债市场。国债市场按照国债交易过程可分为发行市场和流通市场。国债发行市场指国债发行场所，又称国债一级市场，一般是政府与证券承销机构如银行、金融机构之间的交易，通常由证券承销机构一次买下发行的全部国债。国债流通市场是国债流通的场所，又称国债二级市场，一般是国债承销机构与认购者（包括中央银行）之间的交易，也包括国债持有者与国债认购者之间的交易。

我国在1981年恢复发行国债之初，主要采取行政摊派方式，由财政部门直接向认购者（主要是企业和居民个人）出售国债，带有半摊派的性质。中国真正意义上的国债发行市场始于1991年，该年4月，财政部第一次组织了国债承销团，有70多家国债中介机构参加了国债承销。1993年我国建立了一级自营商制度，当时有19家金融机构参加，承销了1993年第三期记账式国债。所谓一级自营商，是指具备一定的条件并由财政部认定的银行、证券公司和其他非银行金融机构，它们可以直接向财政部承销和投标竞销国债，并通过开展分销、零售业务，促进国债发行，维护国债发行市场顺畅运转。2002年组建银行间市场承购包销团，2003年又组建交易所债券市场承购包销团和凭证式国债承购包销团，各类商业银行、邮政储蓄局、依法成立的证券公司、保险公司和信托投资公司，均有资格申请加入承购包销团。1996年开始采取招标发行方式，通过竞价确定国债价格，使其市场化程度大为提高。如2003年采取单一价格招标（荷兰式）和多种价格招标（美国式）两种招标方式，招标标的为利率、利差和价格。

我国从1981年恢复发行国债到1988年的7年间，一直没有国债二级市场，债券在一定期限内终止了持券人的购买力，使持券人感到不便，因此，解决居民手中债券的变现问题，就成为当务之急。1985年我国曾经出台过一个贴现办法，但是实行起来效果并不好，因而建立国债流通市场是既方便居民，又防止购买力膨胀的重要途径。从1988年开始，国家首先允许7个城市随后又批准了54个城市进行国库券流通转让的试点工作，允许1985年和1986年发行的国库券上市转让，试点地区的财政部门和银行部门设立了证券公司来参与流通转让工作。试点工作主要在证券中介机构中进行，因而中国国债流通市场始于场外交易。但是，由于这种场外交易的先天弱点，管理不规范，信誉差，不少场外市场有行无市，流动性差，导致这种场外市场交易不断萎缩。与此同时，主要集中在上海证券交易所、深圳证券交易所的场内交易市场虽然起步较晚，但由于交易所的场内交易的管理相对规范，信誉良好，市场统一性强，因而保证了场内交易的稳步增长。1997年我国建立银行间国债交易市场，随后又建立商业银行营业网点柜台交易市场。目前，中国国债市场形成了证券交易所国债市场的场内交易和银行间国债市场、柜台国债市场的场外交易并存的格局。记账式国债通过证券交易所和银行间国债市场交易，凭证式国债通过柜台国债市场交易，目前柜台国债市场也承担部分记账式国债的交易。

我国国债市场不仅有现券交易，而且自1991年推出了国债回购市场。所谓国债回购，是指国债持有人在卖出一笔国债的同时，与买方签订协议，承诺在约定期限后以约定价格购回同笔国债的交易活动。如果交易程序相反，则称国债逆回购。国债回购是在国债交易形式下的一种融券兼融资活动，具有金融衍生工具的性质。国债回购为国债持有者、投资者提供融资，是投资者获得短期资金的主要渠道，也为公开市场操作提供工具。因此国债回购业务对国债市场的发展有重要的推动作用。但国债回购市场的不规范也会产生负作用。如买空卖空现象严重，回购业务无实际债券作保证，回购资金来源混乱以及资金使用不当等，都会冲击金融秩序。为了有序地发展国债市场，必须规范场内回购市场，建立统一托管清算体系，杜绝买空卖空，打击市场分割，同时加大中央银行的公开市场操作力度，使国债回购成为公开市场操作的有效工具。我国 1995 年对国债回购市场进行了整顿，国债回购市场逐步走向正轨。

据相关部门报道，我国自发债以来，在国家层面发行的债券未曾发生一例实质性违约事件，但这并不表示不存在风险。近年来，违约事件中各类债券品种均有涉及，从行业分布来看，主要集中在新能源和产能过剩行业。逐步增多的信用违约问题警示，必须认真思考和探索进一步完善我国国债市场未来发展的路径。从长远来看，通过债券违约进行的优胜劣汰是走向市场导向型债市的必经之路，对未来债市的良性发展具有一定的推动作用。目前来看，债市发展已经具有一定的规模，然而，券种及投资者虽多，集中度却很高，新兴券种及小规模投资者的参与度有限，债市发展并不健全，逐渐暴露出的债券信用违约也必须引起高度重视。因此，推动债市的成功转型，形成真正意义上的以市场为导向的、券种多样化的、投资者结构多元化的国债市场，还需要经历一个较长的渐进的探索过程。

二、国债市场的功能

国债既是财政政策工具，又是货币政策工具，国债市场总的来说具有两种功能：一是实现国债的顺利发行和偿还；二是合理有效地调节资金的运行，提高社会资金的使用效率。

国债作为财政政策工具时，国债市场具有顺利实现国债发行和偿还的功能。如前所述，国债通过国债市场发行，而国债市场的发展是国债顺利发行的必要前提。只有国债市场发展了，债券的流动性得到保证，投资者可以很容易地进入或退出市场，通过频繁的交易形成公平合理的定价，国债的发行才能受到社会的认同和欢迎。通过组建承销团，可以使国债发行逐步规范，提高发行的透明度，规范发行主体和承销机构在国债市场的操作行为，明确各自的权利和义务，保证国债发行的平稳进行。通过推行按季公布发债计划，可以增强发债的透明度，更便于认购者合理安排投资计划，并扩大国债投资者群体。通过市场发行无纸化的记账式国债，可以节省印刷、调运、保管和销毁费用，也有利于从根本上杜绝假券的出现。通过市场采取承购包销方式发行凭证式国债，可以彻底废除行政摊派方式，而且通过逐步减少招标规则的限制性条件，可以放大发行人设定的利率区间，使投标人对利率水平和投标数量的选择更加灵活。

国债作为货币政策工具时，国债市场具有调节社会资金的运行和提高社会资金效率的功能。在国债二级市场上国债承销机构和国债认购者以及国债持有者从事的直接交易，国债持有者和国债认购者从事的间接交易，都是社会资金的再配置过程，最终使资金需要者和国债需要者得到满足，使社会资金的配置趋向合理。若政府通过中央银行直接参与国债交易活动，以一定的价格售出或收回国债，那么国债市场就可以发挥诱导资金流向和活跃证券交易市场的作用。这种功能具体表现在诸多方面。

（1）国债市场是一国金融市场的重要组成部分。由于国债风险小、同质性强、规模大，是其他金融资产（如商业票据、证券化资产、企业债券等）定价的基准和众多衍生金融资产（如期货、期权等）的基础资产，同时也是交易者对冲风险的重要工具。一个富有流动性的国债市场，在提高金融体系的效率、保持金融体系的稳定方面具有重要的意义。国债市场形成的利率期限结构，能够反映市场参与者对利率变化的预期和长期利率趋势，为货币政策的实施提供信息，使得货币政策的意图能够有效地传导。

（2）国债市场拓宽了居民的投资渠道。在一个活跃的市场上，社会资金可以很方便地流入流出，企业和居民的富余资金可以投入债市获取收益，需要兑现时又能及时在市场中卖出债券，增加了投资渠道，丰富了居民的金融资产替代选择；包括国债市场在内的债券市场和股票市场相互配合产生了不同类型的投资工具，为投资者提供了可供选择的收益-风险组合，投资者能根据外部环境的变化适时调整自己的投资策略，这是金融市场有效运作的基础。

（3）国债市场的发展有利于商业银行资本结构的完善，有利于降低其不良资产率，增强其抗风险能力。国债是微观金融机构进行风险和流动性管理的重要工具，是机构投资者在进行组合投资时减小资产风险的一种重要的资产。

（4）国债市场是连接货币市场和资本市场的渠道。一些本来不宜进行长期产权投资的短期资金，例如企业暂时不用的闲置资金，也有可能参与到资本市场的投资中来。尽管一个企业的资金可能在这个市场上只停留两三个月，但新的短期投资者会形成新的接替关系，由此就可以实现全社会投资规模的扩大。

（5）国债是央行在公开市场上最重要的操作工具。国债市场的壮大有助于中央银行公开市场操作的开展，使中央银行的货币政策从以直接控制为主的直接调控逐步向以市场化为主的间接调控转变。

为了充分发挥国债市场的功能，我国国债市场还存在进一步完善和发展的空间。诸如：扩大银行间市场交易主体，促进银行间市场与交易所市场的连接；推进市场信息技术和法治建设，进一步完善市场法规，加强市场监督；加强市场基础设施建设，改进国债的托管清算制度；加快银行间市场的资信评级制度建设，帮助交易成员控制信用风险；根据市场环境的变化进行国债品种和交易形式的创新；建立国债投资基金，培育专业投资队伍；等等。

三、国债收益率曲线

党的十八届三中全会通过的《中共中央关于全面深化改革若干重大问题的决定》明确提出了加快推进利率市场化、健全反映市场供求关系的国债收益率曲线的命题。国债收益率曲线是描述国债的收益率与期限之间关系的曲线。金融资产的收益率包括两个部分：货币的时间价值和风险报酬。货币的时间价值由无风险利率衡量，无风险利率也被称为基准利率，而（到期剩余）期限是影响无风险利率的主要因素。由于国债没有信用风险、流动性最高并且免税，因而国债收益率被金融市场当作无风险利率的代表。设定横坐标代表期限，纵坐标代表国债的收益率，将不同时期的收益率（点）连接起来形成一条平滑的曲线，就是国债收益率曲线，它反映了某一时点上不同期限国债的到期收益率水平与不同期限之间的关系（见图 14－1）。国债收益率曲线由权威机构根据国债的交易价格数据，利用统计学方法编制而成。国债收益率曲线的形状和位置随时都在变化，从理论上说，每个时点都不一样。在实践中，权威机构每个工作日日终发布一次，发布时间为北京时间 17：30。

一方面，国债收益率曲线代表的各期限的收益率是金融市场的基准利率，所有金融产品的定价都要以基准利率为基础，加上适当的风险报酬。因此，准确反映资金供求的国债收益率曲线是保证金融市场高效运行的重要基础。另一方面，国债收益率曲线对货币政策的实施具有重要作用，货币政策制定者既可以通过国债收益率曲线获得市场对于未来利率、经济增长率和通胀趋势如何预期的信息，也可以通过货币政策影响收益率曲线的形状和位置以调控实体经济。财政部发行国债时不仅要考虑政府融资的需要，还要考虑为金融市场构建合理的、完整的国债收益率曲线的需要。有些国家，如澳大利亚，有些年份即使财政盈余也发行国债，就是出于满足构建国债收益率曲线的需要。财政部发行国债的期限要涵盖短期、中期到长期的各个期限，要合理安排国债发行频率，增加关键期限国债的品种及滚动发行和续发行次数，建立财政政策和货币政策在国债发行工作中的协调机制。

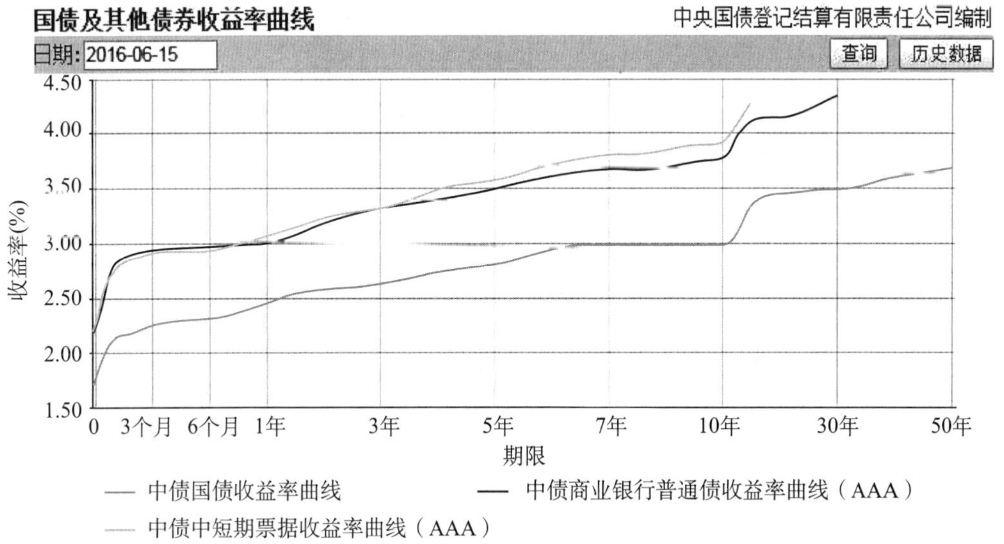

2016－06－15（%）	隔夜	3 个月	6 个月	1 年	3 年	5 年	7 年	10 年	30 年	50 年
中债国债收益率曲线	1.69	2.21	2.28	2.41	2.61	2.77	2.96	2.96	3.47	3.65
中债商业银行普通债收益率曲线(AAA)	2.16	2.89	2.94	2.97	3.27	3.46	3.64	3.74	4.30	
中债中短期票据收益率曲线(AAA)	2.17	2.87	2.89	3.02	3.28	3.53	3.77	3.88		

注：图中 3 个月期限的国债收益率是用于计算特别提款权利率的人民币代表性利率。

图 14－1 中国国债及其他债券的收益率曲线

☑【关键词】

国债债务率　杠杆率　国债余额管理　隐性债务　或有债务　国债市场

【复习与思考】

1. 简述国债的政策功能。
2. 分析影响国债债务率升降的因素及其相互关系。
3. 如何评价《马约》规定的赤字率和债务率参考值的政策效应?
4. 简述政府债务的分类。
5. 试述我国一般地方政府债务情况及其治理。
6. 试述什么是地方政府专项债务，以及建立地方政府专项债务的意义。
7. 试述我国国债市场及其功能。
8. 试述国债收益率曲线及其作用。

第十五章

财政平衡和财政赤字

第一节　如何理解财政平衡和财政赤字

财政平衡是指预算年度预算收支在量上的对比关系。收支对比不外是三种结果：一是收大于支，有结余；二是支大于收，有逆差，即财政赤字；三是收支相等。国家预算作为一种平衡表，收与支是恒等的，而财政赤字或财政结余不过是从某种政策含义上就收支的经济内容特别是就收入要素的分析得出的结果。从经济内容上分析，收支正好相等的情况在理论上是可以成立的，但从实际经济运行来看，几乎是不存在的，而且当今世界各国年年有预算结余的国家也为数很少，预算逆差倒是收支对比的常态。就现代市场经济国家而言，财政赤字已经是一种世界性经济现象。财政平衡不过是把收支对比的一种理想状态作为预算编制和执行追求的目标和考核目标而已。因此，在研究财政平衡和财政赤字之前，必须首先明确应当如何理解财政平衡和财政赤字，树立科学的财政平衡观。

一、财政平衡不是绝对的，实际上不存在绝对的平衡

任何事物在运行中，不平衡都是绝对的，而平衡都是相对的，财政平衡也是如此。所谓平衡，不过是某个时点上（如一个财政年度）的平衡。比如，就财政收支运行过程而言，每日、每月、每季的收支对比的经常状态是不平衡的，不是收大于支，就是支大于收，而收支相等的状态是偶然的。结余和赤字同财政平衡并不是绝对相斥的。在实际生活中，略有结余应属基本平衡，略有赤字也应视为基本平衡，两者都是财政平衡的表现形

式，因而财政平衡追求的目标是基本平衡或大体平衡。

二、静态平衡与动态平衡

静态平衡的主要表现是不考虑时间因素，只考察一个财政年度内的收支对比状况。动态平衡则要引进时间因素，考虑年度之间的联系和衔接，研究未来财政收支的发展趋势，研究经济周期对财政的影响以及财政对经济周期的调节作用，以求得一个时期的内在平衡。同任何事物的发展一样，财政收支平衡是在收与支这对矛盾不断产生又不断解决的过程中实现的，实际上，在静态平衡中就包含着动态平衡的因素，因为平衡毕竟是某一时点上出现的瞬时现象，或者是在平衡表上的表现形式。例如，某些年份有赤字，但如果将某些有结余的年份结合起来从动态上看，财政收支仍可能是平衡的；在一个财政年度内也是如此，有时可能收大于支，有时可能支大于收，即平衡不断被打破，又不断达到新的平衡。我国实行年度滚动预算，建立跨年度预算平衡机制，就是从动态平衡观出发的。

三、局部平衡与全局平衡

研究财政平衡还要有全局观念，不能就财政平衡论财政平衡。财政状况是国民经济运行的综合反映，财政收支是宏观经济的重要指标，财政政策又是宏观调控体系的重要组成部分。如果把财政部门看作国民经济的一个部门，财政收支是国民经济货币收支体系中的一类货币收支，同其他货币收支即同家庭部门、企业部门以及对外部门的货币收支有着密切的联系，是相互交织、相互转化的，而且是互补余缺的。只有从国民经济全局出发研究财政平衡，才可能通过分析得出财政平衡状况的原因和后果，探寻到改善财政状况的对策，也才有可能运用财政政策有效地调节经济运行。

四、中央预算平衡与地方预算平衡

根据我国过去的财政体制，一般是把中央财政与地方财政合到一起，从总体上进行考察。这种考察虽可反映国家财政收支的全貌，却不能反映中央与地方政府各自收支的对比情况。比如，1979 年以来出现的财政赤字主要是中央财政赤字，地方财政除少数年份出现赤字外，多数年份均为结余，而地方的结余又可抵补中央财政的赤字。也就是说，中央财政实际存在的赤字比国家公布的财政赤字数要大得多。我国实行分税制改革以后，地方财政已成为一级相对独立的财政主体，在中央预算与地方预算相对分立的体制下，分别考察中央预算的平衡与地方预算的平衡，就是十分必要的了。

五、预算赤字、决算赤字和赤字政策

预算赤字、决算赤字和赤字政策几个概念是有区别的。预算赤字是指在编制预算时在收支安排上就有赤字；但预算列有赤字，并不意味着预算执行的结果就一定有赤字，因为在预算执行过程中可以通过采取增收节支的措施，实现收支的平衡。决算赤字是指预算执行结果支大于收，出现赤字。决算有赤字，可能是因为预算编制时就有赤字，也可能是预算执行过程中出现新的减收增支的因素而导致了赤字。预算赤字或决算赤字，从财政政策的指导思想上说，并不一定是有意识地安排赤字，也并非在每一个财政年度都出现，而只是由于经济生活中的一些矛盾一时难以解决而导致个别年度或少数年度出现赤字。赤字政策则完全不同。赤字政策是指国家有意识地运用赤字来调节经济的一种政策，亦即通过财政赤字扩大政府支出，调节需求和供给结构的一种财政政策。因此赤字政策不是个别年度或少数年度存在赤字，它的主要标志是连续多年安排预算赤字，甚至是巨额赤字。

六、真实平衡与虚假平衡

我国的实践表明，研究财政平衡还必须密切注意财政平衡的真实性，有时也可能出现虚假的平衡，即假平衡（或虚结余）真赤字。虚假平衡是怎样发生的呢？在传统体制时期，虚假平衡主要是由于统购包销制度而形成的。由于当时的统购包销制度，在工商之间缺乏明确的权责关系，使质量不合格、品种不对路的商品由生产单位转移到商业部门，在商业部门向生产部门支付货款后，生产部门上缴了税收和利润，这种税利是一种没有物资保证的虚假收入，用虚假收入抵补真实的支出，就形成了虚假的收支平衡。这种虚假平衡曾出现在 1958 年、1959 年、1960 年这三年。在当前的体制下，这种虚假平衡主要表现为由隐性债务和或有债务形成的“财政性挂账”。比如，应补未补的企业亏损补贴、应补未补的粮食亏损补贴、欠补社会保障缺口等，这些隐性债务和或有债务构成了隐性财政赤字，抵减了当年现实的财政赤字。我国有些省县级财政有的年份表面上是平衡的，但由于存在隐性债务和或有债务，实际上是赤字财政。财政虚假平衡有较大的隐蔽性，会使人们产生一种错觉，即在实际上已存在赤字的情况下，还可能误认为财政状况良好，从而导致决策上的失误。从这一点看，虚假平衡比公开的赤字有更大的危害性。

第二节　我国当前财政赤字的动态

一、财政赤字的计量方式（或口径）问题

财政赤字是和财政平衡相对应的一个概念。谈到财政平衡似乎就是财政收支绝对相等，但实践上几乎不存在这种绝对平衡，而支大于收或收大于支是财政收支运行的常态，支大于收谓之财政赤字，收大于支谓之财政结余。当今世界各国国家预算存在财政赤字甚至加大赤字规模是普遍现象，但同“水可以载舟，也可以覆舟”的道理一样，财政赤字可以大力助推发展经济的各项政策措施的实施，但一旦过度则可能酿成财政危机和金融危机。因此，财政赤字及其规模成为公众高度关注的一个热点话题。

一般而言，财政赤字的概念很简单，财政赤字就是支大于收，收入缺口主要由发行债

务来弥补。但世界各国对财政赤字的计量曾存在不同的处理方式，因而存在不同的口径。苏联历来把债务收入视同经常性收入而不作为弥补赤字的来源，所以从其战后的统计数字看，虽然财政年年都是平衡的，但如果把债务收入从经常性收入中扣除，则存在多年的赤字。西方经济发达国家对债务收入的处理也不尽相同。美国等西方国家一般不把债务收入视同经常性收入，而是明确地将其作为弥补赤字的来源，日本则把国债分为建设国债和赤字国债两类，仅将赤字国债收入作为弥补赤字的来源。显然，日本的方式说明，将债务收入分类，将某些如"建设国债"不作为弥补财政赤字的来源，就可以减少财政赤字的规模。我国《预算法》明确规定，举借的债务应当有偿还计划和稳定的偿还资金来源，且只能用于公益性资本支出，不得用于经常性支出。但我国中央政府债务收入和地方政府一般债务收入不作为经常性收入，而是作为弥补财政赤字的来源。国际货币基金组织编制的《政府财政统计年鉴》曾规范计量财政赤字的口径，公式如下：

$$财政赤字或结余=（总收入+无条件赠款）-（总支出+净增贷款）$$

式中，总收入包括税收收入和非税收入（不含债务收入）；无条件赠款包括各国政府赠款、本国其他各级政府赠款和国际组织赠款；总支出不仅包括行政、国防、文教卫生、社会福利、经济服务、国债利息支出等经常性支出，还包括购置固定资产和购买存货、土地和无形资产以及资本转让等的支出。

从我国的情况看，新中国成立以来我国对债务收入也曾有两种不同的处理方式。1950年发行人民胜利折实公债，当时很明确，发行国债的目的就是弥补财政赤字。1954年我国开始发行国家经济建设公债，并仿效苏联的计量方式，将国债收入视同经常性收入，相应地把国债的还本付息列为经常性支出，外债收入也同样被视同经常性收入，外债的还本付息也被列为经常性支出。当时我国只将直接向银行的透支和借款作为弥补财政赤字的资金来源。改革开放以后，我国曾连年出现赤字，除明确1981年发行的国库券是为了弥补1980年中央财政赤字外，债务收入（不包括向银行的借款）仍被列为经常性收入，在一段时间内仍沿用传统的计量方式。显然，从经济学原理的角度来说，这种计量方式是不科学、不合理的，也不利于财政赤字管理以及防范财政风险。马克思曾经指出："这种国家负债状态的原因何在呢？就在于国家支出经常超过收入，在于这种不相称的状态，而这种不相称的状态既是国家公债制度的原因又是它的结果。"[①] 国家不论对内发行国债还是举借外债，归根结底都是因为财力不足。如果国家的经常性收入足以满足经常性支出的需要，也就没有必要借债了。债务收入虽然被用作当年的财政收入，但毕竟不同于当年的财政收入，借债迟早是要偿还的，会相应地减少以后年度可支配的资金。既然债务收入被列为经常性收入，那么债务所形成的支出以及还本付息就要相应地被列为经常性支出，按这样的计量方式，财政收支将永远是相等的，也就不存在什么财政赤字了。因此，随着改革开放的深入发展，我国从"七五"时期开始改变财政赤字的计量方式，采用国际的通用口径，对债务收入和债务还本支出单列计算和考核，将债务付息支出列入经常性支出；同时，明确财政与银行之间的权责关系，《中华人民共和国中国人民银行法》规定不允许财政向银行透支和借款。

此外，还存在一个地方政府财政赤字问题。我国1994年实行分税制以后，中央财政

① 马克思，恩格斯. 马克思恩格斯全集：第7卷. 北京：人民出版社，1959：90.

与地方财政相对分立，但在财政统计上仍统算包括中央财政收支和地方财政收支在内的国家财政收支，同时，1994 年《预算法》规定地方预算必须按收支平衡原则编制预决算，不得打赤字预算，决算不能有赤字，只能有结余，因此，我国当时的财政赤字仅是中央财政赤字。2014 年修订的新《预算法》第三十五条作出新的规定：地方各级预算按照量入为出、收支平衡的原则编制，除本法另有规定外，不列赤字，但经国务院批准的省、自治区、直辖市的预算中必需的建设投资的部分资金，可以在国务院确定的限额内，通过发行地方政府债券举借债务的方式筹措。举借债务的规模，由国务院报全国人民代表大会或者全国人民代表大会常务委员会批准。省、自治区、直辖市依照国务院下达的限额举借的债务，列入本级预算调整方案，报本级人民代表大会常务委员会批准。按照新规定，我国从此才开始存在地方财政赤字的概念。

我国参照国际货币基金组《政府财政统计年鉴》规范的计量财政赤字的口径，根据我国的实际情况，建立了具有中国特色的计量财政赤字的公式。我国曾于 2007 年建立预算稳定调节基金制度，通过调节基金的增减保证财政赤字处于相对稳定状态。预算稳定调节基金是各级财政通过年度超收安排的具有储备性质的基金，用于弥补短收年份预算执行的收支缺口，根据年度收支平衡情况，在年初编制预算时调入并安排使用。预算稳定调节基金单设科目，安排或补充基金时在支出方反映，调入使用基金时在收入方反映。在建立预算稳定调节基金后，按当年财政支出总额与财政收入总额的差额计算财政赤字。我国财政赤字计算公式为：

全国一般公共预算支出大于收入的差额

＝支出总量（全国一般公共预算支出＋补充预算稳定调节基金）

－收入总量（全国一般公共预算收入＋全国财政使用结转结余及调入资金）

式中，全国财政使用结转结余及调入资金是中央和地方财政按照建立跨年度预算平衡机制、推进财政资金统筹使用以及盘活财政存量资金等要求，从预算稳定调节基金、政府性基金预算、国有资本经营预算调入的资金，以及地方财政使用的以前年度结转结余资金（按照现行规定，地方财政结转结余资金当年不列预算支出，在以后年度实际使用时再列预算支出）。

二、我国当前财政赤字动态

财政赤字是一种客观存在的经济范畴。在西方经济发达国家，财政赤字是司空见惯的，可以说是一种世界性经济现象。虽然在自由资本主义时代，以亚当·斯密为代表的经济学家极力主张“廉价政府”，保持财政收支的平衡，但财政赤字已是屡见不鲜。到垄断资本主义时期，特别是 20 世纪 30 年代以来，资本主义国家的政府公开奉行凯恩斯提倡的财政赤字政策，因而连年的巨额赤字成为当代资本主义经济的一个重要特征。新中国成立以来在财政工作中一直坚持“收支平衡，略有结余”的方针，但在不少年份也出现了赤字。按当时的统计口径，在 1950—1978 年的 29 年中 10 年有赤字，而自改革开放以来除 1985 年外，按现行口径计算，每年都有赤字。

我国的财政赤字和发达国家的财政赤字虽然都是支大于收，但就其原因和后果来看，具有不同的性质。对经济发达国家来说，由于经济体制和经济结构相对稳定，经济活动主要受市场供求和经济周期的影响，因而将赤字结构划分为结构性赤字和周期性赤字。但对发展中国家来说，这种赤字结构的划分虽有借鉴意义，却不能完全说明发展中国家财政赤字的产生及其政策含义的复杂性，对我国来说也是如此。我国财政赤字的复杂性主要来源于经济改革和经济发展的需要，我国的财政赤字属于改革和发展性赤字。我国的经济体制改革是一个长期的过程，陆续实施了各项改革措施，几乎每项改革措施对财政来说不是减收就是增支，同时，我国仍是一个发展中国家，国家财政既要满足众多人口的民生性支出需求，还要担负繁重的科教兴国和经济建设任务，因此，财政收支不平衡问题始终是改革和发展中的突出矛盾。而财政赤字是调节收支的主要手段，每当出现财政收入增长趋缓而财政支出增长刚性不减的情况时，运用财政赤字甚至适度加大财政赤字以对财政收支缺口作出阶段性的调节不仅是必要的，而且是一种重要的宏观调控政策。

按此公式计算，我国财政赤字动态见表 15 - 1。

表 15 - 1　　2010—2018 年财政赤字动态

年份	中央赤字（亿元）	地方赤字（亿元）	总赤字	
			绝对数（亿元）	赤字率（%）
2010	8 000	2 000	10 000	2.5
2011	8 500	2 000	10 500	2.1
2012	5 500	2 500	8 000	1.5
2013	8 500	3 500	12 000	2.0
2014	9 500	4 000	13 500	2.1
2015	11 200	5 000	16 200	2.4
2016	14 000	7 800	21 800	3.0
2017	15 500	8 300	23 800	2.88
2018	15 500	8 300	23 800	2.64

资料来源：2016 年及以前数据来自财政部网站，2017 年数据来自《中国财政年鉴(2018)》，2018 年数据来自当年国家预算决算报告。

我国改革开放后赤字率在 2000 年达到新高，曾达 2.6%，随后波动下降，2010 年回升到 2.5%，随后又下降，近年来又开始回升。“十二五”时期我国经济发展处于换挡转型时期，进入经济发展新常态以后，经济增长速度下滑，政府坚持稳中求进的总基调，着力稳增长、调结构、促改革，沉着应对各种风险和挑战，因而赤字率适度上升具有其必要性和合理性。

表 15 - 1 显示，2016 年赤字率为 3.0%，是我国改革开放后的最高点，已经达到《马约》规定的警戒线。于是，公众担心赤字率上升是否会加大财政风险，有人则提出《马约》关于 3%的赤字率、60%的债务率红线的传统经济学理论是否需要反思和调整。其实，前面已经说明《马约》的原理是科学的、不必修改的，而《马约》的原理本身就可以说明我国当前 3%的赤字率并不会加大财政风险 。

首先，从《马约》的原理角度分析。财政赤字的风险是通过债务率来显示的，债务率=

赤字率/GDP 增长率，赤字率与债务率正相关，GDP 增长率与债务率负相关，而 3%和 60%的红线是以设定 GDP 增长率等于 5%为前提的，GDP 增长率下降，则债务率上升，GDP 增长率上升，则债务率下降。这说明 GDP 增长率高，抵御债务风险的能力就强，可承受的赤字率就高。我国 2016 年的 GDP 增长率为 6.7%，因而债务率为 44.8%，距 60%的红线还有较大的空间，因而是可行的、安全的。

其次，从财政赤字的用途和效应角度分析。2016 年加大财政赤字是贯彻供给侧结构性改革和实施积极财政政策的一项重大举措。一是用于弥补大幅减税降费减少的财政收入，而减税降费是刺激经济增长的重要手段。二是用于适当增加必要的财政支出和政府投资，加大对民生等薄弱环节的支持，这既可以增加有效供给，又可以增加社会需求，保障经济稳定增长和进行结构性调整，因而适度扩大财政赤字既是可行的，也是必要的。2017 年总赤字比上年增长 9%，但总赤字率却由上年的 3%下降为 2.88%。

第三节 财政赤字的经济效应分析

一、财政赤字与社会总量平衡的关系

在分析财政赤字与社会总量平衡的关系及财政赤字的经济影响时，可以采取两种方法：一是运用简单的国民收入决定模型，暂不考虑货币政策的影响，只分析财政赤字对总量平衡的影响；二是引入货币金融市场，运用 $IS-LM$ 模型分析较为复杂的财政赤字影响。我们这里只介绍运用国民收入决定模型分析简单的财政赤字与社会总量平衡的关系和财政赤字的经济影响。

在国民经济核算中，总量平衡有如下恒等式：

$$C+S+T+M\equiv C+I+G+X \tag{15-1}$$

恒等式左边代表作为总供给的收入流量，由消费 C、储蓄 S、税收 T 和进口额 M 组成；右边代表作为总需求的支出流量，由消费 C、投资 I、政府支出 G 和出口额 X 构成。这个恒等式可以理解为：不论经济处于何种状态，在给定的时期内，作为总供给的收入流量恒等于作为总需求的支出流量。政府的所有支出，无论是赤字支出还是非赤字支出，都汇入支出流量而构成总需求。根据恒等式（15-1），我们可以列出描述财政赤字的预算恒等式：

$$G-T\equiv(S-I)+(M-X) \tag{15-2}$$

恒等式左边表示预算收支平衡状况，当 $G>T$ 时，政府预算出现赤字；当 $G<T$ 时，则有财政结余。恒等式右边由两个部分组成，这两个部分实际上是两个不同的账户，S 和 I 是储蓄、投资账户，M 和 X 是对外贸易经常账户。当 $S>I$ 时，非政府部门的储蓄大于投资，有结余资金；反之，则非政府部门的储蓄、投资账户出现赤字。当 $M<X$ 时，对外贸易经常账户有盈余，资源净出口；反之，则对外贸易经常账户出现赤字，资源净进

口。这个预算恒等式可以理解为：财政赤字≡储蓄、投资账户结余＋对外贸易经常账户赤字。为使该恒等式表达的经济含义更容易解释清楚，我们从一个封闭型经济开始讨论。

$$M-X=0\Rightarrow G-T\equiv S-I \tag{15-3}$$

即

财政赤字≡储蓄、投资账户结余

这个公式表达了一个重要的经济学原理：一个部门的赤字正是另一个部门的结余。政府预算的赤字可以由非政府部门的储蓄结余来抵补。按照恒等式的逻辑，财政赤字的增加可以不影响需求总量，因为弥补赤字的资金可以来源于民间的储蓄结余。在这种情况下，政府多支出的那一部分正是非政府部门少支出的那一部分。因此，赤字可以在一定条件下以替代支出的方式嵌入总需求，而不改变需求总量；如果财政赤字超过储蓄、投资账户结余，那么，赤字就会以增加新的需求的方式叠加在原有的总需求之上扩张总需求。

在一个开放型经济中，财政赤字不仅可以用国内结余资源来弥补，还可以吸收国外资源。假定 $M-X>0$，即对外贸易经常账户处于赤字状态，这表明一部分国外资源流入国内以补充国内总供给。在其他条件不变的情况下，谁动用了这部分资源则取决于 S 和 I 的关系。大体可以分为以下几种情况：

（1）$S>I$，这表示非政府部门有结余，资源净流出。政府既动用了国外资源，也动用了国内结余资金。赤字同时以两种方式加入总需求：用国外资源弥补的赤字，会以增加需求的方式叠加在原有总需求之上，使总需求扩张；用国内结余资金弥补的赤字，会以替代支出的方式嵌入原有总需求中，总需求结构会改变，但总量不变。

（2）$S=I$，这表示非政府部门的储蓄等于投资，这个部门既不占用其他部门的资源，也不为其他部门提供结余资源。在这种情况下，政府动用了全部从国外流入的资源，且国外流入的资源数量与财政赤字相等。这是财政赤字由国外结余弥补的例子，全部赤字都会以新的需求叠加在原有总需求之上。在这种情况下，$S=I$、$M>X$ 与 $G>T$ 的组合，为主张政府赤字会导致对外贸易经常账户赤字的观点提供了理论依据。

（3）$S<I$，这表示非政府部门的储蓄、投资账户也出现赤字，需要筹资弥补。由于政府部门也处于赤字状态，因此，两个部门都必须从国外筹集资金，所有的赤字都会使总需求扩张。假定国内的储蓄、投资账户的赤字等于对外贸易经常账户赤字，则财政便无资可筹，这也是一种挤出效应，是民间投资挤出政府支出的挤出效应。

从以上的恒等式分析中，对财政平衡和社会总供求的关系可以得出以下三点简略的结论：（1）财政平衡是社会总供求平衡的一个组成部分，必须从国民经济的整体平衡角度研究财政平衡，就财政本身研究财政平衡难以得出全面的、正确的结论。（2）国民经济整体平衡的目标是社会总供求的大体平衡，财政平衡不过是其中的一个局部平衡，因而对社会总供求平衡而言，财政平衡本身不是目的，而不过是调节总供求使之平衡的一种手段。（3）公式中的消费、储蓄、投资以及进出口属于个人和企业的经济行为，或者说属于市场行为，也就是通过市场实现的，而财政收支属于政府行为，因而财政收支平衡是掌握在政府手中的进行宏观调控的手段。财政平衡既可以调节社会总需求，也可以间接调节社会总供给。

二、财政赤字的弥补方式及其经济效应

(一)财政赤字的不同融资机制

当政府支出超过了收入时，会出现财政赤字，那么政府如何为财政赤字融资呢？与私人一样，当收入不足以弥补开支时政府就必须向公众借钱，即发行国债，通过发行国债为赤字融资被称为债务化融资或赤字债务化。与私人不同的是，政府拥有货币发行垄断权，可以通过货币创造方式弥补财政赤字，这一融资方式被称为货币化融资。而货币化融资又有两种方式：一种是直接的方式，即财政部直接向中央银行借款或透支；另一种是间接的方式，即财政部向公众出售国债，随后中央银行在公开市场上购入国债，即中央银行将债务货币化。这两种方式在本质上是一样的，都是政府通过增加基础货币为财政赤字融资，正是在这个意义上它们又被称为赤字货币化。

债务化融资和货币化融资是弥补财政赤字的两种常规方法。在1995年以前，我国的一部分财政赤字是通过向中央银行直接借款或透支弥补的。1995年通过的《中华人民共和国中国人民银行法》规定，中央银行不得向财政提供借款和透支，亦不得直接购买政府债券。当然，中央银行通过公开市场操作购买国债间接地为财政赤字融资依然存在。通过上述分析可知，如果扣除通过货币化融资弥补的财政赤字，那么国债就是过去所有财政赤字（财政盈余作为财政赤字的负值）累积的总额。用经济学术语来表达，国债是一个存量，而赤字则是一个流量。

(二)债务化融资对经济的影响

如上所述，通过发行国债弥补财政赤字只是资金在部门间的转移，如居民、企业和商业银行购买国债，不过是这些部门暂时不用的资金的使用权被转移给政府部门，不会增加基础货币量，从而也不会扩大货币供给量。因为居民、企业和商业银行购买国债，购买当时都表现为商业银行在中央银行的准备金减少，但财政支出后，准备金又会恢复，准备金不变，货币供给规模也不变，财政赤字只是以替代方式嵌入总需求，并不会增加总需求，因而赤字债务化一般不会导致通货膨胀。

那么，赤字债务化是否就一定不会导致通货膨胀呢？答案不是绝对的，在下面两种情况下通过发行国债融资的财政赤字仍然可能导致通货膨胀。(1)当政府通过出售国债为财政赤字融资时，在利率市场化的条件下，就可能推动利率上升。如果中央银行要维持利率的稳定，就会通过公开市场操作买进国债，也就是将赤字债务化转变为赤字货币化，导致基础货币的增加，因此举债弥补财政赤字的净效应将是货币供应量的增加。如果财政赤字持续不断，国债供应量会不断增加，推动利率上升的压力在持续增强，中央银行就会不断地购买国债，货币供应会不断增加，最终将导致通货膨胀。尽管发达国家具有发达的国债市场和金融市场，但巨额的财政赤字和国债也有可能导致通货膨胀。(2)在国债市场和金融市场不完善的发展中国家，由于国债市场不发达，当政府出现财政赤字时，政府无法通过发行国债来为赤字融资，或者是国债的规模过于庞大，使得政府和国债丧失信誉，人们对政府的偿债能力失去信心，那么政府会不得不印刷钞票或向中央银行借款，结果也是赤字债务化转变为赤字货币化。

此外，发行国债是世界各国弥补财政赤字的普遍做法，而且被认为是一种最可靠的弥补途径。但是，债务作为弥补财政赤字的来源，会随着财政赤字的增长而增长。另外，债务是要还本付息的，债务的增加也会反过来加大财政赤字。当前有些国家，有发达国家也有发展中国家，面临着赤字与债务同时增长的困境。发达国家主要担心的是债务带来的挤出效应以及巨额债务终将导致债务货币化的前景。发展中国家也担心会产生不良后果，如国债信誉下降，债券不易发行，出现债务危机，被迫发行货币来偿还本息等。在已经存在赤字的情况下，一般是靠发新债还旧债，而每年连续发行，每年都要还本付息。财政实际可支配的债务收入是当年发行数减去当年还本付息的净收入，为了保持和加大净收入，就必须扩大发行额，导致未偿还债务规模随之逐年扩大，自然地利息支出也不断加大。国债利率是国债发行中的一个重要问题。利率低甚或出现负利率，会加大发行的难度，但高利率又会加大发行成本，并构成扩大财政赤字的因素。在发展中国家，迫于政府急需资金和市场利率的压力，国债利率一般呈上升趋势。前面在说明财政赤字的计量口径时指出，国债利息支出应计入经常支出，只有利率低于国内生产总值的增长速度，才有可能靠税收的自然增长支付利息，否则也要靠借新债来偿还旧债的利息。在这种情况下，必将出现扩大债务规模与控制利率的两难选择。因此，发行国债虽是弥补财政赤字的一种可靠来源，但对发展中国家来说，对国债的发行和管理绝不可掉以轻心。

（三）货币化融资对经济的影响

一般认为，巨额财政赤字通过扩张总需求必将导致通货膨胀，这种观点在理论界和政府决策部门都很流行，世界上一些经历过恶性通货膨胀的国家的实际经验似乎也证明了这个观点。曾经遭受过恶性通货膨胀之苦的国家，如 20 世纪 70 年代拉丁美洲的一些国家以及 90 年代俄罗斯和前苏联的其他成员国，发生恶性通货膨胀的最终原因就是它们庞大的预算赤字和过高的债务率。我国经济界过去也有一种流行的说法：财政有赤字，银行发票子。这个简单定式是用来说明财政赤字与现金发行的关系的，而且往往被认为是一种固定的因果关系。但只要经过分析就可以发现，这一论点绝非在任何情况下都是适用的，甚至可以说在现代经济生活中基本是不适用的。财政赤字对经济的影响和赤字规模的大小有关，但更主要的还是取决于赤字的弥补方式。赤字与刺激需求和通货膨胀的关系十分复杂，简单化的结论往往是不可靠的。高预算赤字对总需求具有很大的扩张作用，有可能导致通货膨胀，但不是必然导致通货膨胀，必须具体情况具体分析。

通过货币创造为财政赤字融资会直接增加基础货币量，进而按照货币乘数的作用扩大货币供应量，因而通过货币创造为财政赤字融资，是将新的需求叠加在原有需求之上，从而对总需求具有较强的扩张作用，有极大的可能导致通货膨胀。但是否真的导致通货膨胀，还需要进行具体分析。通货膨胀被定义为物价总水平的全面的持续的上涨过程。因此，只有财政赤字在一段时间里持续地存在，而且通过赤字货币化持续地为财政赤字融资，才有可能导致通货膨胀。在初期，如果赤字是靠货币化来融资的，那么基础货币量增加，货币供应量也会按照货币乘数相应地增加，货币供应量的增加将导致物价水平上涨。如果财政赤字在下一个时期仍然存在，而且靠货币化来为赤字融资，那么，这一过程将会继续。这个持续过程的关键是赤字持续存在，而且持续采取货币化方式融资。如果下一个时期预算平衡，没有赤字，政府不需要再通过创造货币为赤字融资，物价水平也就不会继续上涨。因此，为弥补暂时性的财政赤字而一次性增加的货币供给，只能引起物价水平的一次性上升，而不会引发通货膨胀。

但是，上述情况仅仅是财政赤字导致通货膨胀的必要条件，并不是充分条件。这里可能有两种不同的情况：第一种情况是，一般而言，只有货币供应超过货币需求才可能导致通货膨胀。而货币供应量的变化不仅取决于基础货币的变化，还取决于通过商业银行发生的货币乘数的变化。货币供应量等于基础货币乘以货币乘数，即 $M=Bm$，其中 M 为货币供应量，B 为基础货币，m 为货币乘数。政府通过货币创造弥补财政赤字只能影响基础货币，对整个货币供应量的影响还要看货币乘数的变化。如果政府通过货币创造弥补财政赤字增加了基础货币，但同时由于种种原因，货币乘数在降低，而且货币乘数降低的幅度等于（或超过）基础货币增加的幅度，那么货币供应量不但不会增加，反而可能减少。如果这种情况发生，政府为弥补财政赤字而增加基础货币就不会导致通货膨胀。第二种可能发生的情况是，尽管货币供应量增加，但货币需求也在增加，而且货币需求增加的幅度等于或超过货币供应增加的幅度，那么也不会导致通货膨胀。随着经济的增长，货币需求必然相应增加。如果政府通过货币创造增加的货币供应量没有超过经济增长所要求的货币需求的增量，那么也不会导致通货膨胀。

☑【关键词】

预算赤字　决算赤字　赤字政策　赤字债务化　赤字货币化　我国财政赤字计算公式

【复习与思考】

1. 如何正确理解财政收支平衡？
2. 分析我国当前财政赤字的状况。
3. 我国 2016 年赤字率曾达 3%是否会加大财政风险？
4. 阐述财政平衡与总量平衡的关系。
5. 简述财政赤字债务化的经济效应。
6. 财政赤字货币化是否必然导致通货膨胀？

第十六章
财政政策

第一节　财政政策概述

一、什么是财政政策

概括来说，财政政策是指一国政府为实现一定的宏观政策目标而调整财政收支规模和收支平衡的指导原则及其相应的措施。财政政策贯穿于财政工作的全过程，体现在收入、支出、预算平衡和国家债务等各个方面。因此，财政政策是由支出政策、税收政策、预算平衡政策、国债政策等构成的一个完整的政策体系。在市场经济条件下财政功能的正常发挥主要取决于财政政策的适当运用。财政政策运用得当，就可以保证社会经济的持续、稳定、协调发展，财政政策运用失调，则会引起社会经济的失衡和波动。

财政政策成为国家经济政策的组成部分，并形成自己的体系，经历了一个历史的发展过程。我国古代历史上的理财家早已提出“量入为出”“轻徭薄赋”“藏富于民”等颇有见地的、朴素的财政政策思想，但这种政策思想主要是在自然经济或商品经济初期形成的，政策的目标单一，手段简单，因而没有构成我们所要研究的现代财政政策。从世界范围的视角来看，现代意义上的财政政策始于 20 世纪 30 年代的资本主义经济大萧条时期。在这一时期，资本主义爆发了大规模的经济危机，经济陷入极度萧条之中，当时的美国总统罗斯福实行“新政”，主要是运用财政政策刺激社会总需求从而实现经济回升的目标。随之，主张运用财政政策干预经济的凯恩斯学说悄然兴起。罗斯福“新政”是政府干预经济运行的重要转变，表现在：一是观念的转变。20 世纪 30 年代以前，以亚当·斯密为代表的传统经济理论提倡“廉价政府”，否认政府全面干预经济的必要性，随着现代经济学的发展，人们才承认政府具有经济职能，主张采取积极的政策措施对国民经济施加影响。二是目标的转变。过去的政府也存在干预经济的行为，但目标是单一的，现代财政政策是针对社会和经济发展的要求，同时实现多重目标的有机结合。三是手段的转变。在不发达的商品经济时代，政府干预经济的主要手段是税收，而且主要是为了筹集必要的财政收入，现代财政政策的手段不仅有税收，还有预算、支出、公债、补贴等手段以及各种非财政手段的配套运用。

就我国的情况而言，财政政策作为国家进行宏观经济调控的重要杠杆，在计划经济和市场经济两种不同的经济体制下，其内容和作用过程是大不相同的。在计划经济体制下，国家财政基本上服从于一个国民收入的统配计划，财政政策对经济的调节采取直接调节的形式，内容单一。随着实行市场经济体制，国民经济计划和国家财政已经不可能直接统揽整个国民经济活动及国民收入的分配过程，财政政策主要是通过各种政策手段间接地调节经济的运行。这就是说，在市场经济体制下，财政政策的内容、手段和目标更加丰富，财政政策的调节功能更加重要并进一步强化，财政政策的运用和操作难度也更大。随着我国改革开放的不断深化，社会经济取得了巨大发展，这是理论大胆突破带来的成果，同时也是运用各项改革措施和经济政策所产生的积极效应。政策的好坏直接关系到理论的突破能否付诸实践，关系改革开放的成败，政策低效或失败往往是改革进程出现曲折的重要诱因。我国当前财政工作中取得的成就和存在的问题与财政政策目标的导向、政策主体间的摩擦、政策工具的运用、政策传导机制以及政策环境的变化等因素密切相关。

在改革开放之初的 1979 年，我国财政曾出现巨额赤字，达 135.4 亿元，占当年 GDP 的 3.33%，经过调整以后有所减少，而后又开始回升，始终没有摆脱赤字的困扰。我国在 1995 年公布《中华人民共和国中国人民银行法》以前曾允许财政向银行透支或借款，即通过财政性货币发行来弥补财政赤字，按照财政政策的作用原理，这种扩张性财政政策是反衰退和治理有效需求不足的对策。然而，从 1989 年下半年开始到 1991 年末的疲软的市场，并未因为高达数百亿元的赤字而得到有效改善。面对 1996 年以前我国宏观经济运行中的波动，无论经济是“过热”还是“过冷”，财政都存在赤字且规模在扩大，这种财政状况说明，财政政策在总量调节方面没有多少选择余地。这种条件下的财政赤字，从财政政策效应的角度来看，并不是政府自觉运用财政政策的结果，在很大程度上是经济运行结果的被动接受和反映。若再分析若干单项财政政策，例如早期的“利改税”以及随后的“财政包干”，其间所暴露出来的政策性缺陷则更为突出。与此相对应的是，1994 年分税制改革调整中央与地方的关系，取得了明显成效。另外，1998 年针对当时的需求疲软和结构性矛盾，政府主动实行的积极财政政策以及此后持续多年实施的有针对性的积极财政政策，对缓解亚洲金融危机的冲击、推动发展方式的转变和保增长调结构，都产生了良好的效果。特别是在经济发展进入新常态后，国家提出“在适度扩大总需求的同时，着力加强供给侧结构性改革”的命题，是适应和引领经济发展新常态的重大创新。这说明随着改革开放的深入发展，我国政府对财政政策的运用日趋成熟。

二、财政政策的构成要素

(一)财政政策主体

政策主体指的是政策制定者和执行者，财政政策的主体只能是各级政府，主要是中央政府。政策主体的行为是否规范，对于政策功能的发挥和政策效应的大小都具有关键作用。一些财政政策研究文献往往重视政策目标与政策工具，而忽视政策主体的行为与偏好，这种看法有失全面。事实上，在政策的执行中，违背政策目标和滥用政策工具，往往是政策主体的行为不当导致的后果。

改革开放以前，我国实行统收统支财政体制，这种体制使中央政府处于财政政策制定者的地位，地方政府处于财政政策执行者的地位。中央与地方之间也存在利益摩擦，主要表现为调整预算体制时，中央与地方之间的“集权与分权”“统一性与独立性”的矛盾。由于传统体制的分权与分利十分有限，利益的摩擦只存在于局部范围。改革开放以来，经济体制发生了根本性变化，地方政府具有了较大的自主权，它不仅是一个政策的执行者，同时也是一个地区的政策制定者，这种双重地位使地方政府在地方利益的驱动下，对中央政府的政策态度发生了微妙的变化。表现之一是地方政府的政策“抵制”行为。有利于本地利益的政策就贯彻执行，不利于本地利益的政策就消极抵制，所谓“上有政策，下有对策”就是地方对中央政策态度变化的最好说明。表现之二是政策的攀比行为。中央根据既定的发展战略，对不同地区或不同产业实行倾斜政策是完全必要和正确的。显然，倾斜政策不仅仅是着眼于加快某些地区或某些产业的发展，不是一种“亲”与“疏”的不同待遇，而是着眼于全局，这有利于整体战略目标的实现。然而，每一项优惠政策的出台，几乎都会在全国掀起竞相攀比、竞相争取的浪潮，从而使局部优惠扩大化、普遍化，每一项优惠政策的出台，几乎不可避免地都在全国各地铺开。这种政策的变化并非政策制定者的主动行为，在很大程度上是被政策执行者“倒逼”的事后认账。因此，在财政政策原理研究中重视对政策主体行为规范的分析，有助于说明许多政策偏差现象，有利于提高政策的执行力和执行水平。

(二)财政政策目标

财政政策目标是和财政职能相联系的，即执行财政职能来实现财政政策目标。西方经济发达国家财政政策的目标通常被定为充分就业、物价稳定和经济稳定。就我国的实践来看，由于财政是一种政府行为，因而财政政策没有自身单独的目标。当前习近平新时代中国特色社会主义思想就是财政政策的基本指导思想，国家的中长期规划就是财政政策的中长期目标，历年国家预算报告宣布的方针和措施就是财政政策当年的短期目标。我国当前财政政策的总目标就是《中华人民共和国国民经济和社会发展第十三个五年规划纲要》确定的全面建成小康社会，实现第一个百年目标。具体目标包括：经济保持中高速增长、创新驱动发展成效显著、发展协调性明显增强、人民生活水平和质量普遍提高、国民素质和社会文明程度显著提高、生态环境质量总体改善及各方面制度更加成熟和更加定型。2018年财政政策的目标是：立足于我国经济已转向高质量发展阶段这一基本特征，继续实施减税降费，调整优化支出结构，深化财税体制改革，促进区域协调发展，全面实施绩效管理，增强财政的可持续性。

（三）财政政策手段和财政政策乘数

财政政策工具是财政政策主体所选择的用以达到政策目标的各种财政政策手段，就是在前面各章节中讲过的各个财政范畴，主要有税收、一般公共支出、政府公共投资、公债等，以及各种手段的相机配合运用。前面有关各章已经有所分析，这里不再赘述。

财政政策的效应是通过运用各种财政手段以及各种手段的组合来实现的，而不同的财政政策手段的效应是不同的。财政政策乘数是指不同的政策手段的变动引起国民收入或国民产出（即 GDP）变动的倍数。可以依据经济学关于国民收入的决定方程式推导出财政政策乘数。

如前所述，国民收入的决定公式为：

$$Y=C+I+G \tag{16-1}$$

式中，Y 代表国民收入，C 代表消费支出，I 代表私人投资支出，G 代表政府购买性支出。其中

$$C=C_a+bY_d \tag{16-2}$$

式中，C_a 代表消费函数中的常数，也就是说，人们即使在短期内没有收入也要消费，这可能就需要动用原有资产（如储蓄）或借债等；b 代表边际消费倾向；Y_d 代表可支配收入，即扣除税收（T）并加上转移性支出（T_r）后的收入，则

$$Y_d=Y-T+T_r \tag{16-3}$$

将式（16－2）、式（16－3）代入式（16－1）可得：

$$Y=C_a+b(Y-T+T_r)+I+G=C_a+bY-bT+bT_r+I+G$$

$$(1-b)Y=C_a-bT+bT_r+I+G$$

$$Y=\frac{C_a-bT+bT_r+I+G}{1-b} \tag{16-4}$$

根据以上公式，我们就可以求得简单的各财政政策乘数。

（1）税收乘数。求式（16－4）对 T 的导数，即可求得税收乘数：

$$\frac{\partial Y}{\partial T}=\frac{-b}{1-b} \tag{16-5}$$

税收乘数表明的是税收的变动（包括税率、税收收入的变动）对国民产出的影响程度。它的特点和作用如下：一是税收乘数是负值，说明税收增减与国民产出反方向变动；二是若政府采取减税政策，虽然会减少财政收入，但将会成倍地刺激社会有效需求或有效供给，有利于经济的增长；三是当政府减税时，国民产出增加的量为减税量的 $b/(1-b)$ 倍，假定边际消费倾向（b）为 0.8，则税收乘数为－4。

（2）购买性支出乘数。求式（16－4）对 G 的导数，即可求得购买性支出乘数：

$$\frac{\partial Y}{\partial G}=\frac{1}{1-b} \tag{16-6}$$

购买性支出乘数表明的是购买性支出的变动对国民产出的影响程度。它的特点和作用如下：一是购买性支出乘数是正值，说明购买性支出的增减与国民产出同方向变动；二是购买性支出对国民产出的影响等同于投资对国民产出的影响，增加购买性支出就等于增加

投资；三是增加购买性支出时，国民产出增加，增加量为支出增量的 $1/(1-b)$ 倍，假定边际消费倾向为 0.8，则购买性支出乘数为 5；四是购买性支出乘数的绝对值大于税收乘数的绝对值，这说明，增加购买性支出政策的效应大于减税政策的效应。

(3) 转移性支出乘数。求式（16-4）对 T_r 的导数，也可求出转移性支出乘数：

$$\frac{\partial Y}{\partial T_r}=\frac{b}{1-b} \tag{16-7}$$

转移性支出的特点和作用如下：一是转移性支出乘数也是正值，转移性支出的增减与国民产出同方向变动；二是转移性支出乘数等于边际消费倾向与（1－边际消费倾向）之比，或等于边际消费倾向与边际储蓄倾向之比；三是转移性支出增加，国民产出增加，增加量为支出增加量的 $b/(1-b)$ 倍，设边际消费倾向为 0.8，则转移性支出乘数为 4；四是转移性支出乘数小于购买性支出乘数。

(4) 平衡预算乘数。政府在增减购买性支出的同时，等量增减税收，维持财政收支平衡，表明这种变化对国民产出的影响程度的，就是所谓的平衡预算乘数。计算公式如下：

$$\frac{\partial Y}{\partial T}+\frac{\partial Y}{\partial G}=\frac{-b}{1-b}+\frac{1}{1-b}=1 \tag{16-8}$$

平衡预算乘数说明，若在增减购买性支出的同时等量增减税收，二者会同时影响国民产出，这时政策乘数即为两个乘数之和，换言之，即使实行平衡预算政策，仍具有扩张效应，平衡预算乘数等于 1。比如，设边际消费倾向为 0.8，增加购买性支出 20 亿元的扩张效应为使国民产出净增加 100 亿元，而增加税收 20 亿元的扩张效应则为使国民产出减少 80 亿元，二者之和为 20 亿元，等于使国民产出净增加 20 亿元，平衡预算乘数为 1。

（四）财政政策的传导机制

在市场经济条件下，财政政策的实施存在着从政策工具到政策目标的转变过程，这一过程需要特定的媒介使政策系统与经济环境进行信息交流，并通过传导媒介的作用，把政策工具变量最终转化为政策目标变量（即实现期望值）。简单地说，财政政策传导机制就是在财政政策发挥作用的过程中，各政策工具通过某种媒介的相互作用形成的一个有机联系的整体。财政政策发挥作用的过程实际上就是财政政策工具变量经由某种媒介的传导转变为政策目标变量（期望值）的复杂过程。因此也应将财政政策的传导机制视为财政政策的构成要素之一。财政政策传导机制的主要媒介是货币供给、收入分配与价格。

这里仅以货币供给与财政政策的关系为例简略分析一下财政政策工具变量调整是如何通过媒介来传导的，它们之间又是如何协调的。就财政政策工具与货币供给的关系而言，撇开财政政策对货币流通速度与货币存量结构变化的影响不谈，因为货币供给是社会需求的载体，因此任何一笔财政收支的增减都必须以货币供给量为媒介作用于总需求。比如，当实行赤字政策的时候，不论是增支还是减税，也不论是采取货币化融资还是采取债务化融资，首先都是货币供给量的扩大或缩减，而后才能达到扩大或缩减总需求或总供给的目的。在利率市场化的条件下，财政收支的增减会影响利率的升降，如果扩大财政支出而不相应地扩大货币供给量，必然迫使利率上升，对民间投资产生挤出效应，这样就达不到扩大总需求或总供给的政策目标，如此等等。

第二节 财政政策分类

一、需求侧财政政策与供给侧财政政策

首先需要说明，这里需求侧财政政策不是指西方的凯恩斯主义的需求型财政政策，供给侧财政政策也不是指西方供给学派的供给型财政政策。因为西方宏观调控的基础理论存在根本性的谬误。两派出于学派的偏见，提出了不同的政策主张。供给学派奉行“供给创造自己的需求”的萨伊定律，宣称与需求管理“彻底决裂”，且否定政府的作用，而凯恩斯主义则明确反对萨伊定律，创造需求经济学，二者都是人为地将一个整体有机联系的两个侧面割裂开来，形成不相关的单方面的财政政策。这种财政政策即使短期内可能发挥一定成效，从长期来看，也必然造成恶果，以失败而告终。

从理论上考察，凯恩斯主义和供给学派将需求和供给两侧分割开来是违背马克思主义再生产原理的。马克思的再生产理论是将再生产过程的四个环节——生产、分配、交换和消费看成一个相互联系的有机整体，明确指出“我们得到的结论并不是说，生产、分配、交换、消费是同一的东西，而是说，它们构成一个总体的各个环节、一个统一体内部的差别。……一定的生产决定一定的消费、分配、交换和这些不同要素相互间的一定关系。当然，生产就其单方面形式来说也决定于其他要素。”[①] 如果我们把生产看作供给，把消费看作需求，那么对于生产和消费，我们可以看一看马克思的论述：“生产直接是消费，消费直接是生产。每一方直接是它的对方。可是同时在两者之间存在着一种媒介运动。生产媒介着消费，它创造出消费的材料，没有生产，消费就没有对象。但是消费也媒介着生产，因为正是消费替产品创造了主体，产品对这个主体才是产品。产品在消费中才得到最后完成。”[②] 马克思的这些论述淋漓尽致地驳斥了凯恩斯主义和供给学派割裂需求与供给的有机联系的谬误。

我国以习近平为核心的党中央提出了“在适度扩大总需求的同时，着力加强供给侧结构性改革”的改革方案。这里既强调供给又关注需求，既发挥市场在资源配置中的决定性作用又更好发挥政府作用，既着眼当前又立足长远。改革的内涵是增强供给结构对需求变化的适应性和灵活性，不断让新的需求催生新的供给，让新的供给创造新的需求，在互相推动中实现经济发展。因此供给侧结构性改革的提出符合马克思主义再生产理论，是马克思主义原理结合中国实际的创新。本书关于“需求侧财政政策与供给侧财政政策”的财政政策分类，就是根据这个原理提出的。

---

① 马克思，恩格斯. 马克思恩格斯全集：第46卷上. 北京：人民出版社，1979：36－37.

② 同①28.

二、扩张性财政政策、紧缩性财政政策和中性财政政策

扩张性财政政策与紧缩性财政政策的分类，是指通过财政收支规模的变动来调节社会总需求和总供给的财政政策的分类。一般认为，这种政策分类仅适用于需求侧的调节政策，而不适用于供给侧的调节政策，其实并非如此。因为需求与供给是一个有机整体，而且各种调节手段的功能是多重的，特别是政府投资支出，不仅政策的乘数效应较大，而且同时调节需求与供给的双重作用更为明显，所以这种分类同样适用于供给侧财政政策。

扩张性或紧缩性财政政策主要是赤字政策和减税政策。赤字政策也就是增加政府支出的政策。政府支出直接构成总需求的组成部分，而且前面关于支出乘数的分析说明，用于投资的购买性支出的乘数效应大于税收的乘数效应，所以增减政府支出是需求侧财政政策的主要手段是毫无疑问的。但是，投资过程是从投入货币资金开始的，先是扩大总需求，而投资的结果必然是产生供给，调整产业结构，同时发挥调节总供给的效应。减税政策则有所不同。减税政策的着重点主要是减轻企业负担，通过税收的收入效应和替代效应调整生产要素，激活企业的动力，增加供给，改善供给结构。所以减税政策是供给侧财政政策的主要手段，但同时也具有调节总需求的效应。如上所说，用于投资就具有这种功能，又如降低所得税特别是降低个人所得税的效应也是在需求方面。

还有一种所谓中性财政政策。中性财政政策是指财政收支活动对社会总需求和总供给的影响保持中性，既不产生扩张效应，也不产生紧缩效应。在一般情况下，中性财政政策要求财政收支保持平衡。在经济政策理论中，一般把通过增加盈余或减少盈余以及增加赤字或减少赤字的形式表现出来的财政政策称为非均衡财政政策，而把通过收支平衡的形式表现出来的财政政策称为均衡财政政策。均衡财政政策的主要目的在于力求避免预算盈余或预算赤字可能带来的消极后果。但是，预算收支平衡或均衡财政政策并不等于中性财政政策。因为支出结构的调整和税收政策的调整同样可以对经济发挥调节作用，而且平衡预算本身也具有乘数效应。

第三节　我国的财政政策

一、我国财政政策的探索

我国改革开放后财政政策的实施经历了探索、发展和逐步走向成熟的过程。1978 年我国开始实行改革开放政策，社会主义现代化建设从此翻开崭新的一页。在这期间，我国由传统的社会主义计划经济逐步转向社会主义市场经济，市场化改革成为大趋势和主旋律，由此带来的影响是全方位和多层次的。总的来说，改革开放的成绩是有目共睹的，我国国民经济在这些年里取得了快速发展，各项建设事业取得了巨大成就，人民生活水平得到了极大提高。但各时期的经济形势和财政政策却有所不同。进入 20 世纪 90 年代后，我

国经济步入了一个高速发展的新时期。从社会总供求的角度看，全社会的投资需求在1995年以前几乎始终处于高亢状态，并且，由于国民收入分配格局发生了巨大变化，居民收入和消费需求在同期也增长很快。投资和消费需求的双重作用使得国民经济在保持快速增长的同时，社会总供求的矛盾逐渐显现出来，明显的表现是居民消费价格水平不断上升，通货膨胀问题开始成为困扰我国经济平稳发展的难题。在此期间，我国的宏观政策和调控目标也在反复曲折地不断变化。实际上，1997年以前的宏观调控一直处于一种“一放就乱，一乱就收，一收就死，一死再放”的状态，而宏观政策走向对国民经济和社会总供求的影响相当明显，相应地，经济的周期性波动也比较突出。这一时期的财政政策目标在扩张与紧缩之间不断调整，但基本趋向是以减税让利为代表的放松政策，并且有一段时间，执行的是财政政策和货币政策“双松”的政策组合。

需要指出的是，这一时期我国财政的地位和作用实际上在不断弱化。1979年改革开放伊始，国家采取同时提高农副产品收购价格、提高职工工资和增加企业自主财力的政策，当年财政出现前所未有的135.4亿元的巨额赤字，从此开始，我国的财政改革在较长一段时间内走的是一条“放权让利”之路。随着市场化取向改革的开展，国民收入分配格局发生了急剧的变化，而国家财政在其中承担了巨大的改革成本。先后实行的各项改革政策，如提高农副产品收购价格、提高职工工资、价格改革、利改税、承包制、财政包干等，在促进经济发展的同时，增加了居民收入以及企业和地方的自主财力，银行存款也随之急剧增长，而财政收入占GDP的比重和中央财政收入占全部财政收入的比重（即“两个比重”）却逐年下滑。与此同时，政府机构和人员不断扩充，政府职能还有待逐步转换，由于财政收入增长缓慢，难以满足政府各部门履行职能的经费和投资需要，于是各部门纷纷自行收费和建立“基金”。这样，不仅国家财政特别是中央财政一直处于十分艰难的境地，同时财政职能和宏观调控能力也遭到极大的削弱。在财政收入占GDP的比重下降的同时，居民储蓄和银行各项存款急剧增长，银行贷款也呈急剧增长的趋势，由于财政资金拮据，而银行资金充裕，于是银行扩展贷款领域，替代了一部分财政职能。实际上，财政支持经济增长和宏观调控的功能让位给银行，甚至发展到了银行“独木撑天”的地步。

为了抑制通货膨胀，将国民经济导入良性发展，我国从1993年开始实施“适度从紧”的“双紧”政策，特别是1994年进行了分税制改革。经过三年的治理整顿，我国实现了“软着陆”，成功地抑制了通货膨胀和经济过热，为我国治理通货膨胀积累了宝贵的经验。“软着陆”使得我国经济出现了“两个转变”：第一个转变是由卖方市场转变为买方市场；第二个转变是由粗放型经济转变为集约型经济。这种转变标志着，经过长时间的经济改革和经济调整，我国进入了相对稳定增长的新周期，初步改变了过去重数量轻质量的增长模式，这是改革开放以及实行有效的宏观调控政策的重大成果。

但是，在取得成就的同时，也产生了一些我们过去所不熟悉的新问题。过去市场上是商品短缺，“皇帝的女儿不愁嫁”，紧俏商品大家抢着买，物价持续上涨；后来则是需求萎缩，供给结构错位，消费者买东西要挑挑拣拣，质次价高的商品卖不出去，经济增长率下滑，物价也持续下降，出现通货紧缩的趋势。过去是重复建设，盲目生产，不顾质量，不顾效益；后来则是消费者是“上帝”，市场竞争激烈，效益约束强化，企业面临破产倒闭的压力。国内情况如此，而国际上1997年发生了亚洲金融危机，这就要求我国针对新的形势调整财政和货币政策。总之，这个阶段的财政政策是在探索中前进的。

二、积极财政政策和稳健财政政策的交替

（一）1998年实施积极财政政策

1997年7月亚洲金融危机首先在泰国爆发，并迅速席卷周边国家和地区，全球经济和贸易的增长步伐明显放缓。我国从1998年开始，外贸出口额增速明显放慢甚至出现负增长的态势，国内消费需求低迷，固定资产投资增长趋缓，结构性矛盾凸显，通货紧缩趋势显现。GDP增长率1996年为9.6%，1997年为8.8%，1998年上半年下滑到7%，伴随经济增速放缓的是经济运行的质量和效益下降。种种情况表明，如果政府再不主动出击改变这一系列不利局面，此前改革开放取得的大好成果可能会付诸东流。

自1997年GDP增速开始放慢以后，我国在货币政策上陆续采取了多次放松措施，如多次降低存贷款利率，降低存款准备金率和存款准备金利率，取消商业化贷款指令性指标，恢复在货币市场的国债回购业务等。但是，在市场低迷的条件下，货币政策的调节力度明显乏力，仍难以激发经济的活力。在需求萎缩、经济持续低迷不振和货币政策乏力的背景下，摆脱通货紧缩的阴影和促进国民经济稳定增长的重任就历史性地落在了财政政策身上。同货币政策相比，财政政策可以从收支两个方面，通过它的乘数效应直接作用于投资、消费和出口，扩张力较大，见效较快。然而，从当时的情况看，采用扩张性财政政策也有较大风险，因为当时的财政状况不容乐观，财力一直比较紧张，积留下来的老问题还有待化解，如果实行扩张性财政政策，有可能进一步加剧财政的紧张和困难。

但国家通过全方位的综合分析作出判断，实施扩张性的财政政策是完全可行和可取的。理由是：(1) 国债发行仍有较大空间，1997年国债余额仅占国内生产总值的8.2%。(2) 财政赤字的风险不大，1997年财政赤字占GDP的比重为0.7%，这一指标是比较低的。(3) 1994年的分税制改革奠定了基本适应社会主义市场经济要求的财政体制和税收制度，几年来财政收入增长较快。(4) 全社会可动员的资金潜力较大，几年来，我国的总储蓄率一直保持在40%左右的高水平。根据以上判断，政府果断地作出决策，采用扩张性的积极财政政策，着力拉动需求，促进经济的稳定快速增长。

积极财政政策的政策要点是：(1) 政策目标可以说是多元的，既包含反周期的短期政策目标，也包含结构性调整等可持续发展目标，但首要目标是化解外部冲击，扩大需求，确保经济稳定增长和社会安定。(2) 政策手段主要是增加财政支出，增发国债是施政的主要措施，也是启动措施，增加的政府支出主要用于基础设施建设。(3) 加强税收征管，适度提高税收占GDP的比重，而没有实行西方国家惯用的减税政策。(4) 优化支出结构，增加的收入主要用于满足教育、科技、社会保障和提高公教人员的工资等一般公共需要。(5) 实行“紧中有松”的稳健货币政策与松中有紧的积极财政政策，保证国民经济的稳定、健康和快速发展。

实践证明，这一决策是及时和有效的，取得了预期的政策效应。这次积极财政政策的手段是以增加政府支出为主，政策目标是侧重于增加需求总量，因而有效地制止了经济增长的下滑，优化了支出结构，完善了社会保障制度等。但同时积极财政政策又含有供给侧结构性调整的因素，如在加快基础设施建设、加大技术革新力度、增加农业投入、增强经

济增长的内生动力等诸多方面都有所建树，为“十五”时期开始建设小康社会和和谐社会奠定了良好基础。但也不可否认，这次积极财政政策也存在一定的局限性，有利也有弊，主要是：积极财政政策的需求总量刺激效应是直接和显著的，而供给侧结构性调整效应是微弱的，因而在促进经济增长的同时，不可避免地会加剧结构性矛盾。比如，加快基础设施建设会带动钢铁、水泥等产业的大发展，一旦压缩投资，则必然形成产能过剩，而加大政府投资不可避免地会挤出民间投资。

（二）2005 年转为稳健财政政策

2004 年伊始，过快的投资增长速度和信贷扩张引发了经济过热的迹象。2004 年第一季度全社会固定资产投资增长达 43%，比上年同期高 15.2 个百分点，宏观调控部门一再叫停的钢铁、水泥、电解铝三大行业的投资，在 2003 年接近翻番的基础上 2004 年第一季度分别增长 107.2%、101.4%、39.3%，货币供应量在高位运行，物价开始抬头，通胀压力加大。政府冷静判断当时的经济形势，认为已经出现过热的趋势，但还不是全面过热，而是局部过热，因而及时决定按照突出重点、把握力度、区别对待、分类指导的原则，完善宏观调控措施，做到松紧适度，不搞“一刀切”，并决定从积极财政政策转向稳健财政政策。

但是，稳健财政政策并不是消极的，而是适应当时宏观调控的需要，强调社会经济的稳定和健康发展。政策的要点是：（1）基本维持现有规模的赤字水平，保持政策的连续性和稳定性；（2）积极增加财政收入，合理调整增长速度，增强市场对资源配置的决定性作用；（3）优化支出结构，加强管理，提高效率，加快用于发展文教、科学、卫生、社保、福利、生态及环保等社会事业的支出的增长；（4）推动深化改革，促进经济增长方式的转变。上述稳健财政政策的四项内容，前三项是投入问题，最后一项是改革问题，所以实施稳健财政政策要处理好投入和改革的关系。投入对发展是不可或缺的，但提高投入的效率也要靠改革。

（三）2009 年重新启动积极财政政策

我国从 2005 年到 2008 年实行稳健财政政策共 4 年，保证了经济社会的快速稳定发展。但 2008 年下半年受美国次贷危机引发的国际金融危机的影响，经济骤然降温，经济增长过快而后回落的风险已开始显现。从 2008 年第一季度到第四季度 GDP 增速逐季下降，由第一季度的 10.6%降到第四季度的 6.8%，出现 11 年来的新低。根据国际和国内经济形势的急剧变化，为应对国际金融危机，我国政府决定，从 2008 年第四季度开始实施 4 万亿元刺激经济计划，并决定从 2009 年起实行财政政策的转型，改变稳健财政政策，重新实行积极财政政策，同时实行适度宽松的货币政策。

2009 年积极财政政策的主要内容是：扩大政府公共投资，着力加强重点建设；推进税费改革，实行结构性减税；提高低收入群体的收入，大力促进消费需求；进一步优化财政支出结构，大力保障和改善民生；大力支持科技创新、节能减排，推动经济结构的调整以及发展方式的转变。这次积极财政政策实施后，取得了明显成效，促进自 2008 年下半年以来趋冷的经济回暖，开始转向稳定增长的轨道。2010 年我国继续实施积极财政政策，更加注重调整经济结构，更加注重扩大内需，更加注重保障和改善民生，更加注重进一步深化财税体制改革，更加注重进一步加强财政的科学管理，努力提高财政资金的绩效，进一步防范潜在的财政风险。

自从 2009 年重新启用积极财政政策，至今仍在持续，虽然“积极”二字未变，但“积极”的内涵必须也必然发生明显的变化。特别是明确我国经济发展进入新常态后，积极财政政策必须主动适应经济发展新常态的要求。第一，政策作用重点发生转变，从以总量调控为主转变为以结构调整为主。在 2008 年国际金融危机对我国的影响不断蔓延的时候，我国政府及时出台了 4 万亿元投资计划，有效地刺激了市场需求，提振了市场信心，从总量上确保了经济的稳定增长。随着宏观经济增长进入新常态，国家不再继续将总量扩张作为政策关注的主要目标，转向从总体上坚持稳中求进的总基调，着力稳增长、调结构、促改革，沉着应对各种风险挑战的方针，并着力关注经济结构变化，提升经济结构调整这一中长期战略目标的地位。第二，政策手段由以“发债增支”为主转向“发债增支”与结构性减税并举。特别是在全面深化财税体制改革的过程中，通过税制改革实行结构性减税政策具有很大的空间。第三，大力支持技术创新。培养新的经济增长点，鼓励战略性产业、新兴产业和高技术、高附加值产业，推动产业升级。第四，进一步优化财政支出结构，注重民生支出，增加居民收入，扩大内需。第五，在全面深化改革的高潮中从“改革”上寻求和挖掘执行积极财政政策的内在潜力，特别是通过财税改革完善财税体制，提高财税治理能力，使提高财政支出绩效具有无限潜力。

三、供给侧结构性改革中的积极财政政策

2015 年 11 月 10 日习近平同志在主持召开中央财经领导小组第十一次会议上，首次提出“在适度扩大总需求的同时，着力加强供给侧结构性改革”的命题。提出供给侧结构性改革的根本目的是提高社会生产力水平，落实好以人民为中心的发展思想。要在适度扩大总需求的同时，去产能、去库存、去杠杆、降成本、补短板，从生产领域入手加强优质供给，减少无效供给，扩大有效供给，提高供给结构的适应性和灵活性，提高全要素生产率，使供给体系更好地适应需求结构变化。推进供给侧结构性改革，是适应和引领经济发展新常态的重大创新，是适应国际金融危机发生后综合国力竞争新形势的主动选择，是适应我国经济发展新常态的必然要求。

供给侧结构性改革本质上是调整和完善社会主义生产方式的一场重大改革，并非一种单纯的财政政策，但财政政策是其中的一个重要组成部分。在供给侧结构性改革中仍继续采取积极财政政策和稳健货币政策，而且积极财政政策要更加积极有效，预算安排要适应并推动供给侧结构性改革，降低税收负担，保障民生兜底的需要。主要政策措施如下：一是进一步减税降费，加快步伐，加大收费基金清理和改革力度；二是适度扩大财政赤字规模，在适当增加必要的财政支出的同时，财政赤字主要用于弥补减税降费带来的财政减收，保障政府应该承担的支出责任；三是调整优化支出结构，按可持续、保基本的原则安排好民生支出；四是加大财政资金统筹使用力度，创新财政支出方式，提高财政支出效率。

供给侧结构性改革中的财政政策足以说明我国财政政策的运用已经走向成熟。当前在

国际经济形势错综复杂和国内经济改革发展稳定任务繁重的情况下，我国仍应坚持以供给侧结构性改革为主线不动摇，积极财政政策要更加积极。但实施积极财政政策不是要大水漫灌，而是精准实施，积极有效，打出财政“组合拳”，聚力高质量。(1)“加法”更有效，不是直接发力扩大需求，而是通过激发市场活力，优化资源配置，增加有效供给。(2)“减法”力度大，深化增值税等减税措施基本落地，降低实体经济成本，为转型升级增添动力。(3)“焦点”更清楚，聚焦减税降费，支持中小企业发展，促进创业创新和稳定就业，在民生领域发挥积极作用。

2018 年末召开的中央经济工作会议明确提出，宏观政策要强化逆周期调节，继续实施积极财政政策，适时预调微调，稳定总需求，要求积极财政政策加力提效，实施更大规模的减税降费，较大幅度增加地方政府专项债券规模。2019 年中央经济会议明确 2020 年继续实施积极财政政策，积极财政政策要大力提质增效，更加注重结构调整，坚决压缩一般性支出，做好重点领域保障，支持基层保工资、保运转、保基本民生。2020 年大规模减税降费转向巩固拓展减税降费成效，大幅度地增加地方政府专项债券的发行，这意味着积极财政政策由“收入端”向“支出端”切换，通过增发地方政府债券助力基建投资回升，而且基建的重心主要集中在通信网络、交通、物流、市政、农村、自然灾害防治等几个领域。同时 2019 年中央经济工作会议还强调财政政策、货币政策要同消费、投资、就业、产业、区域等政策形成合力，引导资金投向供需共同受益、具有乘数效应的先进制造、民生建设、基础设施短板等领域，促进产业和消费双升级。要充分挖掘大规模市场优势，发挥消费的基础作用和投资的关键作用。

第四节　我国积极财政政策与稳健货币政策的配合

一、货币政策简介

所谓货币政策，是指一国政府为实现一定的宏观经济目标所制定的关于调整货币供应的基本方针及其相应的措施。广义的货币政策是由货币政策、信贷政策、利率政策、汇率政策等政策构成的一个有机的政策体系。在计划经济体制下，货币政策从属于财政政策，独立的作用很小。随着社会主义市场经济体制的转变，银行的从属地位已经改变，在国民经济运行中的作用日益增强。货币政策作为国家经济政策的组成部分，如同财政政策一样，其最终目标与国家的宏观经济目标是一致的。我国货币政策的基本目标是稳定货币。稳定货币是指把货币供应量控制在客观需要量的范围内，这就是说，货币供应量不能超过或少于货币的客观需要量，但货币投放量究竟多少为宜，可以在货币需要量所允许的范围内进行选择。稳定货币和发展经济的目标是一致的。货币是发展生产的第一推动力和持续推动力，特别是当潜在的生产要素未被充分利用时，追加货币投放，可以使潜在的生产要素变为现实的生产要素，促进经济的发展。稳定货币与发展经济是互为条件、相互促进的。稳定货币是发展经济的必要条件，我国经济建设的实践证明，没有一个良好的、稳定的货币金融环境，要保持经济的稳定发展是不可能的；但发展经济又是稳定货币的前提，只有经济持续、稳定、协调发展，才能保持货币的稳定。不过，稳定货币与发展经济之间也会出现矛盾，比如要发展经济，有时需要适度投放货币加以推动，而一旦投放过度，不但与稳定货币的目标相矛盾，而且会干扰经济的正常运行。这种发展经济与稳定货币之间的矛盾，在我国经济体制改革的过程中曾几度出现。因此，应把稳定货币与发展经济作为一个总体目标来把握，求得二者的最佳结合。

货币政策是借助货币政策手段发挥作用的，目前，我国中央银行的货币政策手段主要有：(1) 中央银行对各商业银行（专业银行）发放贷款。(2) 存款准备金制度，即各专业银行要将吸收的存款按一定比例缴存中央银行。(3) 利率，即中央银行根据资金松紧情况确定调高或调低利率。(4) 公开市场操作，是指中央银行在金融市场上出售或购入政府债券，特别是短期国库券，用以影响基础货币量。(5) 贴现政策，是指中央银行通过变动对商业银行所持票据再贴现的再贴现率来调节贷款数量和基础货币量。(6) 各种中短期调节工具，如常备借贷便利（SLF）、中期借贷便利（MLF）、超短期的逆回购（SLO）、抵押补充贷款（PSL）等。

货币政策的核心是通过变动货币供应量，使货币供应量与货币需要量之间形成一定的对比关系，进而调节社会的总需求与总供给。因此，如同财政政策的分类一样，从总量调节出发可以把货币政策分为扩张性、紧缩性和中性三种类型。扩张性货币政策是指货币供应量超过经济过程对货币的实际需要量，其主要功能是刺激社会总需求的增长；紧缩性货币政策是指货币供应量小于货币的实际需要量，其主要功能是抑制社会总需求的增长；中性货币政策是指货币供应量大体上等于货币需要量，对社会总需求与总供给的对比状况不产生影响。至于具体采用何种类型的货币政策，需要根据社会总需求与总供给的对比状况并配合财政政策审慎地作出抉择。

二、财政政策与货币政策相互配合的必要性

在我国财政与银行信贷是国家从宏观上集中分配资金的两条不同的渠道，二者都能对社会的总需求与总供给发挥调节作用，而且二者的作用是紧密联系的，但二者在消费需求与投资需求形成中的作用又是不同的，是不可相互替代的。可以从以下几个方面来看两者的不同作用。

一是两者的作用机制不同。财政是指国家集中一部分 GDP 用于满足社会公共需要，因而在国民收入的分配中，财政居于主导地位。财政直接参与国民收入的分配，并对集中起来的国民收入在全社会范围内进行再分配。因此，财政可以从收入和支出两个方向上影响社会需求的形成。在财政收支的规模大体确定的情况下，企业和个人的消费需求和投资需求也就大体确定了。比如，国家对个人征税，也相应减少了个人的消费需求与投资需求；国家对企业征税或对企业拨款，就减少或增加了企业的投资需求。银行是国家再分配货币资金的主要渠道，这种对货币资金的再分配，除了收取利息外，并不直接参加 GDP 的分配，只是在国民收入分配和财政再分配基础上的一种再分配。信贷资金是以有偿方式集中和使用的，主要是在资金盈余部门和资金短缺部门之间进行余缺的调剂。这就决定了

信贷主要通过信贷规模的伸缩影响消费需求与投资需求的形成。至于信贷收入（资金来源），虽然不能说信贷收入对消费需求与投资需求的形成没有影响，但这种影响一定要通过信贷支出才能产生。比如，当社会消费需求与投资需求过旺时，银行采取各种措施多吸收企业、单位和个人的存款，这看起来是有利于紧缩需求的，但如果贷款的规模不作相应的压缩，就不可能起到紧缩需求的效果。

二是两者的作用方向不同。从消费需求的形成看，包括个人消费和社会消费两个方面。社会消费需求基本上是通过财政支出形成的，因而财政在社会消费需求的形成中起决定作用。只要在财政支出中对社会消费性支出作适当的压缩，减少公共部门的购买力，社会消费需求的紧缩就可以立即见效。而银行信贷在这方面则显得无能为力。个人消费需求的形成受到财政、信贷两方面的影响。在个人所得税制度日趋完善的情况下，财政对个人消费需求的形成是有直接影响的。而银行主要是通过工资基金的管理和监督以及对现金投放的控制，间接地影响个人的消费需求的。至于说银行对个人消费需求的形成有直接影响，也主要体现在城乡居民储蓄存款上。但居民储蓄存款毕竟可以随时提取，因而这种影响的力度就不像财政那样大。再从投资需求的形成角度看，虽然财政和银行都向再生产过程供应资金，但两者的侧重点不同。在我国现行体制下，根据财政、银行在运用资金上无偿与有偿的不同特点，固定资产投资理应由财政供应资金，而流动资产投资一般由银行供应资金。虽然随着银行信贷资金来源的不断扩大，银行也发放一部分固定资产投资贷款，但银行的资金运用的重点仍是保证流动资金的供应和短期的固定资产投资贷款。从这里也可看出，财政在形成投资需求方面的作用主要是调整产业结构，促进国民经济结构的合理化，而银行的作用则主要是调整总量和产品结构。

三是两者在扩张和紧缩需求方面的作用不同。在经济生活中，有时会出现需求不足、供给过剩，有时又会出现需求过旺、供给短缺。这种需求与供给失衡的原因很复杂，但从宏观经济方面看，主要是由财政与信贷分配引起的，而财政与信贷在扩张和紧缩需求方面的作用又是有别的。财政赤字可以扩张需求，财政盈余可以紧缩需求，但财政本身并不具有直接创造需求即“创造”货币的能力，唯一能创造需求、创造货币的是中央银行。因此，财政的扩张和紧缩效应一定要通过货币政策机制的传导才能发生。比如财政发生赤字或盈余时，如果银行相应压缩或扩大信贷规模，完全可以抵消财政的扩张或紧缩效应；只有财政产生赤字或盈余，银行相应地扩大或收缩货币供给量，财政的扩张或紧缩效应才能真正发生。问题不仅在此，银行自身还可以直接通过信贷规模的扩张和收缩起到扩张和紧缩需求的作用。从这个意义上说，中央银行的货币政策是扩张或紧缩需求的“总闸门”，是“稳定器”。

正是由于财政政策与货币政策在消费需求与投资需求的形成中有不同的作用，才要求财政政策与货币政策必须配合运用。只有紧密而恰当的配合，才可能组成合力从而有效地实现预期的调控目标；否则，二者各行其事，就必然会产生碰撞与摩擦，彼此抵消力量，或者减弱调控的效应和力度，甚至可能背离预期的调控目标。

三、我国积极财政政策与稳健货币政策的配合

近年来，世界经济复苏乏力，国际金融市场跌宕起伏，保护主义明显抬头。我国经济

发展中结构性问题和深层次矛盾凸显，经济下行压力持续加大，遇到了不少两难、多难抉择。面对这种局面，我们坚持稳中求进的工作总基调，着力创新和完善宏观调控，使经济运行保持在合理区间，实现了稳中向好。我们紧紧依靠改革破解经济发展和结构失衡难题，大力发展新兴产业，改造提升传统产业，提高供给体系质量和效率。我们坚持以供给侧结构性改革为主线，着力培育壮大新动能，加快经济结构优化升级。我们保持战略定力，坚持不搞“大水漫灌”式强刺激，而是适应把握引领经济发展新常态，统筹稳增长、促改革、调结构、惠民生、防风险，不断创新和完善宏观调控，确立区间调控的思路和方式，加强定向调控、相机调控、精准调控。国家明确强调只要经济运行在合理区间，就业增加、收入增长、环境改善，就集中精力促改革、调结构、添动力。我们采取既利当前更惠长远的举措，着力推进供给侧结构性改革，适度扩大总需求，推动实现更高层次的供需动态平衡。经过艰辛努力，我们顶住了经济下行压力、避免了“硬着陆”，保持了经济中高速增长，促进了结构优化，经济长期向好的基本面不断巩固和发展。

多年来我们实行积极财政政策和稳健货币政策，在当前形势下仍继续坚持积极财政政策和稳健货币政策的配合。在财政政策方面，在财政收支矛盾凸显的情况下，着眼于“放水养鱼”、增强后劲，结合税制改革大幅减税降费；采取小微企业税收优惠、清理各种收费；加强地方政府债务管理，实施地方政府存量债务置换，降低利息负担。同时适度扩大财政赤字，但仍维持在3%以下，维持财政支出力度，调整财政支出结构，盘活沉淀资金，保障基本民生和重点项目。在货币政策方面，保持稳健中性，广义货币M2增速、信贷和社会融资规模适度增长。采取定向降准、专项再贷款等差别化政策，加强对重点领域和薄弱环节的支持，小微企业贷款增速高于各项贷款平均增速。改革完善汇率市场化形成机制，保持人民币汇率基本稳定，妥善应对“钱荒”等金融市场异常波动，规范金融市场秩序，防范化解重点领域风险，守住不发生系统性风险的底线，维护国家经济金融安全。

稳健货币政策在2016年的明确提法是“稳健中性货币政策”，就是不松不紧，着眼点在于“稳”，相应而言，也是可松可紧，不是“大水漫灌”，而是存在相机选择的微调空间。应当看到，我国当前的积极财政政策是同时实行赤字政策和减税政策，是一种扩张力较大的扩张性财政政策，面临着通货膨胀、债务危机、资产泡沫和股市动荡等诸多风险，恰恰需要一种既不松不紧又存在相机选择的“稳”字当头的稳健货币政策有机配合，把好货币供给量的总闸门，稳物价、稳币值、稳增长。

近年来，为应对国际国内错综复杂的经济环境，我国货币政策“稳”字当头，在总体稳健的基调下，根据形势的发展变化，保持政策灵活适度，注重稳定市场预期，稳健货币政策取得了良好效果。银行体系流动性合理充裕，利率水平在低位稳定运行，为稳增长和供给侧结构性改革营造了适宜的货币金融环境。第一，灵活开展公开市场操作来保持流动性合理充裕。相比过去央行多次降息、降准，如今央行更多地动用公开市场操作来调节流动性、引导资金价格，在支持供给侧结构性改革的同时，保持了政策的灵活适度。第二，央行在继续实施稳健货币政策的同时，适时预调微调，增强针对性和有效性。央行曾普遍下调金融机构人民币存款准备金率0.5个百分点，在全国范围内推广常备借贷便利（SLF）操作，建立了公开市场每日操作常态化机制，综合运用公开市场操作、中期借贷便利（MLF）、抵押补充贷款（PSL）等多种工具，提供不同期限流动性，保持银行体系流动性合理充裕。第三，进一步完善公开市场操作机制。在以7天期逆回购为主、每日常态化开展公开市场操作的基础上，综合考虑流动性季节性变化、市场需求等因素，先后增加了 14 天期和 28 天期逆回购品种，灵活搭配开展操作，保持银行体系的适度流动性，优化市场资金供求期限结构，不仅满足了金融机构流动性期限搭配需求，提高了市场资金面的稳定性，而且缓解了季节性因素对流动性供求的扰动。第四，根据货币市场流动性总体情况，央行开展常备借贷便利操作。此外，为保持银行体系流动性总体合理充裕，结合商业银行流动性需求情况，央行开展每月中期借贷便利常态化操作，稳定市场预期，中期借贷便利成为央行基础货币供给的重要渠道。第五，在提供中期借贷便利的同时，央行引导金融机构加大对小微企业和“三农”等国民经济重点领域和薄弱环节的支持力度。同时，中期借贷便利利率发挥中期政策利率的作用，引导金融机构降低贷款利率和社会融资成本，支持实体经济增长。第六，进一步完善宏观审慎政策框架。宏观审慎政策框架是对原有金融管理体制的补充，主要针对系统性风险，着力平滑金融体系的顺周期波动和跨市场风险传染，目标是保障金融体系的稳定性。第七，完善人民币汇率市场化形成机制，加快推进利率市场化，新的货币政策调控模式已初显轮廓。有专家表示，当前货币政策调控正处在从数量型为主向价格型为主逐步转型的过程中，一方面，更加注重稳定短期利率、探索构建利率走廊，稳定市场预期，疏通传导机制；另一方面，也需要在一定区间内保持利率弹性，与经济运行和金融市场变化相匹配，发挥价格调节和引导作用。根据表 16-1 的资料可以看出，货币供给量增长与物价上涨及 GDP 增长是对称的，货币供应量的增长是稳定和适度的，并呈略有下降趋势。

2019 年中央经济工作会议提出 2020 年继续实施稳健货币政策。要求稳健货币政策灵活适度，保持流动性合理充裕，货币信贷、社会融资规模增长同经济发展相适应，降低社会融资成本。要深化金融供给侧结构性改革，疏通货币政策传导机制，增加制造业中长期融资，更好缓解民营和中小微企业融资难、融资贵的问题。同时该会议也强调货币政策和财政政策需要其他相关政策的协同配合，形成合力。

表 16-1　　货币供应量增长与物价上涨和 GDP 增长对比

年份	2010	2011	2012	2013	2014	2015	2016	2017
货币与准货币（M2）增长（%）	19.7	13.6	13.8	13.6	12.2	13.3	11.3	9.1
居民消费价格上涨（%）	3.3	5.4	2.6	2.6	2.0	1.4	2.0	1.6
GDP（当年价格）增长（%）	18.3	18.5	10.4	10.2	8.2	7.0	8.0	11.2

资料来源：《中国财政年鉴（2018）》。

☑【关键词】

财政政策　财政政策乘数　供给侧财政政策　积极财政政策　货币政策
稳健中性货币政策

【复习与思考】

1. 简述财政政策及其构成要素。

2. 请思考需求侧财政政策与供给侧财政政策的政策分类是否科学可行?
3. 试述扩张性财政政策和紧缩性财政政策。
4. 如何理解我国实施的积极财政政策?
5. 为什么财政政策与货币政策必须相互配合?
6. 如何理解中央经济工作会议上提出的宏观政策的逆周期调节?

第十七章
开放经济下的财政问题[①]

第一节　国际税收

一、国际税收的内涵

世界各国公认的国际税收定义，是指涉及两个或两个以上国家权益的税收活动。税收的国际化，主要是由所得税和财产税的跨国课征引起的，因而，国际税收涉及的问题主要是在所得税和财产税课征上所发生的国家之间的权益关系。国际税收以一般税收为基础和前提，是一般税收的延伸和派生物。随着世界市场的形成和扩大，以及随之而来的资本输出和跨国公司的涌现，特别是国际经济合作和交往的迅速发展，出现了跨国所得、跨国财产和跨国纳税人，才形成国际税收活动和国际税收问题。

间接税制是在商品经济发展到一定阶段产生的，但因其具有明确的地域概念，不能跨国课征，因而也不可能出现国际税收问题。由于以所得税为代表的现代直接税的发展，国际税收活动才成为现实，国家之间的税收联系进入一个新的阶段。随着世界经济的发展，国际税收问题不断增多并日趋复杂，单方面的权益处理已不能适应形势的要求。为了公正处理国际税收问题，世界各国在实践中逐渐形成了一系列准则和惯例，国际税收才成为一个独立的范畴。举例来说，某A国人（简称A－1）在B国从事经营且有所得C，A、B两

① 本章的主题是讲解有关开放经济的五个财政问题，也就是国际财政问题。其中每个问题的内涵都十分丰富庞杂，有关政策和制度也变动频繁，可以说，每个问题都可以写一本专著或编写一本专门的教材，本教材只能介绍基本原理，难以求全。因此，本教材每次修改时本章都没有跟踪修改，请采用本教材的老师和读者见谅。

国共同对 A－1 的 C 所得提出征税要求，形成两重征纳关系，但在 C 一定的情况下，两重征纳相互制约，反映的是两国谁多征谁少征的分配关系，这是国际税收的本质内涵。

税收是一种法律规范，国际税收同样以法律制度为基本表现形式，并在某种意义上被称为“国际税法”。但是，由于不存在一种超国家的政治权力，因而也不存在一种超越各国税收法律的国际税收法律。所谓国际税收法律，实质上是指协调各个国家对外征税法律的约束性规范，是处理国家之间税收分配关系的惯例，国际税法只有被世界各国所接受，才具有实践意义。国际税收实质上是对各国税制综合抽象而成的，是各个国家共同协商和认可的一种税收规范，因而，国际税收要受各国税制的制约，同时，各国税制建设也应遵循国际税收的各种准则和规范。

需要指出的是，各个国家的涉外税收制度是国际税收存在和发展的基础，因为各个国家课征涉外税收，最容易引起国际税收问题。有人称涉外税收为国际税收，就是出于这样的考虑。但是，涉外税收毕竟不等于国际税收，就像涉外法律不等于国际法一样。当然，对国际税收理论的研究将大为有利于本国涉外税收的建设，特别是对对外开放时间较短、国际合作和交往处于发展阶段的国家，更是如此。

二、税收管辖权及其交叉或冲突

税收管辖权是国际税收的基本范畴。如何选择和确立税收管辖权，是国际税收中最重要的问题，也是各国涉外税收建设中的主要问题。管辖权是任何一个主权国家都拥有的一种基本权力，税收管辖权是国家管辖权的派生物，主要在维护国家经济权益方面发挥作用。而在现代社会中，税收管辖权又成为国家管辖权不可缺少的内容。税收管辖权的确立和行使必须遵循国家管辖权的基本原则，如国家对处于本国疆域的外国人行使征税权时，必须遵循领域管辖权的要求，而对处于国外的本国人行使征税权时，必须符合国籍管辖权的要求。但是，税收管辖权在不违背国家管辖权基本原则的前提下，具有特定的确立和行使方法。如在征税时不仅要考虑国家与纳税人的法律关系，还要考虑二者的经济联系。所以，税收管辖权实际上指的是国家在征税方面所拥有的权力，具体来说，指的是一国政府有权决定对哪些人征税、征哪些税和征多少税。

各国确立和行使税收管辖权属于国家的内政，但这并不意味着可以无限制地行使税收管辖权，而要受本国政治权力涉及范围的限制，否则必然引起国际争端。国家政治权力涉及的范围包括两个方面：一是本国疆域；二是本国公民或居民。据此，形成行使税收管辖权的两个基本原则：属地原则和属人原则。同时产生两类不同性质的税收管辖权：一是按属地原则确立的税收管辖权，称为地域税收管辖权或收入来源地税收管辖权。其基本含义是国家有权对来源于本国的收入课税，不论这种收入为谁所有。二是按照属人原则确立的税收管辖权，分为公民税收管辖权和居民税收管辖权。前者的基本含义为国家有权对本国公民课税，而不论其收入来源于何处；后者的基本含义为国家有权对本国居民课税，不论其收入从何处取得。这两种税收管辖权实际上都属于按人员标准课税的类别，只不过又按人员身份进行了进一步划分而已。世界各国有权选择和行使其中的一种或几种税收管辖权，他国不得干预。毫无疑问，任何一个国家在选择税收管辖权时都必然从本国的政治经济条件和维护本国民族权益出发。发展中国家由于海外投资少，引进外资多，其收入主要是在本国疆域内创造的，所以往往选择或强调地域税收管辖权；发达国家海外投资多，引进外资相对较少，有大量的国际收入，因而往往选择或强调居民（公民）税收管辖权。当然，任何一个国家都不会轻易放弃任何一种税收管辖权，因为放弃就意味着民族权益的丧失。当前的实际情况是，世界上大多数国家都同时行使两种税收管辖权，个别国家（如美国）甚至同时行使三种税收管辖权，于是税收管辖权的交叉或冲突就是经常的和大量的。税收管辖权的交叉或冲突主要表现为三种情况：（1）居民税收管辖权与地域税收管辖权的交叉；（2）公民税收管辖权与地域税收管辖权的交叉；（3）居民税收管辖权与公民税收管辖权的冲突。而税收管辖权的交叉就是国际重复征税。所以，国际税收理论的一个主要问题是对国际重复征税的研究。

三、国际重复征税及其减除

国际重复征税是以税收管辖权的冲突，即存在两个以上征税主体为前提的，是由各国税收法律的冲突引起的。国际重复征税作为一种特殊的经济现象，必然对国际经济合作与交往产生影响，而且这种影响往往是消极的。首先，国际重复征税给跨国纳税人造成额外的税收负担。其次，国际重复征税阻碍国际资本、商品、劳务和技术的自由流动。最后，国际重复征税违背税收负担公平合理的原则。正是由于存在上述问题，世界各国和各种国家联盟都把解决国际重复征税作为一个极其重要的国际问题，经过几十年的努力，已卓见成效，主要的表现是在世界范围内确立并贯彻了一系列减除国际重复征税的方法。

避免国际重复征税可以有三种协调的途径：一是限定各国唯一地行使居民（公民）税收管辖权；二是限定世界各国唯一地行使地域税收管辖权；三是允许各国同时行使两种以上的税收管辖权。在发生冲突时，承认一种税收管辖权的优先地位，而其他的税收管辖权从属行使。无疑，第三种做法可以在相当程度上减轻重复征税现象，而且可以得到各个国家的认可和赞同。当前，世界各国普遍接受地域税收管辖权优先的原则，即在出现税收管辖权冲突时，由来源国优先课征，从而在相当程度上可以减轻乃至消除国际重复征税问题。因此，国际重复征税减除，实际是指行使居民（公民）税收管辖权的国家，通过优先承认纳税人向行使地域税收管辖权国家缴纳税收，借以减除国际重复征税的一种形式。

有了减除国际重复征税的正确途径，还需要一系列的具体方法。从世界各国的实践考察，主要有以下四种方法：

（1）扣除法和低税法。扣除法指一国政府为了减除国际重复征税，从本国纳税人来源于国外的所得中扣除该所得所负外国所得税款，就其余额征税的方法。低税法指一国政府对本国人来源于国外的所得，单独制定较低税率以减轻国际重复征税的方法。这种方法与扣除法类似，不能彻底消除国际重复征税。

（2）免税法。免税法指一国政府单方面放弃对本国纳税人国外所得的征税权力，以消除国际重复征税的方法。这种方法的特点是行使居民税收管辖权的国家，不仅承认地域税收管辖权的优先地位，而且承认其独占地位。例如，有的国家仅对国外已税所得免税，鼓励本国企业、个人向海外投资；有的国家不论国外所得是否已税，只要汇回本国就予以免税，以鼓励向国内汇款。免税法对本国经济权益影响较大，事实上造成本国应得税收的丧失和外流。采用此法的只有法国、澳大利亚等少数国家。

（3）抵免法。抵免法指一国政府在优先承认其他国家的地域税收管辖权的前提下，在对本国纳税人来源于国外的所得征税时，以本国纳税人在国外缴纳的税款冲抵本国税收的方法。它是目前世界各国普遍采用的一种方法。抵免法又可分为直接抵免和间接抵免两种。直接抵免是直接对本国纳税人在国外已经缴纳的所得税的抵免，它一般适用于统一核算的经济实体的抵免。如对个人在国外缴纳的所得税和公司、企业的国外分支机构在国外缴纳的所得税的抵免，就是直接抵免。间接抵免一般适用于对公司、企业的国外子公司所缴纳的所得税的抵免。为了解决中国公司、企业以及中国居民（公民）由于跨国经营和从事劳务活动而引起的国际双重征税问题，我国的涉外税收制度中也包括免除双重征税的内容。在目前情况下，主要采用税收抵免法，并具体规定了直接抵免和间接抵免的方式和方法。

四、税收饶让

税收饶让是税收抵免的延伸或扩展，与税收抵免有着极为密切的联系，因而，在研究税收抵免时必然涉及税收饶让。税收饶让是指一国政府对本国纳税人在国外得到减免的那一部分所得税，同样给予抵免待遇，不再按本国规定的税率补征。例如：假设A国某公司在B国设立分公司，并有所得10万元。已知B国所得税为30%，按税法规定，B国可对该项所得征收3万元的所得税，但B国给予税收减免，改按15%的税率征税；当A国政府在对该公司来源于B国的所得征税时，如果仍以3万元作为该公司实纳外国所得税进行税收抵免，而不对该公司在B国获得的1.5万元（=10万元×15%）减税进行补征，即称为税收饶让。

目前在世界经济中，发展中国家为了吸引外国资本到本国投资，往往在税制上特别是对所得税给予许多减免优惠待遇。如果资本输出国（主要是发达国家）不给予税收饶让，则发展中国家给予的减免会转化为发达国家的税收收入，而纳税人本身得不到任何好处，从而使税收抵免失去意义。实行税收饶让，就可以维护投资者的利益，鼓励外国投资。但是，目前世界各国对税收饶让的认识并不一致，有的国家，如美国，反对税收饶让，而英、法、日等国同意税收饶让。

五、国际税收协定

国际税收协定是国际税收的重要内容。近几十年来，由于国际经济交往的不断发展，双重征税问题越来越突出。虽然各国都在采取种种免除双重征税的单边措施，但由于国家之间的经济往来日益频繁，涉及的国际税收问题日益复杂，一些国家单方面解决双重征税问题，已远远不能适应客观形势的需要，甚至会影响国家间税收分配的关系，阻碍相互间经济往来的进一步发展。因此，通过缔结税收协定来解决双重征税问题已成为国际经济发展的迫切要求。第二次世界大战结束以来，以免除双重征税为目的的税收协定不断增加，到目前为止已达几百个，因此，研究国际税收协定问题具有重要的现实意义。

国际税收协定的核心内容是免除国家之间的双重征税，还包括其他一些需要通过协定加以确认的税收事项。但是，由于各国的政治经济制度、税收制度以及面临的经济问题不同，而且各缔约国对有关国际税收问题的认识也不同，因而，在相当长的时期内，各国所缔结的国际税收协定的内容颇不一致，甚至某些协定的内容互相抵触，这就给有关国家具体执行造成困难，也不利于国际税收协定的推广和普及。于是，如何协调国际税收协定的内容就成为国际税收研究中最迫切的课题。概括来说，一般国际税收协定应包括三项内容：

（1）免除双重征税问题，包括明确所得概念、协调缔约国之间的税收管辖权以及确定免除双重征税的方法等；

（2）保证税收无差别待遇，主要是确认缔约国一方的跨国纳税人在另一国所负担的税收和有关条件，不能与该国本国纳税人在相同情况下的税负和有关条件有差别；

（3）消除和减少国际逃税。

第二节　关税

一、关税概念

（一）关税是一种特殊税种

关税指国家对进出本国国境（关境）的商品课征的一种商品课税，包括进口税、出口税、过境税或转口税。课征关税的目的在于：一是筹集国家财政收入；二是保护民族经济，促进对外贸易。在历史上，筹集财政收入曾是关税的主要功能。如20世纪初西方国家的关税收入占税收总收入的40%以上，以后随着所得税地位的上升，如今发达国家的关税收入占税收总收入的比重均不到5%，但以间接税为主的许多发展中国家的关税收入仍占税收总收入的1/3左右。新中国成立前我国的海关行政权和关税课征权事实上掌握在帝国主义列强手中，成为帝国主义掠夺和压迫中国人民的工具。新中国成立后，政务院于1950年1月颁布了《关于关税政策和海关工作的决定》，随后我国又颁布了《中华人民共和国暂行海关法》和《中华人民共和国海关进出口税则》，建立了独立自主的有益于国计民生的海关制度。

我国关税的课征对象分为两类：（1）贸易性商品，即我国的进出口机构向外国出售和从国外购进的商品；（2）非贸易商品，包括入境旅客随身携带的行李物品、个人邮递物品、各种运输工具上的服务人员携带进口的自用物品和馈赠物品，以及以其他方式进入国境的个人物品。关税的纳税人也有两类：一是经营进出口贸易的厂商，如国营外贸进出口公司、工贸结合和农贸结合的进出口公司、其他经批准经营进出口商品的企业等；二是各种非贸易商品的持有人、所有人（馈赠物品）、收件人（邮递物品）。

我国关税的税率从新中国成立至今经过多次变革，特别是1985年和1989年，为适应对外开放不断发展的要求，对关税制度作了较大的修订，主要精神是按照国际通行的《海关合作理事会商品分类目录》重新对税则、税目进行编排，并大幅度地降低了税率。我国现行关税的主要特点是只对少量出口商品征收出口税，且税负从轻，对进口商品按必需品、需用品、非必需品、限制进口品分别规定不同的税率。同时，对同种商品按国际惯例实行普通税率和最低税率两种税率，对来自与我国有贸易条约或贸易协定的国家的进口商品，按最低税率课征，对其他商品适用普通税率。关税及贸易总协定创立后进行过多轮谈判来降低关税税率，WTO 成立后继续降低关税税率，目前发达国家的平均关税税率约在 3%的水平，发展中国家约在 10%的水平。为了最终加入 WTO，我国曾多次降低关税税率，2002 年我国关税总水平（最惠国待遇的算术平均水平）由 15.3%降低到 12%。在加入 WTO 后，我国降低关税税率的步伐逐步加快，经国务院批准实施的《2015 年关税实施方案》规定，2015 年我国关税总水平为 9.8%。

（二）关税与贸易条件

所谓贸易条件，是指在国际交换中一国以出口换回进口的条件，或者以实物形态来表示，就是每出口一个单位商品可以换回多少单位的进口商品。换回的进口商品越多，说明贸易条件越有利，国家从国际贸易中得到的利益也就越大。因此，贸易条件决定着各国分享国际贸易利益的比例，一国贸易条件改善，说明该国所获得的贸易利益比例增大。关税作为对通过本国关税税境的商品课征的一种间接税，必然影响到本国商品与进口商品的相对价格；也就是说，如果征税国是一个大国，或者进口商品的供给弹性较小，那么，进口国征收关税就可以压低进口商品的进口价格，从而改善贸易条件。

探讨关税对贸易条件的影响，一般都利用提供曲线作为分析工具。在图 17－1 中，*OH* 代表本国的提供曲线，出口的商品为 *A*，进口的商品为 *B*。外国的提供曲线为 *OF*，出口的商品为 *B*，进口的商品为 *A*。在没有任何关税的自由贸易情况下，两国的提供曲线相交于 *R* 点，贸易条件以 *OT* 曲线的斜率表示。自由贸易均衡点 *R* 表示两国中的任何一国都不能获得更多的利益，均衡点向左移动表明本国的贸易条件得到改善，而向右移动表明外国的贸易条件得到改善。现假定本国征收进口关税。本国征收关税之后，使本国的提

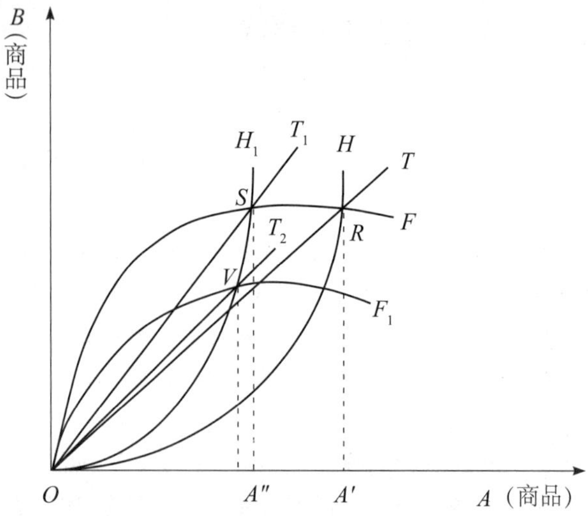

图 17－1 关税对贸易条件的影响

供曲线向左移动，表明本国为了换取一定数量的进口商品所提供的出口商品比征税前减少了。在图 17－1 中，本国的提供曲线由 OH 移至 OH_1。在外国不采取报复行动的情况下，本国新的提供曲线与外国的提供曲线在新的均衡点 S 相交，新的贸易条件为 OT_1。新的贸易条件对本国有利，因为本国出口一定数量的 A 商品可以换回更多的 B 商品，或者说，OT_1 的斜率大于 OT，即 $SA''/OA''>RA'/OA'$。

当然，一国贸易条件改善的程度还取决于其他一些因素，诸如外国是否采取报复行动、外国提供曲线的形状等。当本国征收关税时，外国往往要采取报复行动，也相应征收关税，这使得贸易条件的变化复杂化了。我们仍然利用图 17－1 来简要分析报复对贸易条件的影响。本国课征关税后，改善后的贸易条件是 OT_1。这时，外国开始报复，也对其进口商品征收关税，其提供曲线移至 OF_1。两国都开征关税后的提供曲线相交于 V 点，这个新的均衡点决定的贸易条件（OT_2 的斜率），对于本国来说，比当初仅本国征收关税情况下的贸易条件差一些，而对外国来说，其贸易条件有所改善。

二、保护关税

（一）什么是保护关税

各国征收关税的理由有很多，但一般来说，主要有两个方面：一是增加财政收入，即财政关税。20 世纪 90 年代以来，我国关税收入占税收总收入的比重平均为 5%左右，在 1994 年实行分税制以前，关税占中央财政收入的比重高达 20%以上，成为中央财政的主要收入来源之一。二是减少进口，避免国外的激烈竞争，保护本国产业的发展，即所谓保护关税。

那么，为什么课征关税就能减少进口数量？我们利用图 17－2 对此进行局部均衡分析。在没有国际贸易的情况下，本国某种商品的市场均衡点是 R，产量为 OX，价格为 P；外国这种商品的市场均衡点是 R'，产量为 OX'，价格为 P'。两国发生国际贸易后，两国的均衡价格为 $P_1=P'_1$。外国在新的价格水平下出现生产过剩（$Z'Y'$），而本国出现生

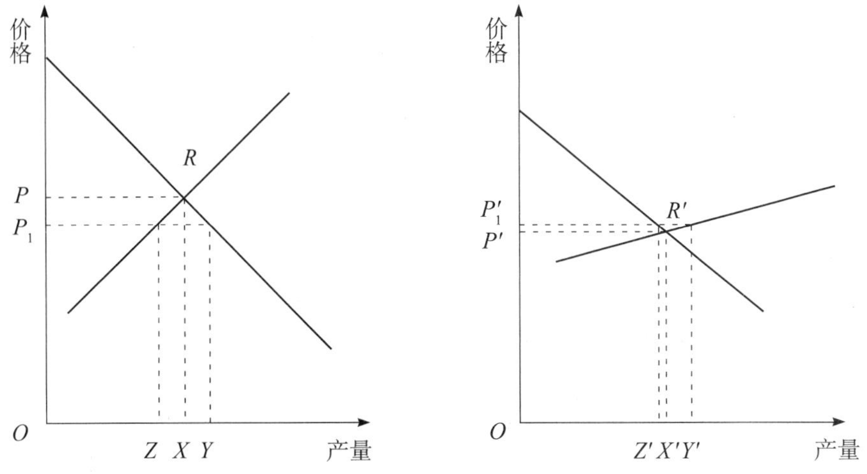

图 17－2　关税对进口数量的影响

产不足（ZY）。$Z'Y'=ZY$，这正是两国的贸易数量。如果本国打算禁止一切进口，只要课征数额为 P_1P 的关税即可。这时，本国这种商品的市场恢复均衡，而外国因其出口产品的需求将减少，价格下降，从而产量下降而需求增加，市场也重新达到均衡。因此，在没有运输成本的情况下，如果关税数额等于国际贸易前后的价格差额，就会使两国之间的贸易减少。

显然，对某种商品征收的关税税率越高，关税对这个行业中进行生产的本国企业提供的保护就越大。但是，对某种商品征收关税，受到保护的不仅是本国生产这种商品的企业，而且有助于保护向该行业提供原料的其他行业。因为某一特定行业中的企业既受到对它们销售的产品征收关税的影响，也受到对它们的原料投入征收关税的影响。所以，关税的实际保护程度不能仅用名义关税税率来衡量，而是要用“有效保护率”来衡量。所谓有效保护率，是指一个国家的一整套贸易壁垒使这一行业每单位产出的增加值提高的百分率。如果用对产出和投入征收的名义关税税率来表示有效保护率，则其计算公式为：

$$e_j=\frac{t_j-\sum_i a_{ij}t_i}{1-\sum_i a_{ij}} \tag{17-1}$$

式中，e_j 代表对行业 j 的有效保护率；t_j 代表对行业 j 的产品征收的名义关税；t_i 代表对行业 j 的各项投入征收的关税；a_{ij} 代表在自由贸易条件下各项投入成本占行业 j 产值的比重。该公式表明，当产品的名义关税税率大于各项投入的平均关税税率时，有效保护率就大于名义关税税率（即 $e_j>t_j$）。

对大多数行业来说，有效保护率往往会大大超过名义关税税率。这是因为，在各个生产阶段一般会出现关税结构的“升级”。无论在发展中国家还是在发达国家，制成品的名义关税税率往往高于中间产品。这意味着，最终产品的生产者一般比中间产品的销售者得到更高的有效保护率。在各国特别是发展中国家，政府利用各种政策措施保护本国产业的发展，其中，保护关税是各国行之最久的保护方法。当然，关税的保护率要适度，否则，不仅会提高被保护产品的本国市场价格，增加消费者的负担，而且会对整个经济产生长期的不良后果，诸如浪费经济资源、改变收入分配、增加国际收支困难、阻碍生产力的提高等。

（二）保护关税的成本

尽管关税对一国经济有积极的作用，但是关税和其他保护形式给社会也带来了成本。我们用以下模型说明保护关税的成本。图 17－3 说明了一种商品部分由本国生产、其余进口的情况。本国的需求和供给分别为 D 和 $S_{本国}$。假设该国的企业在完全竞争条件下进行生产，则供给曲线是企业的边际成本曲线之和。假设该国很小，不能影响世界价格，即它是一个价格接受者，世界价格是既定的，为 P_w。当价格为 P_w 时，需求量为 Q_2，国内供给的数量为 Q_1，故 Q_2-Q_1 是进口数量。

课征关税使该国的世界供给曲线向上位移，移动的幅度为关税额。价格上涨至 P_{w+t}，国内供给增加到 Q_3，需求量下降至 Q_4，从而进口量下降至 Q_4-Q_3。

这就给该国带来了成本。消费者须支付更高的价格，因而消费者剩余从面积 ABC 降

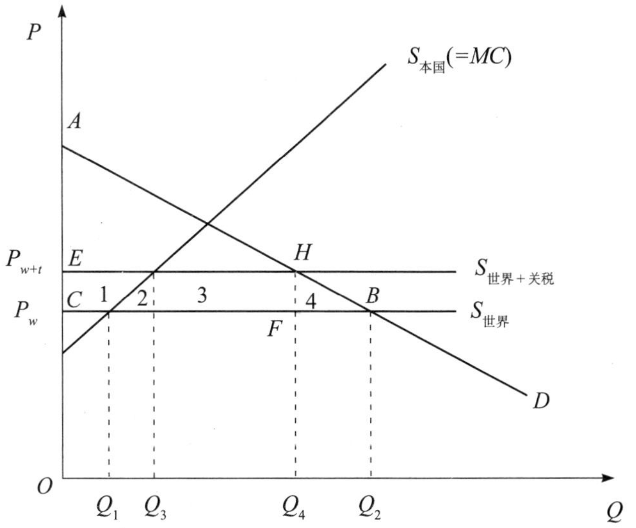

图 17-3 保护关税的成本

到面积 AHE。给消费者带来的成本体现在消费者剩余的损失上，即面积 $EHBC$（=面积 1+面积 2+面积 3+面积 4），这种成本的一部分又被作为一种收益再分配给该国的其他部门，企业面临一个较高的价格，因此获得额外的利润（面积 1），此时的利润为价格与 MC 曲线之间的面积，政府从关税中获得额外收入（面积 3），即 $(Q_4-Q_3)\times$关税额。但是，这种成本的一部分却没有得到补偿，它是社会的一种净成本（面积 2 和面积 4）。面积 2 代表在本国生产而非进口 Q_3-Q_1 的额外成本。如果仍然进口 Q_3-Q_1，那么，该国只是按世界供给曲线确定的价格进行支付。但是，如果在本国生产，其成本由国内供给曲线（MC）给定，MC 和 $S_{世界}$ 间的差额（面积 2）是生产方面的效率损失。面积 4 代表消费从 Q_2 降为 Q_4 而导致的消费者剩余损失。消费者节省了面积 FBQ_2Q_4 的支出，但牺牲了面积 HBQ_2Q_4 的效用，净损失为面积 4。

此外，根据国际贸易保护理论，一国利用关税保护本国企业和贸易的行为，不一定是最佳的贸易保护方法，由此而导致的其他国报复、本国企业无效率以及政府官僚主义甚至腐败现象将会抵消由于保护关税而带来的收益。

（三）保护关税的政策意义

关税政策作为国家宏观经济政策的重要组成部分，反映着一个国家在一定时期内，有关贸易政策、产业政策以及国民经济发展的基本思路。所以，在社会主义市场经济条件下，我国应充分利用关税保护理论，降低总体关税水平，建立多元化关税结构，完善关税税率结构，严格控制关税减免，最大限度地发挥关税政策在宏观调控中的积极作用。

根据保护关税的理论分析，有效的关税保护理论着眼于生产的“增值过程”，考察的是关税保护措施对被保护产业的影响。因此，对某个产业实行保护时，要从原料到最终产品作总体考察，避免由于关税结构上的不合理，导致关税保护政策失效。根据关税保护理论并结合我国现实情况，我国应在关税税种结构、关税税率结构以及关税减免等方面优化关税政策。一是建立多元化关税制度结构。无论从保护重点产业还是从增加税收收入角度来看，完善多元化关税制度结构，建立全方位的关税税种都非常有必要。我国目前主要实行的是传统的从量关税、从价关税、复合关税以及配额关税，近年又设置了反倾销税和反补贴税，还应当设置差额税、季节性关税。特别是在与国际惯例接轨的过程中，应积极考察开征反倾销税和反补贴税，改变过去单凭税率调整来保护国内生产和消费的局面，以提高我国产品在国际市场上的竞争力。二是完善关税税率结构。从理论上来说，合理的关税税率应根据产品的加工程度，建立逐步升级的税率结构，即原材料进口免税，中间投入品免税或轻税，最终产品重税，即税率最高，目的在于使得对最终产品的有效保护程度大大高于名义关税税率水平。目前，我国应选择部分重点扶持产品，在降低税率的同时，拉大原材料、半成品和制成品之间的税率差，使重点产品在整体关税水平降低的同时，仍能得到较高的关税实际保护水平。三是严格控制关税减免。随着我国关税制度的不断完善和关税水平的逐步降低，关税减免政策的效应与作用逐渐弱化。过去许多不规范且名目繁多的关税减免，造成我国实际关税税率大大低于名义税率，导致大量税收收入流失。根据市场效率原则，关税减免有悖于市场公平竞争的原则，因此，我国今后应当严格控制关税减免。

三、特惠贸易安排

随着国际经济一体化进程的加快，世界经济逐渐形成了一系列以区域国家集团为基础的贸易集团，如以欧盟为中心的欧洲区、以日本为中心的亚洲区和以美国为中心的北美区。这些贸易集团就是特惠贸易安排的例子。所谓特惠贸易安排（preferential trading arrangements），是指缔约国间的贸易比与其他国家的贸易更自由的贸易安排。这种安排实际上就是集团内部的成员国，利用关税和非关税手段对世界其他国家进行贸易限制，而对成员国减少限制或实现零限制的国际贸易策略。

特惠贸易安排大致有三种类型。一是自由贸易区。自由贸易区是指在成员国间取消关税和配额，但保留每个成员国各自对非成员国的贸易限制的地区国家间贸易集团。成员国间一般没有限制贸易的规定，但为了防止区外进口商品通过对外关税最低的国家流入本地区，也相应设置一些特别条款。二是关税同盟。类似于自由贸易区，但不同的是成员国必须对非成员国采用共同的对外关税和配额。一国加入关税同盟后，其贸易格局会发生一些变化，这些变化主要表现在两方面，即贸易创造和贸易转移。所谓贸易创造，是指消费从高成本生产者转向低成本生产者。因为关税壁垒的消除会按比较优势提高专业化程度，消费者不必为购买本国具有比较劣势的商品而支付高价格，因为现在可以从关税同盟中的其他成员国那里购买到更便宜的商品。例如，假定世界上最有效率的葡萄酒生产者是法国，又假定在加入欧共体[①]之前，英国进口商必须对来自法国的葡萄酒支付高额关税，所以，英国消费者此时一般会购买本国生产者酿造的葡萄酒（因为它们不用支付关税，具有价格优势），而在加入欧共体之后，英国进口商不用再支付法国产葡萄酒的关税，此时英国消

① 在签署《马约》之前，欧共体作为关税同盟而存在。

费者将转向消费法国葡萄酒，从而使得法国生产者和英国消费者均获益。所谓贸易转移，是指消费从关税同盟外的低成本生产者转向同盟内的高成本生产者。假定世界上最有效率的棕榈生产者是新西兰，而新西兰是欧共体之外的国家。又假定在加入欧共体之前，英国进口商从任何国家进口棕榈都支付相同的关税，故从新西兰而非欧共体国家进口该商品。但在加入欧共体后，关税的消除使得欧共体的产品变得便宜了，因为新西兰的产品还要被加征高额关税。因此，消费会转向欧共体内生产棕榈的国家，对于英国来说，消费者仍旧获益，因为他们支付的价格比以前低，但此时国内企业的利润损失和政府关税收入的损失都比以前大，导致了世界效率的净损失。三是共同市场。共同市场是指成员国形成一个单一市场，并且像关税同盟一样，成员国间没有关税和配额，同时还有共同的对外关税和配额。但一个共同市场还包括以下特征：共同的税制结构；管理生产、就业和贸易的共同法律法规制度；劳动力、资本、原材料、产品和服务的自由流动；成员国政府对其国内产业没有特殊待遇；在成员国货币间实行固定汇率；共同的宏观政策。

特惠贸易安排给那些国内市场很小却具有比较优势的国家以及出口商品面临大量关税壁垒的国家带来的潜在利益最大。世界上已有多次建立特惠贸易安排的尝试，其中实力最强大的是欧洲联盟（EU）和北美自由贸易区（NAFTA），前者是共同市场的代表，而后者是典型的自由贸易区。中国于 1991 年加入了亚太经合组织（APEC）①，向世界经济一体化的进程迈出了重要的一步，此后又于 2002 年 11 月 4 日与东盟各国签订了《中华人民共和国与东南亚国家联盟全面经济合作框架协议》，提出中国与东盟将在 2010 年建成自由贸易区。届时中国与原东盟 6 国（文莱、印度尼西亚、马来西亚、菲律宾、新加坡和泰国）的绝大多数产品将实行零关税，取消非关税壁垒，实现贸易自由化。2015 年中国和东盟新成员（越南、老挝、柬埔寨和缅甸）也实行同样的做法。这是中国跟国外签订的第一个自由贸易协议，该自由贸易区的建立已经并将继续对中国经济发展产生巨大的影响。

四、世界贸易组织与我国关税政策的协调

（一）世界贸易组织的建立

20 世纪初，由于生产过剩的危机，各国都奉行高关税的贸易保护主义，严重阻碍了国际贸易的发展，并成为 20 世纪 30 年代世界经济危机的重要原因。经济危机使各国意识到加强国际贸易协作的必要性。1943 年，二战尚未结束，急于在大战后确立自己在全球经贸关系中的主导地位的美国，倡议成立一个旨在削减关税、促进贸易自由化的国际贸易组织。1944 年 7 月，在美国布雷顿森林召开的国际货币与金融会议上，与会国家和地区建议成立国际货币基金组织、国际复兴开发银行（即世界银行）和国际贸易组织，作为支撑经济的三大支柱。二战结束后，美国即向刚刚成立的联合国经社理事会提出召开世界贸易和就业会议的建议，并起草了《国际贸易组织宪章草案》。1946 年 2 月联合国经社理事会

① 亚太经合组织成立于 1989 年 11 月，是由时任澳大利亚总理的霍克于 1989 年 1 月倡议建立的。该组织是一个地区性经济论坛和磋商机构。其宗旨和目标为："相互依存，共同受益，坚持开放性多边贸易体制和减少区域贸易壁垒"。其主要执行机构是秘书处，现设在新加坡。

通过了这一建议，并成立了筹委会。1947年4月，23个国家和地区在日内瓦进行了关税减让谈判，签订了123项关税减让协议，同年10月又在哈瓦那制定了《国际贸易组织宪章》（又称《哈瓦那宪章》）。但因美国等国家的立法机构认为该宪章与其国内法相抵触，这个组织最后流产了。但各个国家和地区将在关税减让谈判中达成的协定和《哈瓦那宪章》中的有关贸易政策合在一起，形成了《关税及贸易总协定》（简称《关贸总协定》，GATT），并于1948年1月1日起开始实施。23个国家和地区作为创始缔约方签署了这份文件。

该协定的宗旨是：充分利用世界资源，扩大商品生产和交换，促进各缔约方的经济发展，彼此减让关税，取消其他贸易壁垒和消除国际贸易上的差别待遇。为此，关贸总协定规定了如下基本原则：（1）无差别或非歧视原则，它要求每一缔约方给予任何一个国家（地区）的关税减免或其他贸易上的优惠，其他缔约方都自动地、无条件地享有；（2）互惠和对等的关税减让原则；（3）关税为唯一保护手段原则，即不允许采用非关税手段保护本国产业；（4）关税递减原则；（5）公平贸易原则，主要反对倾销和出口补贴。此外，还有一些例外条款，如允许发展中国家关税制度有较大的弹性，允许发展中国家在一定限度内进行补贴，允许发展中国家在被减免关税时不必同时对发达国家减让，等等。

关贸总协定虽然还有待完善，但它是世界历史上建立的第一个准国际贸易体系，它同国际货币基金组织和世界银行一起成为调节世界经贸关系的三大支柱，意义十分重大。自《关贸总协定》生效以后的40多年里，经过7轮多边贸易谈判，发达国家和地区的平均关税已从36%降到4.7%，发展中国家和地区的平均关税在同期也下降到13%。其成员之间的贸易已占世界贸易的90%以上。据不完全统计，在这7轮谈判中仅达成关税减让的商品就达10万种。与此同时，世界贸易的总额增长了10倍以上。

1986年在乌拉圭举行的关贸总协定缔约方部长会议决定发动第八轮多边贸易谈判，即“乌拉圭回合”谈判。乌拉圭回合是关贸总协定产生以来最复杂和最困难的一轮全球多边贸易谈判。其中发达经济体特别是美国和欧共体之间的矛盾（主要体现在农产品补贴的分歧方面）、发展中经济体与发达经济体之间的矛盾（如保障条款和纺织品谈判）十分尖锐。乌拉圭回合的重要意义不仅在于参加谈判的有128个经济体，超过以往任何一轮多边贸易谈判，而更主要的是关贸总协定已进入一个新的阶段，它的谈判范围和新制定的多边规则已经从传统的货物贸易领域扩大到服务贸易等新领域，全球经济一体化的进展迫切要求建立一个面向未来的全球性多边贸易组织——世界贸易组织。1994年4月15日，谈判终于获得重大进展，并在摩洛哥签署了《世界贸易组织协定》。1995年12月12日，关贸总协定的128个缔约方举行了最后一次会议，宣告其48年历史使命的终结。自1996年1月1日起，世界贸易组织（简称世贸组织，WTO）正式取代关贸总协定，成为一个独立于联合国的全球性经贸机构。它的诞生对面向21世纪的世界经济贸易的发展无疑具有极其重要的作用。

世贸组织的基本原则和宗旨是通过实施市场开放、非歧视和公平贸易等原则，来达到推动实现世界贸易自由化的目标。1995年1月1日世贸组织正式开始运作，负责管理世界经济和贸易秩序。与关贸总协定相比，世贸组织管辖的范围除传统的以及乌拉圭回合新确定的货物贸易外，还包括长期游离于关贸总协定外的知识产权、投资措施和非货物贸易（服务贸易）等领域。世贸组织具有法人地位，它在调解成员争端方面具有更高的权威性和有效性。

(二)我国关税政策的协调

中国是关贸总协定的创始缔约方之一。由于种种原因,几十年来,占世界人口五分之一的中国始终徘徊在“关外”。直到2001年12月11日,在《中华人民共和国加入WTO议定书》生效的情况下,中国终于成为WTO的第143个成员。为了加入世界贸易组织,中国政府在关税政策的协调上作出了不懈的努力。1996年,中国政府宣布,调低4 971个税目的进口税率,关税税率平均水平从35%下降到23%;1997年,又降低4 874个税目商品的进口关税税率,关税税率平均水平从23%下降到17%;2001年1月1日,中国再次自主降低关税,关税总水平下降为15.3%。中国政府对世贸组织承诺,到2005年,将关税税率降到发展中国家平均水平以下,将工业品进口平均关税税率降至10%左右。

鉴于GATT和WTO在诸多原则上的一贯性,中国在加入WTO后,关税政策也将在上述GATT确定的规则下进行。总体来说,应该做的事情是:(1)继续降低关税总水平,调整关税结构,采用关税结构升级手段,制定合适的关税策略。(2)继续清理关税减免政策,完善加工贸易的制度管理,提高关税减免的产业结构调整能力,创造公平的竞争环境,符合WTO的“国民待遇”原则。(3)按照WTO原则规范非关税管理措施行为,加大反倾销、反补贴力度。另外,为了保护民族工业的发展,也应该充分利用WTO的某些例外条款保证国民经济的健康、有序和稳定。在关税保护方面,我们可以利用的例外条款主要有四类:一是保护幼稚工业的例外条款。对于汽车业这样的幼稚工业,便可利用此条款,对国外汽车采取提高关税、实行许可证、征收临时附加税等措施,限制进口,以保护中国的汽车工业。二是保障例外条款。当外国某种商品出现大量进口,国内生产同类产品的企业出现开工不足、工人失业、利润下降时,可以临时性限制该种商品进口。如目前我国的粮价高于美国等发达国家,过多地进口,会对我国农业生产和粮食安全产生影响,我国就可以利用该条款,限制粮食进口。三是国际收支平衡例外条款。当我国遇到国际收支极度不平衡时,可以提出对进口实行限制,以保证国际收支平衡。四是对发展中国家政府补贴例外条款。

我国加入世界贸易组织以来,认真履行承诺的关税减让义务,自2002年逐年调低进口关税,关税总水平由15.3%调整至目前的7.5%。

按照我国加入世界贸易组织的降税承诺,自2010年1月1日起,我国进一步降低鲜草莓等6个税目商品的进口关税,经过此次关税调整,我国加入世界贸易组织的降税承诺已全部履行完毕。当前,我国经济形势总体向好,但基础尚不稳固,存在着一些不确定因素,特别是对外贸易发展面临的形势仍然严峻。2010年关税调整在完善调控措施手段、发挥关税的调控杠杆作用、促进对外贸易稳定增长和结构优化、推动经济结构调整和发展方式转变方面采取了若干措施。经国务院批准实施的《2015年关税实施方案》提出,2015年我国关税总水平仍为9.8%。同时,2015年综合考虑国内产业和科技发展以及对外贸易的需要,对进口暂定税率进行了适当调整,实施进口暂定税率的商品共计749项,平均税率为4.4%,相对于最惠国税率,优惠幅度为60%。依据国际经验,随着一国国民经济实力的增强和关税收入占财政收入比重的下降,关税增加财政收入的功能将越来越被弱化,调节对外贸易将成为关税政策最重要的目标。

第三节 出口退税

一、什么是出口退税制度

出口退税制度，是指一个国家或地区对已报关离境的出口货物，由税务机关根据本国税法规定，将其在出口前生产和流通各环节已经缴纳的国内增值税或消费税等间接税税款，退还给出口企业的一项税收制度。出国旅游的人都知道，在商店里买了贵重东西，不要忘了开发票，回国出海关时，可以拿着发票去要求退还购买商品时缴纳的税款，这就是发生在我们身边的出口退税。出口退税的目的是使出口商品以不含税价格进入国际市场，避免对跨国流动物品重复征税，从而促进该国家和地区的对外出口贸易。出口退税制度是一种间接的财政支出，实施的对象是出口的货物，只对出口货物的税金成本进行补偿，实施难度小，由于它是国际惯例，因而不至于遭受货物进口地政府的贸易报复。

随着世界经济一体化进程的加快，WTO 在制定国际贸易原则中的地位日益凸显，而出口退税制度正是 WTO 在维护公平、公开、公正等一般自由贸易原则下所倡导的中性原则的体现。WTO 所坚持的中性原则是以不干预市场机制在全球范围内的有效运行为基本出发点的，出口退税一方面鼓励产品出口，使出口产品以不含税价格参与国际竞争，另一方面克服重复征税，实行消费地征税原则。在 WTO 的规则之下设置中性的出口退税制度，是各个国家和地区参与国际贸易的必然选择。在反对政府补贴政策的前提下实行出口退税政策，是增进出口最直接、最有效的途径。WTO 对出口退税的要求体现在《关贸总协定》的第 6 条上："一缔约方的产品输入另一缔约方领土，不得因其免纳相同产品在原产国（地区）或输出国（地区）用于消费时所需缴纳的税捐或因这种税捐已经退税，即对它征收反倾销税和反补贴税。"可见，只要一成员政府对某种产品的出口退税额度不高于其国内所征额度，就符合 WTO 规则的要求，不会导致其他成员的报复。因此，出口退税作为一项财政激励机制，已被 WTO 诸多成员广泛应用。

二、我国出口退税制度的建立和发展

1985 年，国务院批准了《财政部 海关总署关于对进出口产品征、退产品税或增值税的具体规定》，这标志着我国现行出口退税制度的建立。由于当时没有实行增值税，出口产品的营业税、流转税都纳入了消费税系列，所以退税率不是很高，一直到 1993 年退税率也才只有 11.2%。1994 年我国实行了大规模的税制改革，确立了增值税的主体地位，制定实施了《出口货物退（免）税管理办法》，具体规定了出口货物退（免）税的范围、出口货物退税率、出口退税的税额计算方法、出口退（免）税办理程序及对出口退（免）

税的审核和管理。平均退税率一下子提高到16.63%。1996年，为了缓解财政压力，减少骗税，我国对出口退税率作了大幅度下调，平均退税率降至8.29%，1998年和1999年我国又多次上调退税率，以减轻亚洲金融危机对外贸出口的影响。之后几年，企业出口的积极性得以提高，外贸出口增长很快，但中央财政的退税支出又重新面对越来越大的压力。于是出口退税指标成为控制该项支出的重要手段，但越积越多的出口退税的欠款又形成了中央财政的一笔隐形负债。2002年初，我国对生产型企业的自营和委托出口货物与没有进出口经营权的生产企业委托出口的货物，全部实行“免、抵、退”税办法。2003年，我国对出口退税机制进行了改革。改革的基本原则是：“新账不欠，老账要还；完善机制，共同负担；推动改革，促进发展”。在缓解中央财政负担和人民币升值压力的影响下，自2003年10月开始，国家对现行出口退税制度进行了改革，本着“适度、稳妥、可行”的原则，区分不同产品而适当降低出口退税率。

2004年和2005年，国家再次改革出口退税制度，业内称之为现行出口退税制度或出口退税新政。现行出口退税制度的主要内容如下：（1）出口退税对象。出口退税对象包括：有进出口经营权的内资生产企业自营出口或委托外贸企业代理出口；有进出口经营权的外贸企业收购后直接出口或委托其他外贸企业代理出口；生产企业委托外贸企业代理出口；对外承包公司及对外承接承包修理修配业务的企业；外轮公司、远洋运输公司以及企业用作境外投资的货物。（2）出口退税运作方式。现行的出口货物增值税退税办法主要有六种操作方式：生产企业自营或委托外贸企业代理出口自产货物实行“免、抵、退”税管理办法；外贸企业实行含税购进的货物出口后再办理退税的“先征后退”管理办法；卷烟出口企业实行免税购进、出口不退税的管理办法；国产钢材和新疆棉实行“以产顶进”办法；来料加工实行进口、加工环节免税，出口不退税的管理办法；对国家统一规定的免税货物，无论是否出口销售，实行一律给予免税的办法。（3）出口退税税种、税率。现行出口退税制度规定，出口货物退（免）税的税种为增值税和消费税。出口消费税的应税货物，退（免）税率仍为《中华人民共和国消费税暂行条例》规定的税率。（4）出口退税负担机制。建立中央和地方共同负担出口退税新机制，从2004年起，以2003年出口退税实退指标为基数，对超基数部分的应退税额，由中央和地方按75∶25的比例共同负担；从2005年1月1日起，调整为中央与地方按92.5∶7.5的比例共同负担；从2005年1月1日起，规范地方出口退税分担办法；从2005年1月1日起，改进出口退税退库方式。

三、我国出口退税存在的问题和进一步完善

我国的出口退税制度自1985年开始实施以来，已先后进行了六次出口退税制度改革和十四次税率调整，实践证明，每次的出口退税制度改革都对我国对外贸易的发展和经济发展发挥了重大作用。但现行出口退税制度在政策和管理上仍存在诸多问题，如法制建设还不够完善，政策变动过于频繁，还欠缺足够的可操作性，征税机关和退税机关不统一，退税程序和手续烦琐；等等。因此，还需要从政策和管理两个方面采取相应对策以进一步完善。

（一）出口退税政策的完善

第一，加快出口退税的法制建设。目前我们出口退税法制建设方面存在的主要问题是没有一个基本的法律或法规。现有的法律级次过低，现有的规章过于散乱，有关出口退税的行政处罚的行使权限不够明确、不利于依法打击骗取出口退税的违法行为。

第二，出口退税政策要充分运用 WTO 规则，以国家利益最大化为原则，突出重点，注重实效，区分产品的不同情况，采取不同的退税政策。如对不具备明显优势、国际市场竞争激烈、技术或品牌含量高、附加值大的产品实行彻底退税，对普通产品实行适度退税，对具有明显比较优势的产品实行不退税或少退税，灵活调节退税率。

第三，根据各行业的不同特点和实际，灵活、合理地制定政策，掌握退税率。对一些因资源条件等“先天因素”限制而需要长期保护的薄弱产业，如农业（指初级农产品）等的出口，应采用“少征多退”的模式；对一些发展层次较低的技术密集型产业，如机械、电子、汽车、医药行业等的出口，也应采用“少征多退”的模式；对一些尽管附加值和技术含量相对低下，但在国际市场上已形成一定的出口竞争力，创汇较高，加入 WTO 后将有利于出口的劳动密集型产业，如纺织、服装、食品加工、普通日用消费品工业、玩具制造业等的出口，原则上可以采用一般的保护和鼓励政策，在退税模式上可以选择“征多少，退多少”的模式；对一些稀缺的天然资源或具有战略意义的资源（如天然牛黄、麝香、铜及铜基合金、白银以及煤炭资源、石油原油资源等）的出口不应鼓励，应采用“多征少退”或禁止出口的措施。

第四，进一步考虑扩大出口退税税种范围。中国目前出口退、免税的税种只有增值税和消费税，而依据 WTO 规则，退免的间接税还包括销售税、执照税、印花税、特许经营税等。为了加大税收鼓励出口的力度，可以把随同增值税等征收的城市维护建设税、教育费附加列入退税范围。

第五，出口退税的调整要与增值税的改革同步进行，保持政策的统一。一要继续提高退税率，力求同征税率保持一致；二要统一出口商品政策，不论是来料加工、进料加工还是国内采购，都要退税；三要制定切实可行的操作办法，使流通型企业出口和生产型企业出口在退税时间上大体保持同步，使它们处于相对平等竞争的地位。

第六，运用税收手段保护稀有资源和紧缺物资，并逐步取消 WTO 规则所禁止的出口税收支持措施。我国加入 WTO 后，列名禁止出口的产品减少，除对少数产品继续运用出口关税的手段进行限制外，也可考虑再加用国内税的手段。

（二）出口退税管理的完善

第一，加强海关、银行、外贸、外管与退税部门之间出口退税的协作管理，通过立法建立全国性的出口退税管理系统，规范涉及各出口退税部门的行为，建立完善的约束机制，相互监督、制约，建立科学、严密的出口退税计算机信息监控网络，保证及时准确地反映企业的出口动态，“零距离”“零间隔”地支持企业出口。

第二，在海关管理方面，制定海关对出口商品监管的相应对策，加大打击力度。建立高风险商品数据库，在审单环节加强对重量与数量逻辑关系的审查，在查验环节加强风险意识。

第三，建立出口退税管理激励机制和约束机制。建立对外贸企业的激励机制，一方面进一步完善出口退税的实施机制，简化退税环节，提高退税效率；另一方面加强对外贸企业的日常监控，尽量减少退税管理中的信息不对称现象，加大对退税行为的惩罚力度，提高外贸企业出口退税的违约成本。建立对税务机关的激励约束机制，一方面对税务机关和退税管理人员要明确代理权的范围和职责，对税务机关的退税管理人员进行考核，根据考核结果酌情给予奖励或处罚，强化内部监督约束；另一方面强化外部监督约束，建立退税公开制度，加强退税执法检查，加大退税管理寻租性腐败的查处概率和处罚力度。

第四，加强管理，简化手续，提高效率。

第四节　外债

一、外债的功能

国债的功能一般可概括为弥补财政赤字、筹集建设资金和调节经济三个方面，这个概括也适用于外债，但外债功能的发挥具有不同的特点。

首先，外债弥补财政赤字的功能表现为平衡政府的国际收支。任何参与国际政治经济活动的国家都有国际收入和国际支出，而国际收入和国际支出的关系也存在平衡、盈余（顺差）和赤字（逆差）三种状态。国际收支是用外币核算的，出现逆差也必须用外币来弥补。当国家拥有外汇储备时，可以动用外汇储备来弥补当年的国际收支逆差，而当外汇储备拮据时，就需要通过举借外债来弥补，外债的这一功能与内债弥补国内财政赤字的功能是相同的，只是运动形式不同而已。

其次，筹集建设资金是外债的主要功能。举借外债的首要目的是补充国内建设资金的不足，加速本国的经济建设。这种功能表现在两个方面：一是通过举借外债，购入本国短缺的原材料和设备；二是通过举借外债，引进先进设备和先进的科学技术，促进本国生产效率的提高，并最终实现民族经济的腾飞。比较起来，后一个方面更为重要，也是世界各国特别是广大的发展中国家举借外债的主要目的。

最后，外债的经济调节功能属于“增量型”调节。外债首先表现为资金的流入，也就是国内资金的增加，同时反映社会可支配商品量的增长。当社会总需求超过总供给时，举借外债使外国商品流入，可以缓解国内商品供求关系；当社会产业结构或产品结构失调时，举借外债可以使薄弱的环节得到加强，而又不影响其他产业和产品生产的正常发展。总之，外债的调节功能不同于内债通过对社会资源再分配进行的“消长式”调节，而是一种“增量式”或“注入式”调节，总量调节是补而不是压，结构性调节是加强而不是调减。

外债功能上的特点赋予外债以特殊的吸引力，所以借用外债发展本国经济，在当前几乎成为各国趋之若鹜的乐园。从 20 世纪开始，世界外债总额不断上升，特别是发展中国家的外债总额更是以异乎寻常的速度在增长。我国从 1979 年实行对外开放政策以后，开始引进外资和举借外债，目前它们已成为我国实现现代化的外部力量，我国在有效利用外资和外债方面已取得重要的成就和经验。但是，外债并非从天而降的有百利而无一害的吉祥物。外债毕竟是一种债务，利用外债是要付出代价的，有的外债实际上是难以偿还的高利贷。20 世纪 80 年代爆发的发展中国家债务危机显示，运用外债不仅要考虑必要性，更需考虑可能性。对我国来说，正确认识外债的功能，科学安排外债的种类和结构，如实评估本国使用外债的负担能力和限度，加强对外债的直接和间接管理，是进一步有效运用外债的必要条件和可靠保证。

二、外债的种类与结构

外债由政府借款和在国外发行外币债券两部分组成。政府借款包括向外国政府借款、向国际金融组织借款、向国外商业银行借款以及出口信贷等形式。在国外发行外币债券包括委托国外金融机构发行和直接发行两种类型。外债也有长、中、短期之分，并且形成与之相适应的外债期限结构。外债又有币种之分和币种结构。与币种选择相适应，外债还有持有者的差别，并形成外债的来源结构或持有者结构。

正确选择外债种类和结构是合理运用外债的重要环节。从外债种类选择上看，国际金融组织和外国政府的贷款的优越性在于低息或无息，偿还限期较长，但贷款用途往往受到一定的限制。外国商业银行贷款的利息较高，但限制条件较少，资金来源比较充裕。在国外发行外币债券的限制条件最少，但要顺利发行，发行国政府必须具备较高的国际信誉，而且利息高，发行费用大。各国政府在举借外债时，必须根据资金用途和偿还条件，权衡利弊，对各类外债加以选择。表 17-1 显示，在我国目前的外债结构中，外国政府贷款和国际金融组织贷款的比重较小，国际商业贷款和贸易信贷的比重较大，这是与我国的经济条件相适应的。从外债偿还期限结构选择上看，外债期限结构合理才有利于外债的还款和使用，在可能的情况下应尽量扩大长期债务，减少短期债务。

表 17-1　　我国外债余额及其构成

债务类型＼年份	2010	2011	2012	2013	2014	2015
外债余额（亿美元）	5 489.4	6 950.0	7 369.9	8 431.7	8 954.6	14 162.0
外债类型和结构：						
外国政府贷款（%）	5.8	4.8	4.2	3.1	2.6	/
国际金融组织贷款（%）	6.5	5.0	4.6	3.9	4.7	/
国际商业贷款（%）	49.2	54.3	51.6	54.0	55.4	/
贸易信贷（%）	38.5	35.9	39.6	39.0	37.3	/
偿还期限结构：						
长期债务（%）	31.6	27.9	26.6	21.6	23.7	33.0
短期债务（%）	68.4	72.1	73.4	78.4	76.3	67.0

资料来源：2010—2014 年数据来自《中国财政年鉴（2015）》第 428 页的“外债余额”，2015 年数据来自国家外汇管理局网站。

举借外债还存在一个币种的优选问题。判断外债币种结构合理与否的主要标准是看是否避开强势货币，尽量不要单纯采用一种外币计价，而以“硬币”与“软币”相搭配为好。我国过去的外债币种结构一度是以日元计价的外债过多，在日元不断升值的过程中曾造成汇率损失。外债持有者结构或外债来源结构的合理化，是指外债应是资金来源分散、持有者广泛的。这种结构可以扩充外债渠道，币种容易搭配，不致受某一个国家的控制。我国已在逐步扩展外债筹措的区域，不仅在亚洲资金市场筹资，而且在美洲、欧洲、大洋洲资金市场筹资，使外债资金来源结构逐渐趋向合理。

从总体上看，我国外债表现出如下特点。第一，近年来我国外债大体上是国际商业贷款占一半，另一半为外国政府贷款、国际金融组织贷款和贸易信贷，形成了多角度有选择的债务结构。第二，外债余额中过去长期债务所占比重较高，进入“十五”时期后短期债务的比重上升较快，目前已经达到70%以上，大大超出短期外债占全部外债25%为上限的外债期限结构标准，这和贸易信贷上升有关。第三，外债来源结构和币种搭配日趋合理。第四，我国近年来的外债余额虽然增长较快，短期债务的比重上升也较快，但从表17-2可以看出，当前我国外债风险指标都处于国际公认的安全线以下，不存在外债风险问题。

三、外债的负担与限度

外债也有一个负担和限度问题。由于外债收入来源于国外，反映债权国与债务国间的债务关系，各国政府必须从本国偿债能力的角度来全面考虑负担问题，而外债的限度则根源于政府的外债负担能力。合理的外债负担和限度是通过具体的相对指标来确定的。国际上通用的指标主要有三个，即负债率、偿债率和债务率。负债率，即当年债务余额占GNP的百分比；偿债率，即当年债务还本付息额占商品和劳务出口总额的百分比；债务率，即当年债务余额占商品和劳务出口总额的百分比。其中，负债率是一项综合指标，全面反映一国偿债能力与外债规模的对应关系；而债务率和偿债率则是衡量外债负担的专门指标，反映一国实际偿债的可能性。按照国际惯例，有关外债风险指标的国际公认安全线是：负债率为25%，偿债率为20%，债务率为100%。从我国的外债风险指标来看（见表17-2），我国的负债率、偿债率、债务率都在安全线以下，表明我国外债具有很高的国际信誉度。

表17-2　　我国外债风险指标

年份	负债率（%）	偿债率（%）	债务率（%）
2010	9.3	1.6	29.2
2011	9.5	1.7	33.2
2012	9.4	1.6	32.8
2013	9.4	1.6	35.6
2014	17.2	2.6	69.9
2015	13.0	5.0	58.3

注：为进一步提高我国涉外数据的质量和透明度，充分体现人民币国际化的成果，2016年中国人民银行、国家外汇管理局按照国际货币基金组织的数据公布特殊标准（SDDS）公布了我国的外汇储备、黄金储备等数据，相应调整了我国的外债统计口径，公布了包含人民币外债在内的全口径外债。2014年、2015年为调整后口径，其他年度未调整。

资料来源：《中国统计年鉴（2016）》。

外债的负担可以通过本国有关外债的统计数据计算，但外债的限度却不是通过数量指标可以精确度量的，有关国家一般只能根据本国具体国情并与其他国家横向比较，确定一个大概的数值作为举借外债的限制性指标。依照某些国际金融组织的统计分析，一个国家的偿债率超过20%即为进入债务危机时期，这一限制性指标已被很多国家所接受。不过，各个国家的政治、经济条件并不相同，而政治经济条件又是难以量化的，一个固定的数量指标很难适应各个国家的情况。所以，一国外债负担是否过重或是否超过限度，还应由债务国自己作出具体分析和判断。

四、外债管理

我国外债规模的不断扩大以及许多国家出现的债务危机给我们带来的启示是，加强外债管理是我国宏观经济管理的一个重要方面。外债管理的内容主要包括两个方面：一是建立全面的外债管理体系；二是建立合理的外债管理模式。

一般来说，外债管理要从总量与结构两个方面来把握，即外债总规模与国民经济发展、国际收支状况相适应，同时外债的期限、类型、币种、利率等各种构成相对合理，这是建立外债管理体系的出发点。因此，建立全面的外债管理体系至少要包括以下五个方面的内容：

（1）外债的总量管理。总量管理重点在于控制负债率，控制外债的增长速度，使之与经济增长速度相适应。同时，注意把握外债规模和外汇储备之间在总量与结构方面的一致与协调。

（2）外债的期限结构管理。在对外债进行期限结构管理时，注意通过调整新借款的期限结构，一方面防止短期借款的比例过大，另一方面要保证未来偿债压力的相对均衡，避免在特定年份出现偿债压力过大的偿债高峰。

（3）外债的债务种类结构管理。由于外债种类的不同，利率水平也不同，直接影响到外债的成本。因此，在举借新外债时，要尽量举借外国政府贷款和国际金融组织贷款。

（4）汇率风险管理。随着我国对外经济交往日趋频繁，国际金融市场的汇率波动对外债的影响明显加强。在外债规模逐步增大、外债结构趋于复杂的情况下，必须加强跟踪国际金融市场的汇率走势，采取必要的风险管理措施，控制汇率变化对未来还本付息的不良影响。

（5）外债成本与效益管理。借入外债的主要目的是促进经济增长和改善国际收支状况，但是否能够实现此目的，关键在于外债的举借成本和使用效益。在外债的效益管理中，特别要注意外债的使用方向和外债的增值性，即外债管理要从粗放型向集约型、效益型转变。

我国过去的外债管理模式在很大程度上还带有计划经济的色彩，在走向社会主义市场经济体制的过程中，外债管理模式必须适应市场经济体制的需要。即外债管理要以充分利用国内资源、激活国内金融体系为目标，在加强对公共部门和国有企业借款的管理的同时，要逐步放开一定限额的其他经济成分的借款管制。在此基础上，对企业部门的外债管理逐步由事前的计划审批转向事后的动态监测。目前，我国的外债管理机构还比较分散，国家发改委、财政部、中国人民银行、国家外汇管理局、中国银行等相互之间缺乏足够的沟通和协调。为了适应社会主义市场经济体制下加强对外债风险统一管理的客观需要，有必要建立一个集中统一管理国家外债的机构，在加强外债工作的协调的同时，注重外债战略的研究，如我国的最优外债规模和外债水平、外债的增长速度、外债使用的优惠政策以及政策引导和外债偿还风险的管理等。

【关键词】

国际税收	税收饶让	税收管辖权	关税	保护关税
外债种类	外债结构	（外债）偿债率	（外债）负债率	（外债）债务率
出口退税	贸易条件	有效保护率	特惠贸易安排	贸易创造
贸易转移				

【复习与思考】

1. 简述国际税收的内涵。
2. 简述国际重复征税及其减除方法。
3. 简述保护关税的政策意义。
4. 简述特惠贸易安排的种类。
5. 简述保护关税的成本。
6. 简述我国现行出口退税制度的基本内容。
7. 简述外债管理的内容。

图书在版编目（CIP）数据

财政学/陈共编著．—10版．—北京：中国人民大学出版社，2020.4
教育部经济管理类核心课程教材
ISBN 978-7-300-27756-1

Ⅰ．①财…　Ⅱ．①陈…　Ⅲ．①财政学－高等学校－教材　Ⅳ．①F810

中国版本图书馆 CIP 数据核字（2019）第 290242 号

"十二五"普通高等教育本科国家级规划教材
普通高等教育精品教材
国家级精品课程
教育部经济管理类核心课程教材
财政学（第十版）
编著　陈　共
Caizhengxue

出版发行	中国人民大学出版社		
社　　址	北京中关村大街 31 号	**邮政编码**	100080
电　　话	010－62511242（总编室）		010－62511770（质管部）
	010－82501766（邮购部）		010－62514148（门市部）
	010－62511173（发行公司）		010－62515275（盗版举报）
网　　址	http：//www.crup.com.cn		
经　　销	新华书店		
印　　刷	涿州市星河印刷有限公司	**版　　次**	1998 年 9 月第 1 版
开　　本	787 mm×1092 mm　1/16		2020 年 4 月第 10 版
印　　张	17.75 插页 1	**印　　次**	2025 年 7 月第 11 次印刷
字　　数	426 000	**定　　价**	46.00 元

版权所有　侵权必究　　印装差错　负责调换

教学支持说明

1. 教辅资源获取方式

为秉承中国人民大学出版社对教材类产品一贯的教学支持，我们将向采纳本书作为教材的教师免费提供丰富的教辅资源。您可直接到中国人民大学出版社官网的教师服务中心注册下载——http://www.crup.com.cn/Teacher。

如遇到注册、搜索等技术问题，可咨询网页右下角在线 QQ 客服，周一到周五工作时间有专人负责处理。

注册成为我社教师会员后，您可长期根据您所属的课程类别申请纸质样书、电子样书和教辅资源，自行完成免费下载。您也可登录我社官网的"教师服务中心"，我们经常举办赠送纸质样书、赠送电子样书、线上直播、资源下载、全国各专业培训及会议信息共享等网上教材进校园活动，期待您的积极参与！

2. 高校教师可加入下述学科教师 QQ 交流群，获取更多教学服务

经济类教师交流群：809471792

财政金融教师交流群：766895628

国际贸易教师交流群：162921240

税收教师交流群：119667851

3. 购书联系方式

网上书店咨询电话：010－82501766

邮购咨询电话：010－62515351

团购咨询电话：010－62513136

中国人民大学出版社经济分社

地址：北京市海淀区中关村大街甲 59 号文化大厦 1506 室　100872

电话：010－62515803　010－62516948

传真：010－62514775

E-mail：jjfs@crup.com.cn